Otfrid Mylius

Die weiße Frau

eine Hof- und Familiengeschichte aus dem achtzehnten und neunzehnten Jahrhundert in

vier Bänden. 2. Band

Otfrid Mylius

Die weiße Frau
eine Hof- und Familiengeschichte aus dem achtzehnten und neunzehnten Jahrhundert in vier Bänden. 2. Band

ISBN/EAN: 9783743463271

Hergestellt in Europa, USA, Kanada, Australien, Japan

Cover: Foto ©ninafisch / pixelio.de

Manufactured and distributed by brebook publishing software (www.brebook.com)

Otfrid Mylius

Die weiße Frau

Abende wußte, und wie dann am folgenden Tage der letztere, nämlich der angebliche Besitzer des Schweizer Wägelchens, mit Einbruch der Abenddämmerung in Begleitung eines vornehm und militärisch aussehenden Herrn daher geritten gekommen sei und sich angelegentlich nach Hühnersdorf erkundigt, denselben aber vergebens drinnen im Städtchen aufgesucht und bis in den späten Abend hinein erwartet habe. Und wie der vornehme fremde Herr dann schließlich vor dem Hinwegreiten dem Kronenwirth eine gute Belohnung versprochen habe, falls er den Hühnersdorf bei seiner Wiederkehr in aller Stille durch die Soldaten von dem Zollhäuschen verhaften und in gutem Gewahrsam erhalten lassen wolle, bis er ihn unter der Adresse des Kastellans auf Schloß Bauhof davon benachrichtigt habe, worauf er alsbald selber kommen oder durch eine vertraute Person Bescheid schicken werde.

„Und was rathen Sie nun, daß wir thun sollen, wenn der Hühnersdorf wieder kommt?" fragte die Frau, die noch immer unter solcher Angst ob dieses Ereignisses stand, daß sie sich nicht einmal den richtigen Namen des Mannes merken konnte.

— „Das ist schwer zu errathen und zu rathen, gute Frau," versetzte Adam nachdenklich und bemühte sich, das Interesse und die Freude zu verhehlen, welche diese Mittheilungen in ihm wachgerufen hatten. „Wenn der Mensch sicher zurückkehrte, so lange ich hier wäre, so würde ich sagen: ruft mich und laßt mich den Burschen erst betrachten, ehe Ihr das thut, was der fremde Herr aus Bauhof Euch angerathen hat! Allein da dieß unwahrscheinlich ist, und ich nicht tiefer in die Sache hineinsehe, so mag' ich nicht zu sagen, ob es klüger ist, den Burschen zu verrathen und dadurch rachsüchtig zu machen, oder ihm zu sagen, daß ihn der vornehme Herr verhaften lassen wolle, und ihn zu warnen, damit er sich schnell aus dem Staube mache."

„Du lieber Himmel, das ist ja eine qualvolle Lage für uns — wie soll man da wählen?" rief die Frau. „Ich glaube noch immer, daß der Hühnerhofer wiederkommen wird, denn wir haben heute Abend erfahren, daß er schon gestern früh mit einem eigenen Fuhrwerk nach Waldau gefahren und die schöne Sarah, eine leichtfertige Dirne aus einem Judenwirthshaus in der Stadt, mitgenommen hat. Und die Sarah ist ja von Bruhel und ihren Eltern in der Wirthschaft nöthig; die wird ihn schon hierher zurückbringen, wenn sein Geld zu Ende ist. Hört das Geld auf, hört bei solchem Volk auch die Freundschaft auf."

„Ich bin wirklich begierig, diesen Burschen wenigstens zu sehen," sagte Adam unbefangen. „Käme er etwa hierher, so lange ich noch hier bin, gute Frau, so thut mir den Gefallen und gebt mir Gelegenheit, ihn zu beobachten und zu sprechen, und ich werde Euch dann sagen, was Ihr mit ihm und seinetwegen beginnen sollt! — Und nun, gute Frau, laßt' mal sehen, ob wir zu dem Papier und Schreibzeug gelangen können?"

Die Pultklappe von der geschweiften Kommode war bald mittelst eines andern Schlüssels geöffnet, denn das Schloß war keines von den besten, und Adam fand nun Papier und Schreibzeug vor, aber auch einige Papiere, in deren Schriftzügen er sogleich diejenigen seines Oheims erkannte. Sie lagen in das Buch groben Schreibpapiers eingeschlagen, auf welchem das Schreibzeug stand, und enthielten Notizen und andere Dinge, welche dem Diebe werthlos und uninteressant waren und auch für den Urheber des Urkunden-Diebstahls keinen Werth haben mochten. Für Adam dagegen waren sie von größtem Werth, weil sie ihn unzweifelhaft auf die Spur des Diebes führten. Allein er ließ seine Freude darüber nicht merken, sondern begnügte sich mit der Aeußerung, er wolle diese Papiere einstweilen beiseite legen, und wünsche nur, daß der Ofen geheizt und ihm dadurch Gelegenheit gegeben werde, seine Briefe zu schreiben.

Als die Wirthin weggegangen, um dieser Weisung zu genügen, schritt Adam in einer großen Aufregung im Zimmer auf und ab. Der ganze Zusammenhang dessen, was ihm die Wirthin mitgetheilt hatte, war ihm jetzt klar. Der vornehme Fremde, der sich am vorigen Tag nach Hühnersdorf erkundigt, war offenbar Prinz Ludolf gewesen, welcher also die entfremdeten Papiere noch nicht erhalten hatte und sichtlich auf den Besitz derselben erpicht war. Was aber hatte jenen elenden Dieb derselben bewogen, sie seinem Patron vorzuenthalten? dieß war für Adam das Räthselhafte. Sein Kopf glühte vom Grübeln und Sinnen; er stieß ein Fenster und einen Laden auf und ließ die kalte feuchte Nachtluft hereinströmen, um die dumpfige schlechte Atmosphäre des Zimmers zu reinigen; dann hörte er das Feuer im Ofen sausen und knistern, und schloß das Fenster, denn draußen rieselte nach wie vor derselbe seine Regen hernieder wie am vergangenen Tage, nur hie und da von den heftigen Windstößen und dem Rauschen der kahlen Baumkronen unterbrochen, und herrschte schwarze Nacht. Drüben aber in der andern Eckstube schrie und brüllte die Wahnsinnige von Zeit zu Zeit auf und konnte kaum von der Jungfer und der abwartenden Magd im Bette gehalten werden. Adam bedurfte lange, bevor er hinlänglich gesammelt und ruhig war, um zu schreiben; dann aber verriegelte er die Thüre und vertiefte sich in die Korrespondenz mit seinem Oheim, dem er die Erlebnisse der Reise ausführlich darstellte. —

Der Morgen graute schon, als er mit dem Briefe zu Ende war. Er schloß die Kommode und warf sich auf das Bett, denn er war müde und schläfrig geworden, und bald hatte die erschöpfte Natur ihre Rechte geltend gemacht und er versank in einen tiefen unruhigen Schlaf, aus welchem ihn erst ein Pochen an der Thüre weckte.

Es schien schon hoch am Tage zu sein, obschon der Nebel, welcher über der weiten Fläche hing, über die Zeit täuschte.

„Was ist's? wer ist da?" rief er, vom Bette herabgleitend.

„Ich bin's, die Wirthin," flüsterte es draußen; „er ist da, er ist so eben mit dem Fuhrwerk angekommen und mein Mann schläft noch. Er sitzt drunten in der Schenkstube und trinkt."

„Wer denn? Hühnersdorf?" fragte Adam, wie von einer Ahnung durchzuckt und der Schlaf und die Schlaffheit fielen von ihm wie Schuppen.

„Ei freilich! was soll ich denn thun?"

„Laßt ihn heraufkommen, damit er seine zurückgelassenen Sachen selbst hole," erwiderte Adam; „sagt ihm, ein fremder Musterreiter habe das Zimmer inne!"

„Du lieber Himmel, Herr! Sie wollten selber mit ihm anbinden?" frug die Wirthin erschrocken. „Bedenken Sie doch, er hat Pistolen bei sich! Wenn er Sie todtschösse!"

„Seid ohne Sorge, ich fürchte ihn nicht! sagt' ihm nur, ich liege noch zu Bette und wolle nicht öffnen!"

„Aber er hat Eile!"

„Desto besser! um so eher wird er selber heraufkommen! Schickt ihm meinethalben einen der Knechte nach, mit der Weisung, all das zu thun, was ich den Knecht heiße!" erwiderte Adam. „Nur schnell, schnell, ehe er Verdacht schöpft, sonst ist Alles verloren!"

Die Wirthin ging hinunter, an allen Gliedern bebend; aber
Abam war rasch gefaßt. Er eilte hinüber in das Zimmer, wo
der Obristwachtmeister geschlafen hatte, nahm seine beiden Pistolen=
holstern mit den Pistolen zu sich und legte eine derselben schuß=
fertig auf den Ofenkranz. Er war kaum damit fertig, so knarrten
schon die ausgetretenen Treppenstufen unter den schweren Schritten
eines Mannes und in der nächsten Minute rüttelte und pochte
eine derbe Faust an der Thüre.

„Wer ist da?“ fragte Abam in verzagtem Tone und mit
verstellter Stimme; „was will man?“

„Aufgemacht! ich will 'mal sehen, wer sich unterstanden in
mein Zimmer einzubringen, wenn man ihm doch gesagt hat, daß
es besetzt sei!“ rief eine polternde bramarbasirende Stimme, die
Abam nicht fremd war. „Schließt auf oder ich trete die Thür ein!“

„Nun ja doch, ich komme schon! nur gemach!“ sagte Abam
hinter der Thüre mit einer dünnen Stimme und schloß lang=
sam auf.

Hühnersdorf stieß die Thüre renommistisch weit auf, trat trotzig,
herausfordernd ein und sah sich nach dem schüchternen Insassen
der Stube um. Als er jedoch hinter die Thüre blickte, da er
nirgends sonst den Bewohner sah, da sprang der untersetzte junge
Student wie ein Luchs auf ihn ein, ergriff ihn mit der einen
Hand an der Kehle, mit der andern am Handgelenke der Rechten
und schnürte ihn so fest zusammen, als ob er in einen Schraub=
stock gerathen wäre. Zugleich flog die Thüre, von einem Fuß=
stoße Abams nach rückwärts geschleudert, mit lautem Knall in's
Schloß und der zuversichtliche Hühnersdorf sah sich mit Schrecken
in der Gewalt eines ihm wohlbekannten Feindes.

„Schurke, Dieb, Giftmörder! hab' ich Dich?“ rief Abam,
und ehe der verblüffte Hühnersdorf noch Zeit gehabt, sich von
seiner Ueberraschung zu erholen oder sich nur auf Widerstand
zu besinnen, war er mit einem Ruck auf den Boden niederge=
worfen und Abam hatte ihm ein Knie auf die Brust gesetzt und
beide Hände gefaßt, und würgte ihn nun, daß ihm der Athem
fehlte. — „Elender, wo sind die Papiere, die Du dem Kammer=
rath gestohlen hast?“

— „Ich? ich weiß von Nichts, bei meiner Ehr' und Selig=
keit!“ röchelte Hühnersdorf.

„Dummkopf, feige Memme, hier hilft kein Leugnen!“ sagte

Adam mit eisiger Ruhe und drückte dem Burschen die Kehle noch
enger zusammen, daß ihm die Augen aus den Höhlen drangen und
die Schläfe fast hörbar pochten. „Wir wissen Alles! Du bist
überführt und verrathen. Käthe Bissinger hat gegen Dich ausgesagt, und Frau Käferlein hat über die Straße herüber gesehen,
wie Du in der Wohnung des Kammerraths die alte Sekretär-
kommode erbrachst! Niemand anderer als Du hat den Kammerrath umgebracht, und nun ist Galgen und Rad Dir sicher,
Elender! .... Wo sind die gestohlenen Papiere?"

— „In Waldau," keuchte Hühnersdorf.

„In der Hand des Prinzen Ludolf?"

— „Ja!"

„Schuft, Du lügst! Der Prinz war hier mit Deinem Begleiter auf der Fahrt nach Mühlheim, mit demselben in dessen
Gesellschaft Du neulich hier ankamst!" rief Adam drohend. „Er
hat Befehl gegeben, daß man Dich verhaften lasse, denn er gibt
Dich preis, um sich selber zu retten, Du entgehst dem Galgen
nicht! Also rund heraus, wo sind die Papiere?"

— „Gnade, Barmherzigkeit, ich will ja gestehen! Hier im
Futter meines Roquelor sind sie!" keuchte der Athemlose. „Um's
Himmels willen, ich ersticke!"

„Herunter mit den Kleidern!" rief Adam und riß den Elenden vom Boden auf; „die Taschen geleert und alles auf den Tisch
gelegt! Hüte Dich vor falschem Spiel, denn beim ersten Schritt
nach der Thüre, bei der ersten verdächtigen Bewegung schieß' ich
Dich nieder wie einen Hund!" und er ließ den Hahn der Pistole
knacken, die er vom Ofen genommen hatte, und setzte sie ihm an
die heftig pochenden Schläfe.

Hühnersdorf gab das Spiel jetzt verloren; er sah sich überlistet und gefangen.

„Halt, das ist nicht alles! Wo sind die anderen Papiere?"
rief Adam.

— „Dort in der Kommode — ich habe den Schlüssel hier,"
versetzte der Gefangene kleinlaut und erhielt die Weisung, die
Kommode zu öffnen. Als er das Schreibpapier aus einander
schlug und die Papiere vermißte, bebte er zusammen, und sein
scheuer Blick senkte sich vor dem blitzenden drohenden Auge Adams.
Dabei aber schaute er aus dem Fenster und sah drunten einige
Leute gegen das Wirthshaus herankommen. Mit einem raschen

Hühnersdorf beichtete nun in fieberhafter Angst und ver=
worrener Weise, Wahrheit und Lüge durch einander mengend. Nun
er einmal festsaß und wußte, daß Prinz Ludolf ihn verleugnet
hatte, wollte er den Prinzen auch nicht mehr schonen und er suchte
daher auf diesen möglichst viel abzuladen, um sich selber nur als
einen armen Teufel darzustellen, der aus Noth und durch Versprech=
ungen verführt und ohne eine Ahnung von der Tragweite und
dem Ernst seiner Vergehen sich auf dieses Unternehmen eingelassen
habe. Er zog entschieden jede Absicht in Abrede, dem Kammer=
rath nach dem Leben getrachtet zu haben; er habe ihn nur ein=
schläfern wollen, um die gefährlichen Papiere entwenden zu können,
denn auf diese sei es vom Prinzen zunächst abgesehen gewesen.

„Und wozu hast Du Dich unterfangen, von diesen Papieren
hier Abschriften zu machen, wie ich hier sehe, und dieses Verzeich=
niß davon anzulegen?" fragte Adam mit einschüchterndem Ernste.
Hühnersdorf schwieg verlegen. — „Antworte unumwunden, denn
ich für meinen Theil durchschaue die Absicht: Du hattest irgend
eine Teufelei damit vor. Gesteh' es nur!"

— „Nun ja, ich wollte mir einen Privatspaß machen mit
all diesen Papieren," erwiderte Hühnersdorf, dem nun plötzlich
der Muth wieder zu wachsen schien, oder auch, weil er dem
forschenden Blicke der grauen scharfen Augen Adam's nicht zu
widerstehen vermochte, die sich ihm wie zwei scharfe Stahlspitzen
einzubohren und ihm bis auf der Seele Grund bringen zu wollen
schienen. „Ich hasse den Prinzen und alle seine Kameraden
und Spießgesellen, die mich in ihrem Hochmuth behandelten wie
einen Hund! Aber was glauben denn jene Bursche für ein Recht
dazu zu haben? Sind sie um ein Haar besser als ich?"

„Das mußt Du selbst am besten zu beurtheilen im Stande
sein!" erwiderte Adam mit sardonischem Lächeln. „Aber was
sollte mit den Abschriften geschehen? Sprich offen, denn nur
die Wahrheit kann Dir helfen!"

— „Einen Theil davon wollt' ich behalten, einen andern
dem Prinzen abliefern, aber erst nachdem ich sie noch einmal für
mich kopirt gehabt hätte," versetzte Hühnersdorf zögernd. „Ich
wollt' ihn damit im Schach halten, wenn es ihm etwa einfiele,
mich zu verleugnen oder mir eine Fußangel zu legen, denn der
Prinz hat ein schlechtes Herz, das weiß ich! Mich aber sollte
er nicht hintergehen!"

„Und was sollte aus den Originalpapieren werden? die
sollte wohl der Prinz alle bekommen?"

— „Natürlich," versetzte Hühnersdorf.

„Dummkopf, glaubst Du mir eine solche Unwahrheit auf=
binden zu können? Hier sind ja anonyme Briefe an zwei Offiziere,
denen Du sie gegen Geld anbietest, — regelrechte Erpressungs=
Versuche! Also dort hinaus zieltest Du?"

Hühnersdorf schwieg hartnäckig und sah nur scheu unter den
zusammengezogenen Brauen herüber auf die Papiere, welche der
Student mit der Ruhe und Sachkenntniß eines Instruktionsrichters
auf dem Tisch ordnete und mit dem Verzeichnisse verglich, welches
Hühnersdorf selber angelegt hatte.

„Noch fehlen drei von den wichtigsten Papieren," hub Adam
nach einer Weile wieder an, und heftete einen durchbringenden
Blick auf den Gefangenen. „Zwei Briefe von einem gewissen
vornehmen Frauenzimmer an den Prinzen und ein eigenhändiges
Blatt von diesem. Wo sind sie?"

— „Ich weiß nicht — ich habe sie nicht gesehen," brummte
der Gefangene.

„Lächerliche Ausrede! Hier stehen sie in dem Verzeichniß
genannt und je mit drei Kreuzen bezeichnet. Ein schlauer geriebener
Bursche wie Du wird sie am wenigsten verloren oder verlegt haben!"
sagte Adam ruhig und mit forschendem Blicke. „Soll ich Dich
am Körper untersuchen, Bursche?"

— „Das wird nichts helfen," sagte Hühnersdorf barsch.
„Ich hab' die Papiere nicht mehr — hab' sie an die Reichs=
gräfin verkauft, für die sie am meisten Werth hatten!"

„Das ist einfach unwahr, denn hier sind sie!" rief Adam
und nahm dem Gebundenen hastig die Halsbinde von dunklem
Kattun ab, in welcher er vorhin, als er den Dieb an der Kehle
gepackt, ein Rascheln verspürt zu haben glaubte. Der Gefangene
schien einen Moment betroffen, dann aber lächelte er schadenfroh
und ließ den Studenten gewähren, der nun andere Papiere, die
nicht im Verzeichniß aufgenommen waren, und einige wenige Du=
katen aus der Halsbinde wickelte.

— „Sie sehen, ich habe die Wahrheit gesagt, Herr! die
Papiere sind verkauft an die Reichsgräfin," sagte der Gefangene
lächelnd.

„Meine Herren, Sie sind Zeugen, daß er sich zu dem Dieb=

ſtahl wie zu dem Verkauf bekannt hat — das rechtfertigt es, daß wir ihn den Gerichten übergeben und auf ſeine enge Haft an= tragen, bis er von den Gerichten des Nachbarſtaats in Mühl= heim requirirt wird," verſetzte Adam, ſich an Herrn v. Hövel und den Wirth wendend. „Die Ueberführung wegen Giftmords, Raubmords, Einbruchs, Diebſtahls u. ſ. w. iſt nur noch eine Frage der Zeit, und unſere Gerichte verſtehen keinen Spaß. Ich werde gehen, um das Erforderliche zu ſeiner Verhaftung einzuleiten. Herr Obriſtwachtmeiſter, laſſen Sie den Gefangenen nicht aus dem Auge und ſchießen Sie ihn nieder, wenn er den mindeſten Fluchtverſuch wagt!" rief er dieſem mit bedeutſamem Blicke zu und gab ihm die ſchußfertige Piſtole in die Hand, welche ſeither vor ihm gelegen hatte; worauf er das Zimmer verließ.

— „Gevatter Kronenwirth, Ihr duldet daß man mich in Eurem Hauſe ſo behandelt?" wandte ſich Hühnersdorf zaghaft und vorwurfsvoll an den Wirth. „Ich werd' euch dafür ver= antwortlich machen!"

„Soll mir lieb ſein, Meiſter Leibſchneider," verſetzte der Wirth höhniſch; „ich kann den Herren vom Gericht vielerlei erzählen von dem Galgenvogel, dem ich durch meinen Krautgarten leuchtete und der mir dafür das Piſtol an die Schläfe hielt, — wird Ihn den Herren recht gut empfehlen. Na, Herr Leib= ſchneider Dingerich, Er iſt ja jetzt nicht ſo luſtig wie an jenem Abend? Er ſieht ja wahrlich aus, als ob Er ſelber Leibſchneiden hätte, Herr Leibſchneider?"

— „Herr v. Hövel, haben Sie Barmherzigkeit! ich bin ein ſchlechter Kerl, aber kein Mörder! Ich will ja die drei Briefe wieder anſchaffen! Ich hab' ſie der Reichsgräfin nur ange= tragen . . . ."

„Schweig, Lügner, Spion! Du haſt Dich ſelber gerichtet, Elender! ich weiß Alles!" ſagte der alte Herr mit niederſchmet= ternder Verachtung. „Erbärmlicher Menſch, ohne Dein Zuthun wäre der Prinz niemals in der Lage geweſen, den Aufenthalt meines Kindes zu erfahren! Könnt' ich Dich mit Einem Wort vom Schaffot erretten, ich ſpräche das Wort nicht. Daß mein armes Kind ſo geworden, iſt Deine Schuld, — die Folge der Angſt die ſie damals im Okerwald ausgeſtanden!"

Hühnersdorf war in einen Stuhl geſunken und ließ den

Kopf hängen, denn der Wirth, der große Hund, der Knecht, das
Pistol mit gespanntem Hahn in der Hand des alten Offiziers
sagten ihm, daß jeder Gedanke an Flucht Thorheit wäre, und er
fühlte sich wie gerichtet. Eine Pause entstand, dann sprang Je=
mand mit hastigen Schritten wieder die Treppe herauf, und Adam
trat wieder in die Stube, ein kleines geöffnetes Päckchen Papier
in der Hand.

„Ich habe was ich suchte," sagte er mit leuchtenden Augen
zu Herrn v. Hövel. „Mein Verdacht, daß der Bursche die Pa=
piere sich versteckt habe, hat sich bestätigt. Die Wirthin, eine ver=
nünftige Frau, hat die Zuhälterin des Burschen da zurückgehalten,
bis sein Schicksal hier oben sich entschieden haben würde; und die
Dirne hatte die Papiere in ihrem Körbchen. Ich habe nun, was
ich suchte, und bin wieder in den Besitz der gestohlenen Papiere
gelangt. Hier, Elender, sind die Kopien die zwar widerrechtlich
genommen wurden, aber auf welche ich keinen Anspruch mache;
verwende sie meinethalben nach Belieben!" sagte er und wickelte
die Papiere zusammen; „verrathe meinethalben Deine Brodherren,
wie Du willst, und geh' Deinen krummen Weg, der doch nur
zum Galgen führt!"

— „Wie? Sie wollen den Elenden laufen lassen?" fragte
Herr v. Hövel verwundert.

„Sollen wir uns mit Verhören und anderem Aufenthalt
placken und soll ich mir die Papiere wieder abnehmen lassen und
zu Gerichts Handen geben, damit der Prinz sie dort desto leichter
stehlen lasse?" versetzte Adam leise. „Hat man denn noch nie
erlebt, daß wichtige Beweismittel aus den Akten gestohlen wurden?
Machen wir lieber, daß wir fortkommen und unsere Reise
fortsetzen!"

— „Sie haben Recht, lieber Ibstein! ich habe Besseres und
Nöthigeres zu thun," versetzte der Obristwachtmeister und spannte
ruhig den Hahn der Pistole ab. „Bindet den Burschen da los!"

„Wie? Sie lassen ihn laufen?" fragte der Wirth verwun=
dert die beiden Herren.

— „Ich überlasse den Menschen Euch, Gevatter Kronenwirth!
Ihr mögt mit ihm beginnen, wie Euch gut dünkt und wie Euch
vorgestern Abend der vornehme Herr angab," sagte Adam.
„Jedenfalls habt Ihr ein Recht, ihn verhaften zu lassen, da er Euch
gefährlich bedroht und belogen hat, denn er ist kein Leibschneider . . ."

„Kronenwirth, seht Euch vor! mit mir ist nicht zu spaßen!"
flüsterte Hühnersdorf und griff mit bebenden Händen, die von
dem festen Binden noch ganz starr und blutlos waren, seine
Kleider und Papiere auf. „Euch fürcht' ich nicht, wie diese Herren
hier! Euch kann ich es eintränken!"

— „Ich fürchte Dich auch nicht, Bursche! Du bist mir schon
sicher, so lange der Fanghund da Dir an der Kniekehle läuft,
und die Soldaten werden bald da sein um Dich in den Arrest
zu holen," erwiderte der Wirth schadenfroh, denn die Erinnerung
an den Schreck, den ihm Hühnersdorf an jenem Abend am Garten=
pförtchen bereitet hatte, verdrängte jedes Mitleid aus seinem rohen
Herzen. Er packte den verdächtigen Burschen am Kragen und
führte ihn hinunter, um ihn einstweilen in die Metzig im Erd=
geschoß zu sperren, welche vergitterte Fenster hatte. —

„Wie geht es dem Fräulein?" fragte Adam, dem der Er=
folg dieses unverhofften Eingreifens ebenso viel Ruhe als Befrie=
digung gewährt zu haben schien, den Obristwachtmeister.

— „Sie ist ruhig geworden, weil sie sich beinahe zu Tode
gerast hat," erwidert der bekümmerte Vater. „Auch war der
Arzt schon da, welchen ich in aller Frühe rufen ließ, und hat
ihr Laudanum und andere Beruhigungsmittel gereicht und mich
versichert, daß vorerst und ohne weitere Aufregungen ein Anfall
nicht zu fürchten, weil die Natur zu sehr erschöpft sei. Er widerrieth
zwar die Reise, aber er weiß mir auch keinen andern Rath, als
in Derbach oder Walbau anzuhalten und Philippinen in geeignete
Pflege zu geben. Ich aber ziehe vor, lieber um jeden Preis nach
Hause zu reisen und mein armes Kind ferneren Störungen zu
entziehen. Philippine ist zwar schwach, aber wir können nicht
länger warten."

„Nein, Herr v. Hövel, wir müssen fort, koste es was es
wolle, denn die hiesigen Behörden würden mich nicht eben sehr
glimpflich behandeln, wenn ich ihnen zugäbe, in welcher Weise
ich mit dem Spion vorhin umgesprungen bin," sagte Adam.
„Brechen wir auf und machen wir, daß wir über die Grenze
kommen!"

Adam ging hinunter, um den Wirth zu bitten, daß er Hühners=
dorf erst dann den Behörden übergebe, wenn er mit seinen Be=
gleitern abgefahren sei. Er traf den Kronenwirth in einem
lebhaften Wortwechsel mit dem Judenmädchen, das mit Hühners=

dorf gekommen war und welches der Wirth nun ebenfalls den
Gerichten übergeben wollte. Sarah protestirte dagegen mit all
der Zungenfertigkeit ihrer Race und ihres Geschlechts, und fand
Unterstützung von Seiten einiger ihrer Glaubensgenossen, welche
der Lärm herbeigelockt hatte. Der Entschluß des Kronenwirths
war schon halb erschüttert von den Bitten, Vorstellungen und
Drohungen der Israeliten, welche fest zu ihrer Glaubensgenossin
hielten und ihm andeuteten, daß sie sein Haus in Verruf thun
und ihn selber es entgelten lassen würden. Aber die Wirthin
war unbeugsam und schlug das Gerede der Hebräer in den Wind,
bis Adam sich in's Mittel schlug und die Freilassung des Mäd=
chens befürwortete, da sie ja aus Bruhel gebürtig und somit
leicht zu finden sei, wenn die Behörden sie als Zeugin oder An=
geschuldigte gebrauchten. Sarah dankte dem jungen Mann mit
einem freundlichen Blick ihrer schönen schwarzen Augen, raffte
ihr Körbchen auf, welches die Wirthin ihr abgenommen hatte,
und machte sich sogleich in Begleitung einiger Männer ihres
Stammes auf den Heimweg.

Der Gelegenheit kundig, war sie nicht auf die Straße hinaus,
sondern durch die Hinterthüre auf den Hofraum getreten, um den
Weg durch den Krautgarten einzuschlagen. Als sie über den
kothigen Hof eilen wollte, sah sie hinter den vergitterten, offenen
Fenstern der Metzig Hühnersdorf's blasses, verstörtes Gesicht.

„Sarchen, auf ein Wort!" flüsterte er ihr zu und winkte
mit den Augen.

Das schöne Judenmädchen wollte vorüber wie ihre Begleiter
es verlangten, aber er rief ihren Namen nochmals ängstlich,
dringend, und als sie sich umwandte, warf er ein kleines Päckchen,
in schmutziges grobes Papier eingeschlagen, durch die Gitter und
flüsterte: „Verwahr' es gut, Sarah! es ist Goldes werth!"

Eine hastige Umschau im Hof und an den Fenstern des
Hauses, und ein rascher Sprung, als Sarah sich unbemerkt
glaubte, ein kecker Griff um das kleine Päckchen aufzuraffen, und
die flinke Dirne war um die Ecke der Scheune, und lief jetzt
aus Leibeskräften durch den nassen Garten, um aus dem Bereich
des erbosten Kronenwirths zu entkommen.

Eine gute halbe Stunde später stand die Kutsche des Herrn
v. Hövel reisefertig vor der Krone. Der Obristwachtmeister und
die Zofe trugen das Handgepäcke herunter und verstauten es in

dem Reisewagen. Dann stieg Adam die Treppe herab und trug auf seinen Armen die in Teppiche eingehüllte Philippine, deren Auge starr, glanzlos und unempfänglich in's Weite schaute, während ihr Körper schlaff und matt war. Adam legte sie in den Wagen, hob den Obristwachtmeister und die Zöfe hinein und schloß den Schlag; dann drückte er der Wirthin und den Dienst= leuten noch ein freigebiges Geschenk in die Hand, kletterte auf den Bock und der Wagen rollte in den leichten Nebel hinein, welcher über der flachen Gegend hing und die schwere Kutsche bald den Blicken der Nachschauenden entzog.

Binnen einer Stunde war die Grenze überschritten. Man war auf walbauischem Gebiet und somit in jener Zeit vorerst der Nachstellung der Behörden von Bruhel enthoben. Einige Stunden später erreichte man Derbach. Vor dem Thore des Städtchens stieg Adam vom Wagen und ging hinein, um ein kleines mitgebrachtes Paket zur Post zu geben, welches er an einen vertrauten Freund, einen Studenten in Hulbenberg, adressirt hatte. Es war ihm ein Stein vom Herzen, als er des Päckchens ledig war, dessen Inhalt unsere Leser bereits errathen haben werden, wenn wir ihnen anvertrauen, daß Adam in dem Be= gleitebrief seinen Freund bringend gebeten hatte sich sogleich ein Pferd zu nehmen und das Päckchen unverweilt nach Empfang an den Kammerrath Freiherrn v. Ibstein in Mühlheim abzuliefern. —

24.

In der Eckstube im zweiten Stockwerk des „Wilden Mann's" zu Walbau ging Prinz Ludolf mit starken Schritten auf und ab und blies gewaltige Rauchwolken aus seinem Meerschaum= Pfeifenkopf.

Geduldiges Warten war niemals des Prinzen Sache gewesen und nun vollends ein Warten in einer unbehaglichen, dürftig möb= lirten Gaststube, in einem Gasthause zweiten oder dritten Ranges, an einem trüben langen Winterabend, wo man kaum etwas anderes sieht, als die finstere Straße und jenseit derselben die niedrigen Häuser mit den spärlich erleuchteten Fenstern, — wo man so=

gar Mühe hat, auf der unbeleuchteten Straße nur Gestalten
zu unterscheiden.

Drei-, viermal schon hatte der Prinz das Fenster aufgerissen
und hinausgeblickt und gehorcht, ob er Niemand kommen sehe;
allein der Spruch, daß die Nacht Niemands Freund sei, ward
offenbar nirgends mehr in Ehren gehalten, als in Waldau, der
kleinen Residenz von kaum 7000 Einwohnern. Die guten Bürger
sparten das Geld für das Stümpchen Talgkerze oder den Löffel
voll Oel für die Laterne, die sie nach Einbruch der Nacht tragen
mußten, wenn sie über die Straße gingen, und blieben zu Hause;
und ein paar herumstreifende Hunde und lärmende Kinder aus-
genommen, sah man Niemand auf der Gasse, zumal in diesem
abgelegenen neuen Stadttheile, wo troß der Nähe des Residenz-
schlosses doch erst wenige niedrige Häuser standen und meist nur
sandige Gärten und Felder die ausgelegte Fahrbahn der Straße
begrenzten.

Jetzt öffnete der Prinz das Fenster von Neuem und lauschte
lange hinaus, bittere Verwünschungen zwischen den Zähnen
murmelnd. Es war als ob er vermöge seiner Willenskraft diejenigen herbeiziehen wollte, die er erwartete.

Endlich näherten drunten sich Schritte auf dem Kiespflaster
dem Hause, und im Schimmer des dunklen Winterabends sah
er zwei Männergestalten von der Stadt herankommen, und hörte
die gedämpften Stimmen, in denen sie sich unterhielten, ohne
jedoch die Worte oder den Sinn ihrer Unterhaltung zu verstehen.

„He, Bastian, bist Du es? rief der Prinz hinunter.

— „Sehr wohl, Euer Gnaden! ich bin's — ich komme,"
tönte es mit rauher Stimme zurück.

Ludolf schob das Fenster zu, und wenige Minuten später
krachte und lärmte die Treppe unter schweren Tritten, und der
Reitknecht in Begleitung des Hausknechts trat ein.

„Nun, was ist's?" fragte der Prinz ungebuldig die Beiden.

— „Wollen Durchlaucht nicht zuerst den Xaver da hören?"
versetzte Bastian mit einem bedeutsamen Augenwink.

„Oja; nun, Bursche, was bringst Du? was sagten die
Offiziere?" forschte Ludolf.

— „Ich habe nur die Herren v. Kazeneck und v. Freidorf gesprochen, gnädiger Herr," war die Antwort. „Beide lassen
sich entschuldigen bei dem gnädigen Herrn. Herr v. Freidorf

läßt sagen: er sei zu unwohl um ausgehen zu können, und Herr
v. Katzenegg meinte: er glaube schwerlich kommen zu können,
indem die Offiziere des Leibregiments beim Obersten v. Gamming
eingeladen seien. Könne er aber am späten Abend noch auf ein
halbes Stündchen abkommen, so werde er es möglich machen zu
erscheinen, obschon er nicht gerne in den 'Wilden Mann' gehe —
der gnädige Prinz wüßte schon weßhalb!"

„Die Memmen!" murmelte Ludolf unwirsch vor sich hin;
„vermessen sich einen Staat auf den Kopf zu stellen und kriechen
vor einem Polizeiverbot in ein Mausloch. — Und der Jude?
was ist's mit ihm?"

— „Ich war bei dem alten Hafer und er wird kommen, ob=
schon es Sabbath sei, sagte er. Die Schabbeslampe hat schon ge=
brannt, als ich anklopfte, und es hat Mühe gekostet, daß er mich
in's Haus ließ; aber er wird nach dem Abendbrod kommen,
läßt er dem gnädigen Herrn sagen," berichtete der Hausknecht.

„Sonst nichts Neues?"

— „Nicht daß ich wüßte, Gnaden!"

„Dann geh' und warte, bis der Hafer kommt und führ'
ihn in aller Stille herauf. Bastian wird Dir hernach etwas für
Deine Mühe reichen!" sagte Ludolf und entließ den Hausknecht
mit einer ungeduldigen Handbewegung.

„Was ist's mit dem Kammerjunker?" fragte Ludolf nun
den Bastian, sobald die Thür hinter dem Hausknecht in's Schloß
gefallen war.

— „Herr v. Ziegenau wird um acht Uhr kommen, wann der
Dienst zu Ende ist," meldete Bastian. „Er machte zwar ein
saures Gesicht, aber er wird doch erscheinen. Wenn ich nur in
der andern Sache ebenso glücklich gewesen wäre!"

„Mit Hühnersdorf, meinst Du? Nun, was ist's mit
dem Kerl?"

— „Der Schlingel muß Farnsamen in der Tasche haben oder
es geht bei ihm sonst nicht mit rechten Dingen zu," versetzte
Bastian ärgerlich. „Wo ich ihn aufsuchte, da war er gestern
oder heute schon gewesen, oft erst vor einer halben Stunde weg=
gegangen. Ueberall hat er 'was Ordentliches aufgehen lassen
und blankes Geld genug gezeigt, und sich gerühmt, er habe nun
das Glück beim Schopf und in der Lotterie gewonnen! Der
Kerl ist ein wahrer Ueberall und Nirgends!"

„Alſo nicht aufzutreiben?" fragte der Prinz finſter.

— „Für heute nicht; ich habe die Polizei hinter ihn ſchicken
gewollt, aber der Wachtmeiſter meinte: das ſei unnöthig, denn
er und ſeine Leute ſuchten ihn ſchon den ganzen Tag und er
ſchlüpfe ihnen durch die Finger wie ein Aal. Der Kerl habe
Drohbriefe geſchrieben und gelegt, und der Reichsgräfin Erlaucht
ebenfalls einen ſolchen, und der Stadtdirektor habe Befehl ge=
geben, den Kerl zu verhaften, wo er ſich auch immer betreten
laſſe, und krummgeſchloſſen in Arreſt zu legen!"

„Ich habe den Bock zum Gärtner geſetzt, indem ich dem
elenden Kerl mich anvertraute," murmelte der Prinz. „Allein
nun iſt die Thorheit einmal begangen und ich muß mich darein
ergeben. — Du warſt hoffentlich bei Herrn v. Abelsberg? was
ſagt er?"

— „Die Excellenz war überraſcht zu erfahren, daß Durch=
laucht hier ſeien, ihm gleichſam auf dem Fuße gefolgt," rapportirte
Baſtian. „Bisher haben die Excellenz noch nicht Zeit gehabt,
den allerdurchlauchtigſten Herrn zu ſprechen, hofften aber nach der
Tafel die Gnade zu haben, ihren Bericht abzuſtatten, und wollten
dann meinem gnädigen Herrn ſogleich ſchriftlich melden, wie Seine.
Durchlaucht die Sache aufnehmen."

„Schriftlich? der Kerl hat ja keine zweihundert Schritte
bis hieher!" rief Ludolf unwillig.

Baſtian zuckte die Achſeln und grinste höhniſch. „Durch=
laucht halten zu Gnaden, aber ich denke wir haben eine Dumm=
heit begangen, indem wir hier abſtiegen," ſagte er.

„Tölpel! was wäre denn daran dummes? iſt ein Gaſthaus
nicht wie das andre?"

— „Scheint nicht! Wem ich auch ſagte, daß wir im 'Wilden
Mann' in aller Stille eingekehrt ſeyen, der zog den Mund ſchief
und die Brauen in die Höhe, brummelte etwas von 'Räuber=
höhle' und Polizeiverbot, und geberdete ſich, als wären wir im
Peſtſpitale. Auch die Excellenz ſchüttelte den Kopf und meinte:
warum denn Euer Liebden nicht in Dero Palais am Thore ab=
geſtiegen ſeien?"

„Schafsköpfe! will man mir vorſchreiben, was ich thun ſoll?"
murrte Ludolf unwirſch.

— „Hm, das nicht, Durchlaucht! aber ſo viel mir der
Xaver ſagt, ſind wir ſelbſt dem Wirth ein Dorn im Auge, und

er würfe uns lieber hinaus, als daß er uns hier behielte . . . .
der Mann habe viele Ungelegenheiten mit der Polizei und dem
Bürgermeister gehabt wegen der Räuberhöhle, sagt Xaver, und
es sey nahe daran gewesen, daß ihm der Polizeidirektor den Schild
eingezogen hätte! Darum auch die finsteren Mienen, als wir
kamen, und der Unwilligkeit in Allem!"

„Was kümmert es mich! Was liegt mir an einem solchen
Kerl von Wirth?" brummte der Prinz. „Und nun die Haupt=
sache! was ist's mit der Reichsgräfin? Hast Du sie gesprochen?"

— „Durchlaucht halten zu Gnaden, aber das ging nicht,"
versetzte Bastian. „Ihre Erlaucht waren noch bei Tafel, als ich
in's Schloß kam, und die Leute der Erlaucht stierten mich an,
wie ein Mondkalb, daß ich mich erfreche, noch ins Schloß zu
kommen. Keines wollte den Brief hintragen. Endlich sagt' ich
ihnen meine Meinung, und lauerte auf der kleinen Hintertreppe
bei den Garberoben, bis die Erlaucht von der Tafel käme, trat
dann auf dem Korridor ihr in den Weg und machte mich be=
merklich. Ihr Erlaucht erschracken bei meinem Anblick und
schauten zur Seite, mit Fräulein v. Hoffmann sprechend, und
thaten als ob sie mich nicht sähen. Da konnt' ich den Brief nicht
abgeben . . . ."

„Wie tölpisch, Bursche!" . . .

„Durchlaucht wollen mich nur zu Ende hören! ich glaube
meine Sache nicht so schlecht gemacht zu haben, denn kaum eine
Minute später kam die Kammerfrau und fragte mich, was ich
hier zu thun habe? 'Dieses Briefchen selber übergeben und auf
Antwort warten, Mamsell!' sagt' ich. Worauf sie mir versetzte:
Die Erlaucht seyen beschäftigt, aber ich möge den Brief ihr über=
geben, und sie wolle ihn bestellen . . . ."

„Kerl, schneid' ab von deiner eckelhaften Länge und Breite!"
rief Ludolf und stampfte ungeduldig mit dem Fuße. „Zur Sache
denn! Hast Du Antwort bekommen?"

— „Hier, Durchlaucht!" sagte Bastian und zog ein Briefchen
aus der Tasche, das ihm der Prinz rasch entriß, öffnete und bei
den Kerzen auf dem Tische las.

„Ich bedaure, mein liebwerther Herr Sohn, Eurer Liebden
bedeuten zu müssen, daß ich von Dero hiesiger Anwesenheit
nicht Notiz nehmen kann, so lange Euer Liebden incognito
hier seyn wollen," schrieb Caroline von Thannheim. „Rück=

sichten der höchsten Art verbieten mir, Eurer Liebden Wunsch,
einer Unterredung mit mir, zu erfüllen, ohne daß ich darüber
die hochweise Ansicht meines durchlauchtigen Ehegemahls, des
gnädigen Herrn Vaters Eurer Liebden, eingeholt habe, weßwegen
Euer Liebden geneigtest entschuldigen wollen, daß ich Dero Gesuch
abschlagen muß, wogegen ich mich aber allzeit nenne

Eurer Liebden wohlgeneigte treue Mutter

C. Gr. v. Th."

Ludolf stampfte mit dem Fuße und ballte das feine Papier
in einen Knäuel zusammen. „War dies Alles, Bastian?"

„Zu Befehl, Durchlaucht! die Kammerfrau brachte mir das
Briefchen heraus, und sagte: Ihre Erlaucht lassen dem gnädigen
Prinzen vermelden, daß sie von Herrn von Adelsberg mit Ver-
gnügen gehört, daß alles sich zur Zufriedenheit geordnet habe,
und hofften den gnädigen Prinzen morgen bei Hofe zu sehen.
Das war Alles!"

„Dann geh' nach meinem Palais und sag' dem Hausmeister,
daß ich noch heute Abend eintreffen werde, Bastian!" sagte der
Prinz mit einer ungeduldigen Handbewegung. „Ich komme mir
vor wie ein scheiterndes Schiff, das die Ratten verlassen," murmelte der Prinz. „Jetzt wo wir alle zusammen halten sollten,
um gemeinsam Front zu machen gegen das Widerwärtige, sucht
Jeder sich selber zu salviren und mich zu meiden! Und Caroline,
die mit mir durch die direkteste Gemeinschaft der Gefahr verbunden seyn sollte, spielt nun die Prüde und Vorsichtige, und
weicht sorgsam auch dem entferntesten bösen Schein aus! — Ich
werde irre an mir selbst und den Menschen. Ich glaube, es
ist Zeit, mich aus dem Staub zu machen!"

Ludolf war wieder einige Male gedankenvoll und ärgerlich
im Zimmer auf und ab gegangen und hatte ein Glas Wein
hinunter gestürzt, als die Treppe abermals unter schweren Tritten
knarrte und Bastian's Stimme draußen sprach: „Trete der gnädige
Herr nur ein! Durchlaucht erwartet Sie!"

„Ah, sieh da, Ziegenau! ich danke Dir, daß Du meine Bitte
erfüllt hast!" rief der Prinz dem Eintretenden entgegen. „Willkommen, mein Freund!" fügte er mit treuherziger Wärme hinzu.

— „Ich freue mich herzlich, Sie wieder zu sehen, Durchlaucht," erwiderte der Kammerjunker, ein schlanker, feiner junger
Mann, etwa vom Alter des Prinzen, und erfaßte ehrerbietig

mit den Fingerspitzen Ludolf's Hand. „Durchlaucht wissen ja
daß ich stets bereit bin, Hochdenselben mit Leib und Seele zu
dienen. Ich bitte nur um Entschuldigung, wenn ich früher komme,
als ich versprochen," fuhr der junge Elegant mit einem Blick
auf eine der beiden Uhren fort, die er trug, und hieng seinen
leichten Mantel über einen Stuhl. „Allein mein Oheim, der
Minister, gab mir einen Wink, ich werde auf ein Stündchen
meines Dienstes quitt sein, da er mit unserem allerdurchlauchtigsten
Herrn eine wichtige Konferenz habe, welche Euer Liebden betreffe,
und daß Euer Durchlaucht mir ohne Zweifel danken würden,
wenn ich Hochdenselben meldete, daß mein Oheim von den besten
Hoffnungen erfüllt sey."

„Ich danke Dir, Carl; ich weiß daß Herr v. Abelsberg sich
meiner mit Wärme annehmen wird; ich weiß auch, daß Du mit
treuer Liebe an Deinem Jugendgespielen hängst, weil Du fühlst,
wie aufrichtig ich Dir gewogen bin. Ich habe daher zu Dir
das Zutrauen, daß Du Dich mir in meiner jetzigen Lage als
Freund bewähren wirst, denn Du weißt ja, rebus in angustis ...
wie der alte Werner uns einbläute ..."

— „Ich hege keinen größern Wunsch, als Eurer Liebden
thatsächlich meine unbedingte Ergebenheit zu beweisen! Verfügen
Sie über mich, Durchlaucht!" sagte Herr von Ziegenau feierlich
und legte die Hand aufs Herz, welches in diesem Augenblicke
allerdings auch etwas erwartungsvoll pochte, da der junge Höf=
ling nicht recht errathen konnte, welcher Art das Anliegen des
Prinzen sey. — „Mein Vermögen ist nicht bedeutend, Prinz,
aber es steht Ihnen ebenso bereitwillig zur Verfügung, wie mein
Kredit, meine Person, mein Degen!"

„Es handelt sich nicht um Geld, Carl," versetzte Ludolf
mit treuherzigem Lächeln. „Wenn ich Geld brauche, hol' ich es
bei den Juden, und nicht bei meinen Freunden. Du sollst mir
mehr geben, als Geld — ich verlange von Dir etwas, was bei
euch Höflingen am seltensten und darum am kostbarsten ist —
nämlich Wahrheit!"

— „Euer Liebden können versichert seyn, daß ich Ihnen
dieselbe im vollsten Umfange geben werde, wenn es in meiner
Macht steht, obschon ich nicht begreife, um was es sich handelt!"

„Ich will Dich sogleich aufklären, mein Freund!" sagte
Ludolf beinahe bittend. „Ich will einfach wissen, was man hier

zu Lande über mich denkt und spricht, und das sollst Du mir offen und ehrlich sagen!"

— „Durchlaucht, warum gerade ich?" stammelte Herr v. Ziegenau erschrocken.

„Weil Du mein Freund und im Besitze aller Geheimnisse des Hofes und der Stadt bist, Carl. Zum Beispiel, wie denkt und spricht Dein Oheim der Minister von mir?"

— „Euer Liebden spaßen..."

„Zum Geier, nein; ich war in Jahren nie ernster aufgelegt!" rief Prinz Ludolf mit gutmüthiger Derbheit. „Uebrigens magst Du Dir die Antwort ersparen, denn Dein Schweigen und Ausreden ist beredt genug...."

— „Durchlaucht halten zu Gnaden, aber Sie geruhen meine Befangenheit zu mißdeuten..."

„Na, laß gut seyn! Ich kenne meine Leute," sagte der Prinz mit geringschätziger Leichtfertigkeit. „Ich weiß mehr, als ihr Alle mir sagen wollt und könnt. Weil mein Papa mit einem Mittelding von Schmerz und Humor von mir, als seinem 'Söhnchen', spricht, der ihm die wohlverdiente gemächliche Ruhe seines Alters trübe, weil die Erbprinzessin mich immer nur mit Achselzucken ihren 'debauchirten Herrn Schwager mit den Kasernen-Manieren' nennt, und weil mein Bruder Heinrich, dieser Mensch der guten Vorsätze und lahmen Thaten, mich als 'rohen Eisenfresser' prädizirt, so bin ich für euch unselbstständige Leute insgesammt der Knecht Ruprecht, mit dem man die unartigen Kinder schreckt! Zu behutsam, zu lauernd und zu feige, ein Wort zu äußern, dessen Wirkung ihr nicht genau berechnen könnt, zuckt ihr dann nur mit der Achsel, lächelt bedeutsam oder zieht in stummer Entrüstung die Brauen in die Höhe, wenn von Prinz Ludolf die Rede ist, und beobachtet ein vielsagendes und vieldeutiges Schweigen, denn widersprechen darf eine gut gearbeitete Marionnette von Höfling ja nicht, und eine andere Aeußerung über mich könnte als vorlaut, taktlos, impertinent angesehen werden, denn ich bin ja leider bei alledem noch ein Prinz und somit in solange noch eventueller Thronerbe, wenn's der Himmel so fügen will, als ich offiziell noch keinen Verzicht auf Thronfolge unterzeichnet habe, oder von meines erlauchten Herrn Vaters Liebden nicht verstoßen worden bin. — Du siehst, ich

durchschaue Euch Alle bis auf den Grund und mache mir keine
Jllusionen über Euch!"

— „Durchlaucht wollen geruhen, meiner ernstlichen Ver=
sicherung zu glauben, daß ich nicht zu jenen Personen gehöre,
auf welche Eurer Liebden bittere Schilderung paßt!" stotterte
der Kammerjunker. „Wenn irgend einer von denen, welche das
Glück gehabt haben, Euer Liebden näher zu kennen, so bin ich
lebhaft davon überzeugt, daß man Hochdenselben zu viel aufbürdet,
und bin mir bewußt, Eurer Liebden mit der aufrichtigsten Affektion
und dem größten Empressement ergeben zu seyn."

„Wohlan, so beweise es durch Wahrheit, Carl, indem Du
auf Dein Wort versicherst, daß man nicht so schlecht von mir spricht,
wie ich es geschildert habe!" rief Ludolf lebhaft. „Auf das
Wort eines Edelmanns und Cavaliers, bin ich falsch berichtet?"

— „Durchlaucht!" stotterte Herr v. Ziegenau; „ich ver=
mag nur zu betheuern, daß ich niemals in der Lage war, mit
meinen eigenen Ohren und zu meiner aufrichtigsten Betrübniß
derartige Aeußerungen aus hohem Munde über Euer Liebden zu
hören, und daß ich innigst überzeugt bin, solche Aeußerungen,
falls sie überhaupt gethan worden, sind oder waren nur Aus=
flüsse einer erregten Stimmung und im innigsten Vertrauen
gethan . . . ."

„Aber siehst Du, jedenfalls gethan!" rief Ludolf lachend.
„Na, ich nehme Akt davon und will nicht weiter fragen. Aber
was sagt man über das Gerücht, daß ich mich vermessen habe,
noch bei Lebzeiten meines erlauchten Vaters und meiner ältern
Brüdern mich zu gebahren, als ob ich auch ein Recht an die
Regierung hätte, und als ob dieses Land unter meinem Scepter
sich freier und behaglicher fühlen könnte als bisher?"

„Ich kann Eurer Liebden betheuern, daß hiervon nie
in meiner Gegenwart gesprochen worden, daß Niemand sich diese
Möglichkeit laut zu denken wagt!" entgegnete Herr v. Ziegenau,
der unter den forschenden Blicken des Prinzen vor peinlicher Ver=
legenheit beinahe Blut schwitzte. „Ich weiß von allen diesen
Dingen nichts. Man munkelt nur von gewissen kompromittirenden
Denunciationen, welche an Seine Durchlaucht unsern allergnädig=
sten Herrn gelangt seien, von der allerhöchsten Ungnade, welche
gewisse Persönlichkeiten sich zugezogen, — von großen Verbind=
lichkeiten, worin Euer Liebden sich befänden, — von einer unlieb=

samen Affaire mit einer jungen Dame vom Stande, welche die
Gnade Ihrer Erlaucht der Reichsgräfin verscherzt habe, — von
einer bevorstehenden längern Reise, welche Euer Liebben anzu-
treten wünschten . . . .

„Und deren baldigster Antritt allen Parteien erwünscht seyn
würde, nicht wahr, Carl?"

— „Insoferne wenigstens, Durchlaucht, als dann zu hoffen
seyn würde, daß die Sache in aller Stille und Minne allmählig
aus dem Munde und der Erinnerung der Leute käme, — ja,
Euer Liebben!"

„Und als man dann den Muth fände, den Abwesenden
nach Herzenslust zu verdammen, wenn man meiner durchlauchtigen Schwägerin Erbprinzessin oder meinen geistvollen, zärtlichen
Brüdern am Munde abläse, daß ihre menschlichen Papageien ihnen
dieß nachsprächen . . . ."

— „Durchlaucht geruhen Ihre Schlüsse etwas zu weit aus-
zudehnen und sind bitter!" wagte der Kammerjunker mit einer
tiefen Verbeugung und bittenden Handbewegung einzuwenden. „Ich
bitte für meinen Theil unterthänigst, meinen Worten eine solche
Deutung nicht zu geben!"

Ludolf ging mit starken Schritten ungeduldig im Zimmer auf
und ab, ohne den Kammerherrn weiter zu beachten, der wie auf
glühenden Kohlen stand. Dann wandte er sich plötzlich zu diesem,
erfaßte ihn derb am Arme und blickte ihm scharf und forschend
ins Gesicht.

„Also rund heraus und ohne Phrasen, Carl, es gilt am
Hofe und in der Stadt für eine ausgemachte Sache, daß ich in
Ungnade gefallen bin, und zwar mit Recht?" fragte der Prinz
rauh und kategorisch.

— „Durchlaucht scheinen mir in dieser Annahme zu weit
zu gehen," versetzte der in die Enge getriebene Herr v. Ziegenau.
„Ich kann Eurer Liebben versichern, daß ich nur gehört habe,
Eurer Liebben wünschten sehnlichst, Hof und Land auf einige
Zeit zu meiden!"

„Und in dieser Erwartung meidet man mich und isolirt sich
von mir, um nicht von mir angesteckt und kompromittirt zu
werden, nicht wahr?" fragte der Prinz bitter. „Ich danke Dir,
Carl, für dieses Zugeständniß, das in Deinen Worten liegt, wenn
auch wider Dein Wissen und Wollen. Es erklärt mir Manches,

was mich in der letzten Zeit verwirrte und befremdete. — Dieses
Sich=Zurückziehen meiner tollen Genossen, diese Beeiferung, auch
äußerlich sich von mir loszusagen und bei dem jungen Hofe liebes
Kind zu machen, diese ganze namenlose Feigheit und Erbärm=
lichkeit! — Ha, es ist auch gut, wenn man sich auf diese Weise
enttäuscht sieht; man bekommt einen tiefern Einblick in die ganze
Erbärmlichkeit und Unnatur solcher Men — nein, solcher Maschinen,
solcher Drahtpuppen! Ich werde diese Lehre nie vergessen, und
die gemachten Erfahrungen an euch allen heimsuchen. Ich werde
nicht ewig der armselige, bebauchirte, angefeindete, nachgeborene
Prinz sein: es können andere Zeiten kommen, und dann werd'
ich euch allen mit demjenigen Maße messen, womit ihr mir auch
gemessen habt — ich werde euch armselige Menschen den Hunden
vorwerfen . . . ."

— „Durchlaucht wollen geruhen, mich nur einen Moment
anzuhören und meine Rechtfertigung zu vernehmen," bat der
Kammerjunker mit gerungenen Händen. „Euer Liebden mögen
über Andere denken, wie Sie wollen, aber ich bin mir bewußt,
nicht zu Eurer Durchlaucht détracteurs zu gehören, sondern es
aufrichtig und ehrlich mit Eurer Liebden zu meinen . . . ."

„Gut, Carl! ich bin nicht so reich an Freunden, daß ich
in diesem Augenblick auch nur einen einzigen entbehren könnte!"
rief Ludolf lebhaft. „Eben darum will ich Dir kein Opfer zu=
muthen und Dich nicht kompromittiren, sondern Dir nur eine
einzige leichte Pflicht auferlegen. Du sollst nämlich Jedem, der
es hören will, sagen, daß ich freiwillig vom Hofe gehe, weil
mich diese Menschen, diese Zustände, diese engherzigen Verhältnisse
anwidern, weil ich nicht gewohnt bin, mich und meinen regen
Geist in die spanischen Stiefeln eurer Beschränkung schnüren zu lassen,
— weil ich mir ein weiteres größeres Ziel für meine Thatkraft
suchen will. Du sollst diesen schwachen Menschen sagen, daß ich
sie mißachte und mich geringschätzig von ihnen abwende; daß ich
auf dem Punkte stehe, mich mit meinem erlauchten Papa aus=
zusöhnen und alle Verantwortlichkeit auf mich zu nehmen für
Dinge, welche mißdeutet werden können, — für einen Schneeball,
der durch die Erbärmlichkeit der Menschen und durch die Mißgunst
der Umstände zur Lawine herangewachsen ist; daß ich aber keinem
von jenen Erbärmlichen je verzeihen werde, welche mir in diesen
Stunden der Verkennung den Rücken gewandt haben! Es werden

Zeiten kommen, wo sie mich wieder suchen werden — wehe dann aber Denen, die ich jetzt durchschaut habe! Ich vergesse Keinen und vergebe Niemanden. Sag' das Jedem, der es hören will, und selbst Denen, welche sich nun von mir unerreichbar dünken, — und damit Gott befohlen!"

— „Durchlaucht werden aber mir nicht in gleichem Maße zürnen, nicht wahr?" flehte Herr v. Ziegenau.

„Geh' erst und bewähre Dich als mein Freund, dann sollst Du Antwort haben!" rief der Prinz bitter. „Ich traue keinem Menschen mehr, bevor ich ihn erprobt habe. Ich war nicht so schlimm, als ich erschien, wenn auch meine Moral nicht die strengste war; aber was machen diese Marionetten aus einem Menschen? Adieu, Carl! leb' wohl, Du sollst noch von mir hören!"

— „Reisen Sie mit Gott, Durchlaucht, und erhalten Sie mir Ihr Wohlwollen!" bat der Kammerjunker, aber Bastian meldete in diesem Augenblick seinem Herrn leise, daß der Jude Hafer gekommen sey, und der Prinz verabschiedete sich von dem Kammerjunker mit einer Hast, welche den Höfling verwirrte. Gedankenvoll und unruhig kehrte Herr von Ziegenau nach dem nahen Residenzschloß zurück, entschlossen noch diesen Abend seinem Oheim Adelsberg alles zu rapportiren. — —

Während Prinz Ludolf und der alte Hafer in größter Heim-lichkeit ihre Geldgeschäfte mit einander abmachten, ging eine ältere Frau, in einen alten Barchentmantel gehüllt, scheu und langsam durch die Gassen der Stadt dem Schlosse zu, welches an dem einen Ende der Stadt lag. Ihr kleines Laternchen von Messingblech warf nur einen geringen Lichtkegel vor ihr her, und sie lauschte mit vorgeneigtem Kopf in die Dunkelheit hinaus und bemühte sich, mit ihren dunklen Augen die Finsterniß zu durchbringen und durch Gesicht und Gehör zu ermitteln, ob sich irgend Jemand ihr nahe. Und wenn sie dann dieß inne geworden war, so schlug sie rasch die Blende ihrer Laterne herab, barg diese unter den Mantel und drückte sich wie ein verscheuchter Vogel in eine Ecke oder einen Thorweg, bis die Begegnung vorüber war.

So war die scheue Nachtwandlerin bis in die Nähe des Schlosses herunter gekommen, ohne von irgend einem der wenigen Begegnenden bemerkt oder erkannt worden zu seyn. Eine einzige Häuserzeile schied sie noch von den Alleen des Schloßplatzes,

welcher die Residenz von der Stadt trennte, und wo sie sich unbemerkt und unbeachtet wußte. Lautlos trippelnd auf den rauhen
Kieseln des Straßenpflasters vor den Häusern, hatte sie schon
die letzte Straße gekreuzt, welche ihren Weg unter beinahe rechtem
Winkel schnitt, als aus der Vertiefung eines Thorweges zwei
dunkle Gestalten hervorsprangen und ihr mit einem lauten „Halt,
wer da?" den Weg vertraten. Der eine der beiden Männer
erfaßte mit derber rücksichtsloser Faust das rechte Handgelenke
der Frau und drückte es sammt der Handlaterne in die Höhe, so
daß der volle Schein der letzteren auf das braune Gesicht der
erschrockenen Frau fiel.

„Jesus Maria, was ist das?" kreischte die Frau erschrocken;
„was wollt Ihr von mir? Um Gottes Barmherzigkeit willen,
ich bin eine arme Frau! — Herr Sabel, was wollen Sie von
mir? Ist dieß auch eine Art, alten ehrbaren Frauen so zu begegnen?"

— „Die Riethammern?!" versetzte der Polizeiwachtmeister
verblüfft und ließ rasch die Erkannte los. „Potz Blitz, da sind
wir an die Unrechte gerathen! Laß sie los, Zwicker! Die ist's
nicht!"

„Einen so zu überfallen und zu erschrecken, Herr Wachtmeister,
ist dies auch recht?" hub die Frau zänkisch an, die ihren Vortheil rasch erkannte. „Ich zittre schon vor Entsetzen; es wird
mir an der Gesundheit schaden, und wenn ich nun aus Alteration
nicht im Stande bin, das zu leisten, um wessen willen man mich
ins Schloß entböten hat, so werde ich erzählen, daß die Polizei
mich überfallen und beinahe zu Tode erschreckt hat — mich, eine
alte, ehrbare Frau, ein uraltes Bürgerskind von Waldau! Meiner
Treu, die ärgsten Spitzbuben hätten mich nicht mehr zu erschrecken vermocht!"

„Schweigen! nicht maulen, Riethammern!" erwiderte der
Polizeiwachtmeister, der sich mittlerweile ebenfalls gefaßt hatte
und seinen Mißgriff durch Einschüchterung verdecken wollte. „Was
hat man bei tiefer später Nacht und nachtschlafender Zeit noch
auf der Straße zu schaffen?"

„Das ist meine Sache und wird den Musjeh Wachtmeister
nicht kümmern," sagte Frau Riethammern spitzig. „Wenn es
übrigens die hohe Polizei 'was angeht, so kann sie mich ja in's
Schloß begleiten und selber nachsehen, wer mich hat rufen lassen!

Ich will dann meinen Theil schon stellen und der Herrschaft Bescheid sagen!"

„Oho, nur nicht patzig! man kennt das! Ist in der Regel lauter Flunkerei!" polterte der Wachtmeister barsch heraus. „Wenn Sie ein gutes Gewissen hatte, Niethammern, und sagen durfte, wohin Sie gehe, so brauchte Sie nicht die ganze Waldstraße herunter Ihre Laterne bald zu zeigen bald zu verstecken, wie Sie gethan hat!"

„Das hätte ich gethan? ich?"

„Na freilich, haben wir es doch mit eigenen Augen doppelt gesehen!" bestätigte der andere Polizist oder Stadtsoldat.

„Ja, daß Er doppelt gesehen, Zwicker, das glaubt man Ihm, denn Er riecht überlaut nach Wein! Aber ich sag', es ist nicht wahr, daß ich mein Laternchen versteckt habe! Und hätt' ich es gethan, was wäre das unrechtes? Hab' ich kein Recht dazu? Darf ich es nicht thun, wenn es mir daran liegt, daß mich nicht jeder Esel erkenne und mir nachgaffe oder nachlaufe, um zu sehen, wohin ich gehe, damit nicht morgen vornehme Leute dadurch in dumme Klatschereien gerathen? Geht das Ihn 'was an, Zwicker?"

„In all' Weg'! die Polizei hat sich um alles zu kümmern!" sagte Sabel der Wachtmeister selbstgefällig und zuversichtlich.

— „Na, mir auch recht — kümmre sich der Herr Sabel nur um das, was ich zu thun habe, und begleite Er mich, wenn Er das Courage hat! — wollen 'mal sehen, was daraus wird! Mir kann's nur lieb seyn, denn ich geh' meiner Wege und will meine Zunge schon gebrauchen! Wir werden uns schon wieder sehen!"

Die alte Frau lachte höhnisch und ging weiter, trat in den großen runden Raum zwischen Stadt und Schloß hinaus, wo die breiten Kronen der Linden selbst noch in ihrem entblätterten Zustande die Finsterniß mehrten und nur auf langen Strecken einsame Oellämpchen die Auffahrten bezeichneten.

„Hannes, Zwicker! ich glaube, wir haben da eine rechte Dummheit gemacht," flüsterte der rathlose Sabel seinem Ge= fährten zu. „Die alte Hexe kann mehr als Brod essen. Wenn sie uns 'was dafür anthäte, weil wir sie in ihrem Treiben ge= stört haben, oder wenn sie wirklich ins Schloß berufen wäre und nun erzählte, daß wir sie aufgehalten!?"

— „Es kann zu schlimmen Häusern führen, Wachtmeister!" versetzte der Stadtsoldat sehr bedenklich, holte seine große runde, rothe Dose heraus und versah sich mit einer gewaltigen Prise. „Mir könnt's zwar gleichgültig seyn, denn ich hab' nur gethan, was mich der Herr Wachtmeister geheißen hat; aber ich meine doch, Er sollte der alten Hexe gute Worte geben. Er weiß ja, Meister Sabel, unser eins hat Vieh und Kinder, an denen das Weib Schaden thun könnte! Vorsicht ist 'ne gute Sache!"

„Hannes, das ist ein wahres Wort!" sagte Sabel, nachdem er ebenfalls eine mächtige Prise geräuschvoll emporgezogen in seinen karminrothen umfangreichen Gesichtserker. „Man muß dem Teufel manchmal auch ein Vaterunser beten, und mit großen Herrschaften ist nicht zu spaßen. Ich will der alten Hexe gute Worte geben. — He, Frau! he, Niethammern! auf ein Wort!"

Die Frau that, als höre sie nicht und beschleunigte ihre Schritte, um in die Nähe der Schloßwache oder einen der Eingänge zu kommen, wo sie sich für bedeutend sicherer vor der Willkür der Polizei hielt, wenn sie sagte, zu wem sie in's Schloß entboten sey. Sabel und Zwicker mußten daher endlich, als ihr Rufen nur tauben Ohren zu gelten schien, ihre Zuflucht zum Laufen nehmen, und holten die Frau nicht eher ein, als bis nur noch eine doppelte Reihe Lindenbäume sie von dem dämmernden Lichtkreis schied, den die erleuchteten Fenster im Corps de Logis des Schlosses nach dieser Seite her auswarfen.

„Nun, was ist's? was wollt ihr schon wieder?" fragte die Niethammer finster, als sie den Herantrabenden die Laterne entgegengehalten und sie erkannt hatte.

Der Wachtmeister versicherte das Weib zunächst seiner freundschaftlichsten Absichten und lenkte dann weitläufig und linkisch ein, indem er ihr mittheilte, wie er in seinem Eifer, eine gefährliche Person zu verhaften, der er schon den ganzen Tag nachspüre, zu weit gegangen sei. Geschickte Fragen der schlauen Niethammer, die sich noch immer sehr empfindlich geberdete, lockten aus ihm alles das heraus, was unsere Leser bereits von Sabel's Auftrag bezüglich Hühnersdorfs und seiner Begleiterin wissen, und von den unverschämten Zuschriften und Drohbriefen des Burschen an verschiedene vornehme Personen, sogar an die Reichsgräfin Erlaucht, welcher der Mensch sogar mit seiner vollen Unterschrift geschrieben habe. Die dunkeln Marderaugen der Wahrsagerin funkelten pfiffig und schadenfroh über diese Mittheilung, deren Werth für ihre eigenen Zwecke sie übrigens weislich verschwieg, und nachdem sie aus dem verlegenen Sabel herausgepumpt, was dieser theils an der Thüre seines Chefs erlauscht, theils sonst erfahren hatte, verstand sie sich halb widerstrebend, halb mitleidig, den beiden Organen der öffentlichen Sicherheit unter der Bedingung zu verzeihen, daß sie ihr Alles mittheilten, was weiter in dieser Angelegenheit noch aufkommen würde.

„Soll mir auf ein Glas Wein oder Schnaps nicht ankommen, wenn mir Einer etwas Wichtiges zu hinterbringen weiß,“ sagte sie mit jener Zuversicht und Ueberlegenheit, welche dem Zuhörer imponirt. „Die Geschichte interessirt mich, denn ich weiß ja längst von der Sache, und weiß auch, daß ihr den Windbeutel nicht mehr fangt, und daß er über alle Berge ist. Wäret ihr gestern Abend zu mir gekommen und hättet mir die Sache erzählt, oder auch nur heute früh vor der Morgenglocke, so hätt' ich euch im Kaffeesatz oder den Karten manches zu zeigen vermocht, was euch gewundert hätte! Ich hätte euch geoffenbart wo er ist und wer mit ihm hält — aber nun ist es zu spät; er ist fort und ihr seid nahe daran gewesen, euch eine recht böse Suppe einzubrocken. Geschieht euch recht! müßt nicht immer klüger seyn wollen, als andere gescheidte Leute! Hab' euch ja auch schon manchen Gefallen gethan, manchen wichtigen Wink gegeben!“

— „Das ist wahr,“ sagte Zwicker. „Die Niethammern hat oft schon mehr gewußt als wir.“

„Und hat uns manchmal auf die rechte Fährte geholfen, zum Exempel bei dem großen Diebstahl im . . .“

— „Keine Namen, Musjeh Sabel! ich helf' euch gerne wieder, aber eine Hand wascht die andere, und je mehr ihr mir sagt, desto besser seh' und versteh' ich, was mir mein Stiribus in den Karten und im Kaffeesatz zeigt. Also nun gute Nacht, und daß ihr mich von Allem auf dem Laufenden erhaltet, — auch von wegen des Prinzen Ludolf!“ — „Das kam gelegen,“ murmelte sie dann leise vor sich hin, während sie nach dem Seiteneingang des Schlosses hinüberschritt; „nun wissen wir ja wie der Hase läuft!“

Sabel und Zwicker aber waren nun vollkommen überzeugt von der Vergeblichkeit weiterer Nachforschungen, und verfügten sich zu einem Pintenwirth am Markte, um sich mit einem Schoppen Wein für die gehabte Alteration zu entschädigen:

Mittlerweile hatte die Niethammer das Schloß erreicht und sich bei der Kammerfrau der Reichsgräfin gemeldet, welche sie sogleich vorließ und in ihrem Kabinet erwartete. In den sonst so glänzenden Augen und in Mienen und Gebahren der schönen Frau verrieth sich eine unverkennbare Unruhe, welche diese kaum zu verhehlen vermochte, und es schien ihr trotz aller Weltgewandtheit etwas schwer zu werden, das rechte Wort für die Anknüpfung der Unterredung, für die Kundgebung ihres Verlangens zu finden.

„Erlaucht sind ja krank," hub die Niethammer einschmeichelnd und mit großer Besorgniß an. „Ist irgend etwas vorgefallen, was den Frieden aus diesem edlen trefflichen Herzen verscheucht hat? — Oh, Erlaucht brauchen mir es gar nicht erst zu sagen! Es wird ja schon in den Karten stehen. Ich bin Eurer Lieb= den ganz unterthänigst zu Diensten. Sind wir auch ganz allein, Erlaucht, und kann uns Niemand belauschen? — Will mich nur noch ein Bißchen wärmen, denn es ist wirklich ein weiter Weg und ein wahres Hundewetter, und ich hatte noch einen großen Schreck, denn die Esel von der Schaarwacht sprangen mir nach und verfolgten mich ein paar Straßen weit, weil sie mich für eine liederliche Dirne hielten, bis ein paar Leute von der Polizei herzukamen und mich als eine arme, ehrliche Frau erkannten, die Mühe genug hat, sich redlich durchzuschlagen ..... Und Erlaucht begreifen ja, wenn man so in dem dünnen Zitzkleidchen da und in einem leichten Tuch im kalten Regen über die Straße läuft, und gerade aus dem warmen Bett kommt und nichts im Magen hat als ein armseliges Schälchen Kaffee und ein Stückchen trocken Brob, denn ein Tuchmantel — du lieber Himmel! wie wäre das bei den schlechten Zeiten zu erschwingen? — Bin gleich bereit, Erlaucht, nur noch ein wenig die Hände wärmen! .... Ach, so ein Feuerchen wie das da in dem Kamin! Jesus Maria, das kommt nicht an unser eines ...."

— „Warten Sie, gute Frau! erst ein Gläschen Wein und 'was unter die Zähne! ..." sagte die Reichsgräfin.

„Ach, Erlaucht sind ja so herzensgut! Ich sag' immer zu meinen Nachbarn: 'Nein, wenn ihr nur die erlauchte Frau kenntet, Leute! .... ein Herz wie von einem Engel! und so gemein, so niederträchtig mit uns armen Leuten!" sagte die Niethammer mit einschmeichelnder Demuth, rieb sich die froststarren Hände an der

Gluth des Kamins und knickte halb über die Schulter herüber
zu der Reichsgräfin, die zu ihrem Schreibtisch gegangen war und
die Klingel gerührt hatte. „Ein richtiges Engelherz, sag' ich
immer, das der liebe Gott auf den rechten Platz gestellt hat, um
dem ganzen Lande zum Schmuck und zur Wohlthat zu ge=
reichen!...."

„Nannette, ein Glas Malaga und Konfekt für die gute
Frau da! Aber das brauchen die Leute vom Service nicht zu
wissen, versteht Sie, Nannette?"

„Zu Befehl, Erlaucht!" sagte die Kammerfrau sich rasch
entfernend.

„Ei, du meine Güte! wie liebreich und gnädig von Eurer
Liebben, Erlaucht!" grinste die Niethammer. „Ja, so ein Gläschen
Wein kommt selten an unser einen und thut doch so wohl, die
liebe Gottesgabe! Aber dafür will ich auch recht aufmerksam
seyn und genau sehen, was in den Karten steht, meine aller=
gnädigste, herrlichste Erlaucht! — Na, wenn man beinahe nichts
Warmes auf dem Leibe hat in solchem Wetter, Erlaucht, — denn
ich hab' nicht viel Besseres und Wärmeres anzulegen, auch wenn
ich mir Zeit genommen hätte, mich noch erst anzukleiden, als
Erlaucht so gütig waren mich herzubescheiden — solche Ehre ist
mir ja immer ein wahrer Freudentag, und ich habe nicht einmal den
Regenschirm mitgenommen, da er mich doch nicht vor dem schnei=
benden Wind geschützt hätte, wie solch ein alter Tuchmantel, der viel=
leicht vergessen und zum Mottenfraß in dem Spint einer Kammer=
frau oder Garderobejungfer hängt, weil er nicht mehr allamode=
ist!...."

„Sey Sie ruhig, gute Frau! ich werde sogleich nachsehen
lassen, ob sich nicht ein solcher für Sie findet!" sagte die Reichs=
gräfin, denn dieser Wink mit der Holzkeule war ja nicht mißzu=
verstehen, und klingelte wieder. Die Niethammer lehnte zwar
ab, widerrief diese Andeutung und gab sich den Anschein, als
ob sie eine solche Gnade nicht verdient habe; aber als endlich
der Wein geschlürft, das Konfekt geknuspert war und ein noch
ganz guter alter Frauenmantel von dunkelblauem Tuche kam
und die Reichsgräfin ihr denselben von der Kammerfrau umhängen
ließ, gerieth sie in Extase, drehte sich vor dem Spiegel, um sich
darin zu beschauen, stellte sich an, als ob ihr das Kleidungsstück
viel zu schön und zu kostbar sey, und endete damit, daß sie der

Reichsgräfin ben Saum des Gewandes küßte und sich hoch und
theuer vermaß, sie nehme ihn nur in tiefster Demuth, um damit
jeden Tag zur Kirche zu gehen und für das Wohl ihrer groß=
müthigen Gönnerin und der erlauchten jungen Prinzen zu beten.

„Laß Sie es gut seyn, Frau; es ist nicht der Rede werth,“
sagte die Reichsgräfin mit einem raschen Blick nach der Stutzuhr
auf dem Kamin. „Aber es wird spät, und der durchlauchtigste
Herr darf Sie nicht hier treffen, gute Frau. Und er könnte
noch kommen, wenn Seine Liebden die Unterredung mit Herr
v. Abelsberg beendigt haben...“

— „Ich bin schon bereit, Erlaucht! ich hab' hier schon meine
Karten!“ sagte die Niethammer geschmeidig. „Wir können an=
fangen, wann Euer gnädige Durchlaucht befehlen und — wir
vor Lauschern sicher sind, denn ich hab' eine Ahnung, daß es
gar wichtige Dinge sind, die heute in den Karten stehen, denn
geruhen Sie zu sehen, Erlaucht, die Blättchen wuseln mir schon
in der Hand!“

„Setzen wir uns, gute Frau! wir sind vor Lauschern sicher,“
flüsterte die Reichsgräfin.

Die geheimnißvolle Procedur begann in gewohnter Weise.
Die Reichsgräfin hatte die Karten abgehoben, welche die Niet=
hammer nun mit gewandter Hand auf dem Tisch ausbreitete und
dann mit sinnender Stirne und ernsten Blicken fixirte, während
die Gräfin v. Thannheim ihre halb ängstlichen lauernden Augen
nicht von dem Munde der Wahrsagerin verwandte.

„Hm, hm, ei, ei! das sind ja entsetzliche Sachen!“ mur=
melte die Niethammer gedankenvoll und fuhr mit dem Zeigefinger
mechanisch über die gelegten Karten hin. — „Da seh' ich eine
Menge von Briefen und Papieren, — lauter schlimmen und
unglücklichen. „Da seh' ich böse Menschen und eine vornehme
geängstigte Frau, der jene Menschen übelwollen — eine große
Gefahr — eine Verfolgung — einen falschen heimtückischen
Menschen, der der vornehmen Dame schaden, der sie um Geld
bringen will.... überhaupt ist da von nichts die Rede, als von
Geld und immer wieder von Geld und schriftlichen Sachen! Und
hier ist auch der Herzkönig, der Gemahl von der vornehmen
Frau, der ebenfalls ungehalten und von Sorgen heimgesucht ist,
denn diese Kreuz=Sieben hier bedeutet Sorgen und Aengsten; und
dort ist der Herzbub, der Ritter der schönen Dame, der eben=

falls von allen möglichen Gefahren und Bedrängnissen umgeben
ist, aber doch noch glücklich davon kommt.... Hm, hm, die
Karte ist schwer, sehr schwer zu deuten, denn noch liegt alles so
verworren und unklar durch einander, und wenn Erlaucht die
Gnade haben wollten, noch einmal abzuziehen, so würden wir
ohne Zweifel mehr erfahren und ich würde deutlicher in die
Sache hinein sehen. Soll ich noch einmal legen? Ja?"

Die Reichsgräfin nickte; ihr schöner Busen wogte hoch, der
Athem kam ganz kurz und tief herauf, — ihr Gemüth war von
den verschiedensten vagen Befürchtungen und Aengsten bedrängt.

„Ah, nun liegt es schon klarer und deutlicher!" sagte die
Niethammer, welcher die Angst ihrer Zuhörerin nicht entgangen
war. „Da, sehen Sie, gnädigste Erlaucht! da haben wir immer
wieder die Briefe und Schriftstücke, immer wieder die Gefahren;
aber der Herzbub ist schon näher bei der Herzkönigin, und un-
weit von ihm ist das Glück. Und um den Herzkönig herum ist
es auch lichter.... Es sind bereits verschiedene Dinge geschehen,
welche die Verhältnisse anders gestaltet haben. Die Gefahr ist
noch immer groß, wie Sie hier sehen — Alles voll Schippen
und Kreuz! das bedeutet immer eine böse Zeit. Und da sind
anstatt Eines Feindes deren mehrere, und sind der Herzkönigin
auch näher, noch näher als der Herzbube hier. Und diese beiden
Karten hier sind ganz besonders gefährlich, denn sie bedeuten,
daß entweder die beiden Feinde selber in Gefahr sind, oder daß
dieselben in Geldverlegenheiten und anderen Bedrängnissen stecken,
— vielleicht auch in Krankheit.... Es ist noch nicht Alles klar,
und ich möchte lieber noch einmal legen, als hieraus schon Etwas
prophezeien, was vielleicht über Nacht anders werden kann! Wollen
wir, allergnädigste Erlaucht?"

— „Ja, ja, nur schnell, gute Frau, ehe der allergnädigste
Herr kommt!" stammelte die Reichsgräfin. „Soll ich abheben?"

„Immer zu, wenn's beliebt, Gnaden," sagte die Niethammer
zutraulich. „Aber wir zittern ja, Gnaden? Das ist Nichts, gar
Nichts! Wir müssen hübsch ruhig seyn und gefaßt, und den
Kopf hübsch oben behalten. Halten zu Gnaden, Erlaucht, aber
ich muß einmal in die liebe, schöne, gnädige Hand blicken und
nach der Lebenslinie schauen," fuhr sie fort und ergriff die kalte,
feuchte, bebende Hand der Reichsgräfin, die sie liebkosend drückte
und herzte und mit Küssen bedeckte. „Diese schöne, glückliche,

wundervolle Hand, die Hand einer Königin," sagte sie und strich mit ihren braunen, knöchernen, ungeformten Fingern geheimnißvoll über die weichen, weißen, wohlgerundeten, spitzigen Finger Carolinens, an denen einige kostbare Ringe blitzten. „Ich sagt' es ja immer, so 'ne wunderbare schöne Hand hab' ich noch nie gesehen — sie ist voll Glück und Segen — was sie anrührt, das muß ihr gelingen! — Unter Millionen Menschen findet man nicht eine einzige so prachtvolle Segenshand, wie diese hier. Aber nur hübsch ruhig!" sprach sie dann, die Hand der Reichsgräfin zart umwendend und über die innere Fläche derselben hinhauchend. „Welche Lebenslinie! Du lieber Himmel, allergnädigste Frau, Sie werden ja steinalt, und kommen noch zu hohen Ehren, denn sehen Sie, da laufen die kleinen Linien und Falten alle ganz haufenweise in die Lebenslinie herein.... Aber Erlaucht Gnaden müssen aufrichtig mit mir seyn, — ganz aufrichtig. Wenn ich die Karten wieder gelegt und überschaut habe, muß meine allergnädigste Fürstin mich ganz bestimmt um das fragen, was Sie wissen wollen, damit ich noch schärfer hineinsehen und den Zusammenhang ermitteln kann. Wollen wir das, Gnaden?"

„Gewiß, ich werde ganz offen seyn und fragen! Legen Sie nur!"

Die Karten glitten ganz geräuschlos und blitzschnell aus der Hand der Wahrsagerin und legten sich fächerartig in zwei großen Kurven über den Teppich, zeigten aber beinahe immer wieder dieselben Zusammenstellungen wie zuvor.

„So! nun haben wir es deutlicher, wenn schon Manches noch ganz wunderlich und geheimnißvoll aussieht," sagte die Niethammer. „Hier liegt die Herzdame ganz vorn, mitten unter den Briefen. Jetzt sage ich so: die vornehme Dame hat Drohbriefe bekommen wegen anderer Briefe und schriftlichen Sachen, die sie vordem an einen Andern geschrieben hat, und die ihr nun große Gefahr bringen könnten, wenn sie in die unrechten Hände gerithen. Sie waren zuvor schon in schlimmen Händen, aber der sie jetzt hat, scheint noch gefährlicher zu seyn. Da sind nun auch andere Leute, welche ähnliche Briefe bekommen haben und ebenfalls in Gefahr sind, aber doch nicht in so großer, wie die vornehme Dame. Aber dagegen ist der Retter jetzt auch näher und steht zwischen der vornehmen Dame und deren Gemahl und hält seinen Schild über die Dame — hier, hier

hier können Sie es sehen. Es handelt sich um einige schwere, angstvolle Tage, aber da hinten winkt wieder das Glück, wenn man den rechten Zeitpunkt erfaßt, um es beim Schopfe zu greifen. Der junge Ritter wird dann eine große Reise thun und die Dame wird ihn sehr entbehren und sie würden sich beide schreiben und einander in Briefen sagen, was sie von einander wissen müssen, um gegen ihrer Feinde Bosheit geschützt zu seyn. Aber sie finden keine Mittel dazu, bis sie eine brave ehrliche alte Frau gewinnen, durch deren Hand dann die Briefe hin und her gehen. Dann kommen Jahre voll bitterem Trennungsschmerz, dazwischen Todesfälle und anderes Leid, endlich eine Hochzeit, ein Thron und viel, viel Glück und Freude. Die Feinde werden unter die Füße getreten und der erbitterste von Allen, der von Anfang an die Briefschaften in Händen hatte, stirbt eines schreck= lichen Todes, und Alle athmen dann ruhiger und genießen ein spätes aber unsäglich großes Glück . . . . So, meine allergnädigste Frau! das steht hier in diesen Karten. Dreimal immer dasselbe, nur in anderer Folge! Nun aber möcht' ich unterthänigst bitten, daß Erlaucht mich ganz bestimmt über dasjenige fragten, was Euer Liebben noch unklar geblieben ist."

— „Sie hat mir eine große Beruhigung gegeben, gute Frau, und mich durch Ihre Deutung überrascht, denn es ist so viel Wahres darin, was schon eingetroffen oder was noch werden muß und wovon nur wenige Menschen wissen können," erwiderte die Reichsgräfin tief aufathmend und mit unverkennbarer Er= leichterung. „Und wenn ich denn die Zukunft und das Schick= sal befragen soll, so sag' Sie mir, gute Frau: Soll ich die Briefe kaufen, die man mir angeboten hat? Soll ich damit ein= gestehen, daß sie gefährlich seyn können?"

„Darüber werden wir sogleich klar sehen, Erlaucht!" sagte die Niethammer, die gemischten Karten zum Abheben hinreichend und sie dann gleichsam aus der Hand wieder auf den Tisch schüttend. — „Es ist zu spät, Gnaden, die Briefe wieder zu erkaufen — der Mann ist schon fort, der sie verkaufen wollte. Aber erschrecken Sie nicht, denn es hat Nichts zu bedeuten. Ein anderer Brief, den ich hier sehe, an den jungen Ritter, hat die Sache gewendet. Der Spitzbube, welcher die Briefe hatte, wird verfolgt; er getraut sich nicht mehr, davon Gebrauch zu machen, noch sie bei sich zu behalten. Er verliert sie . . . ."

— „Gerechter Gott, das ist ja noch gefährlicher!" entfuhr der Reichsgräfin unwillkürlich.

„Im Gegentheil, es ist nur ganz geringe Gefahr dabei, denn der sie nun hat, kennt ihren Werth nicht, und sie sind vorerst ganz unschädlich. Sie werden erst wieder wichtig und zu fürchten, wenn sie in die Hände gelangen, welche sie vordem hatten. Darüber sagen meine Karten mir aber jetzt noch nichts Bestimmtes; doch ist der junge Ritter immer so nahe dabei, daß er die Briefe erlangen kann. Gefährlicher wäre es gewesen, wenn Erlaucht die Briefe sogleich gekauft und sich in die Hände verschiedener Gauner und Feinde gegeben hätte!"

— „Ah, Gott sey Dank; das nimmt mir eine Last vom Herzen," flüsterte Gräfin Thannheim erleichtert. „Darf ich noch mehr fragen?"

„So viel sie wollen, Gnaden! die Karten haben für Alles Antwort, und Sie sind ja in Sorgen wegen des jungen Ritters, nicht wahr? das zeigten schon vorhin die Karten deutlich," setzte sie gleichmüthig hinzu, um den flüchtigen Argwohn, der in der Reichsgräfin aufgestiegen war, zu beschwichtigen.

— „Nun benn, gute Frau, so sehe Sie 'mal nach, ob man dem jungen Ritter trauen darf? d. h. ob er es ehrlich meint, von hier fortzugehen? ob er mir, d. h. ob er der Dame noch zugethan ist und ob er ihrer auch in der Ferne noch liebreich und als Beschützer gedenkt?"

„Ganz gut, Gnaden! das wollen wir sogleich ermitteln! — Da, hier haben wir es ja schon. Der junge Ritter ist treu und gut, — noch stehen Feinde zwischen ihm und der Dame, — dieselben Feinde, die Beide seither getrennt und gegen einander aufgehetzt hatten. Aber in der Ferne gedenkt er der schöneren Stunden, und die Trennung und die Einsamkeit wird das Herz der Dame mit Verlangen und Sehnsucht nach ihm erfüllen. Sie werden Beide inne, daß sie einander nicht missen können, daß sie zusammen gehören und einen gemeinsamen Vortheil haben, daß Eines das Andere vor den Feinden schützen muß. Sie würden einander gerne schreiben, wenn es anginge; aber die Dame ist ganz umgeben von heimlichen Feinden und Spähern — kein Blättchen kann zu ihr bringen, denn der junge Ritter hat keine verlässigen Freunde mehr. Da findet die Dame eine alte treue zuverlässige Frau, die sich dazu gewinnen läßt, die Briefe

zwischen Beiden hin und her zu befördern, und fortan sind sie
wieder wie Ein Herz und wie Eine Seele, halten zusammen wie
Kletten, und bleiben nun immer obenauf, bis das Schicksal sie
wieder zusammenführt."

Die Wahrsagerin schwieg und beobachtete lauernd die Wir=
kung dieser etwas dunklen mystischen Erläuterung. Sie las in
den bewegten Zügen der Reichsgräfin die Gedanken, welche in
derselben arbeiteten und kämpften. Der junge Ritter gab ihr
zu rathen, denn wer war dieser eigentlich: war es Ludwig v. Jb=
stein oder Prinz Ludolf? Hierüber ließ das Orakel der Karten
sie im Unklaren, und doch fehlte ihr der Muth zu einer Frage:
sie wollte nicht ihr innerstes Geheimniß vor der weisen Frau
hier enthüllen. Endlich gewann sie es aber doch über sich,
davon zu sprechen.

„Es sind mir mehrere Leute auf meinem Lebensweg be=
gegnet, die mir nicht gleichgültig waren, gute Frau," flüsterte
sie geheimnißvoll und mit einer gewissen Befangenheit. „Mit
Beiden, d. h. mit Allen habe ich gebrochen, sobald mein Glücks=
stern mich Unwürdige auf einen höhern Standpunkt berief und
mir ernste Pflichten auferlegte. Sie grollten mir deßhalb und
sind mir zum Theil feindselig, obschon ich keinen verlor, weil ich
keinen vergessen habe. Aber welcher ist der, welchen Sie den
jungen Ritter nennt?"

— „Ei, das muß ja auch in den Karten stehen, Erlaucht!
das wollen wir gleich ermitteln . . . ."

„Halt! noch eine Frage zuvor, gute Frau! Ich möchte
wissen, wie ich mich demjenigen gegenüber, welchen Sie den
jungen Ritter nennt, und gegenüber von den Anderen verhalten
soll? Könnte Sie das auch in den Karten lesen?"

— „Nichts leichter als dies, Gnaden! es steht Alles in den
Karten, was im Leben vorkommt — das was vor den Augen
der Welt vorgeht, wie das, was man sorgsam in der innersten
Brust verbirgt und sich selber nicht laut zu gestehen wagt!" ver=
setzte die Riethammer mit einer sieghaften Zuversicht. — „Da,
Gnaden! da liegt es schon! Es sind nur ihrer Zwei, für welche
Eurer Liebben Herz noch spricht und die Ihnen in heimlicher
Neigung zugethan sind. Dieser hier ist der Richtige, der eigent=
liche junge Ritter — ein stürmischer aufbrausender Kriegsmann,
von hoher Geburt und edlem Stamm, aber wilden Leidenschaften.

Sie lieben ihn und er liebt Sie, und Beide verbindet unauflös=
lich ein dunkles Etwas aus vergangener Zeit, das ich noch nicht
deutlich aus den Karten zu lesen vermag. Er will Sie beherr=
schen und ist doch der Schwächere, denn die Männer sind immer
schwach, wo sie lieben und kein gutes Gewissen haben. Wir
haben uns gezankt, sind auf einander mißtrauisch geworden, steht
hier in den Karten; es haben Fremde, Feinde, sich geschäftig
dazwischen gemengt und hüben und drüben gehetzt — sehen Sie
die Ecksteine hier neben der Herzdame und neben dem Herzbuben
und den Ecksteinbuben, den Nebenbuhler, ganz in der Nähe!
Wir sind auf dem Punkte, einander böse zu werden und zu miß=
trauen; aber das darf nicht seyn. Nichts Bittereres und Ver=
bisseneres in der Welt, als ein abgedankter Liebhaber oder ein
Freund, mit dem man sich entzweit hat, — das ist wie Feuer
und Wasser. Nein, in den Karten steht es: verdirb's mit Keinem,
halte Jeden noch ein Bißchen warm, zumal den Herzbuben! Laß
ihn nicht fortgehen ohne ein freundliches Wort, ohne einen Kuß..."
— Die Reichsgräfin bebte zusammen, und fixirte die Niethammer
scharf; aber diese hatte wieder ganz den halb irren, abwesenden
Blick und den aufgeregten Ausdruck um den Mund in dem farb=
losen, sonst starren und marmorartigen Gesicht. „Was hilft es
auch, uns zu winden und zu sträuben und sich zu kreuzigen und
zu winden unter guten Vorsätzen? — Da steht es, klar und
unzweifelhaft: erst hat der Herzbub noch eine Zusammenkunft
mit der Herzdame, worin die alte Freundschaft auf's Neue be=
festigt und vollkommener Friede gemacht wird, und dann erst
geht er fort — weit in die Fremde, und bleibt lange aus und
lange stumm, weil seine Briefe verloren gehen, bis — na, da
ist ja die alte treue Frau schon wieder, die die Vertraute werden
soll!"

„Und wo ist der Andere einstweilen?" fragte die Thann=
heim gespannt, als die Karten schon wieder im weiten Bogen
aus der Hand der Wahrsagerin quollen.

„Der Andere? ach ja! in der vorigen Karte lag er schwer
darnieder, wie am Tode! In dieser hier fehlt er, oder vielmehr
er ist ganz am Ende, umgeben von Dunkelheit und Armuth —
also nicht mehr zu fürchten, überwunden von dem Herzbuben, aber
nur weil die Herzdame klug genug war, ihn an seiner schwachen
Seite zu fassen und ihm Stillschweigen abzulisten..."

„Vergebung, Erlaucht!“ flüsterte die Kammerfrau unter der Thüre, die vom Korridor hereinführte. „Seine Durchlaucht kommen soeben den Gang herunter!“

„Nehme Sie schnell Ihre Sachen, gute Frau, und entferne Sie sich — ich bleibe Ihre Schuldnerin bis morgen! Man darf Sie nicht hier finden! Nur hier hindurch!...“ stammelte die Reichsgräfin.

„Ums Himmels willen nicht, Erlaucht! draußen sind noch die beiden Hofdamen, welche Erlaucht zum Spiel geladen!“

„Dann dort hinaus durch mein Schlafzimmer!“ herrschte die Gräfin ängstlich.

Die Riethammer war merkwürdig schnell aus ihrem sibyllinischen Halbschlummer erwacht und mit dem Zusammenraffen der Karten und ihrer Kleidungsstücke und namentlich des Tuchmantels fertig geworden, hatte den Saum des Gewandes der Reichsgräfin erfaßt und an den Mund gedrückt, und mit der Behendigkeit eines Wiesels sich in das Nebenzimmer geflüchtet, wohin ihr die Reichsgräfin noch nachrief: „durch die Tapetenthüre in die Garderobe und von da nach der kleinen Treppe!“

Die Kammerfrau war in der entgegengesetzten Richtung fortgeeilt, um dem Fürsten eine andere Thüre als die durch den Salon zu öffnen, und Caroline war an ihren Schreibtisch getreten, um sich an einem Flacon von Melissengeist zu stärken, denn sie fühlte erst jetzt, wie sehr sie sich während der vorangegangenen Scene aufgeregt. Die Riethammer aber war glücklich durch ein Zwischenzimmer in das matt erleuchtete elegante Schlafgemach der Reichsgräfin gelangt, ohne aber die Tapetenthüre finden zu können. So blieb ihr, da sie bereits draußen den Fürsten mit seiner tiefen vollen Stimme so laut reden hörte, wie es schwerhörige Leute meist thun, nichts anderes übrig, als in einer der Fensterbrüstungen des Zwischenzimmers hinter die breiten zusammengezogenen Damastgardinen zu schlüpfen und sich ganz lautlos zu verhalten. Die Riethammer hatte sich in ihren Mantel geschlagen und bereit gemacht, das Zimmer alsbald zu verlassen, wenn sie es unbemerkt thun könne, da sie in der andern Richtung keinen Ausweg fand; aber während sie hier noch auf eine Gelegenheit zur Flucht lauerte, hörte sie den Fürsten von Dingen sprechen, welche sie in hohem Grade interessirten und zu gespanntem Horchen veranlaßten.

.... „Und du meinst also, ich solle morgen Ludolf em=
pfangen und ihm die Audienz gewähren, Liebe?" fragte der etwas
schwerfällige und schwerhörige Greis seine junge Gemahlin.

— „Und was sagt Adelsberg dazu?" fragte Caroline.

„Er räth mirs an und legt eine Fürbitte für den Prinzen
ein, Liebe, aber ich kann mich noch nicht entschließen," sagte
Johann Heinrich nachdenklich. „Wie oft schon hat mich der wilde
Junge so hintergangen, heute Reu' und Leid gemacht und morgen
mir wieder alles geschlagene Herzleid bereitet! Und dann, wenn
ich ihn morgen oder übermorgen empfange, was wird die nächste
Folge sein? daß er mir gesteht, er habe so und so viel tausend
Gulden Schulden, die ich ihm dann bezahlen muß, und daß er
meine Schwäche kennt und mir noch bessere Bedingungen und ein
oder zwei Güter mehr abbringt?"

— „Ich höre aus diesen Worten nur die Einflüsterungen
des Erbprinzen und der Erbprinzessin, nicht die Gefühle eines
liebreichen Vaters, mein Lieber," entgegnete Caroline ungeduldig.
„Wenn Du schon entschlossen bist, den reuigen Sohn nicht zu em=
pfangen, wofür mich noch fragen? wofür mich, die ich leidend und
verstimmt bin, noch mehr quälen? Aber ich weiß, wohin man zielt,
mon cher; ich sehe den Pferdefuß unter dem Schicklichkeitsmantel.
Das ist auch wieder einer von den Streichen der Erbprinzessin
gegen mich: man ringt dem Herrn Schwiegervater einen Ent=
schluß ab, der ihm als richtig dünkt, und schickt ihn dann zu
mir, um ihn bestätigen zu lassen. Und wenn ich dann sage:
Ja, empfange den Prinzen nicht; gib ihm nichts mehr; laß ihn
'mal sich selber schmiegen und behelfen! Dann heißt es morgen
im Zirkel der Frau Schwiegertochter: 'Mon Dieu, mein Gemahl
und ich waren für eine glimpfliche Behandlung, aber Mamachen
hat einmal wieder ihren Einfluß benützt und den armen Ludolf
verdrängt und verbannt. Ah ciel, was gelingt dieser Person
nicht bei dem guten, alten, schwachen Papa!' Und übermorgen
heißt es dann in der ganzen Stadt: Die Thannheim hat den
armen Prinzen Ludolf vertrieben...."

„Aber Linchen, Du siehst wieder zu schwarz — Dein altes
Vorurtheil gegen die Erbprinzessin!" wandte der Fürst phleg=
matisch ein. „Ich glaube nicht, daß meine Schwiegertochter...."

— „Vorurtheil!" wallte die Reichsgräfin auf. „Gott ver=
zeih' Dir diese Sünden, mon cher! Ist es denn Vorurtheil, was

taufend und aber taufend Kränkungen, Nadelstiche, Verleumdungen
und Kabalen mir fonnenklar bewiefen haben? Als ob ich nicht
aus den beften Quellen wüßte, daß man in diefer Weife im
Palais der Erbprinzeffin über mich fpricht? — Nein, ich fage
Nichts mehr; ich fchweige, ich dulde, ich will mein Leid ftille in
mich hinein fchlucken, bis es mich verzehrt. Oh, ich Unglückfelige!
Warum konnteft Du mich nicht in meiner befcheidenen Dunkelheit
laffen, mon cher, anftatt mich zu diefer zwitterhaften Stellung
zu erheben, in welcher ich doch nicht denjenigen Einfluß habe,
welchen meine treue, aufrichtige, verehrungsvolle Neigung zu Dir
verdient? Warum mich folchen Demüthigungen preisgeben? Warum
immer mich erft fragen, wenn Andere Dir fchon vorgezeichnet
haben, was Du thun follft? Warum mich immer der Gefahr
ausfetzen, für all' Deine Handlungen als Vater mit verantwort=
lich gemacht zu werden?!..."

„Aber liebes Herzchen, fey doch nicht fo heftig!" bat der
phlegmatifche alte Herr; „Du weißt ja, daß ich außer Dir und
Wilhelm, meinem alten, treuen Abelsberg, eigentlich keinen Freund
habe, und daß ich Deinem Verftand und Deinen Einfichten min=
deftens eben fo viel vertraue, als denjenigen Abelsbergs! Und
wenn ich nun heute meinen Sohn Johann zu der Konferenz
herbeiziehen mußte, welche ich wegen Ludolf's hatte, fo ift dies
ja im Grunde unerläßlich gewefen, wenn es fich um Schenkungen
aus meinem Allodvermögen handelt, die doch von meinen beiden
anderen Söhnen gleichfam genehmigt...."

— „Ah, meine Migraine!" feufzte Caroline fchmerzlich.
„Schon wieder meine furchtbare Migraine und mein Herzweh!
immer die unausbleibliche Folge jeder Alteration! — Ah, mir
ift fterbensübel, mon cher! ich muß mich auf einen Augenblick
niederlegen!.... Bitte, führe mich in mein Schlafzimmer!....
Rufe Nannetten!" Und auf den Arm ihres Gatten und denjenigen
ihrer Kammerfrau geftützt, ließ fie fich in ihr Schlafzimmer bringen,
aufs Bette legen und halb entkleiden.

Da lag fie denn auf dem prächtigen Prunkbette unter dem
hohen Baldachin. Die brennenden Wachskerzen auf dem Confole=
tifche zeigten die wundervollen Formen des hochgehenden marmor=
weißen, feffellos aus der gelösten Corfage quellenden Bufens,
der reizendfte kleine Fuß mit dem niedlichften Knöchel fchaute
halb verfteckt unter den Schößen der Robe hervor, und von den

beiden schön gerundeten schneeweißen Armen, die über den Kopf
erhoben waren, weil beide Hände gegen die schmerzenden Schläfe
drückten, waren die Aermel zurückgesunken und zeigten die rei=
zendsten Formen, an denen der alte Herr sich nicht satt sehen
konnte, während er Carolinen liebkosend und zärtlich zuredete
und sich in der etwas täppischen Weise alter Leute um sie zu
schaffen machte.

„Linchen, liebes Herz, ist Dir noch nicht besser?" fragte
er nach einer Weile, nachdem man der Reichsgräfin Stirne und
Schläfe mit Melissengeist und Eau de Carmes eingerieben hatte.

— „Ah, es war mir sterbensübel, mon cher! es geht aber
gottlob allmählig vorüber. Aber nur keine solchen Auftritte mehr,
keine solchen Erörterungen nach der Hand, wenn Dein Sohn
Johann Dich schon für all das gewonnen hat, was seine Frau
haben will! Wozu denn alsdann mich noch fragen? Wofür immer
aufs neue mich daran erinnern, daß die Intriguen der Erbprin=
zessin sogar meine Ehre und eheliche Treue verdächtigen und den
wilden Ludolf als meinen Buhlen hinstellen und mich gegenüber
von Dir, mon cher, von Ludolf, von Prinz Heinrich und von
der ganzen Welt in eine falsche Position bringen wollten? Wofür
mir immer wieder ins Gedächtniß rufen, daß mir in Allem die
Hände gebunden sind, denn mag ich mich nun für den armen
verfolgten Prinzen aussprechen und ein Fürwort für ihn einlegen,
oder mich abgünstig über ihn äußern — wird man nicht in einem
wie im andern Fall die Reinheit meiner Absichten verdächtigen und
mir unlautere persönliche Beweggründe unterlegen? — Ah, diese
ehrsüchtige, ränkevolle Frau ist noch mein Tod, denn sie kann
sich ungescheut jedes Mittels bedienen, da sie sehr gut weiß, daß
es mir widerstrebt, ihr auf jenen Boden der Kabale zu folgen,
für die mein ehrliches aufrichtiges Herz nicht geschaffen ist! Sie
wird nicht eher ruhen, als bis sie Dir, mon cher, das Herz
gebrochen, mir das Leben vergiftet, meinen armen Kindern die
Eltern genommen und den Prinzen Ludolf, der all seiner Wild=
heit ungeachtet, doch noch ein braves Herz hat und es mit meinen
Kindern und mir ehrlich meint, ins Verderben gestürzt hat!"

„Das soll ihr nie gelingen, verlaß Dich darauf, liebes
Herz! Johann Heinrich weiß, was er seinen Pflichten als Fürst,
als Gatte und Vater schuldig ist," sagte der Fürst treuherzig.
„Ich will den Ludolf nicht verdammen, will glauben, daß ihn

sein wildes Temperament bisweilen weiter fortreißt als er selber
wollte. Aber wer' wie er immer nur seinen Leidenschaften lebt
und immer nach neuen Aufregungen und Genüssen hascht und
sich auf die tollsten Streiche einläßt, der . . . ."

— „Der gibt sich allerdings Blößen, welche seine schlauen,
lauernden, berechnenden Feinde leicht ausbeuten und so verdrehen
und in einem solch schiefen schlimmen Lichte darstellen können,
daß daneben die Wahrheit und eine leidenschaftslose, unparteiliche
Würdigung nicht aufkommen kann!" fiel ihm die Reichsgräfin
streng ins Wort und schien ihre Migraine ganz vergessen zu
haben.

„Aber woher bekomme ich eine solche Wahrheit, eine solche
parteilose Werthung?" fragte der Fürst. „Sogar Abelsberg ist
hierin nicht konsequent."

— „Natürlich, weil er es mit dem jungen Hofe nicht ganz
verderben will oder kann, weil er von dorther leitende Winke
bekommt, die er nicht mißachten darf," versetzte Caroline lebhaft.
„Wenn Du aber mich fragen würdest, mon cher: was ist Deine
ganz unmaßgebliche Ansicht, Liebe, wegen des Prinzen? — so würd'
ich sagen: ‚Laß ihn wieder an den Hof kommen, mon cher, und
gib nicht der Welt das odiöse Schauspiel eines Familienzwistes,
daß ihn, den Thatkräftigsten Deiner Söhne, ächtet und ihn den
Malcontenten und den Abenteurern in die Arme treibt und
eines Tags der Welt das gräßliche Schauspiel gibt, daß jene
kleine, lächerliche Komödie in der ‚Räuberhöhle', jenes tolle Fast=
nachtsspiel, zum blutigen Ernst werde. Zieh' ihn aus der trutzigen
Einsamkeit hervor, in welcher er draußen in Bauhof grübelt,
brütet und sich selber in eine bittere Stimmung hinein steigert. . . ."

„Er ist nicht mehr in Bauhof, Liebe; er ist incognito hier,
in einer Fuhrmannskneipe, im ‚Wilden Mann', wo er sich ver=
birgt — Abelsberg hat mir's gestanden," sagte Johann Heinrich.
„Du siehst daraus, was für einen Geschmack der unglückliche
Mensch hat!"

— „Ich sehe nur das, mon cher, daß der Prinz aus einem
recht begreiflichen und empfindlichen Ehrgefühl sich dort aufhält,
weil er sich verkannt und verdrängt sieht," fuhr Caroline beredt
fort. „Ich sehe daraus nur, daß er hier seyn will und muß,
um die Schritte seiner Gegner zu überwachen, welche nun aus=
streuen, daß man da und dort Drohbriefe gelegt habe, welche

gewisse Leute zwingen sollen, angebliche, kompromittirende Papiere
um schweres Geld zu kaufen, widrigenfalls man solche der Frau
Erbprinzessin anbieten werde. Denn so weit ist es leider schon
gekommen, daß man in allen Kreisen von diesem Familienzer-
würfniß weiß und die Interessen des jungen Hofes als ganz
divergirend und gegensätzlich zu denjenigen des regierenden Hauses
betrachtet, und dies ist mehr als beklagenswerth! — Ich muß
billigerweise auch hierin den Prinzen in Schutz nehmen. Ver-
fährt man denn gegen ihn loyal? Kann man von ihm verlangen, daß er nach dem Grundsatze lebe: Noblesse oblige? Nein,
wenn irgend etwas geschehen soll, um die Kluft zwischen den
Geschwistern, zwischen dem liebreichen aber unschlüssigen Vater
und dem verleumdeten, ungestümen, sanguinischen Sohne nicht
noch mehr zu erweitern, so muß es schnell, vollständig und vor-
urtheilslos geschehen, wie ich es schon früher einmal angedeutet
habe!"

„Laß hören, meine Liebe!"

— „Ist die Vorfrage gelöst, mon cher, hat der Prinz
Deine Vorschläge wegen seiner Zukunft angenommen?"

„Oja, noch mehr als dies — er ist Abelsberg mehr als
auf halbem Wege entgegen gekommen, liebes Herzchen! Er hat
mich durch seine aufrichtige Reue gerührt."

— „Siehst Du wohl, lieber Heinrich, ich hatte ja Recht? Er
ist mehr leichtsinnig und verbittert, als böse," sagte die Reichsgräfin triumphirend. „Nun denn, so bleibt nur Eines zu thun
übrig: Du berufst Ludolf zurück, verzeihst ihm, nimmst ihn öffentlich wieder zu Ehren an, bezahlst seine Verbindlichkeiten und gibst
ihm eine standesgemäße Ausstattung. Wenn er dann in aller
Form wieder bei Hofe in Gnade erschienen ist, mag er seine
Abschiedsbesuche machen und dann seine Reise antreten oder zu
seinem preußischen Regimente zurückkehren, aber als Mann, an
dessen Ehre auch nicht der leiseste Makel mehr haftet. Dadurch
allein kann man ihm die Pflicht auferlegen, daß er auch fürder
seine Ehre und seinen Namen vor der Welt unbefleckt bewahre!"

„Hm, es ist viel Wahres und Verständiges in diesem Vor-
schlage, aber wie wenn es dennoch nicht mehr möglich wäre, ihn
für makellos zu erklären, liebes Herz?" sagte der Fürst gedehnt.
„Da ist diesen Abend in meinem Kabinet eine Denunciation eingetroffen, welche ernster ist als Alles was ich von Ludolf's

Streichen gehört habe. Denke Dir, ein Unbekannter und Unge-
nannter hat in Derbach einen Brief zur Post gegeben, worin er
mir melbet, baß Ludolf den Kammerrath v. Ibstein in Mühlheim
durch gedungene Strolche habe vergiften und ihm gewisse Papiere
stehlen lassen, welche für die Achtung und den Charakter gewisser
Personen höchst kompromittirend seyen; baß man dem Thäter auf
der Spur, ja dessen habhaft geworden sey, und denselben den
Gerichten in Mühlheim übergeben werde...."

— „O Gott!" entfuhr der Reichsgräfin unwillkürlich, und
ihr Blut stockte.

„Ist das nicht das Stärkste, was je von Ludolf geschah,
liebes Kind?"

— „Und wer behauptet dieß von ihm? wer beweist, baß
es nicht abermals eine boshafte Intrigue ist, ersonnen um der
Aussöhnung zwischen Vater und Sohn entgegen zu arbeiten?"
fragte Caroline mit fieberhafter Angst. „Welchen Werth verdient
ein Brief, dessen Schreiber sich nicht zu nennen wagt?"

„Wenn es aber dennoch wahr wäre? wenn die Gerichte
des Nachbarstaates daraus Anlaß nähmen, dem alten Groll gegen
unser Haus Genüge zu leisten?"

Der Reichsgräfin pochte das Herz beinahe hörbar, und sie
war so erschüttert, baß sie nicht zu antworten vermochte. In
diesem Augenblicke trat die Kammerfrau unter die Thüre und
machte sich durch eine Geberde bemerklich. „Was willst Du,
Nannette?"

„Es ist beinahe Mitternacht, Erlaucht, und die beiden Hofdamen, die zum Spiel befohlen waren, sind noch im Salon.
— Sie lassen sich nach dem Befinden der Erlaucht unterthänigst
erkundigen. Was geruhen Erlaucht zu befehlen?"

— „Sag' ihnen, baß sie für heute entlassen, baß mein
Unwohlseyn noch nicht besser geworden sey," sagte die Reichsgräfin mit schmachtender, halb tonloser Stimme. „Meine Migraine und mein Herzkrampf kehren in der That schon wieder!..."

Während die Kammerfrau wegging, schlug die Stutzuhr
im Kabinet der Reichsgräfin Mitternacht. Die Niethammer, die
seither hinter den dunklen Damastvorhängen gestanden und ge-
lauscht hatte, erschrak. Es war die höchste Zeit, sich zu entfernen, denn die Erlaucht würde ihr niemals verziehen haben,
wenn sie erfahren hätte, baß diese intime Unterredung durch sie

belauscht worden sey. Wenige Minuten noch und die Thüren
nach dem Corridor und der Glasgalerie nach der Treppe hin
wurden geschlossen, und dann war die Niethammer eingesperrt
und ihre Entdeckung unvermeidlich. Darum faßte sie sich ein
Herz: In dem Zwischenzimmer brannte nur eine einzige Wachs=
kerze, die tief herunter gebrannt, einen trüben Schein warf;
braußen im Kabinet brannte ebenfalls nur eine einzige Kerze —
sie konnte also vielleicht unbemerkt durch das Cabinet nach dem
Corridor entkommen. Gesagt, gethan! — Sachte bog sie die
schweren Gardinen aus einander und schlüpfte heraus — fünf
Schritte trennten sie von der Thüre nach dem Kabinet, da fühlte
sie sich zurückgehalten, und erbebte. Aber sie stand schon außer=
halb der Gardine, griff daher tastend hinter sich und erfaßte
ein leichtes dünnes Gewebe, das sie zurückhielt. Ein kräftiger
Ruck der Hand, ein knarrender Ton, wie wenn man einen leichten
Stoff zerreißt und sie fühlte sich frei, aber auch gedrungen ihre
Flucht zu beschleunigen! Als sie durch die Thüre schlüpfte und
gerade durch das Kabinet ging, hörte sie hinter sich einen gel=
lenden Angstschrei, worüber sie so erschrack, daß ihr die Füße am
Boden wurzelten.

„Ums Himmels willen, Liebe, was hast Du?" fragte der
Fürst.

— „Dort . . . . dort . . . . im Kabinet — das Gespenst, die
Weiße Frau!" kreischte die Reichsgräfin.

Die Niethammer drohte selber zu Boden zu fallen bei dieser
Nachricht und schaute sich bestürzt um. Einen Augenblick meinte
sie auch wirklich, das Gespenst sich gegenüber zu sehen in schwarzer
Kapuze, langem weißem Gewande, das hinten nachschleppte, und
einem schwarzen Skapulier. Als aber das erste jähe Entsetzen
zu weichen begann und sie sich bewegte, sah sie, daß es ihr eigenes
Spiegelbild war, was sie so sehr erschreckt hatte. Sie hatte vorhin
selbst die Kapuze des geschenkten Mantels über den Kopf ge=
schlagen, und dabei war ein Haken am Kragen derselben an
einem Pudermantel angehakt, der am Fensterbascule hing, und
sie hatte denselben unbewußt mitgenommen, und der Pudermantel
hing ihr nun über den Rücken hinab und schleifte lange hintennach.
Mit der raschen Intuition, die ihrem Wesen eigen war, erschaute
sie in diesem Zufall ein Mittel der Rettung. Sie schritt lang=
sam weiter, unbekümmert um das Klingeln hinter ihr, wo der

Fürst beim Anblick des Gespenstes die Glockenschnur gezogen hatte.
Unter der Portière der Thüre, die aus dem Kabinet nach dem
Salon führte, drehte sie sich halb um und winkte wie abwehrend
mit hoch erhobener Hand zurück nach dem Schlafzimmer der Reichs=
gräfin, schritt langsam weiter durch den Salon in den Corridor
und von da in die Glasgalerie, wo sie die beiden Hofdamen mit
ihren Mädchen und dem Lakai, der ihnen mit dem Windlicht
leuchtete, noch an der Anlände der großen Treppe stehen und
sich horchend nach dem Geräusch und Lärm in den Appartements
der Erlaucht umsehen sah. Auch diese Personen schrieen vor Ent=
setzen auf, aber im nächsten Moment war die Erscheinung ver=
schwunden und in einen kleinen Flur eingebogen, welcher nach
einer der Hintertreppen führte, welche die Niethammer nun rasch
hinabeilte. Im Vorübergehen an einer der Oellampen auf der
kleinen Treppe hatte sie den weißen Pudermantel zusammen gerafft
und unter den Mantel geborgen. Unten an der Treppe riegelte
sie das Pförtchen auf und war nun in einem der Vorhöfe, wo
sie im Schatten sich fortschlich bis unter die Bäume des Schloß=
platzes und von hier aus ohne Gefährde, aber mit einer höchst
empfindlichen Erschütterung ihres ganzen Wesens ihr kleines Haus
im Dörfchen erreichte, und wie gebrochen auf ihr Bett sank und
keinen heißeren Wunsch hatte, als daß das ganze ungesuchte
Abenteuer sie nicht in Ungnade bei der Reichsgräfin bringen möge.

25.

„Die Weiße Frau hat sich wieder gezeigt — sie soll gestern
Abend der Durchlaucht in den Zimmern der Reichsgräfin erschienen
seyn und die höchsten Herrschaften gewaltig erschreckt haben," so
lief es am andern Morgen in Walbau von Mund zu Mund.
Jeder erzählte es dem Nachbar unter dem Siegel der größten Ver=
schwiegenheit, und dadurch kam das Gerücht nicht nur desto schneller
in Umlauf, sondern wuchs im Umlauf auch noch lawinenhaft an.

In den Hofkreisen erregte diese Nachricht eine gewisse Be=
stürzung, denn wenn man sich auch das Ansehen gab, als sey man
über einen Aberglauben erhaben, der eben nur für den Pöbel gut

genug, so konnte man sich doch nicht verhehlen, daß der greise Fürst
in der letzten Zeit manche Spuren von Altersschwäche gezeigt
und einen gewissen physischen Habitus angenommen habe, welcher
zu der Möglichkeit eines schnellen Todes berechtigte. Und da
man es für ein Unglück gehalten haben würde, wenn der Fürst
gerade in diesen kritischen Zeiten und in einem Augenblick ge=
storben wäre, wo in seiner Familie selbst ein unleugbares Zer=
würfniß stattfand, so wirkte die Kunde von der Erscheinung der
Weißen Frau, die immer den nahen Tod eines Gliedes des re=
gierenden Hauses verkünden sollte, diesmal in allen Kreisen um
so tiefer und erschütternder.   In einer so kleinen Residenz
wie Walbau hingen so viele Interessen der Einwohner mit den=
jenigen des Hofes eng zusammen, daß jeder Einzelne sich mehr
oder weniger davon betroffen fühlte.   Jeder nahm daher die
Kunde nach Maßgabe der individuellen Stellung und der Folgen
auf, welche der Tod des Regenten mittelbar oder unmittelbar für
ihn haben konnte, und Jeder stellte sich die Erscheinung desto
grauenhafter vor, je umständlicher und ausgeschmückter sie ihm ge=
schildert worden war.   So viel aber war allen klar: die Tage
Johann Heinrichs schienen gezählt, denn es war ja ausdrücklich
erzählt worden, daß die gespenstige Ahnfrau dem greisen Fürsten
direkt mit der Hand gewinkt, ja nach Andern, daß sie ihm voll
Ingrimm mit der Faust gedroht habe.

Im engern Hofkreise hatte die Nachricht am erschütternd=
sten gewirkt, und Jeder ging im Stillen und lief zu Rathe wie
er gewissen Eventualitäten begegnen wolle.   Im Palais des Erb=
prinzen war die Kunde von der Erscheinung der Weißen Frau
schon eine Viertelstunde später bekannt geworden und hatte den
Abendcirkel der Erbprinzessin Natalie jählings aus einander
gescheucht.   Natürlich hatte auch Herr v. Adelsberg seine dienst=
willigen Geschöpfe, die ihm den schaurigen Vorfall ganz frisch
rapportirten, und er, der praktische, ruhige, besonnene und um=
sichtige Mann, dem nichts ferner lag, als irgend ein Aberglaube,
war doch ebenfalls von der Sache peinlich berührt worden! Er
war kaum vom Schreibtisch aufgestanden, als er die Mittheilung
empfing, denn er hatte in Sachen des Prinzen Ludolf noch Man=
ches zu entwerfen und diesem zu melden gehabt, daß er ihm morgen
seine Aufwartung in dem kleinen Gartenschlößchen vor dem Thore.
machen werde.   Anstatt sich daher jetzt, nach den Aufregungen

eines Tages voll Mühe und Arbeit, zu Bett zu legen, ließ er
sich seine Uniform anziehen und ging noch Stunden-lang im Zimmer auf und nieder, trank schwarzen Kaffee und rauchte Tabak,
um sich munter zu erhalten, denn er erwartete jeden Moment
durch einen Läufer zu der Durchlaucht oder dem Erbprinzen entboten zu werden. Aber Stunde um Stunde verrann, und die
Vorladung blieb aus, der Schlaf übermannte den Minister und
Günstling, und er schlief auf dem Kanapee seines Arbeitszim-
mers hoch in den lichten Tag hinein, bis ihn sein Leibdiener mit
der Meldung weckte, daß der Kammerjunker v. Ziegenau die
Excellenz zu sprechen wünsche.

„Guten Tag, lieber Oheim! Sie verzeihen wohl, daß ich
schon so frühe störe," hub der Kammerjunker an; — „aber ich
konnte nicht umhin, auf dem Heimweg vom Schlosse bei Ihnen
vorüberzukommen und Ihnen einige meiner unmaßgeblichen Winke
und Wahrnehmungen über die Ereignisse dieser Nacht zu Füßen
zu legen. Sie wissen doch, lieber Onkel, was sich zugetragen,
nachdem Sie kaum weggegangen waren? ..."

—„Hm, ein albernes Gerücht ist mir allerdings zu Ohren
gekommen; man munkelt von einer gespenstigen Erscheinung, welche
in den Gemächern des Fürsten bemerkt worden seyn soll. ..."
erwiderte Herr v. Abelsberg und suchte sich eine unbefangene,
ungläubige Miene zu geben. „Eines jener Gerüchte, die von
Zeit zu Zeit auftauchen, wenn irgend ein wichtiges Ereigniß
gleichsam schon in der Luft hängt oder die Grenzen der Atmosphäre des Hofes berührt. Ich habe nicht darauf geachtet, denn
wäre die Sache irgend erheblich gewesen, so würde sie mir als
Thatsache gemeldet worden seyn. ... Aber Du hattest ja Dienst
Karl? Du machst ein verzweifelt ernstes Gesicht — was ist
denn an dem Gerede?"

„Vergebung, lieber Onkel, aber mich dünkt, Sie nehmen
die Sache zu leicht," sagte Herr v. Ziegenau mit einem gewissen tadelnden Ernste. „Würden Sie mich hier sehen, würde ich
es wagen, Sie in solcher Morgenfrühe zu stören, wenn ich nicht
überzeugt wäre, daß die Sache von erheblicher Wichtigkeit und
Tragweite ist. Und Sie selbst mögen nicht immer so gedacht
haben... Sie sind noch in Uniform..."

—„Ich habe bis tief in die Nacht hinein gearbeitet, Karl,
und bin der Ermüdung erlegen, deßhalb siehst Du mich in diesem

Aufzuge. Allein wie ich Dich versicherte, ich legte dem albernen Gerede, desto weniger Werth bei, je öfter es sich in einem Zeitraum von 10—12 Jahren wiederholt hat. Doch lasse ich mich gern belehren: was ist denn eigentlich daran?"

— „Ich werde Ihnen alles erzählen, lieber Onkel," sagte Herr v. Ziegenau. „Es ist leider nur allzu sehr Thatsache, daß man eine Erscheinung bemerkt hat, welche als Diejenige der Weißen Frau gedeutet wird, und die Thatsache selbst ist von allzu vielen Zeugen bestätigt, um in Abrede gezogen werden zu können." Und der Kammerjunker theilte dem Factotum des Fürsten die einzelnen Umstände ausführlich mit. „Einige Damen vom Hofe und verschiedene Domestiken, welche die gespenstische Erscheinung im großen Korridor an der Haupttreppe bemerkt, hatten die Schloßwache und den Schloßhauptmann davon benachrichtigt, bevor noch aus den Appartements der Reichsgräfin irgend eine Meldung von der Sache ergangen war. Herr v. Bayer der Schloßhauptmann ist bekanntlich ein besonderer Schützling des durchlauchtigsten Erbprinzen, und nahm die Sache sehr ernsthaft und skeptisch, denn er äußerte gegen den Offizier der Wache: die Weiße Frau werde wohl von Fleisch und Bein seyn, und erinnerte an einen ähnlichen Vorfall, welcher vor Jahren vorgefallen sey und einer gewissen Dame, welche der erlauchten Reichsgräfin nahe stand, das Leben gekostet habe. Er hatte sogar die Unvorsichtigkeit, zu fragen, ob man nicht etwa Prinz Ludolf in's Schloß haben gehe sehen. . ."

— „Hm, das war allerdings sehr wenig taktvoll, Karl! Solche Gedanken äußert man wenigstens nicht, obschon ich nicht leugnen will, daß die erste Kunde von der angeblichen Gespenster= Erscheinung auch mich unwillkürlich daran erinnerte, daß der Prinz incognito in Walbau ist," sagte Herr v. Abelsberg vorsichtig und geheimnißvoll.

„Dießmal thun Sie dem Prinzen Unrecht, lieber Onkel, denn wenn er nicht die Kunst versteht, sich unsichtbar zu machen, so müßte er gefunden werden, falls er noch im Schloß war," entgegnete der Kammerjunker. „Herr v. Bayer und der Lieutenant von der Wache haben sogleich die sämmtlichen Soldaten von der Wache scharf laden und alle Zugänge des Schlosses besetzen lassen; dann wurden die Schloßknechte aufgeboten und das ganze Schloß mit Laternen durchsucht, ohne nur das Mindeste zu finden. Es kann keinem Zweifel mehr unterliegen, daß es sich um ein Ereigniß handelt, welches nicht mit dem gewöhnlichen Maßstab gemessen werden darf, den wir an derartige Dinge legen!"

— „Du willst sagen, daß die Erscheinung eine wirkliche, unleugbare Thatsache sey, Karl?"

„Ich will mir kein Urtheil anmaßen, lieber Onkel, allein wenn unser durchlauchtigster Fürst selbst etwa eine Stunde nach der Erscheinung den Hofprediger rufen ließ, wenn die erlauchte Reichsgräfin sogar dem herbeigerufenen Leibmedicus nicht verhehlen konnte, daß ihre Nerven durch ein ganz außerordentliches Ereigniß gewaltsam erschüttert seyen, so bescheide ich mich zu der Ueberzeugung, daß Dinge vorgefallen seyen, welche sich unserer ungläubigen Beurtheilung, unserem Zweifel entziehen!"

— „Hofprediger? .... Leibmedicus?" wiederholte der Minister gedankenvoll. „Und mich hat man nicht gerufen?"

„Durchlaucht waren unverkennbar zu heftig erschüttert, um in diesem Gemüthszustande an Staatsgeschäfte zu denken. Ich weiß nur soviel, daß selbst die Hofchargen vom persönlichen Dienste heute früh nicht der Gnade gewürdigt wurden, sich von Durchlaucht wie in gewohnter Weise bim Lever zu verabschieden, daß uns der Kammerdiener erklärte, Durchlaucht fühlten sich nicht wohl, und dispensirten die weggehenden Kammerherren, Kammerjunker, Adjutanten und Sekretäre sowohl wie diejenigen, welche heute du jour seyen, von persönlicher Aufwartung, und daß weder der Hofprediger noch der Leibmedicus heute Nacht und bis vorhin das Schloß verlassen haben!"

— „Das macht die Sache allerdings bedenklich, Karl! Also kein Lever bei der Durchlaucht?"

„Im Gegentheil, sogar eine Spazierfahrt nach den Domänen abbestellt und den Erbprinzen auf 12 Uhr in's Schloß beschieden!"

— „Und ohne mich? Ich habe noch keine Einladung bekommen!" rief der Minister höchst beunruhigt. „Das ist sehr, sehr sonderbar! Ein Glück, daß meine Papiere dort mir einen willkommenen Vorwand liefern, Durchlaucht meine Aufwartung zu machen und in Sachen des durchlauchtigen Prinzen Ludolf um gewisse ergänzende Bestimmungen zu bitten. ...."

„Verzeihung, lieber Oheim, wenn ich Sie trotz Ihrer Hast einen Augenblick noch aufhalte!" fiel Herr v. Ziegenau dem Eil-

fertigen in die Rede. „Aber ich wollte gerade vom Prinzen noch
mit Ihnen sprechen. Er ist hier, er ließ mich gestern Abend noch
in den 'Wilden Mann' rufen und hatte mit mir eine Unterredung,
die ich Ihnen nicht vorenthalten darf, denn er sprach von Ihnen,
von sich selber, und ich erfuhr vorhin, daß er in der verwichenen
Nacht nicht nur seinen Gartenpavillon vor dem Thore wieder bezogen, sondern dort eine Anzahl seiner früheren Genossen aus
der 'Räuberhöhle' um sich gesehen und sich von ihnen verab-
schiedet hat, und zwar zu einer Zeit, welche ganz genau mit
derjenigen zusammentrifft, wo im Schlosse die unerklärliche Erscheinung bemerkt ward, so daß auch nicht der leiseste Verdacht,
als ob jene Thatsache in irgend welchem persönlichen Zusammen-
auch mit Seiner Liebden stehe, obwalten kann, wie auch...."

— „Das ist mir lieb und nimmt mir eine Sorge vom
Herzen, Karl! Und was wollte Prinz Ludolf von Dir? was
sagte er?"

Der Kammerjunker erzählte umständlich und entschuldigte
sich, daß er am gestrigen Abend nicht mehr im Stande gewesen
sey, dem Oheim Bericht zu erstatten, weil dieser das Schloß zu
eilig verlassen habe. „Der Prinz ist im höchsten Grade empört
über die Behandlung, die ihm hier widerfahren, über die Anfein-
dung, der er von allen Seiten begegnet und deren Urheberschaft
er in Umtrieben des erbprinzlichen Ehepaares sucht," sagte Karl
von Ziegenau. „Er hat sich in eine wilde, bittere Entschlossenheit hineingearbeitet, welche das Schlimmste befürchten läßt, denn
er spricht ganz offen von der Möglichkeit, daß ihm dereinst noch
der Thron von Waldau zufallen könnte, und droht ohne allen
Rückhalt denjenigen, welche ihn jetzt anfeinden und in den Schmutz
herunterziehen!.... Ich versichere Sie, lieber Onkel, ich habe
ihn noch niemals so gesehen. Er imponirte mir gleichzeitig und
flößte mir Angst ein, denn er erschien mir als der Mann, der
im Stande wäre, durch irgend eine weise, schlaue oder kühne
Benützung der Umstände sein eigenes Glück zu verbessern und
sich etwa durch eine Militär-Revolution oder mit Hülfe der Neufranken oder einer andern fremdländischen Soldateska auf den
Thron zu schwingen und seine älteren Brüder aus ihrem ange-
stammten Rechte zu verdrängen...."

„Hm, meiner Treu, Prinz Ludolf wäre Mannes genug
dazu," sagte Herr v. Adelsberg gedankenvoll.

— „Und denken Sie sich, lieber Oheim,“ fuhr der Kammerjunker eindringlich fort — „wenn das Unglück wollte, daß gerade in diesem Augenblicke unserem allerdurchlauchtigsten regierenden Herrn etwas Menschliches begegnete, — gerade jetzt wo Prinz Ludolf noch hier ist und wo er unter dem Offiziercorps so vielfache Verbindungen hat, — wenn der Prinz an der Spitze der Soldaten und vielleicht unterstützt von mißgünstigen Nachbarn, von geistlichen oder weltlichen Fürsten, das Ungeheuere unternähme und sich den Zügel der Regierung bemächtigte, Kaiser und Reich zum Trotz, in welcher Lage wären wir?! Können wir uns verhehlen, daß der Erbprinz und Prinz Heinrich gar nicht diejenige Thatkraft besitzen, um einem solchen eigenmächtigen Schritte entgegenzutreten? Und würde nicht offenbar auch die ganze Partei des jungen Hofes zu dem Usurpator hinüber gerissen?“

„Allerdings, allerdings — es ist eine peinliche Lage,“ sagte die Excellenz; „aber was soll man thun?“

— „Nach meinem unmaßgeblichen Dafürhalten dem Feinde goldene Brücken bauen, daß er abziehe, lieber Oheim,“ erwiderte der Kammerjunker lebhaft. „Ohne mich zu erkühnen, Ihrer höheren Einsicht irgend einen Rath aufdrängen zu wollen, kann ich mich dem Gedanken nicht verschließen, daß es das Beste wäre, wenn Prinz Ludolf so schnell als möglich mit allen Ehren und klingendem Spiele abzöge. Sollte er auch von auswärts Zettelungen und dergl. m. versuchen, so sind diese im Schach zu halten, und die Interessen unsern eigenen Familie werden uns von selbst dazu treiben, daß wir uns mit dem jungen Hofe gutstellen, ohne den alten aufzugeben, daß wir sogar den Prinzen Ludolf uns verpflichten und sein Vertrauen zu gewinnen und zu erhalten suchen, um über Alles im Klaren zu seyn, was er beabsichtigt. Den letztern Theil der Affaire will ich auf mich nehmen, lieber Oheim, und Sie über alles auf dem Klaren erhalten. Mein Bruder Hermann soll sich des Prinzen Heinrich bemächtigen, dann behalten wir die Fäden in der Hand, wie die Ereignisse sich auch gestalten mögen. Unsere Familie muß ihre Stellung am Hofe unter allen Eventualitäten behaupten. Das ist Ihnen ja eine heilige ernste Aufgabe Ihres ganzen Lebens gewesen!“

„Du hast Recht; ich eile ins Schloß um zu erfahren, wie sich die Durchlaucht befindet, und um den Prinzen mit bester Manier schleunigst zu entfernen,“ erwiderte Herr v. Adelsberg.

„Ich werde das Weitere wo möglich mit dem Prinzen selbst besprechen, um ihm meine Ergebenheit und treueifrige Dienstwilligkeit zu beweisen. Solltest Du aber in der Stadt irgend etwas Neues erfahren, so eile mich davon zu benachrichtigen, mon cher!"

Oheim und Neffe trennten sich und gingen ihren Geschäften nach.

Mittlerweile war die Nachricht von der gespenstischen Erscheinung im Schloße auch in jenen abgelegenen Stadttheil von Waldau gedrungen, wo die Niethammer wohnte; und die Nachbarinnen waren sogleich zu der weisen Kartenlegerin geeilt, um mit ihr darüber zu plaudern und ihre Ansicht zu erfahren. Die Niethammer hatte bei dem Eintreten der Nachbarinnen gerade die Näthe an einem Kleidungsstücke aus weißem dünnem Baumwollenstoff zertrennt und dasselbe beiseite geräumt, dann aber unbefangen sich in das Gespräch gemengt und den Weibern von der Weißen Frau und den Unglücksfällen erzählt, welche deren Erscheinen gewöhnlich zu bedeuten habe, und hatte den neuesten Spuk des Gespenstes in Zusammenhang mit dem Kometen gebracht, der jetzt am Himmel stehe, als eine Frau sich unter der Thüre zeigte und bischret wieder zurückzog, als sie sah, daß die Kartenlegerin Besuch hatte. Der Niethammer war aber das flüchtige Erscheinen und Verschwinden des Gesichtes nicht entgangen und sie verließ unter einem Vorwand das Zimmer und eilte hinaus auf denn Flur, welcher zugleich die Stelle der Küche vertrat.

„Ei schau, schau, Frau Bärenwirthin! was thun denn wir hier? wie kommt es, daß Sie mir die Ehre schenkt?" flüsterte die Niethammer der etwas verlegenen und erschrockenen Frau zu.

— „Ich möchte Sie um einen Rath bitten, Niethammern, wenn Sie Zeit hat," versetzte die Bärenwirthin, eine ganz gewöhnliche Bürgersfrau, zaghaft. „Könnt' ich Sie nicht allein sprechen, Niethammern?"

„Nur hier herein in die hintere Kammer, und Courage, liebe Frau! was haben wir denn?"

— „Ach, eine schlimme Geschichte, Niethammern! Ich fürchte wir kommen mit der Polizei hart zusammen;" erwiderte die Bärenwirthin. „Sie hat doch schon gehört, Niethammern, daß die ganze Polizei und die Landreiter gestern den Tag über einen Menschen gesucht haben, der verschiedenen vornehmen Personen Drohbriefe gelegt haben soll?"

„Ja, weiß wohl; Hühnersdorf heißt der Bursche, ist aber schon über alle Berge!"

— „Jesus Maria, ist das wahr? Weiß Sie das gewiß?" kreischte die Bärenwirthin unwillkürlich auf. „Hat man ihn nicht gekriegt?"

„Nein, er ist glücklich entwischt, und hätten sie ihn auch, was läge daran? Ihm würde man nicht viel anhaben! Er hat manche Leute in der Hand, die ihn lieber schlüpfen als das=jenige ausschwatzen lassen würden, was er weiß!"

— „Glaubt Sie, Niethammern?"

„Na, ob? — man kennt das, solche Kerle sind aalgatt und gleiten überall durch; aber diejenigen die mit ihnen verkehrt und die Hehler und die Helfershelfer gemacht haben, müssen das Bad austragen. Und wenn der alte Wachtmeister Sabel wüßte, was ich weiß, so könnt' es dem Bärenwirth und der Gevatterin eine böse Viertelstunde absetzen. . . ."

— „St, st! um's Himmels willen, schweige Sie doch, Niet=hammern! Sie wird doch arme ehrliche Leute nicht in's Unglück bringen wollen!"

„Ich nicht — ich will nur warnen, Gevatterin! Ach, viel Wissen macht Kopfweh, und mir wär's oft sehr lieb, mein Stiri=bus sagte mir weniger — 's ist 'was recht Peinliches, so den Leuten tief in den Grund des Herzens hinein zu schauen, und ihre geheimsten Gedanken und Thaten zu lesen! Jesus Maria, von Manchem würde man's nicht glauben, daß er so wäre! Aber die liebe Habsucht und die geringe Gottesfurcht und das ver=wünschte Geld. . . ."

— „Ach dießmal hat es ja nicht einmal etwas eingetragen," sagte die Bärenwirthin traurig und zerknirscht. „Ich sagte es meinem Christian von vornherein, er solle die Hand davon lassen, aber der Hühnersdorf, der elende Mensch, hat ihn herum geschwatzt und ihm goldene Berge versprochen. Die vornehmen Herren würden das Geld haufenweise herbringen, sagte er. Ja prost die Mahlzeit! Auf einmal kommt der Wachtmeister Sabel, und der Musjeh Hühnersdorf verkriecht sich in eine Hafertruhe im Stalle und bleibt darin bis es Nacht ist, und dann muß mein Mann den Knecht anspannen und in sinkender Nacht den Hühners=dorf und seine Zuhälterin nach Bruhel führen lassen. Und dort sind Sie kaum angekommen, so steigen sie eine Viertelstunde

vom Städtchen ab und schicken den Knecht mit dem Fuhrwerk
in die 'Rose' im Städchen; die beiden aber gehen in die Krone,
wo der Knecht sein Fuhrlohn hernach abholen soll. Wie er
aber hinkommt so hört er von den Leuten, daß der Hühnersdorf
eingesperrt sey, und daß fremde Herrschaften den Kerl erkannt
und gezwungen haben, all das herauszugeben, was er von schriftlichen Sachen bei sich hatte, und daß die Herrschaften dann abgereist seyen in der Richtung hieher. Der Knecht sprach den
Hühnersdorf noch, der in einer Metzig eingesperrt und von den
Hunden gehütet war, und der elende Mensch hatte die Stirne, dem
Knecht zu sagen: er müsse ihn herauslassen, wenn er nicht wolle,
daß er ihn verrathen und seinen Meister und sie alle in's Unglück ziehe. . . ."

„Und der Knecht ließ den Vogel ausfliegen, natürlich? nicht
wahr?" fiel die Niethammern ein. „Und nun müßt Ihr euch
darauf gefaßt machen, daß er eines Abends ganz unversehens
kommt und bei euch Quartier nimmt und euer Haus zur Schelmen-
herberge macht, he?" fragte die Niethammer rauh. „Ja, ja,
das ist immer der Fluch der bösen That, Gevatterin!"

— „Was sie nicht alles weiß, Niethammern!" versetzte die
Frau und riß sich die Augen weit und ängstlich auf. „Du
lieber Himmel, halt' Sie nur reinen Mund; ich will Ihr ja Alles
bekennen! Nun ja, der Mensch sagte dem Knecht, daß er nach
Filsburg gehe und dort im schwarzen Rößchen warten wolle, bis
ihm mein Mann die Papiere vollends geschickt habe, die Christian
noch in Verwahrung habe, und daß er sie nicht bald erhalte, er wieder nach Waldau kommen und sie selber abholen
werde, auch auf die Gefahr hin, daß man ihn ergreife, und daß
er dann alle seine Verbündeten nennen werde."

— „Und da läuft es dem Bärenwirth und der Gevatterin
eiskalt über den Buckel, wenn sie denken, wie nahe sie da dem
Staupbesen, dem Pranger und dem Spinnhaus (Korrektions-
haus) kommen werden, nicht wahr?" sagte die Niethammer kalt
und ernst. „Ja, so geht es immer: wenn dich die bösen Buben
locken, so folge ihnen nicht ... denn mitgefangen, mitgehangen!"

„Aber ich bitt' Sie, Niethammern, was ist denn da zu
machen?" fragte die Bürgersfrau händeringend.

— „Nichts — ich weiß es wenigstens nicht. Ich könnte
die Karten fragen oder den Kaffeesatz oder mein Glasmännchen,

aber ich will mit der ganzen Sache nichts zu thun haben, welche
die großen Herren betrifft, denn mit großen Herren ist nicht
gut Kirschen essen! Ich will mich nicht darein mengen. — Was
Sie mir da anvertraut hat, Gevatterin, ist ja ohnedem nicht
Alles, denn Sie hat noch mit einem großen Theil hinter dem
Berg gehalten. Na, sey ihm wie ihm wolle, bei mir ist es jeden=
falls gut aufgehoben, und ich werde keinen Gebrauch davon
machen. Aber laßt mich mit dem Weitern in Frieden!"

Die Bärenwirthin legte sich auf's Bitten und Flehen, um
die Kartenlegerin zu erweichen, daß sie ihr nur einige ganz kon=
krete Fragen an die Karten oder den Kaffeesatz verstatte, und
endlich nach langem Bitten und Feilschen vereinigte man sich da=
hin, daß die Bärenwirthin der Kartenlegerin einen Topf Schmalz,
ein paar Pfund Rauchfleisch und zwei Maas Wein bringen und
die Karten mit einem halben Speciesthaler belegen müsse, bevor
sie auf die drei konkreten Fragen Antwort haben könne.

Die Bärenwirthin beeilte sich in ihrer Seelenangst, das
Verlangte herbeizuholen, und die Wahrsagerin suchte die Nach=
barinnen zu entfernen mit dem Bedeuten: man müsse über die
Erscheinung der Weißen Frau so wenig wie möglich sagen, denn
es sei gefährlich, darum zu wissen; die Sache sey ernster als man
glaube, und die nächste Zukunft gehe mit großen Dingen schwanger,
von denen aber gescheidte Leute nicht redeten, um sich nicht den
Mund zu verbrennen. Kaum war sie wieder allein, so ver=
riegelte sie die Hausthüre und stellte den kleinen Spiegel hinter
dem Laden an ihrem Fenster so, daß sie von ihrem Stuhle aus
Jeden ungesehen erkennen konnte, der in's Haus trat. Mehrere
Nachbarn und Bürgersleute pochten denn auch vergebens, um mit
der klugen Frau sich zu besprechen, mußten aber unverrichteter
Dinge wieder abziehen. Nur der Bärenwirthin, die mit einem
Korbe unter dem Tuche ankam, ward geöffnet und in der Wohn=
stube mit besonders feierlichem Ernst die Karte gelegt.

„Oh, Sie hat sich da eine böse Suppe eingebrockt, Ge=
vatterin!" sagte die Riethammer als die Karten lagen. „Das
kann noch zu bösen Häusern führen. Da seh' ich ja lauter
Schippen — das bedeutet Gericht und Polizei, die nicht aus=
bleiben werden. Drum hübsch vorsichtig und behutsam, Gevat=
terin! Man wird die Papiere holen, wird allerlei Fragen stellen.
Nicht geleugnet, versteht Ihr? aber auch die Papiere nicht her=

ausgegeben, bis der Rechte kommt, denn da seh' ich in der Karte,
daß ein gar feiner vornehmer Herr sich in die Sache mengelirt,
die ihn so nahe angeht. Dem dürft ihr kein X für ein U
machen, denn er versteht keinen Spaß, und dem könnt ihr dann
seiner Zeit auch die Papiere heraus geben — nämlich wenn es
in den Karten steht, daß es klug und räthlich ist. Darum soll
der Gevatter nicht dumm seyn und auf eigene Faust handeln
wollen — versteht Ihr? Denn wie gescheidt und schlau er sich
auch dünkt, da steht es deutlich, daß ihm doch noch etwas droht,
was er allein nicht abwenden kann, wenn ich ihm nicht helfe,
indem ich ihm zeige, wie er sich benehmen und zu wem er halten
muß! — So, und nun wißt Ihr, was euch bevorsteht, und
nun geh' Sie ruhig nach Hause, Gevatterin, und halte Sie den
Kopf hübsch oben, und wenn irgend etwas passirt, so eile Sie
sogleich hierher zu mir, daß wir sehen, was daraus werden soll
und wie man dem Unglück ausweicht. Und vor Allem schweig'
Sie, wie das Grab, Gevatterin, sonst kehrt sich Alles wider Sie!"

Zwischen vage Furcht und Hoffnung getheilt, verließ die
Bärenwirthin das Haus durch die Hinterthür, und die Alte·setzte
sich grübelnd in ihren Stuhl am Fenster und lauerte erwartungsvoll.

Es währte nicht lange, so sah sie im Spiegel den Polizeiwachtmeister Sabel schweren Schrittes und mit bedenklicher Miene
das Gäßchen heraufkommen und schon von Weitem ihre Haus-
thür in's Auge fassen. Das brachte sie doch einigermaßen aus
der Fassung; aber sie rührte sich nicht. Der Mann des Gesetzes
blieb wirklich auf der Schwelle stehen, holte zum Pochen aus,
besann sich eines Andern, ging weiter und·schaute nur vorsichtig
in das Fenster mit dem halbgeöffneten Laden; die Niethammer
aber rührte sich nicht und die schwarze Katze auf dem Sims
öffnete und schloß nur ein paarmal die Augen ohne sich zu erheben. Der Gewaltige ging vorüber, kehrte nach einer Weile
um und stand wieder vor der Schwelle. Jetzt schlürfte die Niethammer, die leise durch die Kammerthüre entwischt war, schweren
Schrittes über den Backsteinboden der Küche bis zur Hausthüre
und flüsterte: „Kommt durch den Hof und die Hinterthüre,
Wachtmeister! Hier vorne wird nicht geöffnet, wenn Ihr als
guter Freund kommen wollt!"

„Schwerenoth, Niethammern! kann Sie denn durch die
Bohlen sehen?" murmelte der Wachtmeister verwundert.

— „Oho, durch dicke Quadermauern, wenn es seyn muß, Männchen! ich weiß den ganzen Morgen schon, daß Ihr kommen würdet, und sah Euch vorhin zaghaft vor der Thüre stehen! Na, kommt nur herein! soll diesmal Euer Schade nicht seyn!"

Einige Minuten später pochte der Mann ganz verstohlen und mit einem halb ängstlichen halb verlegenen Gesicht an der Hinterthüre, der Riegel ward zurückgeschoben und im dunklen Raume stand die Alte und sah ihn mit ihren seltsamen Augen halb spöttisch an. „Nur hier herein! hier stört uns Niemand," sagte sie kichernd und stieß die Thüre der Kammer auf, deren Fenster dicht verhangen war. In der Mitte des kleinen Raums stand ein Tischchen mit einem dunkelrothen Teppich gedeckt; darauf standen drei dünne Kerzen im Dreieck und warfen ihren Schein von der Wand her durch eine wassergefüllte Glaskugel auf eine Glasflasche, die mit einer Schweinsblase tief herab zugebunden war, auf einen Todtenkopf, ein altes Kruzifix und ein gelegtes Kartenspiel.

„Hm, ich störe wohl, Niethammern! Sie ist da, scheint mir's, an irgend einer Hexenarbeit?" fragte er halblaut.

— „Na, wie man's nimmt, Wachtmeister! Ich lese da im Buch des Schicksals. Wenn sich solche Dinge ereignen, so ist man froh, wenn man so ein Bißchen im Buch der Zukunft und in den Planeten zu lesen versteht. Man lernt da mancherlei Dinge, — unter Anderm lernt man auch seine rechten und seine falschen Freunde kennen, die Einem mit Freundlichkeit nahe rücken und Einen für Andere gern ausholen möchten! — Na, setz' Er sich, Wachtmeister!"

„Falsche Freunde? Was will Sie damit sagen, Niethammern?" stotterte Sabel etwas betreten.

— „Hm, ich zähl' Ihn auch darunter, Meister Sabel! Nicht als ob ich Ihm das von gestern Abend nachtrüge, denn da war er im Amte. Aber daß er heute früh zu mir kommt nicht bloß in der Absicht, daß ich meinen Geist da wegen des Hühnerdorfs und seiner Zuhälterin fragen soll, das wird Er mir nicht leugnen können, he?"

„Na, und weßwegen denn sonst soll ich kommen?" versetzte der Mann verlegen.

— „Alberne Frage! als ob ich nicht vor ganz Walbau wüßte, was ein gewisser vornehmer Herr heute in aller Früh'

Ihm aufgetragen hat?" versetzte die Wahrsagerin höhnisch. „Da
hat der Wachtmeister sich ein Lob verdienen wollen, und ist schon
in erster Morgenfrühe, als die Geschichte von der Erscheinung
von heute Nacht im Schlosse verlautet hat, beim Herrn Schloßhauptmann gewesen, um ihm zu sagen: die Niethammern ist
gestern Abend spät noch in's Schloß gegangen, um Jemand wahr=
zusagen; könnte die nicht die Teufelei mit der Erscheinung ange=
richtet haben?

„Mit Verlaub, Niethammern, wenn ich auch das Erste nicht
leugnen darf, weil es meine Amtspflicht war, so ist doch, mit
Verlaub, das Andre nicht richtig, denn das mit dem Anrichten
sagte der Herr Schloßhauptmann selber!" platzte der Gestrenge
heraus.

— „Natürlich, — weil Er es ihm auf die Zunge gelegt
hat, mein aufrichtiger Freund! Und kann und will Er nun leugnen,
daß Er sich erboten hat, mich auszuholen, ob ich die Geschichte
angerührt habe?" ...

„Das heißt, mit Verlaub, von Anerbieten meinerseits war
die Rede nicht, denn der gnädige Herr kam selber darauf ...."

— „So? und nun will Er mich wohl fragen, Musjeh
Sabel? So frag' Er doch, frag' Er immer zu, was Er heraus=
zubringen sich vermessen hat!" sagte die Wahrsagerin höhnisch.
„Er hat ja zuversichtlich versprochen, es herauszubringen aus der
alten Hexe!"

„Sie übertreibt, Niethammern; ich hab' den Auftrag nur
ungern übernommen!" versetzte der Wachtmeister unbehaglich.
„Aber Sie weiß ja, mit solchen Herren kann man nicht rechten
— widersprechen geht gar nicht an! Aber daß Sie das Alles
schon weiß, das geht nicht mit rechten Dingen zu. Entweder hat
Ihr der Schloßknecht Höfler, der dabei war, daß Alles gesagt,
oder Sie hat ..."

— „ Na, heraus damit! was hab' ich?"

„Den leibhaftigen Teufel an der Haub," erwiderte der
Wachtmeister tonlos und die dicken Perlen des Angstschweißes
standen ihm auf der blauen Nase.

„Ja, so ist es, einen Leibteufel hab' ich, einen Stiribus,
von dem ich mehr erfahre, als all die gescheidten Leute von
Walbau mit einander wissen, — den Herrn Schloßhauptmann
oben an!" rief die Alte mit wildem Hohn und nahm die zu=

gebundene Glasflasche in die Hand. „Ja, gelt, wenn Ihr noch
könntet, ihr elenden Menschen, da brächtet ihr die alte Niethammern
als Hexe auf den Scheiterhaufen! 's ist ja noch kein Menschenalter
her, daß man sich das erlauben durfte; aber nun geht's gottlob
nicht mehr! Und nun soll Er mir auch mein Teufelchen sehen,
Wachtmeister, und soll selber Zeuge sein, wie er mir Dinge anvertraut, davon ihr dummes Volk euch nichts träumen laßt!
Allons marchez, g'schwind! Abracadabra, Musila, Hamba, Lamba,
Kappa! Ha, da ist er!" Sie hatte oben auf die Fläche des
Blasenverbands gedrückt und im Nu war hinter dem Verband
des Halses ein kleines schwarzes Teufelchen von Glas mit einer
weit ausgereckten rothen Zunge in dem Wasser der Flasche
herunter gefahren, hatte sich einige Male um seine eigene Achse
gedreht und dann an die Glaswand der Flasche geschmiegt, die
die Niethammern dem erschrockenen Polizisten hart vor das breite
erblaßte Gesicht hielt, daß er erschrocken zurückbebte. „So, mein
Männchen, nun sag mir auch, wo der Wachtmeister Sabel gestern
Abend um elf Uhr war?" rief sie laut und hielt die Flasche
dicht an ihr Ohr, während das Glasteufelchen unter dem Druck
ihres Daumens auf die Blase die possierlichsten Tänze im Wasser
aufführte. „Ah, bei der Waschfrankin stand er unter dem
Fenster, sagst du? Und was haben sie denn gesprochen?"

„Liebe, gute Frau! ich bitt' um's Himmels willen, schrei'
Sie doch nicht so laut!" bat der Erschrockene. „Wenn man erführe, daß ich mit der verrufenen Person, der Diebshehlerin . . . ."

— „So vertraut stündet, da könnt's Euch den Dienst kosten,
so es der Herr Stadtdirektor erführe, nicht wahr? Na, ein Glück,
daß der kein solches Glasmännchen hat! Soll ich etwa noch
weiter fragen?"

„Um der Tausend Gottswillen, nein! Jesus, Maria und
alle guten Namen, Niethammern, wenn Sie eine ehrliche christliche Frau ist, so laß Sie die Teufelei stecken und bring' Sie
mich nicht in Ungelegenheiten — eine Hand wäscht die andere
und ich kann auch ein Auge zudrücken!"

— „Das will ich nicht und brauch' ich nicht, denn ich bin
eine ehrliche Frau und leiste nicht den Dirnen und Dieben und
Buben Vorschub! Aber wenn ich reden wollte, wenn ich erzählte,
was ich weiß von gewissen Schlichen und Kniffen, durch die
manche Leute sich ein gutes Leben machen auf Unrechts Kosten

— das gäbe einen Staub und Skandal und machte manche Leute klein . . . Aber ich bin nicht boshaft. — ich kratze nicht, so lange man mich nicht juckt, Mußjeh Sabel, und so lang man mir kein Bein stellen will! — Und beiher gesagt: was wird man denn dem Herrn Schloßhauptmann über die Riethammern berichten? etwa daß sie um eilf Uhr durch die Leibstallgasse gegangen sei, während man bei der Waschlene, der Frankin, und ihren Dirnen stand und sich einen Schnaps aus dem Fenster reichen ließ, he?"

„Nein, das freilich nicht, aber was man sonst haben will," sagte der Wachtmeister käseweiß. „Die Riethammern wird mir ja selber auf das Trum helfen!"

— „Ah, er meint wohl auf ein Lügentrum, Meister Sabel? Er denkt, ich werde Ihm irgend eine glatte Lüge in den Mund streichen, damit Er den vornehmen Herren etwas vorschwindeln könne wegen der alten Hexe, an der Er sich doch nicht recht getraut?" fragte die Riethammer bitter und höhnisch. — „Nichts da, Wachtmeister! ich sag' Ihm, es wird nicht gelogen, sondern Er sagt die volle Wahrheit, wie Er sie nun kennt, daß die alte Riethammern gestern Nacht so gegen eilf Uhr aus dem Schlosse weggegangen durch die Leibstallgasse und daß die Waschlene und ihre Speckmägde sie ruhig in einem dunkeln Mantel haben nach ihrem Häuschen gehen sehen. Er, Meister Sabel, kann ja aus irgend einem anderen als dem wahren Grunde dort in der Nähe des verrufenen Hauses gewesen sein und mich ebenfalls gesehen haben, wie ich Ihn gesehen . . . ."

Der Wachtmeister athmete tief auf und schaute verdutzt darein. „Hm, das ginge schon, wenn ich es nur dem Herrn Schloß-hauptmann vorhin gesagt hätte!" murmelte er kleinlaut; „aber was wird der gnädige Herr nun denken oder sagen, wenn ich es ihm erst hinterher gestehe?"

„Das ist Seine Sache, Meister Sabel! Jedenfalls wird Er nicht wünschen, daß ich dem Herrn Schloßhauptmann beweise, daß ich nicht die Weiße Frau war, wie er meint, sondern daß ich zu der Zeit, wo die Ahnfrau gesehen wurde, schon längst daheim war und wie ich Ihm sagte und bewies wegen dessen, was ich in der Leibstallgasse gesehen. Lüg' Er dem Schloßhauptmann halt etwas vor oder laß Er mich von Seinen guten Freunden Greif und Schnapp gesehen haben, wie Er es für das Beste hält!"

— „Na, ich werde sehen, wie ich mir hinaushelfe," sagte
Sabel etwas erleichtert. „Also Sie schweigt, gute Frau, nicht
wahr? wenn ich meine Sache recht mache? Und nichts für ungut
wegen gestern Abend, he?"

„Davon reden wir nachher, Wachtmeister! Er hat sich ja
stark alterirt? Hätt' Er kein Bedenken, bei der alten Hexe ein paar
Gläschen Schnaps zu trinken, den sie selber angesetzt hat, he?
um sich wieder ein Bißchen Courage zu trinken? Weiß freilich
nicht, ob er so gut sein wird wie der der Lene Frankin?" Sie
holte eine strohumflochtene Korbflasche hinter einer Gardine her=
vor, schenkte ein Weinglas voll und schielte zu dem Polizeimann
hinüber, der halb ängstlich halb gierig auf den schönen gold=
braunen Saft schaute, der würzig in's Glas quoll und dessen
feinen starken Duft er mit weit geöffneten Naslöchern einsog.
Sie nippte dann am Glase und kredenzte es ihm. Er führte
es langsam zum Munde, zögerte aber zu trinken, sondern schwelgte
vorerst nur in dem starken aromatischen Geruch.

— „Teufel, das ist ja was Extragutes!" schmunzelte er
endlich nach dem ersten schüchternen Schlückchen. „Den hab' ich
ja noch nie gekostet!"

„Der ist auch nur für die Festzeiten, Alterchen! selbst
gebraut aus den feinsten Waldkräutern, vor dem ersten Hahnen=
schrei um Neumond und vor der Blüthe gesammelt, wo alle
Heilkräuter ihre wundersamste Kraft haben. Trinke ihn selber
nur an hohen Festtagen oder wenn ich 'was ganz Apartes vor=
habe, wo man Herz und Kopf beisammen haben muß, denn solch
ein Gläschen voll macht einen ganzen Mann aus Einem! —
Na, trink' Er nur, Meister! wird Ihm gut thun! — Und was
ich noch sagen wollte, — Er kennt ja den Prinzen Ludolf Durch=
laucht oder einen von dessen Leuten. Ja? Na, da könnt' Er
'mal in den 'wilden Mann' gehen, wo der gnädigste Prinz
gestern Abend in aller Stille abgestiegen ist . . . ."

— „Jesus Maria! das weiß Sie ebenfalls?" fiel ihr der
Wachtmeister staunend in die Rede.

„Ja, und noch viel mehr dazu! Wundert Ihn das Alter?"

— „Na, nach all dem Andern nicht, aber Ihr Teufelchen
weiß diesmal doch nicht Alles, sag' ich Ihr, denn der Prinz ist
nicht mehr im 'Wilden Mann', sondern noch in verwichener
Nacht . . .'"

„Halt, ich will Ihm zeigen, daß ich es ohne Ihn erfahren
kann, wo der Prinz jetzt ist, wenn er nicht mehr im Wirths=
haus ist!" versetzte die Wahrsagerin, murmelte fremdartige Worte
vor sich hin und drückte wieder auf den Blasenverschluß ihrer
Glasflasche, die sie an ihr Ohr erhob um zu lauschen, während das
gläserne Teufelchen in der Flasche herumschwebte. — „Nach Bauhof
sagst Du?" fuhr sie fort, während sie im Spiegel die Miene
ihres Zuhörers scharf beobachtete. „Ah, von Bauhof kam er? —
na, das wissen wir ja schon. Und bei der schönen Frau v. W.
war er? Na, das mag auch möglich sein. Aber wo ist er jetzt?
In seiner Gartenwohnung vor dem Thor? So? — Und wer ist
bei ihm! Einige Offiziere und junge Herren vom Hofe? Ah,
da wissen wir's also nun ebenfalls und vielleicht genauer als
die Polizei."

— „Ist's die Möglichkeit, Gevatterin?" stammelte Sabel
versteinert vor Staunen. „Das ist ja meiner Siy kaum zu
glauben, daß solch ein Glasteufelchen das Alles weiß? Potz
Schwernoth! wenn die Polizei einen solchen Leibteufel hätte, da
sollte sie den Teufel im Leibe haben!"

Die Niethammer lachte hämisch. „Das fehlte gerade noch,"
murmelte sie. „Ihr seid ohnedem schon jetzt nur dazu da, daß
Ihr die ehrlichen Leute quält und schuhriegelt, und dem Gesindel
weiter helft, denn die rechten Spitzbuben sind euch doch zu fein.
Um aber wieder auf den gnädigsten Prinzen zu kommen . . . ."

„Dem Sie durch mich 'was zu wissen thun will, Gevatterin?
na, es versteht sich, ich stehe zu Diensten!"

— „So könnt Ihr dem gnädigsten Herrn so durch einen
seiner Leute stecken lassen, daß mein Glasteufelchen ihm vielleicht
mancherlei von wichtigen Dingen sagen könnte, die jetzt ihm und
manchen vornehmen Herren einige Beklemmung verursachen, —
namentlich von wegen gewisser Drohbriefe und Papiere, denen
die Polizei seit zwei Tagen vergebens nachspürt!"

„Wie? das soll ich, die Polizei, dem Prinzen hinterbringen
lassen?" rief Sabel verblüfft. „Wenn Ihm darum zu thun ist, mir gefällig zu seyn
und von dem Prinzen ein hübsches Duceur zu erhalten, ja!" ver=
setzte die Wahrsagerin mit der größten Kaltblütigkeit. „Die
Polizei, die so gescheidt und fein ist, kann doch Anstands halber
mein Glasmännchen nicht fragen, an das sie nicht glauben darf

und daß sie als Hexerei und Betrug erklärt und verfolgt. Und
mein Stiribus hier würde mir's wahrscheinlich auch nicht sagen,
wenn es nur der Polizei zu gut kommen sollte. Schickt aber
der Prinz einen vertrauten Mann oder schenkt er mir gar selber
die Ehre, so ist das ein Anderes, und ich will mein Bestes thun,
und bei der .... na, sagen wir herzhaft: Angst, worin Seine
Liebben dermalen sind, — wird es auch Sein Schade nicht
seyn, Wachtmeister!"

„Hm, die Sache ließe sich hören, hat aber auch ihre bedenkliche Seite," murmelte Sabel. „Gesetzt nun, der Prinz
fragte mich, wie ich darum wisse, und warum ich nicht amtlich
einschreite?"

— „Dann thut Er hübsch geheimnißvoll, Alter, und sagt:
'Durchlaucht halten zu Gnaden, aber wenn man Mäuse fangen
will, muß man den Speck nicht sparen; die Polizei mag wohl
die Löcher wissen, aber heraus kriegt sie die Mäuse nicht, weil
sie gleich mit Knüppeln drein wirft, was alte gewisse Mäuse
wissen....!' — Na, so oder so findet Er schon die rechten Worte,
und für das Andre laß Er hübsch mich sorgen, wann nur erst
der Wink so von ferne her geschehen ist," erwiderte die Niethammer, ihm von Neuem einschenkend, bis er sich in die Ueberzeugung hineinfand, daß die alte Hexe es gut mit ihm meine,
worauf die Beiden ein förmliches Schutz- und Trutzbündniß mit
einander schlossen, das namentlich für den Polizeimann große
Vortheile versprach, sofern ihm die neue Freundin in geeigneten
Fällen nur mit ihrer geheimnißvollen Wissenschaft helfen wollte.

Die Niethammer war mit ihrem Erfolg sehr zufrieden, und
das Abenteuer der vergangenen Nacht machte ihr nun beinahe
keine Sorge mehr — sie konnte ja nun beweisen, daß sie nicht
die Weiße Frau gewesen war, seit sie durch ein schlaues Auf den
Busch-Klopfen den Polizisten auf dem falben Rosse ertappt und
sich einen gewichtigen Zeugen für den Nothfall gesichert hatte.
Nicht ganz ohne alle Unruhe aber immerhin mit einer Fassung
und auf das Schlimmste gerichtet erwartete sie den weitern Verlauf der Dinge, denn sie sah voraus, daß der Schreck, den sie
in der vergangenen Nacht erlebt, die Reichsgräfin sicher bestimmen
würde, sich bei ihr weitern Rathes zu erholen oder mindestens
Deutung der entsetzlichen Vision zu verlangen.

26.

Der Zwischenfall mit der vermeintlichen Erscheinung der gespenstischen Ahnfrau war in einer Hinsicht der raschen Erfüllung der Wünsche des ungeduldigen Prinzen Ludolf nicht günstig gewesen, denn er mußte direkt erfahren, daß sein Vater zu sehr erschüttert war, um ihn zu empfangen. Ludolf hatte noch in später Nacht seine gewöhnliche Wohnung in dem hübschen Gartenpavillon vor dem südlichen Thore von Walbau bezogen, nachdem er noch einige seiner Gesellen aus der 'Räuberhöhle' bei sich gesehen und sich überzeugt hatte, welch' eine bleiche Angst ihnen die Drohbriefe Hühnersdorf's — denn auf diesen concentrirte sich der Verdacht des Prinzen — eingeflößt, und wie Jeder ein Damoklesschwert über sich schweben zu sehen wähnte. Dem Prinzen selbst war nicht ganz behaglich bei der Sache, denn dieser leidige Zwischenfall drohte ja die eingeleitete Aussöhnung mit seinem Vater von Neuem in Frage zu stellen. Indessen hatte er von dem alten Hafer eine ziemlich starke Summe in Gold und guten Wechseln in der Tasche, und war daher im schlimmsten Falle zu eiliger Flucht gerüstet. Das Bewußtsein des Besitzes der Mittel dazu gab ihm auch eine geheime Zuversicht, die er noch vor wenigen Tagen nicht gehabt hatte. Einstweilen wollte er abwarten und mit ruhiger reuiger Miene der Entwicklung des Ganzen entgegen sehen. Darum hatte er auch seine Gefährten mit der Versicherung beruhigt, daß er alle angedrohten Folgen eines Erpressungsversuches auf sich nehmen und den Schreiber der Drohbriefe unschädlich machen wolle.

Ludolf ging systematisch zu Werke. Am andern Morgen zeigte er dem Hofmarschall seines erlauchten Vaters schriftlich an, daß er in Walbau eingetroffen sey, um sich eine Audienz bei des Fürsten Durchlaucht auf dem regelrechten Wege zu erbitten, da er Hof und Land zu verlassen gedenke, und bat den Hofmarschall, diese Bitte dem Fürsten vorzutragen. Darauf erhielt er den Bescheid, daß die Durchlaucht momentan unbäßlich und außer Stande sey, Höchstihres Herrn Sohnes Liebden zu empfangen, daß Höchstdieselben aber mit Vergnügen von diesem Gesuch Akt genommen und in thunlichster Bälde bestimmen wollten, wann Sie Seine Liebden zu empfangen geruhen würden.

Diesem Schreiben war unmittelbar ein Billet von der Reichsgräfin gefolgt, das den Stiefsohn des günstigen Eindrucks versicherte, welchen sein Gesuch gemacht habe, und ihn bat, sich einstweilen zu gedulden und ganz passiv zu verhalten, indem der Fürst zu aufgeregt sey durch ein unerwartetes mysteriöses Ereigniß, um sich mit der Angelegenheit des Prinzen zu befassen. Bastian hatte dem Prinzen auch mitgetheilt, was für Gerüchte in der Stadt circulirten über eben diese geheimnißvolle Begebenheit.

„Die Weiße Frau?" hatte Ludolf sardonisch gerufen und doch dabei willkürlich die Farbe gewechselt. „Die Weiße Frau in den Appartements der Reichsgräfin erschienen, als der alte Herr gerade bei Carolinen war? Dahinter steckt entweder eine Farce oder eine Teufelei! — Jedenfalls muß ich das Nähere wissen, Bastian, und ich verlasse mich auf Deine Schlauheit und Deine Bekanntschaft unter der Schloßdienerschaft, daß Du mir noch vor Tische den genauen Bescheid bringst, — hörst Du?"

— „Zu Befehl, Durchlaucht; werde mein Bestes thun, aber der gnädigste Herr sollten die Sache nicht so leicht nehmen. Die Leute stecken in ganz Walbau die Köpfe zusammen und munkeln von verschiedenen Anfällen, welche die regierende Durchlaucht in der jüngsten Zeit gehabt habe. Alle meinen, es habe etwas Ernstes zu bedeuten, und gewisse Leute, die im Palais des Erbprinzen aus= und eingehen, sollen ganz verschmitzte Gesichter machen und sich auf allerhand mögliche Fälle einrichten!"

„Sollte das Spiel von dort her gemischt seyn?" murmelte der Prinz. „Nein, Caroline ist zu klug, um dazu die Hand zu bieten. Wie aber, wenn man sie sammt dem Vater hätte schrecken wollen?"

Aus den Gedanken, denen der Prinz darob verfiel, weckte ihn der Besuch von Katzenegg und einigen andern 'Räubern'. Diese hatten natürlich ebenfalls das Gerücht vernommen und die allgemeine Deutung adoptirt, daß die Erscheinung — gleichviel ob wirklich gespenstig oder ein Betrug — ihre Beziehung auf den Landesherrn habe, bei dessen hohem Alter trotz seiner scheinbaren Rüstigkeit eine rasche Katastrophe doch nicht unmöglich erschien. Wenn aber wirklich ein Thronwechsel bevorstand, dann lag es nicht außer dem Gebiete der Möglichkeit, daß der leidenschaftliche energische Ludolf doch am Ende sich hinreißen ließ, die Zügel der

Regierung zu ergreifen und durch eine Konspiration und rasches
Zugreifen die beiden älteren Brüder aus der Erbfolge zu ver=
drängen. Die kühnsten und rücksichtslosesten Mitglieder der
„Räuberhöhle" kamen daher, von Katzenegg, dem plötzlich der
Muth wieder gewachsen war, hiezu aufgefordert, um sich dem
Prinzen gleichsam zur Verfügung zu stellen. Jeder trug dem
Prinzen vor, was er über das Ereigniß gehört hatte — dutzen=
derlei romantische hochgewürzte Lesearten, welche alle darin über=
einstimmten, daß der greise Fürst ernstlich leidend sey und jetzt
vom Erbprinzen und dessen Gemahlin und dem Prinzen Hein=
rich förmlich umlagert werde, damit man ja bei jeder Eventua=
lität bei der Hand sei, um die erforderlichen Schritte zur Be=
sitzergreifung des Thrones zu thun.

Diese Mittheilungen regten Ludolf die Galle mächtig auf,
aber er war auf seiner Hut, dies nicht merken zu lassen. Er
erschien tief ergriffen von der Kunde, daß sein Vater unbaß sey,
und schmerzlich bewegt, daß man ihn ausschließe; aber er ergab sich
mit einer gewissen Resignation in sein Geschick.

„Jeder ist sich selbst der Nächste, meine Freunde!" sagte
er. „Nachdem unsere früheren Verabredungen und Pläne für
allfällige Ereignisse meinen Brüdern zu Ohren gekommen sind,
befremdet mich der Eifer nicht, mit welchem sie sich um den guten
alten Herrn drängen und mich ausschließen. Jeder von uns
würde im gegebenen Falle ebenso handeln. Sie haben die Macht
und die Sitte für sich, denn von Recht kann hier kaum die Rede
seyn. Die Gewalt der Gewohnheit und der Trägheit der Massen
sichert ihnen den Sieg, und sie feuern sich ohne Zweifel jetzt
mit dem bekannten Vae victis (wehe den Besiegten) an, und
lassen sich von der willenskräftigen ehrgeizigen Erbprinzessin
leiten. Mir bleibt nichts übrig, als die Ereignisse über mich
ergehen zu lassen und aus sicherer Ferne mit ihnen zu unterhan=
deln, und sie werden mir goldene Brücken bauen — wenigstens
soweit ihr schmutziger Geiz es zuläßt. Mich kümmert die Zu=
kunft nur wenig, denn ich sah längst die Nothwendigkeit ab, mir
anderwärts einen Wirkungskreis zu suchen. Ich fühle nur den
persönlichen Schmerz der Zurücksetzung, der Trennung von einem
Vater, der bei manchen Schwächen doch eine edle Natur und
einer gemeinen Rachgier, wie sie Schwächlingen eigen ist, fremd
war. Aber für Euch ist mir bange, meine Freunde! Wäre es

mir noch vergönnt, mit meinem Vater mich auszusöhnen, so
würde ich mich vermessen, durch meines Vaters fürstliches Wort
Euch Indemnität und Vergessen zu sichern; aber das ist vielleicht
mit ein Grund, weßhalb man mir das Ohr meines guten Vaters
zu verschließen sucht. Man will Euch etwas am Zeuge flicken,
sobald man das Regiment in Händen hat, denn die scheinbaren
Beweise hat man in Händen, und wer einen Hund prügeln will,
findet ja Knittel genug. Viele haben zu früh Reu' und Leid
gemacht, haben sich bei dem jungen Hof entschuldigt, ehe sie angeklagt waren, haben geklatscht und benuncirt. Man wird also
Angeber und Zeugen genug finden, um die Anderen der Felonie
anzuklagen und sie die ganze Strenge des Gesetzes fühlen zu
lassen. Man wird ein Exempel statuiren wollen, denn jedes
Regiment der Weiber und Schwächlinge will durch Schrecken und
Despotie sich sicher und fest stellen. Dieß fürchte ich, und dies
ist es, was mich am meisten schmerzt, wenn ich auch gleichwohl
weiß, daß Viele zu schnell Chamade geschlagen haben."

— „Das sind ja ganz verwünschte Aussichten, mein Prinz,"
sagte Katzenegg etwas kleinlaut und schaute rings um sich lauter
verbutzte Gesichter. „Ich kann es aber noch nicht recht glauben,
Durchlaucht. Man wird uns nicht zur Verzweiflung treiben
wollen!"

„Es hieße doch viel gewagt, Durchlaucht, wenn die neue
Regierung so mit einem einzigen Schlage sich eine ganze Menge
der ersten Familien durch rachgierige Strenge verfeinden wollte,"
bemerkte Freidorf.

— „Man könnte sich mit einer solchen Maßregel leicht verrech-
nen," fügte ein Anderer mit düsterem Blicke bei. „Man riskirt
ja, daß der Bogen zerspringt, wenn man ihn zu sehr biegt!"

„Jenun, das wäre wahr, wenn man sich vor Männern
fürchtete, meine Freunde; aber der junge Hof sieht in den meisten
von Euch nur Libertins, Intriguanten, Schwadroneure. Man
redet sich ein, einen heilsamen Schrecken hervorzurufen, wenn
man Euch exemplarisch bestraft, und ich wette Hundert gegen
Eins, die gerühmten ersten Familien verleugnen ihre eigenen
Mitglieder, wenn es zum Aeußersten kommt, und machen liebes
Kind, nur um es nicht mit den Gewalthabern zu verderben.
Das ist meine erfahrungsgemäße Ansicht von diesem gerühmten
Adel. Es ist hart, aber wahr, daß auf Menschen kein Verlaß

ift. Wäret Ihr Franzosen oder Schweden oder Polaken, so würde es nicht so weit kommen; aber wessen ist dermalen der Deutsche nicht fähig? Hat nicht unter unsern Augen beinahe jeder kleine Staat es gewagt, das Reich und seine Vertheidiger im Stich zu lassen und den Feinden des Reichs in die Hände zu arbeiten? Hat nicht sogar ein preußischer Feldherr den braven Haubegen Wurmser aus purem Neid und Eifersucht im Stich gelassen, daß die Weißenburger Linien verloren gingen? Man möchte Pfui rufen über ein solch entmanntes Geschlecht!"

Ludolf war ans Fenster getreten und trommelte mit verhaltenem Ingrimme an die Scheiben. Seine Gäste flüsterten unter einander; dann nahm Katzenegg wieder das Wort:

„Es ist wahr, mein Prinz, die ganzen Männer sind heutzutage selten," sagte er mit verhaltenem Unmuth. „Allein sind sie nicht selber Schuld daran, daß es so ist? Ziehen sie sich nicht selber zurück in eine passive Resignation, wenn der morsche Stamm nicht auf den ersten Hieb fällt?"

— „Du sprichst in Gleichnissen, Katzenegg, die zu allgemein sind, als daß ich sie verstehen könnte," versetzte Ludolf kühl. „Ist Deine Parabel irgendwie auf mich bezüglich, so sprich frisch von der Leber hinweg: bin ich der Mann, der sich zurückzog?"

„Mit allem schuldigen Respekt, Durchlaucht, ja, einigermaßen haben Sie sich zurückgezogen oder wollen es wenigstens," sagte Katzenegg mit blitzendem Auge. „Ihre Resignation gibt uns preis, und das ist nicht loyal. Sie schaden sich selbst, wenn Sie die Ereignisse widerstandslos über sich ergehen lassen, anstatt jetzt uns Gelegenheit zu geben, Ihnen und uns zu helfen. Wir können Ihnen keinen Erfolg verbürgen, aber es bedarf eines einzigen Wortes, so wollen wir Sie auf den Schild heben und wenigstens versuchen, dem Streiche zuvorzukommen, der uns zermalmen soll. Wir wollen durchführen, was wir früher besprochen und versprochen haben!"

— „Eine offene Rebellion?"

„Ja, eine offene Militärrevolution, um Ihnen die Thronfolge zuzuwenden, wenn Sie uns Ihr fürstliches Wort geben, uns nicht zu verleugnen, wenn wir die Thronfolge ändern," sagte Katzenegg.

— „Ihr Wenigen vermögt nichts; es wäre purer Wahnsinn, meine Freunde," sagte Ludolf.

„Wenn die Anderen erfahren, was ihnen droht, wird unser Anhang sich vermehren," sagte Freidorf; „ich bürge für ein halbes Dutzend Offiziere aus meinem Regiment."

— „Und ich ebenfalls! und ich!" riefen mehrere Andere.

„Und gesetzt nun, ich vertraute mich Euch an und gäbe Euch mein Wort, was dann? Ihr hättet mich in Händen, und würdet mir die ganze Gefahr aufbürden," sagte Ludolf. „Das ist ein ungleicher Einsatz."

„Dann schlagen Sie uns die Bedingungen vor, mein Prinz," sagte Katzenegg. „Daß wir uns nicht wie Hämmel zur Schlacht= bank führen lassen wollen, das steht fest. Ich will weder in einer Bergveste verfaulen noch Karren ziehen, noch mich füsiliren lassen, weil ich nur gedacht habe, was zu thun im Interesse des ganzen Landes wäre. Nicht um meiner Person allein willen fordere ich Sie auf, Durchlaucht — es gibt noch höhere Ge= sichtspunkte, um deren willen das Land in solchen ernsten Zeiten nicht in die Hand von Schwächlingen kommen darf. Ist's nicht so, meine Freunde?" Alle bejahten stürmisch.

Ludolf schien bewegt. „Du hast da ein gewichtiges Wort gesprochen, Katzenegg," erwiderte er. „Ich spreche mich nicht frei von Ehrgeiz und Freude am Herrschen, aber ich habe auch den Willen, dem öffentlichen Interesse zu dienen, und nur diese Rücksicht könnte mich am Ende bestimmen, den gehässigen vor= wurfsvollen Schein einer solchen That auf mich zu nehmen und den Kampf mit des Reiches Herkommen und Gesetz zu wagen. Ich liebe mein Land und möchte es auch fürder so glücklich, ruhig und friedlich sehen, wie es seither war. Aber ich habe Pflichten der Ehre, des Blutes — ich kann nicht offen an die Spitze eines Attentats treten, das so mit der Meinung der Welt bricht. Dies ist mir klar geworden, seit jene widrigen Verhältnisse un= sern früheren Plan verrathen haben. Ich kann mich noch nicht definitiv erklären, denn ich muß erst mit eigenen Augen sehen, ob das sich bestätigt, was ich fürchte und was Eure Mittheilungen mich besorgen lassen. Ich will den Versuch machen, dennoch zu meines Herrn Vaters Liebden durchzubringen. Das werdet Ihr Alle billig finden, denn man muß mit gegebenen Faktoren rech= nen. Darauf aber gebe ich Euch mein fürstliches Wort, meine Freunde: wenn die Wohlfahrt des Landes und Eure Sicherheit es erheischen, daß ich mich offen erkläre, so dürft Ihr auf mich

rechnen und sollt nicht nur Euren Mann an mir finden, sondern auch keinen Undankbaren Euch verbinden. Seyd Ihr damit zufrieden?"

„Noch nicht ganz, mein Prinz," sagte Katzenegg. „Eurer
Liebden bliebe dann immer noch ein Hinterthürchen offen, so
lange wir den Kameraden, die gleich uns bedroht sind, nicht
offen sagen dürfen, daß Sie es mit uns halten und uns in
Ihrem Interesse handeln lassen!"

— „Und wenn ich nun Euch mein Wort gäbe, was bietet
Ihr mir dagegen?"

„Die schriftliche Verpflichtung, Durchlaucht, daß wir losschlagen," sagte Freidorf; — „losschlagen, sobald es nach Eurer
Liebden Ermessen an der Zeit ist — sey es heute, sey es in
drei, vier Jahren! Immer dabei vorausgesetzt, daß wir Eurer
Liebden mit Wort und Eid versprechen, selbst im Fall der Entdeckung oder Vereitelung unseres Anschlags Dero Namen zu verschweigen, wogegen Sie uns Wort und Handschlag darauf geben,
uns dann mit allen Mitteln zu schützen oder wenigstens ein
Fürwort hier und an fremden Höfen für uns einzulegen. Seyd
Ihr Anderen damit einverstanden?" — Alle stimmten zu.

— „Ihr seyd Fünf, das ist wenig," erwiderte der Prinz
zaudernd. „Nach der früheren Abrede konnten wir auf etwa vierzig
Männer rechnen. Bringt Ihr mir aber bis morgen um diese Zeit
die Unterschriften von fünfundzwanzig Offizieren, so geb' ich Euch
Wort und Handtreue auf die Gültigkeit des Vertrages. Bis
morgen muß sich auch entscheiden, wie die Sachen bei Hofe stehen.
Gefällt Euch meine Bedingung?"

Sie ward angenommen und man trennte sich mit dem Versprechen, alle erforderlichen Schritte zu thun. Der Prinz hatte
mehrmals auf die Uhr gesehen und Zeichen von Ungeduld geäußert, die nicht zu verkennen gewesen waren. Er ließ sich ankleiden und ging dann durch die Stadt nach dem Schlosse.
Ueberall grüßten ihn die Leute mit einer Beeiferung, die ihm
zeigte, daß er trotz seines lockeren Lebenswandels äußerst populär
war. Seine stramme soldatische Haltung, der martialische Ernst
seiner Züge imponirte den guten Waldbauern, denen sein leutseliger
Gruß wohlthat.

„Er ist doch ein ganz anderer Mann als sein Bruder,"
flüsterten die Bürger einander zu, wenn er mit freundlichem

Gruß diesem oder jenem, den er persönlich kannte, gedankt und
ihn bei Namen genannt hatte, und schauten ihm beifällig nach.
„Man sieht doch gleich, daß ihm draußen ein Bißchen Wind um
die Nase geweht hat.“

— „Und wie gemein und niederträchtig er ist!“ sagten die
Frauen und Mädchen und glaubten damit die dankbarste Aner=
kennung seiner Herablassung und seiner anspruchslosen leutseligen
Höflichkeit auszudrücken. „Er lacht Einem doch auch zu, wäh=
rend Prinz Heinrich sich ordentlich scheut, Einem ins Gesicht zu
schauen, und die Erbprinzessin und ihr Gemahl auf uns herunter=
blickt, als wären wir eben Geschmeiß und Gesindel! Das wäre
ein Herr, der auch etwas aufgehen ließe, anstatt es in Kisten
und Truhen zu vergraben!“

Dem Prinzen entging die günstige Stimmung der Bürger
für ihn nicht, und dies nährte die Gefühle, die ihn bewegten.
Als er ins Schloß kam, fand er einen ähnlichen Eindruck, nur
verquickt mit einer gewissen Ueberraschung ob seinem Erscheinen
und einer scheuen Angst, ob man nicht belauscht werde. Im
Vorzimmer des Fürsten waren die paar Hofchargen vom Dienst
zwar verblüfft über sein Erscheinen, aber doch erbötig, ihn zu
melden und ihm über das Befinden des regierenden Herrn Aus=
kunft zu geben. Letztere lautete, im Widerspruch mit den in der
Stadt kursirenden Gerüchten, günstig. Der Kammerherr vom
Dienst meldete den Prinzen, aber er ward nicht vorgelassen;
'Seine Durchlaucht fühlten sich angegriffen und konferirten mit
dem Leibmedicus, seyen aber von dem zärtlichen Empressement
Seiner Liebden Ihres Herrn Sohnes sehr gerührt und hofften
ihn in Bälde zu sehen', lautete der Bescheid.

„Bitte, Herr von Wallbrunn, weisen Sie mich nicht in
dieser Weise ab,“ erwiderte Ludolf dann höflich, aber mit ge=
flissentlich lauter Stimme, obschon er anfangs eine Anwandlung
von Unmuth nicht zu unterdrücken vermocht hatte. „Ersuchen
Sie in meinem Namen Se. Durchlaucht noch einmal um die Gnade,
mich persönlich und mündlich bei Höchstdenselben selbst nach Dero
Befinden erkundigen zu dürfen. Was meinen beiden Brüdern
gestattet ist, das sollte billigerweise auch mir erlaubt seyn, —
ja vielleicht mir um so eher, da ich schon so lange nicht mehr
die Freude gehabt, meinem durchlauchtigen Herrn Vater ins Auge
zu blicken, und als mein Gewissen mich anklagt, vielleicht nicht

ganz ohne Schuld an den Gemüthsbewegungen zu seyn, welche in letzterer Zeit auf das ehrwürdige Haupt und edle Herz Sr. Durchlaucht einstürmten. Ich bitte Sie so höflich als bringend, Herr v. Wallbrunn, sagen Sie Sr. Durchlaucht, daß ein reumüthiger Sohn vor den Vater zu treten wünscht!.... Ich werde nicht weichen, bis ich vorgelassen werde, Herr Kammerherr!" setzte er halblaut und energisch hinzu; „hüten Sie sich, mich aufzubringen, indem Sie mich abweisen, während meine Brüder drinnen sind! Ich durchschaue die Kabale!"

— „Mais mon Dieu, mon prince! Sie irren fürwahr," erwiderte Herr v. Wallbrunn erschrocken und mit gedämpfter Stimme. „Mein Wort als Edelmann zum Pfande, gnädigster Prinz, daß Ihre Liebden die Prinzen Johann und Heinrich nicht bei Sr. Durchlaucht, sondern ebenfalls abgewiesen worden sind; daß in diesem Augenblicke Niemand um Se. Durchlaucht ist, als des Herrn Präsidenten v. Abelsberg Excellenz und der Leibmedicus!"

„Wirklich?" fragte Ludolf leise, den Kammerherrn fixirend und ein Stein fiel ihm vom Herzen. — „Ich ersuche Sie, Baron Wallbrunn, thun Sie Ihr Möglichstes, mir den Anblick meines theuren Herrn Vaters zu verschaffen," fuhr er dann mit erhobener Stimme fort und ergriff den Kammerherrn am Arme, der denn auch nachgab, aber sogleich wieder mit demselben Bescheide zurückkehrte.

Dem Herrn v. Wallbrunn folgte Herr v. Abelsberg auf dem Fuße, der den Prinzen zuvorkommend begrüßte und beiseite nahm.

„Se. Durchlaucht ist hocherfreut über Eurer Liebden zärtliche Besorgniß, aber momentan zu angegriffen und von Geschäften in Anspruch genommen, als daß Hochdieselben Sie empfangen könnten, mein allergnädigster Prinz," sagte Abelsberg. „Hochdieselben beauftragen meine Wenigkeit, Eurer Liebden Besorgnisse über Hochdero Zustand zu beschwichtigen."

— „Also wirklich keine Gefahr vorhanden, Excellenz?" fragte Ludolf leise.

„So Gott will, nicht die mindeste, mein Prinz! ich verpfände Ihnen mein Wort."

— „Aber man raunt sich doch im Publikum die aufregendsten Gerüchte zu, Herr Präsident!"

„Kein wahres Wort daran, Euer Liebden! Serenissimus

sind ernst gestimmt, wollen noch ihr Haus ordnen, das ist Alles," versetzte Abelsberg vertraulich. „Wir waren soeben an Eurer Liebben Angelegenheiten, die noch einer reiflichen Delibe= ration unterzogen wurden, als der Leibmedicus kam. Sie be= greifen also, weßhalb Serenissimus eine Begegnung vermeidet, durch welche er irgendwie beeinflußt werden könnte."

— „Herr v. Abelsberg, ich hoffe, Sie werden mein Vertrauen nicht täuschen," sagte Ludolf und seine Augen schienen bis auf den Grund der Seele des Ministers bringen zu wollen. „Ich habe Ihnen gestern mein ganzes Herz erschlossen, habe Ihnen bewiesen, daß ich nachgiebig, versöhnlich, demüthig seyn kann, daß ich vergangene Fehltritte sühnen will. Sie versprachen meine Interessen bei meinem Vater zu vertreten. Es wäre unrecht, persid von Ihnen, wenn Sie gegen mich konspirirten mit der Partei des Erbprinzen...."

„Um's Himmels willen, mein gnädigster Prinz, wie kom= men Sie auf diesen Argwohn? und wie habe ich dies verdient?" versetzte der Präsident erschrocken.

— „Meine Brüder waren hier beim Vater...."

„Allerdings, mein Prinz, sind aber abgewiesen worden!"

— „Mein Vater ist krank — man spricht von einem gewissen unheimlichen Ereigniß in verwichener Nacht...."

„Das letztere ist Thatsache, das erstere übertrieben. Sere= nissimus waren sehr erschrocken und betroffen, was ich nicht in Abrede ziehen will, haben sogar mit Höchstbero Beichtiger sich besprochen und communicirt, aber nur in der stillen christlich be= müthigen Absicht, sich gehorsam in Alles zu ergeben, was der unerforschliche Rathschluß über Höchstbero Leben und Wirken be= schließen möge. Serenissimus wollen die höhere Mahnung, welche in dem noch unerklärten räthselhaften Ereigniß liegt, nicht ver= kennen, und haben darum mich noch einmal rufen lassen, als ich eben im Begriff war, mich zu Eurer Liebben zu begeben, um Hochdenselben die erforderlichen Schriftstücke vorzulegen. Serenissimus wollten dieselben noch einmal unbefangen erwägen und durchsprechen, und Eurer Liebben darf ich im Vertrauen schon andeuten, daß dies nicht Ihr Nachtheil seyn wird...."

— „Falls nicht mein Bruder Johann oder die Frau Erb= prinzessin Einsprache dagegen erhebt, nicht wahr?"

„Hierüber mögen Sie außer Sorgen seyn, mein gnädigster

Prinz! Wenn bei einem regierenden Herrn die ernste Stimmung vorwaltet, in welcher man überhaupt an die Zeit nach uns denkt, so sind die Thronerben gewöhnlich die letzten, deren Gesichter man um sich sehen will. Niemand sieht ja gerne diejenigen um sich, denen er all seine Schöpfungen und Schätze überlassen muß," flüsterte Herr v. Adelsberg. „Ich ersuche Euer Liebden unterthänigst, mir zu vertrauen und den Gang der Begebenheiten nicht zu unterbrechen. Sie könnten dadurch leicht mehr verderben, als gut machen. Stören Euer Liebden die weiche, natürlich zärtliche Stimmung Serenissimi nicht — es wird Alles zu Höchstdero Zufriedenheit geordnet werden. Ich werde nicht ermangeln, Eurer Liebden zärtliche Fürsorge bei meinem allerhöchsten Herrn ins günstigste Licht zu setzen!"

— „Wohlan, ich lege meine Angelegenheit in Ihre Hände, Excellenz, und werde Ihnen meine Dankbarkeit bethätigen. Ich gehe nun; aber sollte wirklich Gefahr für meines Vaters Leben vorhanden seyn, so erachte ich es für Ihre Pflicht, sofern Sie mein Vertrauen in Ihre Gerechtigkeit nicht verscherzen wollen, daß Sie mich davon benachrichtigen!"

„Wenn dieser Fall eintreten sollte, was der Himmel verhüten möge, so sollen Euer Liebden noch mit Serenissimo sich aussöhnen — was ohnedem die Aufgabe meines Eifers seyn wird," sagte Herr v. Adelsberg und ergriff ehrfurchtsvoll die Hand, die ihm der Prinz darbot.

Dieser verließ rasch die Appartements des Fürsten und eilte durch Gänge und Seitentreppen nach denjenigen der Reichsgräfin, und zwar durch die Garderobe, um sich melden zu lassen. Bei seinem Eintritt in die Garderobe erschreckte das Klirren seiner Sporen eine bürgerlich gekleidete alte Frau mit wachsgelben markirten Zügen und stechenden Augen, die schnell hinter eine Wand huschte, um nicht gesehen zu werden, aber aus ihrem Versteck kein Auge von dem stattlichen Offizier verwandte, während er auf der Schwelle zum Dienstzimmer die Kammerfrau Nannette beauftragte, ihn bei der Erlaucht zu melden. Diese ging und der Prinz klopfte einstweilen ungeduldig mit der Fußspitze auf die eichene Schwelle, denn die paar Minuten des Harrens erschienen ihm wie eine Ewigkeit. Endlich kam Nannette zurück und überreichte dem Prinzen auf dem Silberteller ein rasch zusammengefaltetes Billet, das er hastig erbrach und las ohne den

Unmuth getäuschter Erwartung zu verhehlen. „Sagen Sie der
Erlaucht, daß ich mich schriftlich äußern werde und mich empfehle,"
sagte er mit ärgerlichem Tone, und entfernte sich rasch, ohne die
Lauscherin bemerkt zu haben, die noch eine Weile wartete und
dann erst in's Dienstzimmer trat, wo sie wie eine ungeduldig
Erwartete empfangen und sogleich zur Reichsgräfin geführt wurde.
Es war die Kartenlegerin, welche die Reichsgräfin herbeschieden
hatte, um sich bei ihr über die Ereignisse der vergangenen Nacht
Raths zu erholen.

Prinz Ludolf war vom Schlosse hinweg noch eine halbe
Stunde durch den parkartigen Schloßgarten gegangen, um seinen
Gedanken nachzuhängen. Die Gewißheit, daß sein Vater nicht
so krank sey, als das Gerücht ihn schilderte, machte einen selt=
samen gemischten Eindruck auf ihn, und durchkreuzte bei ihm
Pläne und Anschläge, welche der Besuch seiner Gefährten in ihm
angeregt hatte. Der Dämon des Ehrgeizes quälte ihn und es
drückte ihn hart, daß die wilde Gier nach der Herrschaft, die
noch so eben in hellen Flammen in seinem Gemüthe aufgeschlagen
hatte, plötzlich wie mit kaltem Wasser übergossen, erlöschen und
hinsterben sollte. Er kannte die kräftige Konstitution des
Fürsten, dessen untersetzter gedrungener Körper eine herkulische
Stärke zu bergen schien, dem der Tod in natürlicher Weise noch
lange nicht beikommen konnte. Aber wenn diesem Mann wirk=
lich noch ein so hohes Alter bestimmt war, wie es die kräftigen
Körperformen verhießen, wie konnte Ludolf dann in der Ferne
noch auf eine Erfüllung seiner eigenen ehrgeizigen Pläne rechnen?
War dann nicht Tausend gegen Eins zu wetten, daß in seiner
Abwesenheit der gutmüthig schwache, von seiner eigenliebigen,
selbstsüchtigen Gemahlin beherrschte Erbprinz und der Prinz Hein=
rich, der eben jetzt aus holländischen Diensten wieder in's Vater=
land heimgekehrt war und ebenfalls den Ehrgeiz hatte, sich eine ge=
wisse Popularität zu erwerben, und dessen Gemahlin vielleicht in
ihrer Weise nicht minder auf die Wahrung der Interessen ihres
Gatten bedacht war, — daß diese vier Personen und die ver=
schiedenen Gruppen von Adeligen und Abenteurern jedes Standes,
sich zu denselben in Aussicht auf künftige Belohnung der ge=
leisteten guten Dienste oder bezeugten Ergebenheit gesellten, ihn
ganz aus dem Sattel heben und aus dem Gedächtniß des Volks
verdrängen würden? Diese Gedanken schnitten ihm tief in die

Seele, und nährten jene dämonischen Wünsche der Sehnsucht nach
Macht und Herrschergewalt, die schon lange in seiner wilden
leidenschaftlichen Seele schliefen.

Ohne zu wissen wie, war Ludolf an den größten entlegen-
sten Weiher des Schloßgartens gekommen, der still und ruhig
wie ein Spiegel vor ihm lag, besäet mit dem dürren Laube, das
der Wind von den Bäumen und vom Boden hier hinein getrieben.
Dunkel und schwärzlich schien das glatte Wasser zu ihm herauf
zu blicken, über das die hohen Baumkronen ihren Schatten
warfen. Eine eigenthümlich düstere, melancholische Stimmung
lag über dem Orte, unwillkürlich zum Grübeln reizend. An
den Sträuchern und Büschen, an den paar noch aus dem Wasser
ragenden Schilfhalmen, auf dem kurzen Gras der Böschungen
hing der weiße Reif, und ein bleigrauer Himmel schaute sonnen-
und wolkenlos auf den stillen Spiegel des Teichs hernieder,
den nur hie und da ein scharfer Ostwind mit leichtem Kräuseln
überzitterte.

Ludolf war stehen geblieben, hatte sich an einen Baumstamm gelehnt und schaute zerstreut auf das kleine Bild vor ihm.
Der Kontrast dieser einsamen Stille und trügerischen Ruhe mit dem
wilden Sturm in seiner Seele kam ihm allmählig zum Bewußtseyn.

„Da stehe ich und quäle mich peinvoll mit aufregenden
Gedanken und wirren Plänen, die doch zu Nichts führen,“ murmelte
er. „Was ist es denn, das mich mit dieser wilden ungestümen
Gier erfüllt, vom Leben noch mehr zu verlangen, als es mir seither
gegeben? Ist es nur der Drang nach neuen Genüssen und Kitzeln,
nachdem ich beinahe schon Alles durchgekostet, was nur den In-
halt dieses armseligen Daseyns trügerisch ausfüllt und das wilde
Blut noch zu heftigerm Kreislaufe peitscht, oder ist es eine wahre
Ahnung, daß ich mich einst noch nützlich machen und ein größeres
Gemeinwesen besser lenken könnte, als die Anderen? Ist es der
Ingrimm über die Ungeschicklichkeit oder Mißwirthschaft der
Anderen, die meiner Rathschläge verschmähen würden und mich
mißtrauisch oder geringschätzig beiseite schieben? Oder ist es die
Ueberzeugung, daß ich der Macht und Herrschaft würdiger wäre,
weil ich sie besser ausnützen und diesem Lande mehr Gedeihen
und ein weiteres Gebiet sichern könnte? ... Ha, wer mir hierauf
antworten könnte? — Soll ich die Bande zerreißen, durch welche
mich die Natur Jenen verknüpft, weil sie stiefmütterlich genug

bachte, mir zu überlegener Thatkraft und lebendigerem Eifer eine
untergeordnete Stellung gewährte? Und wenn ich es thue, wenn
ich die Zügel aus den Händen eines stumpfen Greises und seiner
ehrgeizigen Vertrauten, aus den Händen meiner thatlosen schwachen
Brüder reiße, was wird das Volk, die Mit- und Nachwelt, die
Geschichte dazu sagen? — Bah, die Menschen urtheilen nur nach
dem Erfolg! Hab' ich erst die Zügel in den Händen und
halte ich sie mit eiserner Faust, so werden sie mir pariren und
mein Verfahren wird Indemnität finden? Und doch, es ist mein
Vater, und die sittliche Tradition wird diese Felonie härter verdammen, als wenn es nur meine Brüder wären! Wir sind zwar
nicht in der Türkei, wo der neue Sultan seine Brüder und
Neffen stranguliren lassen darf, um Konspirationen abzuschneiden!
— Ha, meine Hand zuckt begierig nach dem Scepter und bebt
doch vor dem letzten Griffe zurück, denn wer bürgt mir für die
Treue der Werkzeuge, die ich mir erwähle? Dieser innere Kampf
ist unerträglich. Und wozu auch? Wird das Ziel, wenn ich es
erreiche, auch der Opfer werth seyn, durch die ich es erringe?
Vielleicht — vielleicht auch nicht. Es gibt ja keinen Genuß,
der nicht übersättigt! — Dieses dunkle träge Wasser ist mir un-
ausstehlich!" fuhr er dann fort und raffte einen Kiesel auf, der
zu seinen Füßen lag. „Dieser Weiher gleicht ganz unserm kleinen
Fürstenthum — scheinbar ruhig, melancholisch, glatt und eben,
und darunter doch ein verborgenes Leben. Wollen 'mal die
Frösche und Unken ein Wenig erschrecken!" Er schleuderte den
Stein nach der Mitte hinein und er fiel dumpf auf und die
concentrischen Kreise, die der Fall aufrührte, liefen langsam ufer-
wärts und bewegten kaum die paar Schilfstengel am Ufer und
die großen Blätter der Seerose. „Das Wasser ist tief, und
doch regt sich kein Fisch, kein Frosch darin! Wenn ich nun auch
einen solchen Stein hinein würfe in diese träge Ordnung der
Dinge in Waldau, und er rührte keine lebende Seele auf und
mein Stein versänke so wirkungslos im schlämmigen Zustande?"
fuhr er murmelnd fort. „Wäre es da nicht besser, lieber gleich
selbst hier hinein zu springen und in der moorigen Tiefe all'
diese Begierden und Leidenschaften zu begraben? Die Komödie
wäre dann zu Ende, und das elende, inhaltslose, vergeudete
Leben ebenfalls! Und wahrlich, wenn ich den Stein in diese politische Lache von Waldau würfe, er würde ebenso erfolglos ver-

finken, wie jener Kiefel, denn die Walbauer würden mich im
Stiche laſſen troz all' ihrer Freundlichkeit. Sie kennen mich ja
nur als den ungerathenen Sohn, den Mädchenjäger, den muth=
willigen Nachtſchwärmer, den rauhen Soldaten, den Mittelpunkt
jener Prahlhänſe und Aufſchneider in der Räuberhöhle. 'So
hat es mit ihm kommen müſſen!' würden die alten Perrücken und
entmannten Zöpfe ſagen, wenn man meinen Kadaver morgen
hier herausfiſchte; 'er hat es nicht anders gewollt!' — Nein,
bei allen Teufeln, ich thu' ihnen den Gefallen nicht! Und doch,
was läge daran? Es wäre ja dann Alles aus . . . ."

Und mit einer wilden Verwünſchung ging er weiter am Ufer des
Weihers entlang, als ſuche er eine tiefere Stelle, um dort hinein zu
ſpringen und kam an eine kleine Mauer, die das weiche Ufer ſchüzte.
Hier ſtand eine alte gewaltige Trauerweide mit einem umfang=
reichen hohlen Stamm, in deſſen Bauch der dickſte Mann ſich
verbergen konnte. Nur eine dünne Holzſchicht lag noch geſund
unter der rauhen borkigen Rinde, und dennoch hatte der alte
Baum eine breite Krone von langen Aeſten getrieben, deren Enden
bis hinunter zum Waſſerſpiegel reichten und mit ihren Spizen
theilweiſe noch hineintauchten. Dieſen Baum betrachtete Ludolf
genauer und ſeine Gedanken nahmen eine andere Richtung.

„Dieſer alte morſche Baum da iſt wie mein Vater,"
murmelte er; „am Stamme zerriſſen und ausgehöhlt und doch
noch mit Lebenskraft in ſeinen gebeugten Aeſten. Man kann
ihn nicht fällen, ohne daß er in's Waſſer ſtürzt und den
ganzen Teich erzittern macht . . . . Und die anderen Bäume
rings am Ufer, ſind das nicht meine Brüder und ich und all'
die maßgebenden Perſonen, die hier in Walbau etwas gelten?
Die alte Weide iſt troz ihrer halben Zerſtörung noch der ſtatt=
lichſte unter ihnen, und lebt fort aus tief im Boden verzweigten
Wurzeln, bis ſie ihr Schickſal erfüllt hat, dann ſtirbt ſie; und
der Baum neben ihr, die ſchlanke Eſche, iſt mein Bruder Johann,
dann der ſtattlichſte Baum am Ufer, obwohl ſchon dürr im
Gipfel, aber mit einem jungen Stockausſchlage — ſeinem Sohn.
Dieſem folgt jene Pappel mit dem geknickten Wipfel — mein
ſchwacher Bruder Heinrich mit den ſchönen Phraſen und guten
Vorſätzen im Munde, denen aber nie eine That folgt. Und weiter
hin jene junge Erle mit dem kräftigen Stamm und der hohen
geſunden Krone, — wäre das ich oder das Sinnbild meiner

Zukunft? Sollte mir beschieden seyn, eine breite Krone und eine
mächtige Wurzel gemacht zu haben, bis Trauerweide, Esche und
Pappel entwurzelt und gebrochen sind? Wer das wüßte? wer
geduldig hoffen und glauben könnte, um die frohen Gedanken
niederzukämpfen und vor dem Schritt zurück zu beben, der mich
dem Ende und der Lösung dieser Frage nahe bringt? Oh, daß
mir das Schicksal jetzt einen Wink gäbe, ehe mich ein unerklär=
liches Gefühl der Bitterkeit und des Elendes dort hinunter zieht
auf den kalten schlammigen Grund?!“

Ludolf hatte sich an den hohlen Stamm der Trauerweide
gelehnt und schaute gedankenvoll auf das trübe Wasser. Da war
ihm, als hörte er Stimmen und Schritte in der Nähe; er richtete
sich auf und wollte weiter schreiten, aber als er sich umsah, ge=
wahrte er schon ziemlich nahe zwei Damen, die aus einem dich=
teren Theil des Gehölzes gegen den Teich herankamen. Sie mußten
ihn bemerken, wenn er weiter ging, und er wollte nicht gesehen
seyn; daher drückte er sich sachte wieder an den Stamm in der
Hoffnung unbemerkt zu bleiben.

Plötzlich bebte er zusammen, denn er erkannte die Stimme
der einen Dame — es war die der Reichsgräfin. Sie plauderte
von gleichgültigen Dingen, von Putz, mit der Begleiterin. Das
schnitt ihm in die Seele. Caroline konnte unbefangen von Nichtig=
keiten sprechen, während in seinem Busen eine Welt von Leiden=
schaft gährte! Und warum nicht? Sie hatte ja ihre gesicherte
Stellung dicht neben der mächtigsten Person, der maßgebenden,
dieses kleinen Gemeinwesens. Sie ahnte nichts von dem, was
ihn durchbebte. Sie ging ruhig, mit leichtem graziösem Schritte
und stolzer königlicher Haltung vorüber, ohne ihn zu bemerken.
Er schielte ihr nach, ohne es zu wollen, dem schönen üppigen
Weibe, das er einst sein genannt, und der Dämon des Neides,
der Eifersucht überkam ihn mit Einem Male. Sie hatte ihn vor=
hin noch abgewiesen wie sein Vater.

„Aber die Kinder, meine Liebe?“ hörte er sie jetzt sagen,
als sie kaum 25 Schritte an ihm vorüber war, und sie wandte
sich hastig um. „Wir sind zu rasch gegangen; sie können uns
nicht einholen. Wir wollen ihnen entgegen gehen....“

Plötzlich verstummte sie — ihr Auge hatte den Prinzen erkannt,
seinen Blick gestreift — die Farbe wich von den rosigen Wangen, die
die scharfe Luft so purpur angehaucht; auch die begleitende Ge=

jellschafterin hatte den Prinzen erkannt, der nun hervortrat und grüßte, denn ein innerer Drang trieb ihn vorwärts zu der, die ihm vor einer schwachen Stunde seinen Besuch abgelehnt hatte, und er nahm grüßend den Hut ab.

„Sie hier, mein Prinz, und so ganz allein?" hub die Reichsgräfin mit einer Stimme an, die fest sein wollte, aber durch den raschen Wechsel der Farbe auf ihren Wangen Lügen gestraft wurde.

„Allein mit meinen Gedanken, ja, Erlaucht! Ich war nicht darauf gefaßt, Euer Liebden hier zu begegnen — ich glaubte Sie krank, weil ich nicht die Gnade genießen konnte, vorhin von Ihnen empfangen zu werden!" versetzte er mit einer bedeutsamen Kühle und leisen Bitterkeit der Betonung und einem vielsagenden Blick.

„Darf ich Sie bemühen, nach den Kindern zu sehen, meine Liebe?" wandte sich die Reichsgräfin an ihre Begleiterin, die sich gefügig verneigte und voran schritt. — „Was thun Sie hier, mein Prinz, mit diesem finstern verstörten Gesicht und dieser eisigen Kälte im Blick?" fragte Caroline den Prinzen, als die Dame außer Hörweite war, ihr Auge hing mit unverholenem Bangen an ihm.

„Was kann das Sie kümmern, Erlaucht?" erwiderte er rauh. „Sie können mich nicht mehr verstehen, wie sonst, sonst bedürfte es dieser Frage nicht. Sie sehen ja, zum Fischen oder Schlittschuhlauf bin ich nicht hier an dieser öden unheimlichen Stelle, die meiner augenblicklichen Stimmung ganz congenial ist!"

„Habe ich Ihr Vertrauen verscherzt, mein Prinz, daß Sie mir so antworten?"

„Ich habe aufgehört, den Menschen zu trauen, denn heutzutage denkt Jeder nur an sich selber. Und doch wozu Ihre Frage? Man sollte meinen, daß die verwichene Nacht Ihnen schon eine Prophezeihung von Dingen gegeben habe, welche im Bereich der Möglichkeit liegen! Man munkelt von einer Erscheinung der Weißen Frau, die immer ein Unheil in unserm Hause bedeuten soll. Sie stehen der Lösung des Räthsels sehr nahe. Sie wissen ja, was Voltaire sagt:

„Quand on a tout perdu, quand on est sans espoir,
La vie est un opprobre et la mort...."

„Ludolf, um's Himmels willen, halten Sie ein, das kann Ihr Ernst nicht sein!" stammelte Caroline.

„Ich schmeichle mir, in diesem Augenblicke nicht auszusehen, wie Jemand, der zum Scherz aufgelegt wäre!"

„Und was konnte Sie in solches Zerwürfniß mit sich selbst bringen, Prinz? Sie, den stolzen, kräftigen, energischen Mann?"

„Das fragen Sie? Vielleicht eben nur der gekränkte Stolz, die ziellose Thatkraft, Erlaucht!"

„Sie rasen, mein Prinz! Gerade in diesem Augenblicke, wo Alles zu Ihrem Vortheile sich zu wenden droht, solch einen verzweifelten, unwiederbringlichen Schritt? ein solches unrühmliches Ende?"

„Es gibt Dinge, die jeder individuell ansieht, Erlaucht!" sagte er mit düstrem Blicke. „Wenn man einen Mann von Selbstgefühl und Thatkraft durch solche Vorspiegelungen zu einer Nachgiebigkeit gestimmt hat, die beinahe über seine Kraft ging, und die nur von Schwächlingen mit dem Maßstabe ihres eigenen Wesens als Schwäche gedeutet und als Waffe gegen den gebraucht wird, der sich mit Selbstüberwindung gedemüthigt hat — wenn man dem Gedemüthigten, dem zu ehrlichem versöhnendem Ausgleich Gestimmten verweigert, das Antlitz seines Vaters zu sehen, — wenn man ihm die Thüre derjenigen verschließt, die an alte Zeiten und unverlöschliche Gefühle appellirten, um ihn weichzustimmen, — wenn man ihn den elenden Marionetten des Hofes zum Gespötte hingibt und in der öffentlichen Meinung bloßstellt, — dann, Comtesse, steht ein Mann nur vor der Wahl, einen Frevel an Anderen oder an sich zu begehen und einem zwecklosen Dasein ein Ende zu machen. Das ist mein Fall . . . ."

„Rudolf, Sie sind nicht bei sich! Ich bitte Sie, hören' Sie mich nur einen Moment ruhig an!" erwiderte Caroline mit ungeheuchelter Seelenangst. „Zwingen Sie sich nur ein einziges Mal noch, mir zu glauben . . . ."

„Weiberworte sind ein Hauch! Du weißt, Caroline, wie wenig Du ausrichtetest gegenüber von Verhältnissen, die . . . Doch still davon! ich will Dir nicht die Erinnerung an unsere letzte Begegnung verbittern. Laß uns scheiden ohne Groll, ohne Täuschung!" sagte Rudolf mit eisiger Ruhe. „Man hat mich hintergangen und versagt mir den Lohn meiner Gefügigkeit. Man läßt mich nicht über eine ehrenhafte Brücke abziehen — ich werfe daher die Misère dieses Daseins in andrer Weise von mir! . . . ."

„Zu vorschnell, zu vorurtheilsvoll, Rudolf! ich beschwöre Sie, hören Sie mich nur ruhig an, denn ich habe nur wenig Zeit!" sprach Caroline mit ängstlicher Hast. „Sie sind im Irrthum, wenn Sie wähnen, es sei irgend etwas verloren! Ihre Sache steht ganz

gut, mein heiligstes Wort zum Pfande! Alles wäre schon geordnet
ohne eine Denunciation gegen Sie, daß Sie Ybstein .... nach dem
Leben getrachtet, wie der anonyme Brief besagt, um sich in den Besitz
der Originalpapiere zu setzen, — ohne jene räthselhafte Erscheinung
der vergangenen Nacht. Lassen Sie dem Fürsten Zeit, über diese
Eindrücke wegzukommen! Tragen Sie mir die traurige Nothwendigkeit nicht nach, daß ich Sie nicht empfangen durfte, so lange Sie
noch nicht wieder zu Gnaden angenommen sind .... Ludolf, glauben
Sie an .... an Ahnungen, an Prophezeihungen?"

„Nein, was können mir solche Hirngespinste helfen?" rief er
herb. „Eitel Lug und Trug, wenn sie kein Echo in meinem Bewußtsein finden!"

„Aber sie werden es, — sie sind kein Schaum und Trug, denn
sie müssen zu Ihrer Thatkraft reden und dort ihre Bestätigung
finden .... O Gott, daß ich Ihnen reden dürfte! Aber ich kann Ihnen
nur Eines sagen: vor Ihnen liegt noch eine große reiche Zukunft!
Fragen Sie mich nicht, woher ich das weiß, aber glauben Sie mir:
mein eigenes Herz hat sich mächtig aufgerichtet an diesen Weis-
sagungen .... Ich kann nicht mehr sagen, denn dort kommen die
Kinder mit den Domestiken! Versprechen Sie mir nur Eines: gedulden Sie sich nur noch drei Tage und Alles wird sich zum Besten
wenden! Suchen Sie es an mir heim, wenn ich Sie täuschte ....
Ich habe nur Ein Wort für Dich: Ludolf, lebe! lebe um meinet-,
um Deiner Zukunft willen! In einer Stunde sollst Du einen Brief
von mir haben, der Dir mehr sagt! O Himmel, ich kann Dir
jetzt nicht mehr sagen; da sind sie schon!" — Und ihr alterirtes Gesicht in die ruhigste lächelnde Miene zwingend, reichte sie ihm die
kleine warme, weiche Hand, die sie aus dem Pelzmuff gezogen und
sagte: „Rechnen Sie sicher darauf, mein theurer Herr Sohn, daß
der durchlauchtige Herr Ihnen wolgewogen ist und Sie in diesen
Tagen rufen lassen wird, und glauben Sie mir, daß es mir die
höchste Freude bereiten wird, wenn der versöhnte Vater Sie mir
dann zuführt, um mir zu bestätigen, daß wir alle Differenzen beigelegt haben werden! Wir rechnen mit Bestimmtheit darauf, Eurer
Liebden Abschied noch mit all dem Glanze zu umgeben, welcher Ihres
Standes und Ihrer Meriten würdig ist!" Und die kleinen feinen
Finger preßten seine Hand wie beschwörend, während er ihre Hand
zum Munde führte.

Ludolf verbeugte sich ehrerbietig, wandte sich dann zu den drei

Kindern, die er zärtlich küßte, und schritt dann sporenklirrend in
der Richtung des östlichen Parkthores davon, mit dem gewonnenen
Resultate zufrieden, während im Gemüthe der Stiefmutter die Aufregung dieser Scene noch lange nachzitterte.

<hr />

27.

Der Fuchs im Eisen.

Zu Filsburg in der Metzgergasse steht eine kleine Herberge,
ein niedriges zweistockiges Haus, das die Ecke zu einer engen
Nebengasse bildet. An der Kante der Ecke hängt an geschweiftem
Eisenkrahn ein blechernes Wirthsschild, ein springendes Pferd dar-
stellend, welches einst schwarz bemalt war, aber Wind und Wetter
haben die Farben abgewaschen, und das blind gewordene rostfarbige
Weißblech sieht unter den Schieferchen der vertrockneten und aufge-
runzelten Oelfarbe hervor. Es ist das Gasthaus zum schwarzen
Roß, eine wenig besuchte Fuhrmannskneipe. Im Erdgeschoß ist eine
niedrige dumpfe Stube, aus der wüstes Geschrei und Gejohle von
Zechenden ertönt. Eine Fiedel und eine Klarinette spielen eine Tanzmusik auf, die aber beinahe übertönt wird vom trunkenen Lärm
der Gäste und dem Gestampfe schwerer Füße von Tanzenden. Es
ist Samstag Nachmittag. Die Landleute, welche in das Städtchen
zu Markte gekommen sind, ziehen gruppenweise vorüber, bleiben wohl
auch stehen und schauen durch die trüben runden bleigefaßten Scheiben und fragen sich erstaunt, ob hier eine Hochzeit sei. Dann tritt
wohl ein Mann in dunkelblauer Uniform mit bramarbasirender
Haltung heraus, ein großes gefülltes Weinglas in der knochigen Faust,
und ladet die jungen Bursche und Männer ein, ihm Bescheid zu
thun und einzutreten und sich einen guten Tag zu machen. Und
der hagere Wirth mit dem rothen konfiscirten Gesicht tritt ebenfalls
vor die Thüre und ladet die „Herrschaften" ein, seinen „Federweißen"
zu versuchen und das Glück zu probiren, indem da drinnen Hämmel
ausgespielt würden. Oder eine Dirne in schlumpigem Aufzuge mit
frechem Gesicht und glühenden Wangen springt aus dem Hause, erfaßt einen stämmigen Bauersmann und sucht ihn mit frechen Schmeichel-
reden und Vertraulichkeiten zum Eintritt zu bewegen. Dann aber
treten alte Bauern und Weiber dazwischen und reißen den Burschen

in dem sich der Leichtsinn und die Genußsucht regen, mit Gewalt zurück.

„Hannjost, wo denkst Du hin?" rufen sie ängstlich. „Willst Du in Dein Unglück rennen? Siehst Du denn nicht, daß es Werber sind, — Werber von den Kaiserlichen oder von den Generalstaaten, oder von den Preußen? Wirst doch kein solcher Narr sein und auf die Leimruthe gehen?"

Und der Bursche, der beinahe den Fuß auf der Schwelle hat, reißt sich erschrocken los, stößt Dirne, Wirth und Werber zurück, die ihn halten wollen, droht mit dem eisenbeschlagenen Hakenstock, zieht die Riemen seines Tragkorbs fester an, und setzt eiligst und beschämt mit den Gefährten seinen Weg nach dem Thore fort, um nach dem heimathlichen Dorfe zurückzuwandern, während einige der Alten stehen bleiben, um ihre jüngeren Landsleute, die noch auf dem Markte sind, vor den Schlichen und Praktiken der Werber zu verwarnen.

So ist es nun schon einige Stunden gegangen. Die ehrbaren Leute machen einen weiten Bogen in der schmalen Gasse, um an dem Hause vorbeizukommen, und nur etliche verkommene Subjekte in Lumpen gehen blindlings in die plumpe Falle.

Es ist 3 Uhr; der trübe Himmel sendet ein Gemisch von feuchten Schneeflocken und feinem Regen herunter und vertreibt sogar die gaffenden Kinder und lungernden Tagediebe von der Gasse. Da rasselt und rumpelt ein leichter offener Wagen heran, gezogen von einem kräftigen Pferde. Zwei untersetzte kräftige Männer sitzen auf dem Brette, das in Stricken hängend die Stelle eines Sitzes vertritt. Der Eine hält das Pferd an, schaut zu dem verwitterten Schilde hinauf und fragt einen vorübergehenden Bürger, ob dies das „schwarze Rößchen" sei, erhält eine mürrische bejahende Antwort und klatscht nun mit der Peitsche, um Wirth oder Hausknecht herbeizurufen.

„Die Herrschaften wollen hier einkehren?" fragt der halbbetrunkene Wirth, den diese Töne wieder auf die Schwelle locken.

„Ja, wir wollen hier eine Flasche Wein trinken," erwidert der Fuhrmann; „schirrt 'mal das Pferd aus und bringt es in den Stall — doch halt! will erst selber sehen, was für einen Stall Ihr habt!"

„Herr Bastian, lieber Herr! nehmt Euch in Acht, das ist ja 'ne regelrechte Mordhöhle!" flüstert der Andere dem Fuhrmann ins

Ohr. „Da! seht nur! sind Soldaten hier — ein Werblom-
mando!"

„Schab't nichts, die werden uns nichts anhaben, Meister
Sabel!" versetzte Bastian trocken. „Diese Vögel kennen wir! Könnten's übrigens nicht besser treffen, denn wenn wir nur unsern
Mann finden, soll er diesen da nicht mehr entgehen!" setzt er mit
einem grimmigen Hohnlächeln hinzu, steigt vollends ab, geht dreist
auf den hochgewachsenen Unteroffizier zu, der ihm mit dem vollen
Glas zwischen Thür und Angel entgegen kommt, thut ihm Bescheid
und sagt dreist: „Gutes Wohlsein, Kamerad! bist wohl ein Kaiserlicher, he?"

„Bin ich Gefreiter von böhmisches Kürassier, ja!" versetzt der
Soldat; „und Du, Kamerad?"

„Bin ein Preuße — Ordonnanz von einem Obristwachtmeister
von Husaren," versetzt Bastian. „Na, und wie geht das Geschäft?
Beißen die dummen Teufel von Grashechten an?"

„Ah, sakra! Geschäft ist schlecht — Bauern sein pfiffig, wollen
nit nehmen Handgeld bei Kaiserliches! Willst Du auch fangen
Tölpel für Regiment Deiniges, Kamerad?"

„Gott behüte! hab' Privatgeschäfte hier," versetzt Bastian und
wischt sich den Mund nach einem neuen kräftigen Zuge aus dem
Glas. „Will Dir hernach Revanche geben, Kamerad! Nun laß
mich nach dem Stalle sehen!" Und er drängt sich an dem Reiters-
mann vorüber in den Hauseingang.

Mittlerweile war auch unser Bekannter Herr Sabel von dem
Wagen heruntergeklettert und stand etwas linkisch und verdutzt neben
demselben, während der Wirth die Stränge des Pferdes von dem
kothigen Wagscheit löste.

„Heski pane, will Du nit thun Bescheid zu kaiserliches Unteroffizier?" fragte der Gefreite, sich an den dicken Polizeimann nestelnd
und ihn mit forschendem Blicke von dem dicken Zopf und den sil-
bernen Ohrringen bis zur Stiefelsohle musternd. „Bist auch Soldat, schätz' ich, Kamerad?"

„Ich? nein — das heißt, so halb und halb allerdings auch!
bin Wachtmeister von der . . . ." aber Sabel bleibt stecken, denn
er besinnt sich, daß er eigentlich incognito hier ist.

„Ah, prost denn, pane Wachtmeister! hab i doch gleich gesehen, daß Du bist auch Kamerad! Na, trink gutes Wohl, Bruder!
Wo dienst Du denn?"

„Bei Haus Waldau, Kamerad," verſetzt Sabel verlegen und
wird bis hinter die Ohren roth.

„Ah, Waldau! iſt halt kleines Armee das in Waldau! Hab i
gehört, habts nit ein ganzes Brigadier auf die Beine, nit wahr?
Und will Du auch aufthun Werbbüreau hier?"

„Glaube nicht, Kamerad, wir haben Leute genug im Lande für
den Kuhfuß!" ſtottert Sabel.

„Muß ſein ſchönes Armee von Waldau, Brüderl!" höhnt der
Böhme. „Hab i halt gehört, wenn regnet, kann ganzes Armee von
Waldau unterſtehn unter Pappelbaum einziges! — Baſſam, iſt
doch ein ſchöner Leben unter Kaiſer Franzl! Aber, ſauf doch,
Kamerad!"

Widerwillig that der Polizeiwachtmeiſter Beſcheid und ſpülte
den Aerger über die ſpitzige Rede des böhmiſchen Rieſen mit einem
tiefen Schluck hinunter, der den Reſt des Federweißen vertilgte. Es
fehlte dem dicken Wachtmeiſter aber doch einigermaßen an Muth
und Gewandtheit, um dem „Koſtbeutel" auch Eins anzuhängen, und
der Küraſſier fuhr mit ſeinen neckiſchen Bemerkungen fort, bis Baſtian
wiederkehrte.

„Der Stall iſt leidlich! herein mit dem Pferd und ſorgt gut
dafür, und dann gebt uns eine Stube, Meiſter Wirth, und eine
Flaſche Wein!" ſagte Baſtian.

„Die Herrſchaften wollen nicht da hinein? es wird getanzt
und geſpielt!" ſagte der Wirth lauernd.

„Eben darum wollen wir nicht," ſagte Baſtian, deſſen unſtetes
lauerndes Auge die paar Fenſter der Hauptfront abſuchte. „Wir
haben dort nichts zu ſchaffen und wollen kein Handgeld nehmen ...
Na, aber hineinſchauen will ich doch einmal!" Und ohne ſich viel
um ſeine Begleiter zu bekümmern, trat er in die Stube zu ebener
Erde und ſah ſich darin eine Weile forſchend um. — „Der Kerl
iſt nirgends zu ſehen! Es wäre doch eine verfluchte Geſchichte, wenn
wir das Neſt leer fänden," flüſterte er dem Polizeiwachtmeiſter zu.
als er wieder aus der qualmenden ſtaubwirbelnden Schenkſtube trat,
„Wenn uns die alte Hexe genarrt hätte!"

„Kann nicht ſein, Herr Baſtian! Die Niethammer behauptete
es ganz beſtimmt, daß der Kerl hier wohne und der Bärenwirth
ihn aufſuchen werde," erwiderte der Polizeiwachtmeiſter. „Ich glaube
nicht, daß ſie uns narren will, wenn es dem Durchl...."

„Halt's Maul, Wachtmeiſter! nur keine Namen nennen!" fiel

ihm Bastian halb ängstlich ins Wort. — „Na, Gevatter Wirth! wirds bald, daß wir eine warme Stube bekommen?"

„Gleich, meine Herrschaften! Gleich! Wollen Sie nur mir folgen!" versetzte der Wirth, und führte die Gäste in eine armselige Hinterstube voll Bettstellen von Alt und Jung, wo eine bleiche schüchterne Matrone sich mit zwei kleinen Kindern beschäftigte. Ein abscheulicher Geruch kam ihnen entgegen und Bastian blieb halb erschrocken, halb angewidert auf der Schwelle stehen und pustete.

„Wie? in diesem Loch da sollen wir unsern Wein trinken?" fragte Bastian barsch den Wirth. „Habt Ihr keine andere Stube für anständige Gäste?"

„Nein, meine Herrschaften! die Kaiserlichen haben alle Stuben und Kammern in Beschlag genommen," gab der Wirth zur Antwort. „Aber die Herren sollen gleich hier allein sein! Heda, Alte! hinaus mit den Rangen, daß die Herrschaften da Platz haben!" rief er der alten Frau zu und wischte mit der schmutzigen Schürze den noch schmutzigeren Tisch ab.

„Wohin soll ich denn mit den armen Würmern gehen?" rief die bleiche alte Frau. „Ihr werdet mir doch nicht zumuthen, daß ich in die vordere Stube gehe und das gottvergessene wüste Leben mit ansehe?"

„Dann geh' Sie in den Stall oder auf den Heuboden, oder meinethalben gar zum Henker, altes Möbel! Sie ist ja doch überall im Wege!"

„Gott verzeih' Euch die Sünde, Schwiegersohn! so vor den eigenen Kindern mit der Mutter Eures Weibes zu reden, der Ihr Haus und Hof verdankt! Was kann ich armes Weib dafür, daß ich meine Gesundheit einbüßte, um für meine arme Tochter zu arbeiten, damit nicht Alles den Krebsgang gehe, weil Ihr nur dem Saufen und der Liederlichkeit nachgienget!"

„Willst Du wohl schweigen, alte Henkerin und Keiferin, oder ich werde Dir das verdammte Lästermaul stopfen?" rief der Wirth und holte zum Schlage aus, daß die kleinen Kinder aufschrieen. Da regte sich aber in Meister Sabel die Polizeinatur und er fiel dem Wirth in den Arm.

„Nun, nur gemach, Gevatter! hier wird nicht geprügelt so lange ich dabei bin!" rief er und packte den Wirth mit beiden Fäusten und schüttelte ihn tüchtig. „Pfui Teufel, wer wird sich an einer hilflosen alten Frau vergreifen!"

Der Wirth wollte aufbegehren, aber nun mengte sich auch Bastian darein, versprach mit der Stube vorlieb nehmen zu wollen und hieß den halb betrunkenen Kerl, eine Flasche von seinem Besten aufzutischen, aber mit Eile.

„Ihr könnt immerhin mit den Kindern dableiben, Mütterchen!" sagte Bastian mit derber Gutmüthigkeit zu der alten Frau, und trat zu dem Fenster, das nach dem engen Hof mündete und das er nun öffnete, um frische Luft einzulassen. Unsers Bleibens hier ist ohnedem nicht lange, wie ich sehe. Hätt' ich nicht Hunger und Durst und wär's nicht um eines besonderen Geschäfts willen, so ginge ich lieber nach einem andern Wirthshaus. Diese Kneipe da ist ja offenbar eine halbe Diebsherberge!"

„Daß Gott erbarm! ja, der Herr hat leider recht," klagte die alte Frau weinend. „Und doch war's vordem nicht so, und zu meines Seligen Zeiten war das schwarze Rößchen das geachtetste Gasthaus weit und breit, und alle Kaufleute, die nach Frankfurt auf die Messe gingen oder davon heim kamen, kehrten am liebsten hier ein. Aber seitdem dieser Mensch da meine arme Tochter herumgeschwatzt hat, daß sie ihn nehme, und mir eine Schrift abgelockt hat, daß ich zu ihm in's Ausgeding ziehe, geht Alles über Eck's und meine arme Sophie und ich haben uns schier zu Tode gearbeitet, um die beiden Enden zusammen zu halten! Was wir bei Tage verdienten, das hat jener Elende bei Nacht verpraßt mit seinen liederlichen Gesellen, die das Haus in Verruf gebracht haben; und wenn nicht die armen Würmer von Kinder und meine Gicht wäre, so wären die Sophie und ich längst in die Welt hinausgegangen, hätten Alles im Stich gelassen und unser Brod lieber bei Fremden sauer verdient, als dieses Heidenleben mit angesehen...." Sie brach in lautes Schluchzen aus und die beiden kleinen Kinder drängten sich weinend an die Ahne und schielten erschrocken nach den fremden Männern.

„Wohl bekomm's den Herrschaften!" sagte der Wirth, der jetzt den Wein brachte und auf den Tisch stellte. „Ein Imbiß gefällig? Etwas Warmes oder Kaltes?"

„Was habt Ihr zum Essen?" fragte Bastian, der sich als der Herr geberdet.

„Nicht viel, meine Herrschaften, etwan was vom Mittagessen übrig geblieben ist."

„Danke für Aufgewärmtes! Schickt 'mal die Wirthin oder die Köchin her."

„Soll gleich geschehen, meine Herrschaften! ich bin ohnedem
da vorne nothwendig! Mein Weib kann ja die Herrschaften ver-
sorgen," sagte der Wirth mit einer gewissen instinktiven Scheu vor
dem Wachtmeister Sabel, der ihn mit seinen schwarzen Augen schier
durchbohrte.

„Der Kerl hat eine reine Galgenphysiognomie," sagte Sabel,
als der Wirth fort war; „sieht aus, als wär' er von Schinder-
hannes' oder des Konstanzers Bande entlaufen. Ich glaube, aus
diesem Burschen bringen wir über unsern Mann nichts heraus!"

„Um so eher wird man dem Weibervolk die Zunge lösen können," versetzte Bastian leise und mit bedeutsamem Blick, und lud die
alte Frau ein, von seinem Glase Bescheid zu thun, wozu sie sich nach
einigem Drängen verstund.

„Großen Dank, mein guter Herr! Ach was solch ein Schluck
alten Weins wohl thut, wenn er ab und an einmal aufstößt!"
sagte die Matrone mit einem tiefen Seufzer!

„Na, Ihr habt ihn ja im Keller, da sollt er Euch so fremd
nicht sein," meinte Bastian.

„Du lieber Himmel! unser Einem gönnt man kaum Wasser
und das liebe Brod! Was jener Bursche zuviel trinkt, könnte uns
bei Kräften erhalten, mich und die arme Sophie — da, sehen Sie
nur das Jammerbild an! einst das schmuckste Mädel von ganz Filsburg, und nun mit achtundzwanzig Jahren ein gebrochenes Weib!"

„Aber, Mutter, wie mag Sie so reden vor fremden Herrschaften!" sagte die Wirthin vorwurfsvoll, die so eben in die Stube
trat. Es war eine hagere verkümmerte Erscheinung, blaß und ab-
gehärmt und doch nicht äußerlich verwahrlost, denn die Kleidung
war, wenn auch ärmlich, so doch reinlich; aber trotz ihrer vorge-
rückten Schwangerschaft zeugten doch die grünen und blauen Flecke
in ihrem Gesicht von brutalen körperlichen Mißhandlungen, denen
die Unglückliche ausgesetzt gewesen war.

„Laß gut sein, Sophie, die Herren da haben schon gesehen, aus
welchem Loche es bei uns pfeift, und sind nicht wie unsere gewöhnlichen Gäste," erwiderte die Matrone. „Die Herren meinen es gut
mit uns und haben den Mathias vorhin abgehalten, sich wieder einmal
an mir zu vergreifen! Denk Dir, er hieß mich und die Kinder zum
Geier gehen, weil wir ihm hier im Wege seien!"

„Man muß das nicht so krumm nehmen, Mutter! er hat
wieder getrunken und der neue Most schwatzt aus ihm," sagte die

Wirthin entschuldigend. „Wenn die fremden Werber im Hause sind und das Trinken und Lärmen Tag und Nacht fortgeht, ist er immer am schlimmsten.“

„Aber wer zwingt ihn, die Werber ins Haus zu nehmen, Frau?“ fragte Bastian streng. „Thut denn ein reputirlicher Mensch dies? Euch, gute Frau, ist es ja sicher nicht an der Wiege vorgesungen worden, daß Ihr einmal so 'ne Diebshöhle halten solltet, und die Frau Mutter hier ist auch sicher eine ehrsame Bürgersfrau!“

„Ja, das ist sie lebenslang gewesen, die gute Mutter! eine brave, ehrliche, rechtschaffene Frau, nur zu gut und zu vertrauensvoll für diese Welt!“ rief die Wirthin mit Thränen in den Augen und umarmte ihre Mutter und die kleinen Kinder. „Ich danke Ihnen für die gute Meinung, meine Herren, denn es thut Einem wohl, wenn rechtliche Leute uns nicht verkennen und verdammen! Ach, es passirt uns so selten mehr, daß jemand Rechtes bei uns einspricht, seit das Haus in Berruf gekommen ist, und ich schäme mich ordentlich, daß Mathias Sie hier hereingeführt hat in diese Unordnung und diesen Schmutz. Aber die Frau ist lahm von der Gicht und seit dem Tage, wo die Werber gekommen sind, geht das Heidenleben Tag und Nacht fort und die Mägde sind nur halb bei der Arbeit und lieber bei dem Tanz und dem wüsten Leben, und ein braves Mädel setzt mir den Fuß nicht mehr über die Schwelle, und ...“

„Laßt es gut sein, Frau Wirthin! ich glaub's ja, daß Ihr nicht die Schuld tragt an der Verlotterung,“ fiel ihr Bastian ins Wort, brachte nun die Rede auf den Imbiß, den er bestellen wollte, und ließ sich Vorschläge von der armen geplagten Frau machen. Die Küche vermochte nicht viel, aber ein Stück Schweinsbraten und ein Eierkuchen waren schon noch zu bekommen. „Wenn es Euch aber zuviel Mühe macht, gute Frau, so könnt Ihr's auch sein lassen; dann nehmen wir vorlieb mit Butterbrod und Käse oder einem Stückchen Wurst. Es erscheint ohnedem, als ob wir hier nicht finden sollten, wen wir zu suchen kommen. Der Wirth wenigstens sieht nicht aus, als ob er uns Auskunft geben wolle über seine Gäste!“

Die Wirthin war halb erschrocken und sah abwechselnd ihre Mutter und die beiden Gäste an. „Die Herren sind doch nicht etwa von der Polizei?“ stammelte sie.

„Ei, Gott behüte!" sagte Bastian. „Wir sind ehrliche Bürgersleute aus Waldau und hiehergekommen wegen eines Geschäfts, das
wir hier abmachen sollen mit einem Mann aus Mühlheim, der sich
hier im Hause aufhalten soll — einem ehemaligen Musterreiter von
einer Buchhandlung...." Die Frau erblaßte noch mehr und ihr
Auge lief scheu umher. — „Ihr kennt doch den Wirth vom schwarzen
Bären in Waldau, gute Frau?"

„Den Meister Schucker? o ja, er war schon ab und zu hier,
wenn er auf dem Viehhandel war," erwiderte die Wirthin mit einem
leisen Beben.

„Nun ja, der Christian Schucker hat uns hieher gewiesen,
weil wir hier den Burschen, den Hühnersdorf treffen sollten, der
ihm von hier aus geschrieben hat," ergänzte Sabel, als er die Verlegenheit der Frau sah, die offenbar schon jetzt bereute, daß sie sich
auf dieses Kapitel eingelassen habe. „Wir sollen den jungen Menschen
womöglich zur Vernunft und auf einen bessern Weg bringen, deshalb hat Meister Schucker uns in guter Absicht dessen Versteck
verrathen und wird noch im Lauf des Tags selbst hieherkommen."

„Aber es liegt sehr viel daran, daß wir den Hühnersdorf ganz
unversehens hier überraschen, ehe noch Schucker selbst hier ist, damit er sich nicht auf diesen verläßt, und damit es nicht den Anschein
hat, als ob der Bärenwirth gegen uns geplaudert habe!" sagte Bastian.
„Auch soll Ihr Mann womöglich nichts davon erfahren, daß wir
Hühnersdorfs wegen kommen, sonst vereitelt er unsern Plan!" setzte
er lauernd hinzu.

„He, potz Schwerenoth, Weib! Sophie! wo steckst Du?" rief
draußen der Wirth, und Sophie eilte hinaus, recht froh, einem peinlichen Verhör zu entgehen, das sie mit einer ungeahnten Angst erfüllte.

„Verwünscht!" murmelte Bastian; „nun wird sie es ihrem
Manne sagen und der Spitzbube wird unsern Mann warnen. Wir
sind ein Bißchen zu täppisch in's Zeug gegangen!"

„Ich bin überzeugt, der Kerl ist noch im Hause," entgegnete
Sabel ebenso leise. „Habt Ihr nicht die ängstlichen Blicke gesehen,
welche die beiden Weiber einander zuwarfen, Meister Bastian? Die
Junge verräth ihren Mann sicher nicht, aber aus der Alten ist vielleicht etwas herauszubringen. Laßt mich 'mal mit ihr allein....
Stellt Euch an, als ob Ihr nach dem Pferde sähet, und behaltet
den Wirth im Auge!"

„Ich will 'mal sehen, ob der Gaul seinen Hafer erhalten hat," sagte Bastian laut und ging hinaus.

Die Matrone schien etwas schwerhörig zu sein und war in Gedanken versunken und mit den Kindern beschäftigt. Sie hatte offenbar das leise Zwiegespräch der beiden Männer nicht beachtet. Sabel war an die offenen Fenster getreten und machte Miene, sie zu schließen. Da fuhr er plötzlich auf, wie ob einer unvermutheten Entdeckung und rief: „He, he! guter Freund! da geblieben! he, he!"

„Was gibt es denn?" fragte die alte Frau aufschreckend.

„Ich habe ihn gesehen — er sprang da hinten im Hofe um die Ecke! er hat uns offenbar bemerkt!" sagte Sabel aufgeregt.

„Wer denn?" fragte die Matrone.

„Der Musterreiter — der Hühnersdorf! er ist offenbar auf und davon!" versetzte Sabel und that, als ob er sich zur Verfolgung aufschicken wolle. „Er will uns entwischen!"

„Ums Himmels willen, laßt ihn laufen! gönnt ihm die Frei- heit! hetzt nicht die abscheulichen Werber hinter ihm her!" bat die alte Frau ängstlich; „wenn sie ihn wieder bekämen, prügelten sie ihn halb todt!"

„Wieder bekämen?" fragte Sabel aufhorchend. „So hätte er also Handgeld genommen?"

Die Matrone nickte. „Freiwillig that er es nicht, aber sie überlisteten ihn," sagte sie geheimnißvoll und winkte Herrn Sabel näher. „Er war der Erste, den sie hier einfingen. Ich weiß Alles und will Ihnen erzählen, wie es zuging, wenn Sie mich nicht ver- rathen wollen!"

Und als Sabel ihr diese Zusage gab, rückte sie ihren Stuhl zu ihm hin und erzählte ihm vertraulich und in ihrer Weise folgendes:

Hühnersdorf war eines Tags ganz hehlings in Filsburg er- schienen und hatte sich dem Wirth im schwarzen Roß mit einem Gruß von seinem Gevatter, dem Wirth zum Schwarzen Bären in Waldau, vorgestellt und um Aufnahme für einige Tage gebeten, da er hier das Eintreffen verschiedener Effekten und Papiere erwarten wollte. Zwei Tage waren aber vergangen, ohne daß irgend eine Seele sich um den Gast zu kümmern schien, oder ein Brief, Mantelsack u. dgl. für ihn eintraf. Dagegen saß Hühnersdorf den ganzen Tag in der Wirthsstube, trank ein Glas Wein um das andere, band mit jedem Gaste an, schimpfte über Gott und die Welt, namentlich aber über die vornehmen Leute und führte, nach Aussage der alten Frau, ganz gottesläfterliche Redensarten, wie z. B. daß es die höchste Zeit wäre, es gäbe auch in Deutschland Leute, wie Robespierre, Danton und Marat, die ein paar Tausend hohle Köpfe einforderten und dem gedrückten Volk zu seinem Rechte verhälfen und ähnliches. Am Abend des zweiten Tages hatte Hühnersdorf dann Briefe geschrieben nach Bruhel und Waldau und zur Post gegeben, nachdem er entsetzlich über das Gesindel geschimpft hatte, das ihm sein Eigenthum vorenthalte. Offenbar war er mit seinem Gelde nahe zu Ende und mit dem Wirthe in unangenehme Erörterungen gerathen, der einem solchen Kunden ohne Gepäck auf sein mehr oder weniger ehrliches Gesicht nicht viel zu borgen gesonnen war. Da kamen am späten Abend die österreichischen Werber an, brachten einige Zigeuner mit, welche Musik machten, und schlugen ihr Heldenleben im „schwarzen Rößchen“ auf. Aber die Einwohner des kleinen Städtchens waren meist Leute von offenem Kopf, nüchternem Blick und klarem Verstande, und hielten ihre jungen Männer von dem Besuch des Gasthauses zurück, wo ihrer Freiheit solche Fallen gestellt wurden. Nur einige wenige verkommene Subjekte von der untersten Volksklasse folgten der lockenden Fiedel, tanzten wohl mit den Dirnen, hüteten sich aber wohl, mit den Werbern zu trinken und machten immer gemeinsam Front gegen dieselben, wenn einer der Unteroffiziere mit Güte oder Gewalt Einen von jenen an seinen Tisch zerren wollte.

Hühnersdorf saß an jenem Abend auch in der Gaststube und spielte Karten. Das Glück war ihm abhold gewesen; er hatte den letzten Heller verloren an ein paar Strolche, denen er vielleicht trotz all seiner Schlauheit an Witz nicht gewachsen war. Er war unmuthig und angetrunken, führte wieder seine ruchlosen Redensarten und mengte sich auch wohl unter die Tanzenden und Lärmenden, nahm aber jedesmal Partei gegen die Werber, wenn sie Einem von den jungen Gästen etwas zu derb auf den Leib rücken wollten. Einmal gab es Wortwechsel und da schrie und krakehlte Hühnersdorf so laut gegen die Werber, daß ihm der Wirth vom Hause drohte, ihm den Rock vom Leibe zu nehmen für seine Zeche und ihn dann aus dem Hause zu werfen, weil er mit seinen besten Gästen Streit anfange und ihm die Kundschaft verderben wolle. Der Wirth hatte schon Miene gemacht, seine Drohung auszuführen, und Hühnersdorf

sah sich auf einmal von denen verlassen, deren Partei er vorher genommen hatte. Da drängte sich ein großer breitschulteriger Mann
mit braunem Gesicht, pechschwarzem dickem Haar, das an den Schläfen
und im Nacken in dicke Zöpfe geflochten war, mit schwarzen, tiefliegenden glühenden Augen, dicken buschigen Brauen und vorstehenden Backenknochen, durch die aufgeregte Menge, riß den Wirth zurück und rief: „Bassam, wollt Ihr gehen hinweg? Wollt Ihr lassen
in Fried Mann dieses? Ah, Bassam, is nit Schande, so viel gegen
Einen, wenn dieser Eine is Mann gescheibter? Er nit haben ein
Freund gutes hier, dann er soll haben Freund an Nagy Miklosch!
Bassam! wer ihm thut Leides, der hat zu thun mit Nagy Miklosch,
Schweinetreiber von Temesvar!" Dann hatte er in scheinbar gutmüthiger Weise sich an Hühnersdorf genestelt, und von ihm zu erfahren begehrt, warum er den Wirth und alle Anderen gegen sich
habe. Und Hühnersdorf, wohlthuend angemuthet von dem derben
dummdreisten Wesen des ungarischen Schweinetreibers, der sich
seiner so energisch angenommen, hatte sich diesem anvertraut und
mitgetheilt, daß er halb und halb auf der Flucht vor mächtigen
Gegnern sei und hier Geld und Kleider und Papiere erwarte, um
dann in's Ausland zu gehen und dort großen Herren, um deren
Geheimnisse er wisse, die Daumschraube anzusetzen. Der ungarische
Schweinetreiber hatte zu Allem verständnißinnig, schlau und schadenfroh mit dem Kopfe genickt und mit den Augen geblinzelt und dem
Hühnersdorf ein Glas Wein um das andre eingeschenkt, bis er eine
gehörige Weinfeuchte hatte und kaum mehr den Weg in seine Kammer
finden konnte.

Am andern Morgen hatte Nagy Miklosch seinen neuen Bekannten schon frühe wieder rufen lassen und zum Frühstück eingeladen,
wobei wieder tüchtig gebechert wurde und die Beiden Bruderschaft
tranken. Hierauf hatten sie eine lange heimliche Unterredung mit
einander, in welcher Hühnersdorf offenbar zu irgend einem lustigen
Streich beredet werden sollte. Beide gingen dann mit einander fort,
zogen von einer Schenke zur andern und kehrten erst im Lauf des
Nachmittags wieder zurück, wo dann Hühnersdorf sich anscheinend
mit den Werbern aussöhnte und Karten spielte.

Gegen Abend aber, als die Tanzmusik wieder anhub und die
Leute in die Gaststube lockte, war der halb betrunkene Hühnersdorf
einer der Lustigsten und Uebermüthigsten. Einer der Werber gesellte
sich zu ihm und stellte ihm mit eindringlicher Beredtsamkeit vor, was

für ein Glück ein Mann von seinem Schlage, der zu lesen und zu schreiben verstände und dem schon etwas Wind um die Nase ge- weht habe, unter den Kaiserlichen als Soldat machen müßte, wie schnell er Unteroffizier werden und wie dann die Offiziers-Epauletten nicht ausbleiben könnten, und wie schon mancher kaiserliche Oberst und General und Feldmarschall auch so angefangen habe u. dgl. m. Hühnersdorf geberdete sich, als ob er das Alles glaube, und machte alle die verschiedenen Manöver durch, welche damals unter Werbern üblich waren: er versicherte laut, daß er freiwillig und mit Freuden in die Dienste seiner kaiserlich königlichen apostolischen Majestät trete, gab dem Wachtmeister der Kürassiere darauf einen kräftigen, laut- schallenden Handschlag, trank auf das Wohl Seiner Kaiserlichen Majestät, wobei ihm der schmucke stattliche schwarze Helm mit dem vergoldeten Messingkamm aufgesetzt wurde, ließ sich dann vor Dutzen- den von Zeugen zehn blanke Kronen als Handgeld auf die Hand zahlen, zog den weißen Uniformsrock an, in welchem ihn die Zigeuner- dirnen noch einmal so schön und stattlich fanden, und fing nun an zu singen, zu johlen, zu bramarbasiren und mit seinem Handgeld die jungen Bursche zu traktiren, bis deren mehrere ebenfalls mehr oder weniger betrunken auf die Leimruthe gingen und Handgeld nahmen, worauf auch diese prahlten und sich blähten, als wären sie die Könige der Welt, bis in tiefer Nacht der Schlaf und der Rausch durch den mit Schnaps versetzten Wein ihrer Herr wurden und sie schwer wie Säcke auf den Bänken lagen.

Hühnersdorf erwachte am folgenden Morgen mit den Anderen in einem niedrigen gewölbten Raum mit vergitterten Fenstern auf feuchtem, verlegenen Stroh. Als er sich die blöden Augen ausge- rieben und den wüsten Kopf zu klären versucht hatte, sah er sich im weißen Uniformsrock gleich seinen drei Schicksalsgenossen, und er- innerte sich allmählig der Vorgänge des gestrigen Abends. Er stand auf, pochte und rüttelte an der verriegelten Thüre und machte einen Höllenlärm. Es dauerte lange, bis einer der Werber herbeikam, den Schieber in der Thür öffnete und barsch nach seinem Begehr fragte.

„Laßt mich heraus, Leute! ihr wißt ja, daß ich nur Komödie gespielt habe, um den Lockvogel für euch zu machen!" rief Hühners- dorf, in dem sich der Unmuth und der verletzte Stolz regten, daß man ihn in diesem elenden Loch mit den Opfern der Werberslist zusammengeworfen habe. „Laßt mich zu meinem Freunde, Nagy Miklosch, dem Schweinetreiber!"

„Ah, Bassam! Schweinetreiber Du selbst, Bursche! Leg Dich auf Stroh Deiniges und schlaf aus Rausch Deiniges!" versetzte der Werber barsch. „Du sein jetzt Soldat kaiserliches, und der Teufel sein Freund Deiniges, Kerl, nit aber Nagy Miklosch, was nit ist Schweintreiber, sondern kaiserlich königliches Lieutenant! Schlaf aus Rausch Deiniges und sei ruhig, oder Du sollst haben kaiserliches Frühstück mit Haslinger, daß Du wirst nüchtern, Kerl!"

„Kerl?" rief Hühnersdorf, in welchem nun eine schauderhafte Gewißheit aufzudämmern begann, daß er sich zum Lockvogel für andere Gimpel hergegeben habe und selbst der größte Gimpel gewesen sei. — „Wie könnt ihr euch unterstehen, mich mit 'Kerl' zu traktiren, ihr böhmischer Dickkopf? Ist das der Dank, daß ich euch gestern den Gefallen gethan und Komödie gespielt habe, um den Andern Courage zu machen?"

Der Werber öffnete die Thüre, schleuderte Hühnersdorf durch einen gewaltigen Faustschlag zwischen die Augen auf seine Unglücksgefährten zurück, die über dem Lärm des Wortwechsels erwacht waren und sich mit instinktivem Ingrimm der Erkenntniß erschließen mußten, daß sie durch eine gemeine plumpe List in ihr Unglück gelockt worden seien.

„Wart Kerl! i werd di lehren, wie man behandelt Unteroffizier in Dienst!" rief der Werber höhnisch und schlug an seinen Pallasch. „Was Komedi! Glaubst Du denn, Du Schuft, daß ein kaiserliches Lieutenant spiel Komedi mit Lump solches als Du? Hast Du nit geben Handstreich? Hast Du nit trunken auf Wohl von Majestät Kaiser Franz? Hast Du nit nommen Handgeld so gut wie die dort? Hast Du nit noch harte Thaler unserige in Tasche Deiniges, wann nit sind stohlen? — Nu, gib Fried, Kerl, und sei Soldat mit gutes Muth, oder — Bassam! — Du sollst haben wypraski, daß Du schwarz wirst, Du verdammtes nemecky zlosyn!" Damit lachte er höhnisch auf, ging hinaus, warf die schwere Thüre ins Schloß und schob den mächtigen klirrenden Riegel vor.

Bevor sich Hühnersdorf noch von seinem Schrecken und Staunen erholen konnte, waren seine Schicksalsgenossen, welche ihre Lage mittlerweile ganz ermessen und begriffen hatten, über ihn hergefallen mit Vorwürfen und Verwünschungen, die sich angesichts ihrer Vergeblichkeit und der Unabwendbarkeit des über sie hereingebrochenen

Schicksals bald zu Thätlichkeiten steigerten, in denen sie ihre Wuth an ihm ausließen und von denen sie erst abstanden, als er halb todt geprügelt war und eine wuchtig geführte Hetzpeitsche sie von dem Opfer hinwegtrieb. Die Neugeworbenen sahen nun die drei Werber vor sich stehen, die ihnen Ruhe geboten unter harten Strafandrohungen und Jedem ein Stück Schwarzbrod hinwarfen, um damit die Reue hinunterzuwürgen oder es mit vergeblichen Thränen zu salzen.

Die Anderen hatten sich am Ende mit mehr oder weniger Gleich- muth und Stumpfheit in ihr Geschick ergeben, das nicht so furcht- bar war, weil sie nichts zu verlieren hatten; aber Hühnersdorf war im innersten Wesen empört darüber, daß er in eine solch plumpe Falle gerathen sei. Hatte er augenblicklich auch keinerlei gesicherte oder anständige Lebensstellung eingebüßt, so war er jedenfalls seiner Freiheit verlustig gegangen, und wußte das um so mehr zu beklagen, als er zu beurtheilen vermochte, was für eine Zukunft vor ihm lag. Das Soldatenleben jener Zeit war ein anderes als heutzutage. Der gemeine geworbene Soldat, nur aus der Hefe des Volkes rekrutirt, oder aus den gefährlichen Klassen der Bevölkerung gezogen, bedurfte einer drakonischen Strenge, um ihn nur einigermaßen in Banden der Disciplin zu halten, war schlecht bezahlt, armselig genährt, wie ein Sklave behandelt, ein Wesen ohne Hoffnung, ohne Zukunft, denn wenn er im Krieg zum Krüppel geschossen ward, oder seine Gesundheit eingebüßt hatte, ließ man ihn mit dem Reste seines Kapitulationsgeldes laufen und stieß ihn hinaus auf die Landstraße, damit er ein Bettler oder ein Strolch werde! Im ersten Augen- blick ohnmächtigen Ingrimms und maßloser Verbitterung wollte Hühnersdorf natürlich auch nicht einsehen, daß er nur die Früchte seines eigenen Thuns erntete. Er gedachte nur mit ohnmächtiger Wuth der vereitelten Befriedigung der Rache, die er an den vor- nehmen Leuten hatte nehmen wollen, welche ihm jetzt nach dem Fehl- schlagen ihrer Pläne einen Fußtritt gegeben hatten, wie ihn der Dieb der Leiter gibt, wenn er hinaufgestiegen. Er hatte schon im Voraus geschwelgt in dem Gedanken, Diesen oder Jenen zittern zu sehen bei Empfang eines neuen Drohbriefes, wenn der Schreiber desselben drüben im Elsaß, im republikanischen Frankreich, gewisser- maßen aus sicherem Hafen seine giftigen Pfeile versende. Er hatte geschwelgt im Vorgefühl der heimlichen Angst, welche er dem Prinzen Ludolf und der Reichsgräfin bereiten werde durch die angedrohte Veröffentlichung der Papiere, die sie durch ihn hatten stehlen lassen

und die er nun theilweise und zwar auch da nur in Abschrift gerettet hatte. Gerettet? Leider nein! höchstens geborgen, denn einen
Theil davon nebst einem bedeutenden Betrage hatte er dem Wirth
im schwarzen Bären in Waldau zur Aufbewahrung übergeben, und
die wichtigeren hatte das dunkeläugige Judenmädchen zu Bruhel mitgenommen, dem er sie damals aus der Metzig noch zugeworfen und
das seither seiner Aufforderung zur Rückgabe nicht nachgekommen
war, trotz der Versprechungen von Genüssen und frohen Tagen im
Elsaß, womit er sie beködert hatte!

Soviel hatte die alte Frau von Hühnersdorf's äußeren Schick-
salen dem Wachtmeister Sabel zu erzählen gewußt, wenn sie auch
natürlich nicht im Stande gewesen war, den tiefer liegenden Grund
der Niedergeschlagenheit und ohnmächtigen Verzweiflung zu durchschauen, welcher der so hinterlistig in die Falle gelockte Rekrut sich
hingegeben. Die alte Frau hatte übrigens noch angedeutet, daß der
arme Mensch in einzelnen ruhigen Momenten Briefchen geschrieben
und mitleidigen Seelen im Hause übergeben habe, die ihm die Be-
stellung derselben zugesagt. Ja, daß sich vielleicht eine Wendung
in seinem Schicksal ergeben dürfte, da einer der Briefe von dem sich
Hühnersdorf besonders viel versprochen, an einen vornehmen und
einflußreichen Herrn in Mühlheim gerichtet gewesen und diesem wohl
auch zugekommen sei.

Sabel hatte nicht sobald diese Mittheilungen vernommen, als
er hinausging, um seinen Begleiter Bastian aufzusuchen und diesen
über das Schicksal des Mannes, den sie suchten, in Kenntniß zu
setzen. Er traf Bastian im Stall, mit einem der kaiserlichen Werber
plaudernd. Seine gemeinen verschmitzten Züge leuchteten von un-
verholener Schadenfreude.

„Wißt ihr schon, Munsieh, daß unser Mann festgemacht ist? . . .“
fragte der Wachtmeister Sabel den Herrn Bastian.

„Ich hab' ihn gesehen und weiß ihn in guten Händen,“ lächelte
Bastian. „Der Herr Unteroffizier da will uns den Gefallen thun
und den Kerl am Leibe visitiren, ob er nicht noch Papiere bei sich
versteckt trägt, die für uns von Werth sind. Der Herr Kamerad soll
ein gutes Trinkgeld haben, wenn er etwas bringt,“ nickte er dem
Werber mit bedeutsamem Blinzeln zu. „Na, was meint Er, Sabel?
Hab' ich nicht recht gehabt, als ich Ihm sagte: Vielleicht hat sich
der Kerl selber schon so gebettet, daß wir ihm nicht erst die Streu
zu schütteln brauchen? Na, ich sag' Ihm, Sabel, ich kenne das

wunderbare Glück von meinem Herrn! Wenn der in's Waffer fiele, käme er mit einem Fifch zwischen den Zähnen wieder herauf, fag' ich immer. Wer hätte gedacht, daß der Schuft von Mufterreiter fich felber schon fo dingfeft gemacht hat, daß wir ihn gar nicht erft zu faffen brauchen! Na, komm Er 'mal mit, Wachtmeifter! Dort hinten im Hofe in dem alten Thurm der ehemaligen Stadtmauer liegt der Kerl! Dort hab' ich ihn vorhin unbemerkt gefehen, denn mir ift's immerhin lieber, wenn mich der Kerl nicht zu Geficht bringt."

Beide gingen hin und betrachteten durch die Ritzen der Thüre die paar armen Teufel, welche in in dem gewölbten engen Raume auf Stroh lagen. Hühnersdorf wurde fo eben von dem Werber am ganzen Körper unterfucht, ohne daß jedoch die gewünfchten Papiere bei ihm gefunden wurden. Er war übel zugerichtet, das Geficht blutrünftig und voll grün und blauer Beulen; aber fein Geficht hatte einen verbiffenen trotzigen Ausbruck.

„Ich weiß fchon, was Ihr fucht," fagte er giftig zu dem Werber. „Die harten Thaler von dem Handgeld findet Ihr nicht mehr, denn ich habe den Reft von dem Teufelsgeld, welches Ihr Seelenfänger mir noch gelaffen habt, weggeworfen. Und das An- dere, was Ihr fucht, findet Ihr hier nicht — das ift in ficherer Hand und foll feiner Zeit fchon noch Wunder thun! Na, ftöbert nur an dem alten Lappen da und an dem Stallkittel! Ihr hättet meine Civilkleider nicht fo eilig an den Juden verkaufen follen! Dort wäre vielleicht eher noch zu finden gewefen, was Ihr fucht — eingenähte Dukaten, he? oder wichtige Papiere für einen ge- wiffen prinzlichen Stallknecht, deffen gemeiner Kopf vorhin dort unter dem Fenfter erfchien? Na, laßt Euch die Mühe nicht verdrießen, Herr Unteroffizier, und wühlt nur die Flohnefter in diefem alten Stroh hier recht auf!" fetzte er hohnlachend hinzu, als der Werber mit feinem Korporalsftocke das feuchte Stroh aus einander fcharrte, um zu fehen, ob die Papiere, von denen Baftian gefprochen, nicht unter demfelben verfteckt feien.

Mit einer Verwünfchung ftieß der Unteroffizier das Stroh mit dem Fuße wieder auf einen Haufen, zog dem Hühnersdorf ein paar kräftige Hiebe über die Lenden und verließ dann den übelriechenden Raum.

„Is nix da, Baffam!" fagte er draußen zu Baftean, der ärger- lich von der Thüre hinweggetreten war, als er fein Lob aus dem Munde des Rekruten gehört hatte. „Hab i verfäumt Zeit meiniges!

muß Pan Kamerad mir zahlen ein Maßl Wein für Mühe
meiniges!"

„Soll mir nicht darauf ankommen, Kamerad," versetzte Bastian;
„aber wo habt Ihr die Kleider des Rekruten?"

„Is verkauft Alles!" sagte der Kürassier. „Sollen wir lassen
Rekrut Civilmontur, daß er kann entspringen mit Handgeld, was
hat er erhalten? Nein, nehmen wir Kleider seiniges und verkaufen
an Jud — vertrinken selber das Geld!" setzte er lachend hinzu.

„Und wo ist der Kerl, dem ihr die Kleider verkauft habt?"
fragte Bastian begierig. Aber Herr Sabel, dem die Geschichte nach-
gerade etwas langweilig war, stellte Bastian vor, daß es ihm ver-
muthlich nichts helfen würde, nach den Kleidern zu fahnden. Hühnersdorf sei nicht der Bursche, der wichtige Papiere nicht besser aufbewahre. Vielleicht seien dieselben noch in der Stube oder Kammer
versteckt, wo Jener geschlafen habe, bevor er den Werbern in die
Hände gefallen sei.

Dies leuchtete Bastian ein, und Beide holten nun den Wirth
und stellten ihm ihr Anliegen vor. Dieser willfahrte nur ungerne
und nur in Rücksicht auf die Belohnung, welche ihm in Aussicht
gestellt wurde, falls er die Papiere finde, welche die Anderen suchten.
Da sich aber trotz aller Nachforschungen in dem Bett und in der
ganzen Kammer nichts finden wollte, was den angeblich gestohlenen
Papieren Hühnersdorf's gleichsah, oder was dieselben überhaupt verbergen konnnte, so kehrten sie reumüthig in die Hinterstube zurück,
verzehrten die Mahlzeit, die ihnen einstweilen aufgetragen worden
war, ordneten ihre Zeche und suchten so bald wie möglich dem 'schwarzen Rößchen' und dem Städtchen Filsburg den Rücken zu kehren, denn
dem Wachtmeister war längst nicht mehr ganz wohl bei der Sache
und Bastian schien zufrieden mit dem Bewußtsein, den Verräther
seines Herrn einstweilen in kaiserlicher Montur und vorerst für ein
Dutzend Jährchen unschädlich gemacht zu wissen. Beide athmeten
aber unwillkürlich etwas leichter auf, als sie nach einer Fahrt von
einigen Stunden den Waldau'schen Grenzpfahl wieder vor sich er-
blickten.

28.

In der selbstgeschürzten Schlinge.

Kaum zwei Stunden später, als der Lärm und das Gejohle in der Gaststube der Fuhrmannskneipe die ganze Nachbarschaft beunruhigten, traten zwei Herren in Begleitung eines Landreiters in das Einfahrtthor des 'schwarzen Rößchens' und verlangten den Wirth zu sprechen.

Dieser erblaßte, als er des Einen der Beiden ansichtig wurde, der mit einem sichtlichen Eifer und voller Zuversicht vor der Thüre der Gaststube stand, während der Andere, offenbar unangenehm berührt, sich im Hintergrunde hielt.

„Der Herr Bürgermeister in eigener Person?" stammelte der Wirth, hastig seine Mütze ziehend und verbeugte sich. „Was . . . was verschafft mir die Ehre?"

„Führt uns in ein Zimmer und Ihr sollt es erfahren!" war die barsche Antwort.

Der Wirth bat die beiden Herren ziemlich zaghaft, in die uns bekannte Familienstube zu treten, in welche ihnen auch der Landreiter folgte und sich mit dem Rücken gegen die Thüre stellte.

„Ihr habt kaiserliche Werber im Hause, Meister?" hub der Bürgermeister streng an; „habt Ihr Euer Haus nicht zuvor schon genug in Mißkredit gebracht, daß Ihr auch noch zu diesem erbärmlichen Erwerb schreitet?"

„Das schwarze Roß ist eine Herberge, wo Jeder für sein Geld Unterkommen findet," versetzte der Wirth mit einem Anlauf zur Barschheit, der vielleicht nur sein böses Gewissen maskiren sollte. „Ich kann Keinen abweisen, der hier einkehren will. Die Leute kamen in Civilkleidern hier an und haben sich erst hernach als „Kaiserliche" entlarvt. Uebrigens was kümmert mich ihr Handwerk, das um kein Haar schlechter ist, als ein anderes?! Der Offizier vom Werbkommando hat ja dem Herrn Bürgermeister sein Patent vorgezeigt."

„Es handelt sich nicht darum, sondern um den Vorwurf, der Euch gemacht wird, daß unredliche Mittel gebraucht werden, um Leute unter die Fahne zu locken," sagte der Bürgermeister.

„Ist nicht meine Sache — geht die Kaiserlichen allein an und die Gimpel, die sich fangen lassen," versetzte der Wirth barsch.

„Und die Behörden, die Euch dafür finden werden, wenn es sich als erweisbar herausstellt, daß Ihr fremde Gäste, die in Eurem Hause abstiegen, den Werbern verrathen und in die Hände gespielt habt," rief der Bürgermeister streng. „Ein solcher Fall liegt vor, ist denunciirt worden!"

„Das soll ich gethan haben?" rief der Wirth mit einer Verwünschung, ward aber höchlich betreten. „Wer das sagt, Herr Bürgermeister, der lügt in seinen Hals hinein!"

„Das wird die Untersuchung herausstellen! Uebrigens hat der auf solche verrätherische Weise Geworbene den Vorfall selber schriftlich angezeigt, und wenn die minbeste Mitschuld Euch trifft, Meister, so ist Euch nach unseren Gesetzen das Spinnhaus sicher. — Es handelt sich um einen Musterreiter aus Mühlburg, Namens Hühnersdorf . . . ."

„Den hab' ich Tag meines Lebens nie gekannt, so wahr ich hier stehe! Soll ich doch gleich erlahmen, wenn ich den Kerl jemals gesehen . . . ."

„Jesus Maria, Mann! versündige Dich nicht! Schwör' keinen falschen Eid!" rief eine aufgeregte Frauenstimme unter der Thüre, und die Wirthin sprang todtenbleich und entsetzt in's Zimmer. „Versündige Dich nicht am lieben Gott, sonst müssen es Weib und Kinder büßen, die schon genug gestraft sind . . . . Gesteh' lieber Alles, Fritz . . . . Ach, meine Herren, glauben Sie mir! Glauben Sie mir, mein Mann ist unschuldig! er konnte nichts dazu thun; der fremde Gast ist selber in die Falle getappt, die er Andern stellen helfen wollte! Ich schwör' es Ihnen, so wahr ich eine ehrliche Frau bin! Ich will es ihm in's Gesicht sagen und beweisen, daß mein Mann nichts damit zu thun hatte! Er ist ja noch hier! Lassen Sie ihn rufen!"

„Das lautet ja ganz anders, Meister? was habt ihr nun zu sagen?" fragte der Bürgermeister streng.

„Ach, das also war es?" versetzte dieser, nachdem er seiner Gattin einen tückischen drohenden Blick zugeworfen hatte, geschmeidig. — „Der Landstreicher also heißt Hühnersdorf und ist Musterreiter? Ja, das ist ein Anderes; das hab' ich nicht gewußt! Der Kerl hat soviel geschwatzt und den Geschwollenen gespielt und sich für etwas Rechtes ausgegeben, daß der Henker aus seinem Geschwätz klug werden mag. Und den soll ich den Werbern in die Hände gespielt haben? Hahaha! eben so gut könnt' er das von meinem kleinen Kind dort sagen! Der Kerl hat ja selber den Lockvogel für die Werber gemacht und ist im Käfig geblieben — das ist Alles!"

„Ja, das ist die reine Wahrheit, meine gestrengen Herren!" fiel die Wirthin ein. — „Das muß Ihnen der Mensch selber bekennen, — fragen Sie ihn nur! — ein Dutzend Zeugen können dies erhärten!" Und mit der Zungenfertigkeit eines ängstlichen Eifers stellte sie den beiden Herren die Geschichte dar, wie ihre Mutter sie Herrn Sabel erzählt hatte.

„Was meinen der Herr Kammerrath nun?" fragte der Bürgermeister seinen Begleiter, als die Wirthin ihre Erzählung, die sehr wahrscheinlich und plausibel klang, geendet hatte.

„Wir wollen den Menschen selbst vernehmen, der mich ohnedem um eine Unterredung bittet," entgegnete Herr v. Jbstein, denn er war es selbst. „Bitte, schaffen Sie einen der Werber zur Stelle, damit er uns seinen Rekruten vorführe. Wenn sich die Sache so verhält, wie diese Zeugen aussagen, so dürften die Werber formell in ihrem Rechte sein, und wir können nicht einschreiten .... Ihr bleibt einstweilen da. Meister Wirth!" befahl er diesem entschieden, als er sah, welche zuversichtliche Miene der Mann bei den letzten Worten wieder annahm. „Ihr seid uns Bürge und Geißel dafür, daß uns der Rekrut vorgeführt wird, der sich noch in diesem Hause befinden soll!"

Der Wirth ergab sich brummend darein, aber seine Gattin ging hinaus, um ihren Einfluß bei den Werbern geltend zu machen. Nach einiger Zeit, während die zitternde Großmutter und der verlegene Wirth vergebens die weinenden Kinder zu beschwichtigen versucht hatten, trat der Wachtmeister des Werbkommando's mit dem Hut auf dem Kopf, dem Stock in der Hand und dem Pallasch an der Seite in das Zimmer und ließ seine tiefliegenden schwarzen Augen lauernd über den kleinen Kreis laufen.

„Hab' die Ehr'!" hub er barsch an und grüßte militärisch; „was beliebt den Herren?"

„Sie heißen?"

„Nepomuk Kuwaschek, Wachtmeister bei Graf Laudon Küraffier, jetzt auf Werbkommando! Aber wer gibt den Herren ein Recht zu fragen mich?"

„Dieses Recht geben uns die Gesetze dieses Landes, in dem Ihr nur geduldet seid, Herr Wachtmeister," erwiderte der Kammerrath

v. Jostein mit der überlegenen Ruhe und gleichmüthigen Höflich=
keit eines vornehmen Mannes. „Es mag Euch daher genügen,
daß ich mich bei dem hier gegenwärtigen Herrn Bürgermeister,
der obersten Behörde von Filsburg, genugsam legitimirt habe, um
in einer sehr ernsten Sache die Untersuchung zu führen. Herr Bürger=
meister, bitte, lassen Sie den kaiserlichen Wachtmeister zuvörderst
sein Werbpatent vorlegen!"

„Werd' i nit thun! Patent ist visirt," sagte der Wachtmeister
trotzig.

„Aber nicht von mir! Ihr Lieutenant versprach wieder zu
kommen, ist aber nicht mehr erschienen!" erwiderte der Bürger=
meister.

„Is gleichgültig; hab' i Visa von Amt in Mühlheim!" ver=
setzte der Böhme hartnäckig. Als er aber bedeutet ward, daß er nur
die Wahl habe, sich entweder auf das Rathhaus geführt und sein
Werbbureau geschlossen zu sehen, oder sich manierlich zu benehmen,
man auch Mittel genug habe, mit ihm fertig zu werden, zog er mit ver=
bissenem Ingrimm eine alte lederne Brieftasche heraus und reichte
das Papier Herrn von Jostein, der es ruhig prüfte und dann in
die Tasche steckte.

„Ihr seid angeschuldigt, einen Menschen unter falschen Vor=
spiegelungen zur Annahme einer Kapitulation verleitet zu haben,"
sagte der Kammerrath ruhig, als der Wachtmeister ihm nach der
Brust greifen wollte, um sein Patent wieder an sich zu nehmen,
wobei ihm aber der Landreiter, der Bürgermeister, Wirthin und
Wirth in den Arm fielen. „Ihr Patent bleibt einstweilen in meiner
Verwahrung, bis wir die Sache untersucht haben. Trifft Euch die
Schuld, deren Ihr angeklagt seid, so wird Euer Patent der zu=
ständigen Behörde übergeben werden, welche alles Weitere verfügen
dürfte. Stellt sich die Anklage als unerweisbar heraus, so behaltet
Ihr Euren Rekruten, wofern es Euch nicht rathsamer erscheinen
wird, ihn laufen zu lassen oder auf seinen Loskauf einzugehen!
Inzwischen habt Ihr zu bedenken, daß jede Ausschreitung nur auf
Eure Gefahr geht und Eure Lage nur verschlimmern kann! Ich
ersuche Euch, den gewissen Musterreiter Hühnersdorf vorführen zu
lassen, den Ihr jüngst angeworben haben wollt!"

„Is mir niz bekannt von Mann selbiges, Pane," sagte der ver=
stockte Böhme.

„Herr Bürgermeister, Sie werden den Mann mit Hülfe des

Wirthes zu finden wissen! Wir haben ja Zeugen dafür, daß er
noch im Hause ist...."

„Ah, Karasel!" murmelte der Wachtmeister wüthend. „Wenn
Mann jeniges ist Rekrut, so er steht unter Kriegsrecht; Civilist
nix haben zu thun mit ihm!"

„Der fragliche Mann schreibt hier selbst, daß er noch nicht
zur Fahne geschworen habe," fuhr der Kammerrath ruhig fort.
„Herr Bürgermeister, thun Sie Ihre Schuldigkeit und vertreiben
Sie allfällig Gewalt mit Gewalt!"

„Gebt nach, Herr Gevatter!" flüsterte der Wirth. „Ihr
macht die Sache immer schlimmer. Könnt es ja dem Kerl hernach
einträuken!"

„Ah, werd' ich auch, bei Gott!" murmelte der Wachtmeister.
„Na, werd' ich gehn holen der Kerl!"

Als Hühnersdorf, von der eisernen Faust des Wachtmeisters
am Arme geführt, in die Stube trat und sein Auge sich an den
trüben Schein der beiden Talglichter auf dem Tische soweit gewöhnt
hatte, um die Anwesenden zu unterscheiden, fiel er Herrn v. Jbstein
zu Füßen und suchte dessen Hand zu erfassen.

„Gott segne Sie, gnädiger Herr, daß Sie sich meiner erbarmen
wollen!" rief er dann, wie in einem herzlichen Erguß von Freude
und Dankbarkeit. — „Ach, ich flehe Sie an, erbarmen Sie sich
meiner! Ich weiß, ich habe es nicht um Sie verdient, aber Sie
werden sehen, daß ich mich dankbar erweisen werde, daß ich doch
nicht der schlechte Mensch bin, für den Sie mich halten, daß nur
schlechte Leute meine Armuth und Noth mißbraucht haben, um mich
zu schlechten Dingen zu gebrauchen!... Aber ich bin jenen Leuten
abgestanden, ich habe sie verlassen und sie hassen mich nunmehr und
haben es so angestiftet, daß ich hier in eine niederträchtige Falle
getappt bin! Allein helfen Sie mir heraus, gnädiger Herr! machen
Sie mich wieder frei von dem verwünschten Korporalsstock, und ich
schwöre Ihnen, daß ich alle Ihre Feinde in Ihre Hand geben,
daß ich Ihnen Dinge mittheilen werde, welche Ihnen von größtem
Interesse sein müssen! Ich bin es Ihnen schuldig, Sie vor Leuten
zu warnen, die Ihnen nach dem Leben trachten, die Sie vergiften
ließen!...."

„Das sind Gegenstände, um die es sich hier nicht handelt,
mein Mann!" fiel ihm der Kammerrath kaltblütig in die Rede.
„Setzt Euch und sagt mir offen, ob Ihr mir diesen Brief geschrieben

unb mich um Verwendung bei ben Behörden gebeten habt, weil man Euch widerrechtlich und heimtückisch unter bie Soldaten gesteckt habe!"

„O, gnädiger Herr! der Brief ist allerdings von mir, und der Himmel lohne Ihnen bie Großmuth, mit welcher Sie sich meiner erbarmt haben! Ich weiß wohl, ich verdiene so viele Güte nicht, zumal von Ihnen, allein Sie sollen sehen, daß ich..."

„Spart Eure Worte bis hernach! laßt uns zuerst untersuchen, worin bie sogenannte Tücke und Ungesetzlichkeit liegt, beren Ihr Euch nicht erwehren konntet!" sagte Herr v. Idstein ruhig. „Erzählt, wie Ihr dazu gebracht worden seib, Handgeld zu nehmen! Es handelt sich zunächst um Ermittelung der Ungesetzlichkeit, über die Ihr klagt, und zu beren Untersuchung der Herr Bürgermeister hier verpflichtet ist!"

Hühnersdorf mußte wohl oder übel ben Hergang selber er- zählen, und all seine Versuche, sein boshaftes muthwilliges Spiel zu beschönigen, scheiterten an ben entgegengesetzten Zeugnissen ber Wirths- leute und der Werber, bie nach und nach zu Zeugen aufgerufen wurden. Er hatte vor einem ganzen Zimmer voll fremder Leute die Rolle eines Menschen gespielt, der aus freien Stücken und mit einem halb trunkenen Leichtsinn Handgeld nimmt. Er hatte kein einzelnes Moment der ganzen That zu leugnen vermocht.

„Der Fall ist nun ganz klar: Er ist und bleibt Soldat, hat Er nun aus wirklichem Entschluß und Leichtsinn, oder in ber nieder- trächtigen Heuchelei und gemeinen habsüchtigen Absicht, Andere an's Messer der Werber zu liefern, oder sich ein Geldgeschenk der Werber zu verdienen, diese tückische Komödie gespielt!" sagte der Bürger- meister.

„Aber der Schurke von Schweinehändler oder Lieutenant gab mir doch sein Wort, daß Alles nur Komödie für mich gelten soll!" rief Hühnersdorf halb verzweifelnd.

„Dann verklag' Er den Mann beim Regiment! hier ist meine Au- torität zu Ende. — ich muß den Werbern Recht geben und kann Ihn nicht bedauern, daß Er selber in bie Grube gestürzt ist, die Er An- bern gegraben hat! Er ist ein armseliger gefährlicher Mensch!"

„Gnädiger Herr, ich beschwöre Sie, nehmen Sie sich meiner an!" rief Hühnersdorf, vor dem Kammerrath niederknieend und seine Kniee umfassend.

„Ich könnte nicht anders urtheilen, als ber Bürgermeister!"

erwiderte Herr v. Jdſtein kühl. „So ſehr ich Euch bedaure, ſo habt Ihr dieſe Ahndung doch verdient. Nun ſeid wenigſtens diesmal ein Mann und fügt Euch in das ſelbſtbereitete Schickſal! Flennen und Heulen beſſert Eure Lage nicht, ſondern macht nur einen deſto widerlicheren Eindruck!"

Hühnersdorf brach zuſammen und geberdete ſich wie von Sinnen. Der Wachtmeiſter aber lachte boshaft und riß ihn vom Boden auf, um ihn fortzuführen. Da ſtürzte Hühnersdorf von Neuem vor dem Kammerrath nieder und bat ihn nur auf eine Viertelſtunde um Gehör, weil er ihm einige wichtige Mittheilungen machen wollte.

„Es hängt zwar von mir ab, Euch anzuhören; aber der Herr Wachtmeiſter hat die Erlaubniß zu ertheilen, daß Ihr mit mir ſprechen dürft, und ich will Euch nur in Gegenwart des Bürger= meiſters hören!" ſagte Herr v. Jdſtein.

Dies kam dem Rekruten ungelegen, aber Herr v. Jdſtein war nicht davon abzubringen. Der Wachtmeiſter ergab ſich auch nur ungern in die Erlaubniß einer Unterredung ſeines Rekruten mit den beiden Herren, und erſt nachdem der Bürgermeiſter ſich dafür ver= bürgt hatte, daß Hühnersdorf nicht entſpringe. Dennoch aber unter= ließ er nicht, ſich draußen vor die Thüre neben den Landreiter zu ſtellen und einen anderen Werber als Schildwache vor das Feuſter in den Hof zu ſchicken.

„Nun? was habt Ihr mir mitzutheilen, Mann?" hub Herr v. Jdſtein nun an, dem die Scene unbehaglich ward, da er die Befangenheit und Unſchlüſſigkeit des Rekruten bemerkte, welcher offenbar nicht wußte, wie er beginnen ſollte. Jetzt wo der Abenteurer vor dem Momente ſtand, den er ſich ſchon längſt er= ſehnt hatte, nämlich den Prinzen Ludolf, wo nicht an einen Mäch= tigern, ſo doch an einen Mann zu verrathen, welcher im Stande war, Jenen zur Rechenſchaft zu ziehen, fehlte ihm der Muth und di Offenheit, ſeine eigene Mitſchuld zu bekennen, ſich ſelbſt als den Dieb der wichtigen Papiere anzugeben und dieſe, ſoweit ſie noch in ſeinen Händen waren, wieder dem rechtmäßigen Beſitzer auszu= liefern. Die Doppelzüngigkeit, das übertriebene Mißtrauen und die lauernde Berechnung, welche dem Charakter dieſes ſchwachen, leicht= ſinnigen, verworfenen Menſchen eigen waren, hielten Hühnersdorf ebenſo ſehr davon ab, als die feige Furcht, Herr v. Jdſtein, auf deſſen Hülfe er noch immer zu rechnen wagte, könne die Hand von ihm abziehen oder ſich an ihm rächen. Auch wollte er ſich nur ungern von den paar Papieren trennen, welche er dem Judenmädchen von Bruhel in Verwahrung gegeben hatte, weil ihm eine vage Hoffnung vorschwebte, er könnte möglicherweise darin dereinst noch eine „Birne für den Durst" haben, nämlich ein Mittel, sich entweder die Rache des Prinzen Ludolf vom Halse zu halten, oder demselben eine Geld-unterstützung abzupressen. Alle diese Gedanken stürmten jetzt so rasch und mächtig auf Hühnersdorf ein, daß er nicht gleich Worte und Wege fand, sein Bekenntniß abzulegen.

„Nun, fällt es Euch mit Einem Male so schwer, die Wahr-heit zu sagen, oder brütet Ihr über neue Märchen?" fragte Herr v. Jbstein ungeduldig.

„Nein, bei Gott nicht," stammelte der Rekrut. „Ich weiß nur nicht, wie ich beginnen soll, und ob wir nicht belauscht werden, gnädiger Herr, denn der Bastian ist hier . . . ich habe sein häßliches Gesicht deutlich gesehen und seine Stimme erkannt."

„Wer ist Bastian?" fragte Herr v. Jbstein gleichmüthig.

„Der Reitknecht des Prinzen Ludolf und dessen Factotum — derselbe, welcher Ihnen die Papiere gestohlen und das Gift einge-rührt hat," platzte Hühnersdorf heraus und war froh, mit dieser Lüge einen vermeintlichen Ausweg aus seiner Verlegenheit gefunden und seine eigene Schuld einem Andern aufgebürdet zu haben.

„Nun, und was liegt daran?"

„Ach, gnädiger Herr, wenn Bastian Sie sähe, wenn er um Ihr Hiersein wüßte!? Wenn er einen neuen Anschlag gegen Sie im Schilde führte!?" rief Hühnersdorf mit scheinbarer Besorgniß.

„Ich fürchte weder dieses Werkzeug der Bosheit, noch seinen Herrn," erwiderte Herr v. Jbstein ruhig. „Wir sind hier nicht auf Waldau'schem Gebiet, sondern auf fremdländischem; aber selbst dort würde ich mich vor erbärmlichen Menschen nicht fürchten!"

„Aber Sie können den Bastian verhaften lassen und den Ge-richten übergeben!" rief Hühnersdorf und der Gedanke, daß er sich hierdurch nicht nur an dem Reitknechte rächen, sondern als Be-lastungszeuge möglicherweise auch dem Soldatenrock entziehen könne, ward in ihm lebendig und ließ ihn sogar die eigene Mitschuld leichter nehmen, als sie wirklich war.

„Und auf welchen Grund hin?" fragte Jbstein kalt; „etwa auf die Angabe eines Menschen hin, wie Ihr, den ich nur als zwei-deutig und verdächtig kenne? Darauf möchte ich keine Klage be-gründen!"

„Aber der Herr Bürgermeister könnte doch den Bastian verhaften
lassen!" sagte Hühnersdorf eindringlich. „Er war noch vor Kurzem
hier im Hause und hat mich durch die Werber mißhandeln und aus-
pfänden lassen! Oh, ich beschwöre Sie, gestrenger Herr, lassen Sie
den Kerl fassen! Ich will einstweilen Alles aussagen, was ich weiß,
und Ihnen beweisen, daß der Bastian und sein Herr dem gnädigen
Herrn hier nach dem Leben getrachtet und gewisse Papiere haben
wegnehmen — will sagen gestohlen haben! . Ich will Alles haar-
klein beweisen!"

„Meinen der Herr Kammerrath wirklich nicht, ich solle wenigstens
den Versuch machen, den fraglichen Burschen dingfest zu machen?"
fragte der Bürgermeister, dem der steigende Ernst des Herrn v.
Idstein nicht entgangen war.

„Wenn Sie es auf sich nehmen wollen, mein werther Herr
Bürgermeister, ohne daß mir die Anregung dazu beigemessen wird,
so hab' ich nichts dagegen," versetzte der Kammerrath, der nun wirklich etwas gedankenvoll geworden war. „Ich möchte als Betheilig-
ter nicht eher etwas in der Sache thun, noch den Handel vor die
Gerichte bringen, als bis ich die unzweideutigsten Beweise für eine
erfolgreiche gerichtliche Untersuchung in Händen hätte . . ."

„Dafür wollen der Herr Kammerrath dann nur mich sorgen
lassen," erwiderte der Bürgermeister eifrig, denn er brannte vor
Begierde, seine Autorität geltend zu machen. „Nach meiner unmaßgeblichen Meinung kann es ja gar nichts schaden, wenn wir uns
einstweilen eines Verdächtigen versichern! Ist nichts auf den Kerl
herauszubringen, so mag er schließlich Gott danken, wenn wir ihn
nur wieder laufen lassen, und die ganze Sache ist dann nur ein Irrthum der Polizei auf Grund einer falschen Denunciation. Bringen
wir aber etwas auf den Kerl heim, so werden die Gerichte in
Mühlheim sich herzlich wenig darum kümmern, ob er in Diensten
eines waldau'schen Prinzen steht oder nicht, und der gnädige Herr
Kammerrath haben es ja dann immer noch in der Hand, den Gang
der Untersuchung in jedem beliebigen Stadium zu unterbrechen."

„Wohlan denn, so lassen Sie den Burschen einstweilen festnehmen, damit wir ihn wenigstens mit seinem Denuncianten hier
konfrontiren können, nachdem uns dieser seine Angaben gemacht
haben wird."

Hühnersdorf erschrack zwar bei diesen Worten etwas, verließ
sich aber auf seine freche Stirn und Erfindungsgabe. Einstweilen

gab er dem Bürgermeister die nöthigen Notizen an die Hand und dieser verschwand, um seinen Haltefest von Landreiter nach dem verdächtigen Bastian auszuschicken.

Mittlerweile hatte sich Hühnersdorf das ganze Lügengewebe zu Faden geschlagen, mittelst dessen er alle Hauptschuld nur auf Bastian schieben und sich nur einen mehr zufälligen und indirekten Antheil an dem Complott gegen Herrn v. Jbstein's Papiere und Leben beimessen wollte, als habe er nur gleichsam den Spion und Agenten oder Wegweiser für Bastian gemacht.

Sobald daher der Bürgermeister wieder eingetreten war und berichtet hatte, daß der Verdächtige Bastian und sein Begleiter leider schon wieder das schwarze Rößchen verlassen hätten, aber jetzt vom Landreiter in den andern Wirthshäusern des Städtchens aufgesucht und dann, falls sie aus Filsburg wirklich weggefahren wären, von dem Landreiter verfolgt und verhaftet würden, begann Hühnersdorf seine Beichte. Einige Fragen und Andeutungen verschafften ihm die Gewißheit, daß der Kammerrath weder die Papiere noch einen Brief von seinem Neffen erhalten habe, daß er überhaupt von dem Zusammentreffen Adam's mit Hühnersdorf in Bruhel und der angeblichen Denunciation der Käthe Bissinger und der Frau Käferle in Mühlheim gegen Letzteren noch nichts wisse, und dies ermuthigte ihn ordentlich in seinem frechen Beginnen. Gewandt und fließend und in jener plausiblen Weise, welche er als der Haupturheber und Ausübende des Komplotts durch die genaueste Kenntniß aller einzelnen Umstände seiner Darstellung zu geben vermochte, erzählte er zunächst, wie er allmählig unabsichtlich durch schlaue Lockungen von dem Prinzen Ludolf zum Spion über Herr v. Jbstein's Leben und Treiben geworden worden, wie er dem Reiz des Goldes erlegen sei, wie er dazu gekommen, damals sich für das schöne Mädchen in dem Gärtnerhause zu interessiren, wie man ihm glauben gemacht, Herr v. Jbstein habe schlechte Absichten gegen dieselbe und wie er bestimmt worden sei, den Prinzen auf dem Ritt nach dem Okerwalde und dem angeblichen Versuch der Befreiung des Mädchens zu begleiten; wie er ferner, eben durch seine Mitschuld festgehalten und auch durch seine Armuth in den unbarmherzigen Krallen des Prinzen, gezwungen worden sei, seine zufällig bei Frau Käferle genommene Wohnung zum Ausspioniren von Herrn v. Jbstein's häuslichen Gewohnheiten zu benützen, und wie dann eines Tags Bastian nach Mühlheim gekommen sei, um ihn beim Wein vertraut

zu machen und über Alles das auszuholen, was er von Herrn v. Jbstein wisse. Am andern Tage sei dann Bastian mit dem Verlangen
herausgerückt, Hühnersdorf solle ihn mit der Käthe Bissinger bekannt
machen und habe nun, als Hühnersdorf arglos auch hiermit in
die Falle gegangen sei, sich in das Haus geschlichen, wo Herr
v. Jbstein gewohnt, und den Anschlag gegen den Herrn Kammerrath
ausgeführt, dem er ein Schlaftränklein gemischt. Als sodann die
betreffenden Papiere durch den gelungenen Einbruch in Bastian's
Hände gelangt seien, habe dieser ihn, Hühnersdorf, in aller Morgenfrühe geweckt und ihn aufgefordert, mit nach Bauhof zum Prinzen
zu fahren, welcher dem verabschiedeten Musterreiter eine anderweitige
Versorgung verschaffen wolle. Unterwegs habe Bastian dann im
Rausch ihm prahlerisch mitgetheilt, wie er es so pfiffig angestellt,
um dem Herrn Kammerrath die Papiere zu entwenden, welche seinem
Herrn gefährlich werden könnten, und ihm den Vorschlag gemacht,
von denselben eine Abschrift zu nehmen, die sie dann gemeinschaft-
lich behalten wollten, weil es gut wäre, auch gegenüber von einem
solch launenhaften und selbstsüchtigen Herrn, wie der Prinz sei, einige
zwingende Hülfsmittel in Händen zu haben. Er, Hühnersdorf, habe
die kluge Vorsicht eines solchen Vorschlags eingesehen und die Abschriften genommen, auch einige der Originalpapiere zurückbehalten
und den Bastian mit den andern nach Bauhof gesandt, sich aber
einstweilen einige gute Tage in Bruhel und Waldau gemacht und
einigen von des Prinzen Spießgesellen aus Rache Drohbriefe gelegt.
Dies habe der Prinz erfahren — Bastian habe ferner ihn, Hühnersdorf, um einen Theil des versprochenen Lohnes betrogen und dann
dem Prinzen verrathen, daß Hühnersdorf Abschriften von den Papieren gemacht, und der Prinz habe ihn deshalb in Waldau durch
die Polizei festnehmen lassen wollen, worauf er entflohen und nach
Bruhel zurückgekehrt sei, um sich hier versteckt zu halten. Hier aber
sei er mit dem jungen Studenten Adam v. Jbstein ganz unerwartet
zusammengetroffen, der ihn erkannt, überfallen und ihm einen Theil
der Papiere abgenommen und ihm angekündigt, daß der Prinz ihn
verleugne und verhaften lassen wolle; und in der Hülflosigkeit und
Todesangst, da ihm der junge Herr die geladene Pistole vorgehalten,
habe Adam ihm das Geständniß abgenöthigt, daß er, Hühnersdorf,
die Papiere gestohlen, d. h. dem Bastian entfremdet habe. Herr
Adam habe ihn sodann einsperren lassen, er aber sei nach der Abreise des Studenten entwischt, hierher geeilt nach Filsburg und habe

sich einstweilen entschlossen, ein reines Brusttuch zu machen und dem Herrn Kammerrath nicht nur Alles zu entdecken, sondern auch noch diejenigen Papiere auszuliefern, welche er noch in Händen, beziehungsweise an einem sichern Ort versteckt habe. Demgemäß habe er an Herrn v. Idstein nach Mühlheim geschrieben und ihn dringend um ein Stelldichein gebeten, bis er auf solch hinterlistige Weise in den Soldatenrock gesteckt und nun von der Angst ergriffen worden sei, daß es — wenn er Herrn v. Idstein nicht baldigst sprechen könne — zu Allem zu spät sein werde.

Herr v. Idstein war der Erzählung des ehemaligen Musterreiters mit größter Aufmerksamkeit und Aufregung gefolgt. Es konnte ihm nicht entgehen, daß in Hühnersdorf's Schilderung Wahrheit und Dichtung seltsam durcheinander wogten, aber daß es vorerst eben so schwierig sei, Dichtung und Thatsache zu scheiden, als an die geringere Schuld, an die bloße Kulpofität des Rekruten zu glauben. Einige seine Fragen an Hühnersdorf führten auch zu keinem erwünschten Ergebniß, denn dieser war auf seiner Hut, um sich nicht fangen zu lassen und schwerer zu belasten, als er erscheinen wollte. Er antwortete meist ausweichend oder entschuldigte sich mit Nichtwissen, denn seiner argwöhnischen Beobachtung entging der tiefe Eindruck nicht, den alle diese Mittheilungen auf den Kammerrath gemacht hatten.

Vor Idstein's Seele stand nur Eins als tröstliches Ergebniß fest: die wichtigsten Papiere waren in Adam's Besitz und Prinz Ludolf hatte sich in einer Weise bloßgestellt, welche ihn in die Hände seines Gegners gab. Das war ein wichtiges, unerwartet günstiges Moment.

„Und wo sind die übrigen Papiere, welche Ihr meinem Neffen vorenthalten habt?" fragte nun der Kammerrath."

„Ich habe sie in der Nähe von Bruhel versteckt," platzte Hühnersdorf heraus. „Sie sind so gut geborgen, daß Niemand außer mir sie finden kann. Verschaffen Sie mir die Freiheit, gnädiger Herr, und ich liefere Ihnen die Papiere aus und zeuge gegen den Prinzen."

„Ihr verlangt da etwas, das fast unmöglich ist," versetzte der Kammerrath. „Unsere Gesetze sind außer Stande, die Werbung zu annulliren, die Ihr in aller Form Rechtens eingegangen habt! Was meinen Sie, Herr Bürgermeister?"

„Ich bin ganz der Ansicht des gnädigen Herrn: die Werber

sind in ihrem Rechte und von Polizei wegen läßt sich hier nichts machen, denn der Werbebrief ist nicht verletzt," erwiderte der Bürgermeister.

Hühnersdorf brach in sich zusammen, und der ohnmächtige Ingrimm und Aerger preßten ihm Thränen aus. Schluchzend warf er sich Herrn v. Idstein zu Füßen und beschwor diesen, ihn zu befreien, loszukaufen. „Haben Sie Erbarmen, gnädiger Herr! Retten Sie mich! Ich will Ihnen für das Geld aufkommen, ich will Alles thun, was Sie wollen, nur lassen Sie mich nicht in den Händen der Werber! Ich will nicht Soldat werden, will mich nicht todtschießen lassen für Nichts und wider Nichts, wie ein Hund!"

„Ihr hättet es aber Anderen gegönnt und zugemuthet, nicht wahr? Anderen, an denen vielleicht mehr verloren gegangen wäre, als an Euch?" fragte Idstein, angewidert von der Feigheit dieses Burschen. „Pfui, schämt Euch! Tragt wenigstens wie ein Mann, was Ihr Euch selber eingebrockt habt!"

„Gnädiger Herr! es ist mir nicht um mich, sondern nur um Sie!" rief der Rekrut verzweiflungsvoll. „Die Papiere sind an einem Ort, wo sie leicht durch die Feuchtigkeit verdorben werden können!"

„So mögen sie immerhin zu Grunde gehen!" erwiderte Idstein ruhig. „Haben diese unseligen Papiere mir seither keine Ruhe und keinen Frieden vor der Tücke meiner Freunde zu gewähren vermocht und sich nur als armselige Cautelen erwiesen, so mögen sie spurlos verschwinden und verfaulen. Ich stelle meine Sache einem höhern Richter anheim."

„So wäre denn Alles verloren?" rief Hühnersdorf verzweiflungsvoll und rang die Hände; dann brach er in wilde Verwünschungen aus, bis er sah, daß Herr v. Idstein und der Bürgermeister sich zum Gehen wandten.

„Um Gottes Barmherzigkeit willen, verlassen Sie mich nicht so, gnädiger Herr!" rief er, stürzte sich von Neuem dem Kammerrath zu Füßen und umklammerte dessen Kniee. „Gehen Sie nicht hinweg, ohne noch mein Letztes gehört zu haben ... Nicht um meinethalben bitte ich, sondern um Anderer willen, die durch mich in namenloses Elend gestürzt werden ... Ich habe eine alte kränkliche blinde Mutter, die nur von meiner Unterstützung lebt! Um ihretwillen hab' ich mich vom Geldteufel blenden lassen und bin ein Schurke geworden, damit sie nicht darben soll! Und dann das arme Käthchen

Biffinger, das unglückliche Wesen, das mir vertraut hat ... Gnä-
biger Herr, seien Sie barmherzig, und Gott wird es Ihnen lohnen!
Wenn mich die Werber fortschleppen, wird meine arme Mutter ver-
hungern und Käthchen mit ihrer Schande in's Wasser springen
müssen! Herr v. Jdstein, Sie sind reich; es handelt sich nur um
ein paar Hundert Gulden! — Wollten Sie, könnten Sie um lum-
pigen Geldes willen eine solche Blutschuld auf sich nehmen?"

Er hatte den empfindlichen Nerv von Ludwig v. Jdstein's Wesen
getroffen: die edle aufopfernde Menschlichkeit. Der Kammerrath
blieb stehen und schaute forschend und ernst in des Rekruten ver-
störte angsterfüllte Züge.

„Mensch, sprecht Ihr die Wahrheit?" fragte er.

„So gewiß als mir Gott helfe! ... O daß meine arme blinde
Mutter und das arme Käthchen hier wären, um für mich zu bitten,"
wimmerte Hühnersdorf, seinen Vortheil wahrnehmend.

„Steht auf, es bedarf nicht solcher Demüthigung, solcher Kö-
mödie!" rief der Kammerath lebhaft. „Kniet vor Gott und bittet
ihn um Hülfe, vor Allem aber um Kraft, damit Ihr Euch aufraffen könnet aus Eurer tiefen Armseligkeit und Versunkenheit! —
Ihr habt eine blinde Mutter, wo ist sie?"

„In Willsbach, einem kleinen Städtchen im Fürstenthum Waldau,
meiner Heimath — die arme Wittwe eines Gemeindeschreibers,"
versetzte Hühnersdorf zerknirscht und mit gesenkten Blicken.

„Und die Biffinger, die arme Nähterin?"

„Der Himmel ist mein Zeuge, daß ich es ehrlich mit ihr meinte
und noch meine, gnädiger Herr! Wenn ich nicht meine Stelle in der
Hofbuchhandlung verloren hätte, wäre Käthchen schon mein Weib,"
fuhr der Rekrut geläufig fort. „Wenn wir unsere beiderseitigen Verdienste zusammengeworfen hätten, würden wir schon unser Auskom-
men gefunden haben, wäre auch bald die Familie dagewesen ..."

„Genug! ich will sehen, was sich thun läßt," fiel ihm Herr
v. Jdstein ins Wort. „Wenn ein Geldopfer Euch frei machen kann,
so will ich Euch die Freiheit wieder geben und die Gelegenheit, auf
den Pfad der Rechtschaffenheit zurückzukehren! — Ruft mir den
Werbewachtmeister! ... Still, keine Scene! keinen Dank! ich liebe
das nicht. Bewährt hernach in der That und in der Wahrheit,
daß Ihr der Hülfe werth waret!"

Der Wachtmeister trat ein, halb kriechend und lauernd, halb
trotzig und auf seinen Soldatenstand pochend.

„Hab' die Ehr'! Der Pan gnädiges will sprechen mich?" hub
er lauernd an und griff grüßend an den Hut, nachdem er Hühnersdorf wieder zur Thüre hinausgeschoben und mit einem bedeutsamen
Wink einem seiner Untergebenen überantwortet hatte, als sei er froh,
des Burschen wieder habhaft geworden zu sein.

„Ihr habt da einen Burschen geworben, der jedenfalls ein
schlechter Soldat wird, denn der Kerl ist eine Memme, Herr Wachtmeister!" entgegnete Herr v. Jbstein.

„Ah, Baſſam — das wohr, Pane! Rekruten alle ſan Lumpens,
bis Arreſt und Haslinger macht Soldaten draus! Kennen wir ſchon
Mittel, das macht ſchmucken Küraſſier aus ſolchen Kerl! Muß nur
nit ſparen Peitſch und Hölzl! Baſſam, wenn ich haben ihm in
Reitſchul, er ſoll werden bald gutes koaſerliches Soldat!" fügte er
mit einem höhniſchen Lachen und einer bedeutſamen Schwenkung des
Arms hinzu.

„Der Burſch iſt aber nicht tauglich, ſag' ich Euch! er wird nie
einen Soldaten geben!"

„Nit tauglich? Baſſam! Ein Kerl, das ſteht drei Ellen hoch
in Schuh ſeiniges? Ah, Teremtete! ſoll er werden Flügelmann in
erſtes Escadron!" ſagte der Wachtmeiſter grimmig. „Will das Lump
ſimuliren Untauglichkeit, will ihm laſſen Gaſſenlaufen durch Escadron!
Wann ihm Stegreifriemen werden beißen Buckel wund, er ſoll verlieren Koller ſeiniges. Wos is rechtes Küraſſier, das kann bändigen
Roß und Mann, — Baſſam!

„Dieſe Kur mag bei Anderen anſchlagen, aber bei dieſem hier
nicht, denn er iſt nicht vom rechten Stoff," verſetzte Herr v. Jbstein
und wandte ſich mit einer Geberde des Unmuths ab. „Ich bin überzeugt, daß der Herr Wachtmeiſter noch tüchtigere Rekruten finden
kann, wenn er nur will; und da man mir ſagt, daß die kaiſerlichen
Werber für Geld und gute Worte nicht unzugänglich ſind, wenn es
gilt, irgend einen dummen Kopf loszulaſſen, der ihnen unbeſonnen
in's Garn gelaufen, ſo möcht' ich dem Herrn Wachtmeiſter die Wieder-
erſtattung des doppelten Handgelds und ein hübſches Douceur anbieten, wenn er den Rekruten Hühnersdorf wieder freigibt!"

„Baſſam, wos fallt ein dem Herrn?!" rief der Wachtmeiſter
mit gut geſpielter Entrüſtung, ſtieß mit der Linken den Pallaſch
klirrend auf den Boden und drehte mit der Rechten den gewichsten
Schnurrbart. „Seh' ich aus wie Kerl, der ſich laßt beſtechen? Bin

i Lump elendigliches, oder Kürassierwachtmeister in königlich kaiser=
lichen Diensten?"

„Jenun, nichts für ungut, denn es war nicht böse gemeint,"
sagte der Kammerrath begütigend. „Ich gestehe Ihnen offen, daß
ich mich ein schönes Stück Geld kosten lassen würde, den Rekruten
wieder loszukriegen und seiner Familie zurückzugeben. Das kann
nicht schwer sein, da derselbe noch nicht zur Fahne geschworen hat
und überhaupt auf eine nichts weniger als ehrliche Weise zum Dienst
gepreßt ist. Ich werde ohne Zweifel meinen Zweck erreichen, wenn
ich mich auf amtlichem Wege an die Behörden wende; allein der
Kürze wegen will ich zuvor den Privatweg versuchen. Der Herr
Wachtmeister wolle mir einfach sagen: wie und um welchen Preis
ich den Rekruten wieder loskaufen kann?"

„Alle Sakramente, warum soll ich das sagen dem Pan
gnädiges?"

„Weil Sie der Kommandant gegenwärtigen Werbebureau's in
Filsburg sind," erwiderte Herr v. Jbstein kalt. „Wäre ein Offi=
zier zur Stelle, so würde ich mit ihm verhandeln und ohne Zweifel
meinen Zweck erreichen, weil ich nicht feilschen will. Offiziere sollen
für gewichtige Vorstellungen und Gründe nicht unzugänglich sein."

Der Wachtmeister räusperte sich und war etwas verdutzt. Er
war pfiffig genug, um zu begreifen, daß hier einer der Gewinne
zu machen sei, welche zu den Accidenzien der Werber gehörten, und
daß mancher Offizier diesen Profit nicht verschmähen würde. Er
begriff zugleich, daß ein Bißchen Zaudern und Bedenken von seiner
Seite erforderlich sei, um mit der Proportion der Schwierigkeiten
auch den Betrag des Lösegeldes zu erhöhen. Gleichwohl aber war
der Handel nicht ganz ohne Risico.

„Geb' i zu, daß Pan Offizier kann nehmen solches auf
Kappe seinige," sagte er. „Aber Pan gnädiges mag bedenken, daß
i nit hab' geworben den Kerl hier, sondern daß Pan Lieutenant
meiniges hat sich gemacht Spasserl, den Kerl zu assentiren. Wird
mir heiliges Donnerwetter fahren über glowa (Haupt) meiniges,
wenn i geb' los das Kerl . . . Will i mir's überlegen und beschlafen!
Vielleicht kommt Pan Porucznik (Lieutenant) noch heutiges Abend
wieder, dann will i ihm sagen davon! — Bassam, wann es kämet
an auf mir, i lasset los Kerl, um sein gefällig zu Pan gnädiges!
Aberst soll i riskiren Degradation?"

Der Ton klang so ernsthaft, daß Herr v. Jbstein aus lauter

Respekt für Pflichtgefühl in die Falle ging und sich hinreißen ließ zu äußern: er bleibe noch bis zum andern Morgen in Filsburg, und der Wachtmeister möge ihm dann einfach seine Bedingungen oder diejenigen seines Lieutenants nennen. Der ganze Handel hatte ihm für sein Zartgefühl schon zu lange gedauert.

Der Bürgermeister legte ebenfalls noch eine Einsprache für Hühnersdorf ein und erbot sich in der ganzen Sache zur Vermittlung, falls der Lieutenant ankomme oder der Wachtmeister seinen Entschluß gefaßt habe, und da der Kommandant des Werbebureau damit einverstanden war und bereits in seinem dicken, runden böhmischen Katzenkopf über ein Plänchen brütete, so ging man mit dem Versprechen aus einander, am andern Morgen wo möglich die Sache abzumachen. Herr v. Jdstein erklärte dem zwischen Furcht und Hoffnung schwebenden, erwartungsvoll aufgeregten Hühnersdorf im Vorbeigehen noch, daß das Nöthige eingeleitet und alle Aussicht vorhanden sei, ihm am andern Morgen die Freiheit zu verschaffen; einstweilen solle er sich in Geduld fassen und sein Schicksal, das er sich selber bereitet, mannhaft tragen.

Herr v. Jdstein und der Bürgermeister beeilten sich, die Werbekneipe zu verlassen, aus deren Vorderstube ihnen Tanzmusik und Lärm entgegenschallte. In dem Augenblick aber, als sie aus dem Hause traten, fuhr ein zweirädriger leichter Karren mit Einem Pferde, wie sich zu jener Zeit die Fleischer u. s. w. deren bedienten, vor dem Wirthshause an, und ein kräftiger stämmiger Mann hielt das Pferd an und suchte durch Peitschenknall und einen gellenden Pfiff den Hausknecht herbeizurufen. Statt dessen kam jedoch der Wirth in eigener Person mit der Laterne und leuchtete einem Bekannten in's Gesicht.

„Hei, der Gevatter Schucker aus Waldau? Schau, schau! auch hiesig? Grüß Dich Gott!" rief er ihm zu, und reichte ihm die Hand. „Was suchst denn Du hier?"

„Einen Gast von Dir, Alter, wenn er noch da ist — den Hühnersdorf, Bruderherz!" gab der Ankömmling zur Antwort und seine schwere Zunge verrieth, daß der Fremde auf dem Herwege an manchem Hause eingekehrt sei, wo der liebe Gott, wie der Volkswitz sagt, den Arm herausstreckt.

„Ei, freilich ist er noch da, und sitzt wie der Vogel auf der Leimruthe," erklärte der Wirth.

„Glaub's wohl, Bruderherz! er wird bei Dir schon tief in der

Kreide sein — kann mir's denken," sagte der Fremde; „aber nur nicht bange, ich bring' ihm Mosen und die Propheten! — Hilf mir nur 'mal vom Karren herunter und stell' den Gaul ein! Meine Zunge ist wie Pergament, von dem scharfen Wind! Ich muß vor Allem Einen aufgießen! . . ."

Herr v. Idstein war stehen geblieben, denn die Erwähnung des Namens Hühnersdorf hatte ihn unwillkürlich zur Stelle gebannt.

„Wer ist dieser Mensch und was mag er von dem Rekruten wollen?" raunte er dem Bürgermeister zu.

„Ich kenne ihn nicht, aber er soll ja aus Waldau sein, wie ich höre — vielleicht einer der Beiden, nach denen mein Landreiter fahndet. Kommen Sie, Herr Kammerrath! Der Fremde ist angetrunken — wohl irgend ein Saufbruder von dem lüderlichen Hühnersdorf! Ich werde sogleich meinen Polizeidiener hinschicken und mich nach dem fremden Burschen erkundigen. — Kommen Sie nur! wir wollen uns drücken, denn die Nähe dieser Spelunke muß Sie anwidern, und es ist mittlerweile stockfinster geworden. Erlauben Sie gütigst, daß ich Ihnen den Arm reiche und Sie führe!"

Der Kammerrath ließ seinen Begleiter gewähren und folgte ihm willenlos. Von seiner jüngsten Krankheit noch nicht genesen, fühlte er sich von all dem Gehörten und Verhandelten so angegriffen, daß er der Ruhe und Sammlung bedurfte. Vor dem Posthause, welches damals das erste Gasthaus der kleinen Stadt war, verabschiedete sich der Bürgermeister von ihm, um nach Hause zu gehen, und versprach ihn am andern Morgen abzuholen, um den Loskauf des Rekruten in's Reine bringen zu helfen.

„Sollte ich heute Abend noch etwas in der Sache erfahren, so werde ich mir die Ehre geben, dem wohledlen Herrn Kammerrath aufzuwarten," sagte er.

In der Einsamkeit seiner kleinen unwirthlichen Schlafstube im Posthause ließ Herr v. Idstein noch einmal all die Ereignisse und Mittheilungen, die ihm an diesem Nachmittage begegnet waren, an seinem Geiste vorüberziehen. Er war noch ohne Nachrichten von Adam, da dieser die Papiere auf dem Umwege über Huldenberg an den Oheim nach Mühlheim geschickt hatte, und noch ohne Kunde von dem Schicksal der armen Philippine; daher gaben ihm die Aussagen und Geständnisse Hühnersdorf's jetzt doppelt zu denken. Als er daher sich wieder einigermaßen erholt hatte, setzte er sich nieder, brachte

Alles zu Papier, was er in der Werbekneipe erlebt und gehört hatte, und ging dann in Stille und Einsamkeit mit sich zu Rathe, was er ferner thun solle. Seine erste Regung war, nach Waldau zu reisen, eine Audienz bei dem Fürsten Johann Heinrich oder dem Erbprinzen zu erbitten, hier die ganze Sache darzulegen und den Prinzen Ludolf zur Rechenschaft zu ziehen. Hühnersdorf sollte dann seine Aussagen wiederholen und als Belastungszeuge dienen. Allein bei näherer Erwägung verwarf er diesen Entschluß oder vertagte ihn wenigstens bis dahin, wo er Adam gesprochen und von diesem Näheres erfahren habe, und verbrachte unter Grübeln und Un- schlüssigkeit eine schlechte schlaflose Nacht.

Oft hängt ein Menschenleben und ein Menschenglück an einem Haare und eine versäumte Frage läßt dem Verhängniß freien Lauf; dies sollte Herr v. Jbstein am andern Morgen zu seinem Schreck und Schmerz erfahren. Wenn er der ersten Regung nachgegeben und beim Weggehen aus der Werbkneipe den fremden Ankömmling über seine Beziehungen zu dem angeworbenen Hühnersdorf befragt hätte, so wäre ihm nun eine tiefe Erschütterung erspart und das Glück zweier Familien nicht zertrümmert worden. Allein, wir wollen nicht vorgreifen.

Am andern Morgen nach dem Frühstück erschien der Bürger- meister von Jilsburg im Posthause, um den Kammerrath abzuholen. Sie wollten den letzten Schritt zu Hühnersdorfs Befreiung thun. Herr v. Jbstein war ernst und düster, der Bürgermeister wortkarg. Ein kalter dichter Nebel lag über dem engen Städtchen und seinen leeren schmutzigen Gassen. Die trübe Stimmung der Natur wirkte unverkennbar auch auf die beiden Männer. Unter wortarmem gleich- gültigem Gespräch erreichten sie die Herberge der Werber. Das Hausthor war geschlossen, das Haus erschien öde, und in der Vorder- stube der Schenke waren die Fenster geöffnet und ließen in dem schmutzigen verräucherten Gemach nur den frisch aufgewaschenen Boden, die auf die Tische gestellten Stühle und Schemel sehen.

„Was hat das zu bedeuten? Die ganze Geschichte erscheint mir unheimlich!" murmelte der Bürgermeister unwillkürlich, in düsterer Ahnung.

„Das Haus ist wie ausgestorben," pflichtete Herr v. Jbstein bei. „Pochen wir, damit man uns öffne!" Und er schlug mit seinem Rohr an das Hausthor. Einige Nachbarn schoben die Fenster zurück, schauten heraus, zogen aber beim Anblick des Bürgermeisters scheu die Köpfe zurück.

Endlich klirrten die Riegel am Thore und der eine Flügel ward zurückgeschlagen; eine alte Frau hatte geöffnet. Kaum aber war sie der beiden Herren ansichtig geworden, als sie laut aufjammernd schrie: „Ach, Herr Bürgermeister, Barmherzigkeit! Stürzen Sie uns arme Frauen nicht in's Unglück, denn wir sind unschuldig! . . . Er steht ja jetzt vor Gott, der ihm gnädig sei! Er ist vor einer Viertelstunde verschieden . . . Ach du meine Güte, so in Sünden hinfahren zu müssen ohne Reue! . . .

„Um's Himmels willen, von wem sprecht Ihr denn, gute Frau?" rief der Bürgermeister; „ist dem Hühnersdorf ein Unglück begegnet?"

„O, daß dieser Mensch nie unser Haus betreten hätte! Er allein hat all das Unglück über uns gebracht!" schluchzte die bleiche Matrone. „Meine arme Tochter und die unglücklichen Würmer von Waisen! Aber ich sagt es ja meinem Tochtermann immer, daß es noch ein Ende mit Schrecken nehmen werde!"

„Aber ich bitt' Euch, Frau, was ist denn geschehen?" fragte nun auch der Kammerrath erschrocken.

Es kostete Mühe, aus der furchtbar erschütterten Frau allmählig die Ursache ihres Schmerzes herauszubringen. Erst als eine heulende Magd und der erschrockene Hausknecht dazu kamen, ermittelten die beiden Herren allmählig den Zusammenhang.

Der Wirth hatte seinen Gast, den Fleischer und Gastwirth Schucker aus Waldau, welcher gekommen war, um Hühnersdorf Geld und Kleider zur weitern Flucht zu bringen, betrunken gemacht, um ihm das Schicksal des Musterreiters einstweilen zu verheimlichen. Er hatte ihn mit Hülfe einiger schlechter Subjekte zum Spiel verleitet und dann so gesteigert, daß der Fremde Alles verspielt hatte: sein Geld, Wagen und Pferd, seine Uhr, die Kleider und das Geld Hühnersdorf's. Dann hatten die Werber und die Dirnen sich an den unglücklichen Spieler gemacht und ihn tückisch herumgekriegt, unter der Form von geliehenem Geld zur Fortsetzung des Spiels Handgeld zu nehmen, hatten ihm den Soldatenhut auf den Kopf gedrückt und den stattlichen stämmigen Mann als kaiserlichen Soldaten begrüßt. Jetzt erst, als der Arme sah, daß er Hab' und Gut und die Freiheit verloren, war der Rausch von ihm gewichen und es hatte sich seiner eine rasende Wuth bemächtigt. In dem Ver-

such, sich loszureißen und zu entfliehen, hatte der Waldbauer sein
Messer gezogen und sich Bahn brechen wollen, dabei mehrere der
Gäste und Werber verletzt und sich endlich mit der Verbissenheit
einer Bulldogge auf den Besitzer der Werbkneipe gestürzt, den er
als Urheber und Anstifter seines Unglücks anklagte, und diesen mit
mehreren Messerstichen traktirt, die tödtlich gewesen waren. Am
Ende waren natürlich die Werber durch die Uebermacht seiner Herr
geworden, hatten ihn niedergeschlagen, gebunden und weggeschleppt.
Den Schwerverwundeten aber hatte man zu Bette gebracht und zu
verbinden gesucht, aber er war nach mehrstündigem hartem Todes-
kampfe gestorben.

„Und die Werber, diese Galgenvögel?" fragte Herr v. Jdstein
tief erschüttert.

„Sind bei Nacht und Nebel mit ihren Rekruten auf und davon," berichtete der Hausknecht. „Die Rekruten haben sie gefesselt
und gebunden auf Wagen geladen, dann ihre Pferde aus dem Stall
gezogen und die Stadt verlassen, weil sie mit dem Blutbann nichts
zu thun haben wollten. Den Mörder haben sie natürlich mitgenommen, denn er wollte lieber als kaiserlicher Soldat dienen, als
dem Henker verfallen."

„Und Hühnersdorf?"

„Ist auch mit fortgeführt worden, denn der Wachtmeister
traute dem Landfrieden nicht!"

. „So ist denn unsere Bemühung vereitelt worden, und zwar
um welchen Preis!" murmelte der Kammerrath düster. „Ein unseliges Verhängniß!"

Der Bürgermeister hatte nun alle Hände voll zu thun, um die
nöthigen polizeilichen Schritte einzuleiten, die Obduktion des Er-
mordeten vorzunehmen und die Untersuchung zu führen. Ein Nachbar aber, ein schlichter Bürgersmann, der jetzt auf die Unglücksbot-
schaft herbeigekommen war, gab Herrn v. Jdstein Auskunft über
die Persönlichkeiten des Erschlagenen und des Mörders.

„Um den Gastwirth ist es kein Schade," meinte er. „Der Krug
geht so lange zum Brunnen, bis er zerbricht. Hat's längst verdient,
so ohne Buße und Absolution zu enden! Hat es um das arme
Weib und die unglückliche Schwiegermutter verdient, daß er so den
gewaltsamen Tod starb! Die Kinder hätten von ihm nichts Gutes
gelernt und wären von ihm noch in's Bettelhaus gebracht worden.
Den beiden Frauen bleibt noch einiges Vermögen, und da sie fleißige

brave Weibsleute sind, denen man nichts Schlimmes nachsagen kann, werden sie sich schon fortbringen und das Gewerbe wieder zu Ehren bringen — besser als wenn sie für den Saufbold und Schwelg hätten arbeiten müssen! — Mich dauert der elende Christian Schucker viel mehr; hat Weib und Kind, und war schon kein unrechter Mann, nur heißblütig und that gern einen Trunk zu viel! Du lieber Himmel, wie soll man es seinem armen Weib beibringen, daß es ihm so ergangen ist?! Na, das kommt von den Gastwirthschaften! Das hat schon mehr Leute in's Elend gebracht, als in Wohlstand, denn an dem verdienten Geld klebt mancher Fluch! Wer den armen Leuten in Waldau nur beibringen möchte, wie Alles zuging, denn man muß den Mann mehr bemitleiden, als verdammen, da man ihm das Uebermenschliche angethan hat!"

„Ich gedenke nach Waldau zu reisen, und will es der unglück= lichen Gattin schonend beibringen," sagte Herr v. Idstein. „Bitte, guter Freund, macht mich mit den näheren Umständen bekannt."

Es war eine Art Buße, welche der Kammerrath sich selbst auf= erlegen wollte, denn vor seinem Geiste leuchtete es wie mit Flam= menschrift, daß wenn er nicht für erlittenes Unrecht mehr oder weniger Rache an dem verworfenen Gegner, dem Prinzen Ludolf, hätte nehmen wollen, wozu er ja allein die verhängnißvollen Papiere aufbewahrt hatte, alle diese entsetzlichen Folgen für Andere beseitigt worden wären.

„Die Rache ist mein, spricht der Herr," wiederholte er sich. „Ich werde nach Waldau gehen und an der armen Frau zu sühnen versuchen, was sie leiden muß. Ich will Frieden machen, denn der Herr wird richten. Philippine und diese Opfer sind mehr als ge= nug. Aber wehe Dem, durch welchen Aergerniß in die Welt kommt!"

Noch am gleichen Tage machte der Kammerrath sich auf den Weg nach Waldau, nachdem er die Wittwe des Wirthes der Werber= kneipe mit einem reichen Geldgeschenke bedacht und der wohlwollenden Fürsorge des Magistrats von Filsburg empfohlen hatte.

29.

Waldau in Köthen.

Ueber allen Kreisen der kleinen Residenz Waldau lag noch immer eine dumpfe Stille und Beklommenheit. Der greise Fürst galt für ernstlich krank, und das Gerücht von dem Erscheinen der Weißen Frau, welche den Fürsten selber gewarnt oder zu sich heran gewinkt habe, rollte lawinenartig sich vergrößernd vom Hofe hinaus in die Peripherie der kleinen Stadt und des ganzen Ländchens. Waldau selbst als Stadt war ja so unbedeutend, so ganz nur auf den Hof angewiesen, daß jedes Ereigniß in dieser Sphäre seine Schwingungen weit hinaus in concentrischen Kreisen fühlbar machte, wie ein in's Wasser geworfener Stein. Die Leute vom Hofe machten ernste feierliche Gesichter und geheimnißvolle Mienen, welche die qualvolle Unruhe darüber, daß sie nichts Gewisses, Greifbares wußten, ver= bergen sollten. Die beiden Parteien des alten und des jungen Hofes schieden sich aber unwillkürlich wieder ängstlicher, nachdem die An= hänger des alten Hofes in den ersten Tagen eine beeiferte Annäherung an den jungen Hof oder den Kreis der Erbprinzessin versucht hatten. Wußte man doch jetzt, daß die regierende Durchlaucht nicht todtkrank sei, wie man sie am Morgen nach der Geistererscheinung ausgesagt hatte, sondern nur verstimmt, leidend und unschlüssig, wie der er= lauchte greise Johann Heinrich es gewöhnlich war, wenn er sich vor eine Wahl gestellt sah. Der Hofprediger war artig entlassen worden, als die erste Todesfurcht von dem alten Herrn gewichen war; und Leibmedikus und Hofmarschall, Premierminister und Kammerherren versicherten mit unverkennbarer Genugthuung, Serenissimus sei nicht eigentlich krank, sondern nur besonders ernst gestimmt, weil Hoch= dieselben mit Schlichtung von Verdrießlichkeiten im Schooße der eigenen Familie und mit der Erwägung von wichtigen Anordnungen wegen der Zukunft und wegen der etwaigen Erbfolge seiner Söhne beschäftigt seien.

Thatsache war, daß man schon einige Tage nach dem angeb= lichen Erscheinen der Weißen Frau den Fürsten mit seiner jungen Gemahlin wieder hatte ausfahren sehen, ohne an Serenissimo be= sondere beunruhigende Kennzeichen wahrzunehmen. Das Antlitz des Erlauchten war so inhaltslos wie sonst, das Auge so schläfrig und mühsam geöffnet, der Mund so halb offen wie sonst, und der hohe

Herr erwiderte mit der gewohnten mechanischen Leutseligkeit, die
Reichsgräfin mit dem alten stereotypen Lächeln die Grüße ihrer
Unterthanen. Die Erscheinung der Weißen Frau ward geflissentlich
in's Reich der Fabel verwiesen und durch ein offiziöses „Mitgetheilt"
im amtlichen Wochenblättchen von Waldau als eine böswillige Er-
findung müssiger Köpfe prädicirt. Dagegen wollte man am jungen
Hofe etwas lange Gesichter und düstere Blicke und eine gewisse Verstimmung bemerkt haben, sowie einen ungewöhnlich häufigen und geheimnißvollen Verkehr des zweiten Prinzen Heinrich mit dem Erbprinzen Johann und dessen Gemahlin, und ein beeifertes Entgegenkommen dieser beiden hohen Personen gegen den einflußreichsten Rathgeber und Freund des Regierenden, den Herrn v. Adelsberg.

In einem so kleinen Städtchen wie Waldau waren natürlich
die Namen derjenigen Offiziere und Höflinge, welche Mitglieder der
'Räuberhöhle' im Wilden Mann gewesen waren, kein Geheimniß.
Ebenso wenig war es verschwiegen geblieben, daß einige derselben
Drohbriefe erhalten und in der ersten Angst verzweifelte An-
strengungen gemacht hatten, bei jüdischen und christlichen Wucherern
Geld aufzunehmen. Ebenso hatte man bemerkt, daß mehrere dieser
etwas anrüchig gewordenen Herren jetzt angelegentlicher mit einander
verkehrten als seitdem, und theils sehr ernst dreinblickten, theils eine
Art Galgenhumor und lärmende Fröhlichkeit zur Schau trugen,
welche eigentlich Niemand täuschte, eben weil sie vielleicht nur eine
absichtlich vorgenommene Maske und die der allgemeinen Beobachtung war, der diese Herren ausgesetzt und deren sie sich auch wohl
bewußt waren.

Die Beamten und Bürger hatten mit dem richtigen Instinkt
des Volkes bald eine richtige Ahnung von dem Zusammenhang des
Ganzen. So sehr sich auch der Hof bemühte, die sogen. Erscheinung
der Weißen Frau als eines jener albernen grundlosen Märchen hinzustellen, wie sie überall gäng und gäbe sind und während des
letzten Jahrzehnts mehrfach aufgetaucht waren, so brachte die öffentliche
Meinung sie doch auf's Neue in Zusammenhang mit dem Wieder-
erscheinen des Prinzen Ludolf in Waldau. Prinz Ludolf wohnte
zwar in aller Stille und Zurückgezogenheit draußen in seinem Gartenpavillon am Thore; allein so oft er Veranlassung hatte, durch die
kleine Stadt zu gehen, zeigte er sich geflissentlich, stolzen Hauptes
und mit einer Unbefangenheit und Leutseligkeit, welche alle Gerüchte
von der Spannung zwischen ihm und seinem Vater und seinen

Brüdern zu widerlegen schien, mit einer Ruhe und Zuversicht, die für ihn einnahmen, denn im Grund erschien er doch in Haltung und Gebahren viel vornehmer und imponirender als alle die Anderen.

„Er hat doch ein gutes Gewissen, der arme Prinz Ludolf!" sagten die Leute. „Wenn er wirklich Serenissimo hätte nach Thron und Leben getrachtet, würde er nicht so stramm und herausfordernd herumgehen, noch so leutselig sein. Es sind wohl nur lauter Erfindungen und Verleumdungen von abgünstigen Leuten, um dem durchlauchtigsten jungen Herrn bei der alten Durchlaucht und den Brüdern zu schaden. Man kennt ja das! es sind nur elende Zwischenträgereien! Bei Hofe bläst Mancher in's Feuer, um sich bei gewissen Leuten beliebt zu machen! — Man weiß ja, wie hoch Serenissimus dem armen Prinzen den Brodkorb hängt, und er ist doch ein Prinz und jung und lebensfroh. In den Augen Serenissimi ist es wohl Prinz Ludolf's größter Fehler, daß er Schulden hat und daß die alte Durchlaucht fürchtet, Ludolf werde 'mal die aufgespeicherten Thaler Serenissimi lustig tanzen machen!" — So nahm beinahe das ganze Volk Partei für den Prinzen.

Ludolf war schon seit acht Tagen in seinem Gartenpavillon, ohne daß seine Angelegenheit um einen Schritt näher an ihr Ziel gerückt wäre. Wie ein gefangener Löwe unruhig, unmuthig und in ohnmächtigem Grimm in seinem Käfig auf und abgeht, so lief er in seinem Salon auf und nieder und sandte stündlich Bastian mit Billets und mündlichen Anfragen in die Stadt, aber immer vergeblich. Die Reichsgräfin bat ihn inständig, sich in Geduld zu fassen, da Serenissimus noch immer zu keinem Entschlusse gekommen sei und man ihm nichts abzuzwingen versuchen dürfe, und ungefähr dasselbe ließ auch Herr v. Adelsberg ihm durch seinen Neffen Ziegenau sagen oder schreiben. Der allmächtige Minister hatte sogar durch den Kammerjunker v. Ziegenau dem Prinzen ein Röllchen Dukaten gesandt mit der unterthänigsten Bitte, Seine Liebden möchten doch inzwischen dieses Geld als ehrerbietigstes Darlehen annehmen, um sich nicht irgend wie beengt zu fühlen, bis dero Angelegenheiten zu einem erwünschten Ergebniß gebracht werden könnten. Dies war ein unzweideutiges gutes Zeichen, denn Herr v. Adelsberg war nicht eben freigebig, sondern wetteiferte an Sparsamkeit und Hang zum Geld mit seinem fürstlichen Freunde und Gönner; wenn er also mit einem Darlehen herausrückte, und zwar an einen tief verschuldeten

er der Leiter einen Fußtritt, daß sie umfällt!" — Na, schon gut!
werde mir's hinter die Ohren schreiben! Ein Glück, daß ich andere
Leute nicht so nöthig habe, wie gewisse Leute mich. Gott befohlen,
Wachtmeister!"

„Teufelsweib!" murmelte Sabel, drehte sich rasch nach der
Kartenlegerin um und sagte: „Na, Niethammern, sei Sie doch vernünftig! Bin heute Nacht spät heimgekommen und nicht ganz nüchtern, und sollte schon in aller Frühe beim durchlauchtigen Prinzen
antreten und Bastian Zeugschaft leisten, daß er Alles gethan hat,
um die Papiere zu kriegen, und daß er sogar die Werber bestochen
hat . . . Und jetzt eben schickt mich die junge Durchlaucht in einem
wichtigen Auftrag weg, sonst wäre ich sogleich zu Ihr gekommen —
aber in einer Viertelstunde . . ."

„Ich will Ihm die Mühe ersparen, wenn Er mich sprechen will,
und ein Stück weit mit Ihm gehen, falls Er sich an einer ehrlichen
alten Frau nicht schämt," sagte die Niethammern, noch immer verletzt. „Wenn ich Ihn überhaupt noch anhöre, so geschieht's nur,
um zu sehen, ob Er auch wirklich ehrlich an mir handeln will, denn
was Er zu berichten hat, weiß ich vielleicht besser als Er! — Nach
welcher Richtung geht er denn?"

„Dorthin!" erwiderte Sabel und deutete mit dem Stocke die
Fürstenstraße hinab, die gerade nach dem Schlosse führte.

„Ist auch mein Weg, Meister Sabel! ich habe einen Besuch
im Schlosse zu machen — gehen wir ein Stück weit zusammen,"
sagte die Niethammern scheinbar unbefangen. „Ich soll gewissen vornehmen Herrschaften Bericht geben über Dinge, die ich vielleicht besser
weiß, als Andere, und meine Auskunft wäre vielleicht nicht nöthig,
wenn andere Leute ehrlicher wären und sich nicht mit fremden Federn
schmücken wollten . . ."

„Das geht doch hoffentlich nicht auf mich, Niethammern?"
fiel ihr der Wachtmeister in's Wort.

„Wen's juckt, der kratzt! Wenn gewisse Leute dem Prinzen
ehrlich gesagt hätten, von wem sie den Aufenthalt des Hühnersdorf
erfahren haben, und wenn der Prinz dann mich hätte fragen wollen,
wie ich es dem Herrn Wachtmeister unter die Zunge gelegt habe,
so wäre gewissen hohen Herrschaften eine unruhige Nacht erspart
worden — aber gewissen Leuten vielleicht auch eine einträgliche Reise,
von der sie doch nichts zurückgebracht haben. Es wäre dann Vieles
anders geworden. — Na, in Zukunft werd' ich meine Kunde für

mich behalten und keine Zwischenläufer unterstützen, die dann blind=
lings und täppisch hineinplatzen. Wer Vögel fangen will, der darf
nicht mit Knütteln drein schlagen, wie Er und Bastian gethan haben.
Ich sagte ja, der Musterreiter sitze fest."

„Aber Sie hat uns nichts davon gesagt, daß er in den Händen
der Werber ist!" versetzte Sabel. „Na, was liegt auch im Grunde
an den Papieren? Gebrauchen kann er sie nun doch nicht!"

„Aber er kann sie Andern in die Hände spielen, die frei sind,"
sagte die Kartenlegerin. „Erzähl' Er mir nur, wie ihr beide es
so mordmäßig dumm angestellt habt, um so mit leeren Händen zu
kommen? Vielleicht kann ich dann noch ein Mittel angeben, um
weiterem Schaden vorzubeugen, — nicht um Seinetwillen, Meister
Sabel, das kann Er Sich wohl denken, sondern nur um der armen
vornehmen Personen willen, denen Er um gutes Geld so schlecht
gedient hat!"

Der Polizeiwachtmeister fühlte sich wirklich halb schuldig, halb
beschämt, und erzählte nun treuherzig und möglichst aufrichtig seine
Fahrt nach Filsburg und all das, was er von Hühnersdorf's Geschick
wußte, und die Niethammer jubelte innerlich über das Gelingen ihrer
List, verfehlte aber nicht, ihr blasses Gesicht in recht ängstliche Falten
zu legen, bedenklich mit dem Kopfe zu schütteln, und mit ihren tief=
liegenden stechenden Augen dem dicken Wachtmeister recht streng und
forschend in's Gesicht zu blicken, daß ihm schier unheimlich ward.

„Hm, Hm! Alles wie ich es in den Karten gelesen habe,"
murmelte sie zwischenhinein wieder halblaut vor sich hin und starrte
dann wie träumend in's Leere. „Schlimm, ganz schlimm, wenn
man es nicht bei Zeiten abwendet! ... Es hätte ganz anders gehen
sollen, wenn man mir gefolgt hätte! ... Oh, dieser Hühnersdorf ist
noch lange nicht unten! Der kommt schon wieder empor!" Und endlich,
nachdem Sabel ganz zu Ende erzählt hatte, wandte sich die Niet=
hammer plötzlich an ihn mit der Frage: „Und der gnädige Prinz
wähnt sich nun geborgen und meldet das in seiner Botschaft der
erlauchten Reichsgräfin?"

„Mag wohl so sein, obschon ich natürlich den Brief nicht ge=
lesen habe, den ich da in der Tasche trage," erwiderte Sabel, dem
immer mehr vor dem räthselhaften Weibe zu grauen begann.

„Geb' Er den Brief noch nicht ab, Meister Sabel! Seh' Er
sich vor, damit Er kein Unheil anrichtet, denn offenbar habt ihr
Beide dem Prinzen nicht Alles gesagt, habt euch mit Nothlügen zu

behelfen gesucht!" sagte sie warnend. „Jedenfalls geb' Er den Brief nicht her, bevor ich die Erlaucht vorbereitet und beruhigt habe, denn es kommt in Kürze an den Tag, daß ihr eure Sendung schlecht ausgerichtet und den gefährlichen Menschen noch mehr erbittert habt! Das ist die Sündenschuld von Seiner Falschheit, Seinem Undank gegen mich, Sabel! Das kommt davon her, daß das Ei klüger sein will, als die Henne. Es wird sich noch an Ihm heimsuchen, alter blinder Maulwurf! — Doch jetzt ist Er gewarnt und mag thun, was Er will. Er kann es meinethalben nun ausschellen lassen, daß ich Ihn gewarnt habe. Und nun sind wir am Schloßplatze, wo ich meinen Weg allein gehen will, denn hier braucht Niemand mich mit Ihm zu sehen, alter Schoppenstecher! Gott befohlen! So geht es, wenn der Hase den Fuchs überlisten will!" setzte sie mit höhnischem Lachen hinzu und schritt allein auf den freien Platz hinaus.

Sabel blieb verdutzt unter den Arkaden eines Eckhauses stehen, denn ihm war ganz dämelig zu Sinne; die kluge Frau hatte Alles errathen und er bereute jetzt, sich auf Bastian's Nothlügen eingelassen zu haben. Jedenfalls war er aber nicht in der Verfassung, jetzt der Erlaucht selber vor's Gesicht zu treten und sich etwan ausfragen zu lassen, denn er fühlte deutlich, daß er kaum etwas Anderes zu sagen vermöchte, als die Wahrheit, die dann allerdings im Widerspruch mit demjenigen stehen konnte, was der Prinz da in dem Billet an die Reichsgräfin v. Thannheim geschrieben hatte. In diesem peinlichen Dilemma that Sabel, was er sonst in wichtigen Augenblicken ebenfalls zu thun pflegte: er ließ sich von der magnetischen Kraft des 'Wilden Manns' anziehen und — trank einstweilen seinen Frühschoppen. Als er ein halbes Stündchen später dann im Vorzimmer der Erlaucht erschien und dieser sein Briefchen übergab, wurde es mit einem freundlichen Lächeln angenommen und gelesen und der dicke Wachtmeister mit huldvollem Dank entlassen, denn der Brief brachte nur die Bestätigung dessen, was die Niethammer bereits berichtet hatte und was sie in den Karten gelesen haben wollte, — ihre Prophetengabe hatte einen neuen Triumph gefeiert, und sie stand noch fester in der Gnade und dem gläubigen Vertrauen der Reichsgräfin. Meister Sabel aber war ebenfalls zufrieden, pries sich glücklich und glaubte nun fest, daß die Niethammern eine richtige Hexe sei, die mehr könne, als Brod essen, und mit der man es daher nicht verderben dürfe.

Die Kartenlegerin war reichbeschenkt und zufrieden mit ihrem
Morgengeschäft nach Hause gekommen, denn sie schien ihrem Ziele,
die Vertraute und Zwischenträgerin der Reichsgräfin zu werden,
um ein Bedeutendes näher gerückt zu sein. Nur Eines fehlte ihr
noch: daß auch Prinz Ludolf sie aufsuche und mit seinem Vertrauen
beehre. Diesem Ziele strebte sie schon lange nach, hatte es aber
seither noch nicht zu erreichen vermocht. Wohl wäre es ihr wahrscheinlich ein Leichtes gewesen, durch irgend welche Einwirkung auf
Bastian sich dessen Herrn bemerklich zu machen; aber das hätte ihr
vielleicht nicht ganz in ihren Kram getaugt und jedenfalls nicht das
richtige Vertrauen erworben — der leichtsinnige freidenkende Prinz
hätte möglicherweise auch ihre Absicht durchschaut und dadurch vereitelt. Nein, es mußte so kommen, daß der Prinz selbst sie aufsuchte; und dahin hauptsächlich sollten die Vorwürfe und Warnungen
zielen, welche sie so eben bei Sabel angebracht hatte.

Während die Niethammern aber noch ihren Kombinationen nach-
hing und zu ihrer eigenen Belohnung sich ihre Lieblingsspeise kochte,
fiel ihr ein, daß die Bärenwirthin, Frau Schucker, sich noch nicht
hatte sehen lassen, um ihr Bericht abzustatten über das Ergebniß
der Fahrt des Meister Schucker nach Filsburg, um dem Musterreiter
die von demselben in Verwahrung gehabten Gelder, Papiere und
Kleider zu überbringen. Die Niethammer war auf das Resultat derselben
um so begieriger, als sie selbst ja durch den Polizeiwachtmeister Sabel
dem Prinzen Ludolf sowohl den Aufenthalt oder Versteck Hühnersdorf's, als auch die Reise des Bärenwirths zu ihm verrathen, und
als sie aus Sabel's jüngsten Mittheilungen nicht entnommen hatte,
ob diese den Meister Schucker im 'schwarzen Rößchen' in Filsburg
getroffen hatten oder nicht. Jedenfalls konnte es ihr nur nützen,
wenn sie durch den heimgekehrten Bärenwirth ebenfalls noch Näheres
über den nun im Soldatenrock steckenden Hühnersdorf und dessen
Rachepläne erfuhr. Daß sowohl der Prinz, wie die Reichsgräfin
Thanuheim jenen Menschen fürchteten, war ihr ja genau bekannt,
und dieser Umstand allein hätte hingereicht, um in dem ränkesüchtigen
Weib den Wunsch einer nähern und wo möglich persönlichen Bekanntschaft mit Hühnersdorf zu erwecken, auch wenn sich für die
Niethammer daran nicht die Aussicht auf materielle Vortheile ge-
knüpft hätte. Allerlei noch unklare Pläne und Ideen schwirrten in
dem Kopf dieses Weibes durcheinander, denen sie unter Umständen
nach Anhören des Berichts aus dem Munde des Bärenwirths etwa

mit deſſen Hülfe Folge und Ausführung geben konnte. Sie dachte
daran, Hühnersdorf von den kaiſerlichen Werbern loszukaufen, hehlings nach Waldau zu bringen und irgendwo zu verſtecken, ihm
dann unter der Maske dienſtfertiger Freundſchaft ſeine Geheimniſſe
abzulauſchen und abzulocken und ihn hernach wie ein ausgeſchlürftes
Ei wegzuwerfen und zu zertreten oder ſeinem ehemaligen Herrn und
Auftraggeber, dem Prinzen Ludolf, zu verrathen und in die Hände
zu ſpielen. In irgend welcher Weiſe hoffte ſie ſicher Vortheil aus
dem Manne zu ziehen.

Nach Tiſche ging ſie zu der Bärenwirthin mit der Ausrede,
ſich in deren Fleiſcherladen ein halbes Pfündchen Speck zu kaufen.
Als ſie an der Thüre des Fleiſchſcharrens klingelte, öffnete ihr
Frau Schucker ſelbſt und erſchrack ſichtbar beim Anblick der alten
Kartenlegerin.

„Jeſus Maria, Gevatterin! Sie iſt es?“ rief die bleich und
verſtört ausſehende Frau Schucker. „Sie bringt mir gewiß eine
ſchlimme Nachricht? Was iſt’s denn mit ihm? Hat Sie irgend etwas
erfahren?“

„Von wem denn, Gevatterin?“ fragte die Niethammer ſchein-
bar unbefangen. „Wen meint Sie denn?“

„Wen anders, als den Chriſtian, meinen Mann?!“ rief die
Bärenwirthin. „Ich bin in einer wahren Todesangſt um ihn.
Denke Sie ſich, Gevatterin, er iſt noch nicht zurück von Filsburg;
er wollte noch in vergangener Nacht zurückkehren, denn das Pferd
ſollte ja heute mit dem Knecht fort, um Vieh zu holen, und nun iſt
es Mittag vorüber, und kein Mann noch Fuhrwerk weit und breit
zu ſehen. Das hat irgend etwas zu bedeuten, und ich bin außer
mir vor Angſt! Wenn dem Chriſtian ein Unglück begegnet wäre!“

„Hm, die Straßen ſind zwar unſicher und die Nacht iſt Niemands Freund,“ nickte die Niethammer gedankenvoll und mit ernſtem
Geſichte. „Und Geld und Gut hatte der Bärenwirth auch bei ſich.
Es wäre ſchon möglich, daß ihm irgend etwas Menſchliches zuge-
ſtoßen ... Doch nein, wer wird da gleich das Schlimmſte arg-
wöhnen, wenn ſo ein junger Ehemann einmal eine Nacht ausbleibt!“
fuhr ſie dann leichthin fort. „Ihr Chriſtian iſt ja kein Kind mehr,
Gevatterin! ... Und dann weiß man auch, wie es geht, wenn die
Mannsleute ’mal draußen ſind. Man kehrt da oder dort in einem
Wirthshaus ein, trinkt ſeinen Schoppen, trifft Bekannte, trinkt noch
ein Glas, verſpätet ſich, bleibt gerne ſitzen, kriegt einen kleinen

Haarbeutel und läßt dann Fünfe gerade sein! Na, so machen sie es ja Alle, und Ihr Christian wird keine Ausnahme machen! — Und dann, wer weiß, ob es dem Bärenwirth so leicht geworden ist, den Menschen aufzufinden, mit dem er sich nun einmal eingelassen hat? Der Musterreiter ist ein unruhiger Kopf, ein verzweifelter Bursche; dem kann's ja plötzlich eingefallen sein, irgend einen dummen Streich zu machen, der ihn von Filsburg weiter trieb, so daß ihm Ihr Christian nachreisen mußte, Gevatterin!... Mir schwant so etwas, und wenn die Karten Recht haben..."

„Um's Himmels willen, Niethammern! Sie weiß etwas? Ja, ja, ich seh' es, Sie weiß etwas! Nein, schüttle Sie nicht mit dem Kopf! Jesus Maria, nur heraus mit der Farbe, bei Allem was Ihr lieb und werth ist!" rief Frau Schucker so entsetzt und geängstigt, daß sie sich mit beiden Händen an dem Haublocke halten mußte. „Nur heraus mit der Sprache, um aller Heiligen willen! sonst vergeh' ich vor Angst! was ist meinem Christian passirt?"

„Nichts, gar nichts, Gevatterin! sei Sie nur ruhig!" versetzte die Niethammer süßlich. „Was ich weiß, geht nicht Ihren Mann an, sondern den Andern! Ich sag's Ihr hernach, oder wir können ja die Karten darüber befragen, die jetzt noch mehr sagen werden, als sie mir gestern Abend sagen konnten, wo ich sie mir zum Zeitvertreib selber für Ihren Mann legte, denn Sie weiß ja, Gevatterin, daß ich es gut mit euch Leutchen meine und auf den Christian große Stücke halte. Aber da pochen und lärmen sie schon wieder in der Wirthsstube drüben;" setzte sie aufhorchend hinzu, als das Schreien nach der Wirthschaft und das Klingen von Gläsern von jenseit des Thorwegs herübertönte.

„Sind Viehhändler aus dem Elsaß, die nach Bayern fahren, um Schafe zu holen," sagte Frau Schucker; „du liebe Zeit, nun liegt Alles auf mir: die Metzig, die Schlächterei, die Wirthschaft, die Kinder! Der Knecht ist fort mit einem fremden Gaul, denn wir müssen morgen schlachten. Sie wollte ja wohl etwas, Niethammern, he?"

„Oh, nur ein halbes Pfündchen Speck für mein Sauerkräutchen auf morgen, aber es hat keine Eile! Ich kann wieder kommen!"

Nein, nein! da hat Sie ein Stück und unentgeltlich dazu; aber Sie muß mir hernach die Karten legen, Gevatterin!" sagte die Schlächtersfrau eilig, schnitt ein mächtiges Stück von einer geräucherten Speckseite ab und eine große Blutwurst dazu und warf sie der Niethammer in den Korb. „Nun muß ich nach den Gästen sehen! Geh' Sie 'mal einstweilen in die Schlafstube dort hinter der Küche; ich werde bald nachkommen!"

Als die Bärenwirthin einige Minuten später in die Hinterstube trat, saß die Niethammer schon an dem kleinen Tischchen, ihre halb träumerische, halb abwesende Prophetenmiene vorgenommen, und ließ wie zerstreut die Karten von einer Hand in die andre laufen und wieder durch einander springen.

„Abheben!" sagte die Niethammer befehlend, und die Schlächters= frau, sich mit der Schürze den Schweiß von der Stirn wischend, hob mit bebender Hand das Kartenspiel ab. Die Blätter reihten sich rasch und lautlos auf dem wollenen Tuch, womit die Karten= legerin den Tisch bedeckt hatte. Mit bangem, erwartungsvollem Herz= klopfen schaute Frau Schucker abwechselnd auf die bunten Karten= blätter und auf die Prophetin, welche mit dem marmorstarren gelben Gesicht und den halb verglasten Augen auf die Karten stierte, mit dem Zeigefinger bald auf diese, bald auf jene tippte und halblaut unverständliche Worte murmelte.

„Wieder dieselben Bilder, wie gestern," hub sie dann an und ihre Worte schwollen von einem leisen Flüstern allmählig bis zu einem tiefen, ernsten starken Tone an, der durch die ganze Stube klang. „Da sind Kriegsleute, die zechen und lärmen, und der Muster= reiter ist auch darunter und die Karten hüben und drüben neben ihm bedeuten, daß er Geld genommen und Soldat geworden und in großen Kummer gekommen ist. Und hier sind Händel und Dirnen und Rausch und Unglück. Aber den Christian seh' ich nicht. Allein dort die beiden Unter bedeuten die Polizei, die sich darein mengt und nach dem Laubober, dem Musterreiter, forscht, und hinter diesem sind allerlei bedenkliche Karten, die nichts Gutes bedeuten. Aber den Christian seh' ich nicht. Der ist noch nicht dabei. Wir müssen noch einmal legen! — So, nun erfahren wir vielleicht etwas! Ja, das ist grüner Wald, und da fährt der Christian mit seinem Fuhr= werk hindurch. Und hier ist ein Wirthshaus, wo er anhält und trinkt und Bekannte findet. Aber es ist nicht Filsburg, denn der Hühnersdorf ist nicht dabei. Und da ist der Weg, den der Christian machen muß, aber auf demselben sind wieder die beiden Unter, was nichts Gutes zu bedeuten hat. Und da unten, ganz am Ende, sind die Kriegsleute, und Tanz und Spiel und Rauferei . . ."

„Jesus Maria, dann ist auch mein Mann nicht weit davon!" rief die Bärenwirthin erschrocken.

Die Niethammer hatte mit einer gewandten Handbewegung das Spiel wieder zusammen gestrichen, gemischt und, nachdem Frau Schucker es coupirt, im weiten Bogen auf den Tisch fallen lassen. Als sie es überschaute, lief etwas wie jäher Schreck über ihre blasse Maske und ihr Finger fiel mit einem leichten Zittern auf eine der vordersten Karten. „Da haben wir's," sprach sie, und ihre Stimme tönte nun noch tiefer und hohler. „Da sind sie Beide beisammen, der Laub-ober und der Christian; aber sie sind nicht mehr in Filsburg, sie sind unterwegs. Darum also kam er nicht zurück? Aber noch ist nichts entschieden, noch liegen hier die Karten konfus und unklar durch-einander: Krieg und Streit, Blut und Tod, Geld und Unglück — Niemand kann dies lösen! Nur Eins ist gewiß, daß der Laubober und der Christian zusammen von einer großen Gefahr bedroht sind, denn die beiden Unter, die Polizei, sind wieder hinter ihnen, und daß es großer Klugheit und Umsicht bedarf, um sich heraus zu winden, und daß euch hier im Hause auch noch etwas Ungewöhnliches droht — hier dieses Schellen-Zehn — und daß ihr nicht allein damit fertig werdet, wenn es über euch kommt!"

„Barmherziger Himmel, was ist es denn?" fragte die Bären-wirthin ganz entsetzt.

„Weiß es nicht! Die Karten zeigen es noch nicht an, sondern melden nur, daß die nächsten zwei, drei Tage kritisch für euch alle sind. Morgen, übermorgen lesen wir es vielleicht klarer in den Karten, aber immerhin war's nicht gut, daß Ihr Mann dem Laubober nach-reiste, Gevatterin! Hier bei euch wäre der Musterreiter sicherer versteckt gewesen, als im 'schwarzen Rößlein' zu Filsburg bei den kaiserlichen Werbern!"

„Jesus Maria! bei den Werbern? und schon Soldat? — und mein Unglücksmann auch dabei?" rief die Frau erschrocken.

„Na, der Christian wird gescheidt sein und sich nicht mit dem Soldatenvolk einlassen, wird lieber den Kerl preisgeben, den Laub-ober, der ihn ja nichts angeht, oder er wird ihm vielleicht behülf-lich sein, daß er den Werbern desertirt, und dann bringen wir ihn hieher und verstecken ihn, und dann ist die alte Niethammern auch noch da mit Rath und That, um euch zu helfen, wo euch der eigene Witz nicht zureicht," fuhr sie fort und ihre Stimme ging allmählig aus dem tiefen hohlen Prophetenton in einen geheimnißvoll vertrau-lichen über. „Wenn der Christian heute Nacht heimkehrt, so laß

Sie sich alles genau berichten, Gevatterin, und komme Sie morgen früh, um es mir wieder zu erzählen. Sollte er aber wider Erwarten bis morgen früh nicht heimgekehrt sein und Sie irgend etwas von ihm erfahren haben, so laß Sie mich rufen, Gevatterin, und ich komme dann selbst hieher und helfe Ihr im Hauswesen, wenn meine eigenen Geschäfte es mir erlauben... Armes Weib! Keinen Augenblick Ruhe! Da lärmen und pochen die trunkenen Gäste schon wieder! Na, Gott befohlen! auf morgen denn, und auf bessere Kunde!" Sie ließ die Karten liegen und schlich sich scheu und heßlings zum Hause hinaus, während die Bärenwirthin mit beiden Händen an ihre Stirne griff und sich vor Bangen und Zweifeln nicht zu fassen wußte.

Just um dieselbe Stunde, wo die Kartenlegerin Pläne schmiebend und schadenfroh wieder nach Hause trippelte, saß der Minister v. Adelsberg in die Prüfung von Papieren vertieft in seinem Kabinet und schaute ungnädig auf, als ihn sein Diener durch die Ueberbringung eines Papierstreifens störte.

„Der durchlauchtige Herr wartet draußen auf Bescheid," flüsterte der Diener mit ängstlichem Rückblick nach der Flügelthüre, als er die Gewitterwolken auf der Stirne des Mächtigen aufziehen sah.

„Unmöglich! sag' Er Seiner Liebden, es sei mir positiv unmöglich, dieselben in diesem Augenblick zu empfangen," sagte Herr v. Adelsberg halb ärgerlich, halb verlegen, und winkte dem Diener ungeduldig ab. Dieser ging zögernd nach der Thüre, noch auf eine artigere Antwort harrend, prallte aber dann zurück, denn unter der geöffneten Thüre erschien der Gemeldete selbst, stolz aufgerichtet, herausfordernd in Miene und Blick, und trat sporenklirrend und mit dem Hut auf dem Kopfe bis an den Arbeitstisch der Excellenz vor, die sich nun eilends vom Stuhle erhob und tief verbeugte.

„Prinz Ludolf in höchst eigener Person!? Durchlaucht halten zu Gnaden, wenn ich mich irrte! Ich war so tief in Geschäften, daß ich ... die hochwerthen Zeilen von Eurer Liebden Hand mißverstand!... Brötzinger, einen Stuhl für Durchlaucht! ich bin für Niemand zu sprechen ..."

„Seit wann ist es einem Diener des Hauses Walban positiv unmöglich, einen Prinzen dieses selben Hauses zu empfangen, Excellenz?" fragte Ludolf strenge und herrisch, nachdem er sich ruhig forschend in dem Zimmer umgesehen hatte. „Ich wagte einzutreten, um mich zu überzeugen, ob eine Sitzung oder ein anderer Besuch, oder irgend ein wichtiges Geschäft den Minister meines Vaters verhindere, mich zu empfangen. Aber ich finde Sie allein, Herr v. Adelsberg, und ich komme daher, Ihnen zu sagen, daß nur die Achtung vor Ihrem weißen Haar und die Rücksicht auf diejenige Haltung, welche ich mir selbst schuldig zu sein glaube, mich abhält, Ihnen in diesem Augenblicke zu bedeuten, in welcher Weise ich Ihr Benehmen würdige, Excellenz. Allein um Eurer Excellenz zu zeigen, daß ich nicht gesonnen bin, mir irgend etwas von der Würde und den Prärogativen meines Standes zu vergeben, habe ich die Ehre, Ihnen zu erklären, daß ich, da es Ihnen in diesem Augenblicke unmöglich ist, mich privatim zu empfangen, mich zurückziehe. Dagegen erwartet Prinz Ludolf von Waldau, daß der Staatsminister Präsident Freiherr Wilhelm v. Adelsberg die Gewogenheit haben wird, heute Abend sieben Uhr in der Wohnung Seiner Liebden des Prinzen Ludolf zu erscheinen, um mit demselben amtlich und in Geschäften des fürstlichen Hauses zu verkehren. Prinz Ludolf wird alsdann die Ehre haben, Seiner Excellenz als ein Ultimatum einige Mittheilungen und Erklärungen zu machen, welche hoffentlich im Stande sein werden, allen weiteren Verschleppungen, Bedenklichkeiten und Prorogationen in der noch schwebenden Angelegenheit zwischen Seiner Durchlaucht dem regierenden Fürsten Johann Heinrich und des Prinzen Ludolf Liebden abzuschneiden und entbehrlich zu machen. Womit ich die Ehre habe, mich zu empfehlen, um Eurer Excellenz kostbare Zeit nicht länger in Anspruch zu nehmen . . ."

„Mein theuerster durchlauchtigster Prinz, Sie werden doch nicht so gehen und Ihren treu ergebensten Diener im Groll verlassen?" rief der allmächtige Kammerpräsident zerknirscht und demüthig bittend und suchte in aller Unterthänigkeit noch vor dem Prinzen die Thüre zu erreichen, unter welcher er tief gebückt, mit gefalteten Händen und flehentlichem Augenaufschlag stehen blieb. „Hätte der alte vieljährige treue Diener Wilhelm v. Adelsberg dies wegen eines unseligen Mißverständnisses um Eure Durchlaucht verdient? Könnten Euer Liebden, die mich doch neulich erst in Bauhof durch Hochdero Leutseligkeit, Mäßigung und liebwerthes Wesen so ungemein entzückten, mich wirklich so unglücklich machen wollen, mich und meine Ergebenheit zu verkennen? . . ."

„Beweisen Sie mir, daß diese Ergebenheit eine thatsächliche ist und nicht eine bloße Phrase, Herr v. Adelsberg! Machen Sie diesem abscheulichen zwitterhaften Zustande, worin ich mich befinde, ein Ende!" erwiderte Ludolf hart. — „Sie können es, wenn Sie nur wollen! Sie allein, der Sie das Ohr meines erlauchten Vaters haben, können es!"

„Ich will es auch, mein gnädigster Prinz, aber Sie wissen, daß das Ohr Seiner hochfürstlichen Durchlaucht zuweilen sehr taub ist, wenn Seine Liebden irgend einen Anschlag auf Höchstdero Börse wittern, wie ich mich ganz im Vertrauen und mit Vorbehalt alles schuldigen unterthänigsten Respekts eines treuen Dieners in diskretester Weise zu bemerken erkühne," sagte der Kammerpräsident verlegen. „Euer Liebden wissen ja, auf was im Grunde die ganze Unterhandlung abzielt ... ein Geldopfer, das allerdings kaum in Betracht kommt ..."

„Wenn man in solch schwerer Zeit noch in solch rangirten Verhältnissen ist und solch gefüllte Kassen hat, wie der Fürst von Waldau," ergänzte der Prinz sardonisch. „Für die Genugthuung, einen unruhigen, ehrgeizigen, nachgeborenen Prinzen, welcher den Teufel im Leib hat und so unglücklich und verworfen ist, bisweilen darüber nachzugrübeln, was für ein Vorrecht der Zufall der Erstgeburt zuweilen dem Minderbefähigten an den Hals wirft — für das beruhigende Bewußtsein, einen solchen Strudelkopf möglichst weit von sich entfernt zu wissen, könnten Papa und Brüder schon ein paar Tausend Gulden mehr opfern, dächt' ich. — Jenun, Excellenz, ich danke Ihnen einstweilen für das Zugeständniß, welches Sie vorhin gemacht haben, nämlich daß die Kluft zwischen dem Ohr oder Herzen meines erlauchten Vaters und der Börse Seiner Liebden eine allzu weite sei, um ohne die helfende Hand der Zeit überbrückt werden. Ich will der geduldige Thor nicht sein, welcher wartet, bis ein Zufall, ein Erdbeben oder der Zahn der Zeit die Ränder dieser Kluft einstürzt und ihre Tiefe ausfüllt; ich bin nicht frivol genug, auf jenen Einsturz von Grabesrändern zu hoffen, welche allen inneren Kämpfen und Bedenklichkeiten und guten Vorsätzen ein Ziel stecken!... Sie kennen meine Offenheit, Excellenz! ich habe Ihnen jüngst in Bauhof meine gutmüthige Seite gezeigt; nun mögen Sie auch den Dämon kennen lernen, den ich, wie jeder Mensch, in der Tiefe meines Innern berge ..."

„Mein durchlauchtigster Prinz! ich flehe unterthänig, geruhen Sie mich zu verschonen und jenes edle schöne Bild nicht zu entweihen, das Euer Liebden damals Ihrem unterthänigen Knecht in Bauhof zu zeigen die Gewogenheit hatten!" bat Herr v. Adelsberg mit gerungenen Händen. „Seien Sie überzeugt, mein gnädiger Prinz, daß ich jede Nuance von Eurer Liebden Charakter vollständig zu werthen weiß! . . ."

„Dann wären Sie gescheidter als ich selbst, Excellenz!" lächelte Ludolf bitter. „Kenne ich mich doch selbst noch nicht allzu gut, denn sonst würde ich nicht jeden Tag neue Entdeckungen an mir selbst machen, — würde nicht Züge und Gelüste in mir entdecken, die mich bisweilen selbst erschrecken! Aber Herr, Sie sind nicht Höfling genug, um nicht zu wissen, daß jeder Mensch seinen geheimen Dämon in sich trägt. Aber was für ein Dutzend Erzteufel in mir steckt, das wissen Sie noch nicht, denn ich selbst weiß es erst, seit dieser verfluchte Rost der Unthätigkeit und Ungeduld an dem schneidigen Stahl meines Wesens nagt und mir Versuchungen nahe-legt, welche meine Stimmung vollends verbittern und mir sagen: Alle diese Menschen sind Jammergestalten, die nur die Furcht bän-digt; zeige ihnen einmal, was du thun könntest, und erst wenn sie über die Zuchtruthe erschrecken, die du über sie verhängen könntest, werden sie deinen Wünschen sich fügen und um ihres eigenen Wohls und Vortheils willen dir dienen! — So spricht der Teufel in mir, der philosophischer und scharfblickender ist, als Sie glauben mögen, Excellenz, und der mir Dinge zuraunt, vor denen Sie erbeben wür-den, wie ich es anfangs that und in ruhigeren Stimmungen noch thue! Und eben darum muß nun die Sache zu einem Ende kommen, und ich sage Ihnen, Freiherr v. Adelsberg, hüten Sie sich, mir in den Weg zu treten, nachdem ich Ihnen mein Vertrauen umsonst ge-schenkt hatte, denn wenn man den Dämon in mir erweckt, so zer-trete ich Jeden, der sich mir widersetzt, wie diesen Federkiel hier!" Dabei hatte er einen Schwanenkiel von des Ministers Schreibtisch genommen und mit einem wuchtigen Fußtritt zertreten, daß die Feder krachte und splitterte und die Sporen klirrten.

„Mein durchlauchtigster gnädigster Prinz! Sie werden doch nicht glauben, daß ich . . ." stotterte der Minister, unwillkürlich er-blassend.

„Daß Sie etwas Anderes seien, als ein Höfling, Excellenz?" rief der Prinz hart. „Damals in Bauhof, in jener vertraulichen Unterredung, hab' ich Sie für etwas Besseres, für einen humanen edlen Menschen, für einen zwischen Vater und Sohn vermittelnden redlichen Freund gehalten und für einen Patrioten, welcher von

seiner Heimath ein möglichst großes Unheil abhalten will — seither
aber hab' ich daran zweifeln gelernt, weil keine der Zusagen erfüllt
worden ist, die mir damals gemacht wurden ... Sie sind ein
Weichling und noch mehr, Excellenz, wenn Sie noch länger säumen,
den Einfluß, den Sie auf meinen altersschwachen Vater haben, zu
meinen Gunsten geltend zu machen, weil Sie darob vielleicht einmal ein saures Gesicht machen könnten, wenn meines bedächtigen
und sparsamen Herrn Vaters Liebden sich erinnern, wie viel die Aussöhnung mit seinem wilden Sohn gekostet hat! Sie würden aber
vor der Geschichte als eine Memme dastehen, Herr v. Adelsberg,
wenn Ihre Bedenklichkeit und Säumigkeit mich zu einem verzweifelten
Schritte triebe, wie ihn der gerechte und doch ohnmächtige Groll
bisweilen eingibt, und wenn dann ein ganzes Land, ja eine ganze
Provinz unter seinem Rache-Entschluß litte!"

„Um's Himmels willen, durchlauchtiger Prinz, was für Pläne
haben Sie?" rief Adelsberg entsetzt, denn des Prinzen Auge glühte
düster. „Sie werden doch nicht auf Felonie sinnen?"

„Felonie? Lächerlicher Begriff!" sagte Ludolf bitter. „Ich
werde mehr thun, wenn man mich zwingt, dem Vaterland
den Rücken zu kehren und vor der Erbärmlichkeit und Despotie zu
zu flüchten! Ich will Ihnen noch nicht sagen, was ich thun werde
und was mein böser Genius mir zuraunt. Aber Sie sollen ungefähr ahnen, was ich allfällig thun könnte! Ich bin Soldat, ich
will dieser Neigung folgen, der ich nur in einem größeren Heere
entsprechen kann. In Preußens Heer und unter Oesterreichs Fahnen kann ich als Prinz nur dienen, wenn ich standesgemäß auf-
trete und mir nicht den Brodkorb immer so hoch gehängt sehe und
ein vornehmer Hungerleider bin. Das begreifen Sie doch wohl,
Excellenz?" — Herr v. Adelsberg nickte bedenklich und doch ver-
ständnißvoll, heftete aber seine Augen neugierig und gespannt auf
den Prinzen, als wollt' er sagen: Nun was wird denn noch kommen?
— „Aber es gibt noch ein anderes Heer, mein Freund, worin nur
der Mann nach Kopf und Herzen gewerthet wird, wo man nicht
Prinz zu sein braucht, um ein Kommando zu erringen, wo man sich
mit dem Säbel und Talent den Generalshut erwirbt, wo eine
Menge tapferer und einsichtsvoller Generale unter der Fahne steht,
und diese Fahne der Freiheit, Gleichheit und Brüderlichkeit siegreich
durch alle Länder tragen wird ..."

„Barmherziger Gott, mein gnädiger Prinz! geruhen Sie zu

rasen oder hab' ich mein Bißchen Verstand eingebüßt?" platzte der Minister heraus. „Sie reden doch nicht von der Armee der Neufranken, von den Fahnen der französischen Republik?"

„Von wem anders, Excellenz?" versetzte Ludolf sardonisch. „Können Sie sich nicht soweit von Vorurtheilen und Verblendung losreißen, um wenigstens das militärische Talent der Generale der Republik und die weltverjüngende Sieghaftigkeit der Ideen der Freiheit anzuerkennen? Was meinen Sie, wie man drüben jenseit des Rheins einen deutschen Prinzen aufnehmen würde, wenn er käme, um ein einfacher Bürger und Soldat zu werden? Wenn er sagte: 'Ich habe den Staub der Heimath, die mir nur ein glänzendes Elend, eine vergoldete Sklavenkette bot, von den Füßen geschüttelt! Ich habe all den armseligen Flitter der Vornehmheit von mir geworfen und will sein ein Soldat der Freiheit, will mir meine Epauletten mit dem Säbel in der Faust verdienen!' Glauben Sie, daß man den ersten Prinzen, der so spräche, nachdem er früher die Waffen gegen die Republik getragen und seinen Gegner werthen gelernt hat, fortweisen würde??..."

„Mich trifft der Schlag, gnädigster Prinz! solche Gedanken..."

„Sind verzeihlich, bei einem Menschen, den ihr an langsamem Feuer bratet, ihr deutschen Spießbürger und engherzigen Rechner!" lachte der Prinz wild auf und seine Augen funkelten höhnisch. „Wissen Sie denn nicht, alter Herr, daß die Gedanken eines Müssigen und Verbitterten, eines Verkannten, immer die giftigsten sind? Können Sie sich zu der mannhaften Ansicht erheben, daß Thatkraft oder Talente, denen man den richtigen Wirkungskreis versagt, sich gewaltsam hindurchringen und dabei oft auf Abwege gerathen? Sehen Sie nicht ein, daß diese Verschleppung meiner Angelegenheit, dieser tief einschneidende Hohn der langweiligsten Unschlüssigkeit, den man mir, dem arglos Vertrauenden, nach meinem offenen Entgegenkommen bietet, für eine leidenschaftliche, ungestüme Natur wie die meinige eine wahre Folter ist, daß man mich mit Gewalt auf eine Bahn treibt, deren Tragweite eine furchtbare sein kann?..."

„Barmherziger Himmel, mein verehrtester gnädiger Prinz, Sie können doch nicht im Ernste gewillt sein, die Geltendmachung von Ansprüchen — vermeintlichen oder legitimen — jener scheußlichen anarchischen Republik der Neufranken anzuvertrauen?!" rief der Minister mit bebender Stimme und gefalteten Händen. „Durchlauchtigster Prinz, ich beschwöre Sie..."

„Sparen Sie Ihre Worte, Excellenz, und handeln Sie lieber, wenn Ihnen an der Wohlfahrt des Fürstenthums Waldau und dem Frieden unseres erlauchten Hauses etwas gelegen ist," erwiderte der Prinz mit einer Ruhe und Bestimmtheit, welche dem Minister furchtbar imponirte. „Vor Allem merken Sie wohl, daß ich nicht drohe, daß mein Entschluß noch nicht gefaßt ist, daß ich nur von Versuchungen, von Ideen, ja meinethalben, wenn Sie so wollen, von Racheplänen rede, die an mich herantreten und deren ich mich vorerst noch erwehre, weil ich deutlich fühle, daß man solchen Lockungen nicht Gehör geben darf, da sie sonst nur allzu schnell sich verwirklichen und das verbitterte Gemüth hinreißen . . . Der Groll ist ein schlechter Rathgeber, zumal bei leidenschaftlichen Menschen. — Allein setzen wir den Fall, mein Verhängniß risse mich hin, jenen verführerischen Lockungen meiner Einbildungskraft oder meines berechnenden Verstandes nachzugeben, mir im Lande der Freiheit eine neue Heimath, einen Wirkungskreis zu suchen, mir unter den Gewalthabern zu Paris Freunde zu erwerben, und ich zeigte der französischen Republik den Vortheil, der darin läge, in den morschen Bau des deutschen Reiches einen spaltenden Keil einzutreiben, indem man beispielsweise das Fürstenthum Waldau besetzte und es durch mich im Namen der einigen und untheilbaren Republik verwalten ließe . . . setzen wir den Fall, Excellenz, der Bürger Ludolf Waldau käme in sein Erbland an der Spitze eines Dutzends Halbbrigaden jener Sansculotten, welche die Preußen und die Oesterreicher und die Emigrirten schlugen, und zöge als Sieger hier in Waldau ein, um über die Elenden zu Gerichte zu sitzen, die ihn bei seinem alten Vater verleumdet, aus dessen Herzen vertrieben und in der öffentlichen Meinung heruntergesetzt, ja die ihren Vortheil in jenen Dissidien zwischen einem gutmüthigen, engherzigen, kurzsichtigen, bedächtigen Greis und seinem wilden, ehrgeizigen, thatkräftigen Sohne gefunden haben, — wie läge dann dieser ganze Haufe von armseligen Höflingen und feilen Schmarotzern angstbebend im Staube vor dem jungen General der Republik und lauschte ängstlich auf das Wallen der dreifarbigen Straußenfedern seines Hutes und auf das Klirren seiner Sporen?! Und welches Hochgefühl wäre es dann für den Verkannten und Verbannten, all dieses feile faule Geschmeiß unter die Füße zu treten und auszufegen und der Wuth des befreiten Volkes preiszugeben?! — Bei allen Teufeln, Excellenz, wer würde da noch wagen, von Felonie zu reden?!"

„Die Menge wohl nicht, die den Erfolg anbetet, mein durchlauchtiger Prinz," entgegnete Abelsberg ruhig und würdevoll. „Die
Menge würde Ihnen dann huldigen und Beifall brüllen und sogar
manche der von Ihnen als 'Höflinge und Geschmeiß' bezeichneten
Leute von Stande — daran wage ich nicht zu zweifeln. Auch mag
in diesem Triumph über Ihre Feinde eine verführerische Genugthuung liegen, welche in den Stunden der Bitterkeit einen thatkräftigen Mann hinreißen kann. Allein wenn ich Euer Liebden recht
kenne, dann würde auch bei Ihnen, mein Prinz, nach der Befriedigung
Ihrer Rache ein Moment der ruhigen Ueberlegung kommen, wo Sie
sich selber verdammen würden, wie jeder rechtschaffene und loyale
deutsche Mann Sie verdammen müßte!"

„Zugegeben, Excellenz, aber dann hätten auch alle gerechten
und loyalen Männer die Pflicht, meine That minder hart zu beurtheilen und mildernde Umstände gelten zu lassen, wenn Sie wüß-
ten, wie ich zu jener That getrieben worden bin, die ich wenigstens
niemals bereuen würde, weil ich das Bewußtsein hätte, nur durch
die Umstände dazu gedrängt worden zu sein! — Halten Sie mich
nicht für einen Schwächling, alter Herr, weil ich offen bin, denn
ich will Ihnen zeigen, ohne zu drohen, wohin der Groll und Unmuth mich treiben könnte, und die Verantwortung komme dann über
alle diejenigen, durch deren mittelbare oder direkte Schuld ich dazu
getrieben ward! Ich werde jedenfalls, geschehe was da wolle, die
Folgen mit Gleichmuth tragen und schonungslos alle Unbill an
meinen Gegnern heimsuchen. Ich werde jenen Menschen zeigen,
daß ich sie und die krankhaften unnatürlichen Zustände, die sie geschaffen haben, mit Wollust zu Boden trete und unser ganzes System
in den reinigenden Tiegel werfe, aus dem es geläutert und von
Schlacken befreit zu einem menschenwürdigeren Dasein wieder aufleben kann! Dies ist mein letztes Wort, denn bevor zweimal vier-
undzwanzig Stunden vergehen, muß ich nothgedrungen diesem peinlichen Zustand ein Ende machen! Darum gebe ich Ihnen zu erwägen, Excellenz, ob mein erlauchter Vater mich endlich sehen will,
oder ob man mich selbst vor die Wahl einer Entscheidung stellt, —
und somit Gott befohlen!"

Mit einer leichten Handbewegung verließ der Prinz das Zimmer,
warf die Thüre hinter sich in's Schloß und schritt sporenklirrend an
dem katzenbuckelnden Brötzinger die Treppe hinab. Ein sieghaftes,
aber noch immer bitteres Lächeln spielte um seine Lippen, und er

murmelte: „Das wird wirken! Wenn diese Würmer nicht ihren Herrn und Meister sehen und vor Furcht zusammenbeben, so rühren sie sich nicht. Aber nun wird die Aussicht auf eine französische Invasion ihnen Füße machen! — Jetzt zu einem lustigen Gelage, um mir das dumme Zeug aus dem Kopfe zu schlagen!"

Herr v. Adelsberg war dem Prinzen bis zur Thüre gefolgt und an derselben unschlüssig stehen geblieben. Langsam kehrte er dann um, ging gedankenvoll im Zimmer auf und nieder und rang nach einem rettenden Ausweg. Er war wie niedergedonnert, denn er sah nun in dem Prinzen Ludolf nicht mehr den leichtfertigen Vergnügling, Verschwender und Wollüstling, sondern einen Mann von wirklicher Energie und wilder Leidenschaft, der wohl im Stande war, das auszuführen, was er als eine verführerische Verlockung, als eine dämmernde Möglichkeit in Aussicht gestellt hatte. Er wußte keinen Rath, denn er kannte den Eigensinn des Fürsten, wenn es sich um Geldopfer handelte, und er hatte längst erfahren, daß Johann Heinrich es niemals denen vergaß, die ihm zu einer Geldausgabe riethen. Er nahm ein niederschlagendes Pulver und warf sich in seinen Lehnstuhl vor dem Schreibtische, ohne aber zu besseren Gedanken und Plänen zu kommen. Erst als der Diener den Armleuchter mit den brennenden Kerzen hereinbrachte, erwachte der Kammerpräsident aus seiner Versunkenheit und stand mit einem tiefen Seufzer auf.

„Brötzinger, mein Hofkleid, meinen Hut und Degen!" sagte er und seine Stimme klang hohl. „Laß Er die Sänfte unter den Arkaden warten, — ich muß zu Hofe!"

„Ganz wie Excellenz befehlen," erwiderte der Diener.

„Es ist das einzige Mittel, die Durchlaucht herumzukriegen," flüsterte er vor sich hin. „Selbst ich vermag in diesem Stücke nichts über ihn; aber sie vermag Alles; der Reichsgräfin wird er es nicht abschlagen, und sie kann die Verantwortung tragen. Ich werde ihr genau berichten, wie und was der Prinz gedroht hat, denn die versteckte Drohung lag ja eben in dem Geständniß, daß er sich der Versuchung kaum erwehren könne. Und wer weiß, ob er nicht insgeheim mit den Jakobinern und Feuillans ein Einverständniß hat — ob nicht Leuchsenring Rache nimmt für jene Auslieferung? . . ."

Adelsberg ließ sich in seinem Kabinet sorgfältig ankleiden und in der Sänfte nach dem Schloß tragen, wo er sich sogleich nach den Zimmern der Reichsgräfin von Thannheim begab und die Erlaucht um eine vertrauliche Unterredung bitten ließ. Allein der Fürst war nach der Tafel in die Appartements der Reichsgräfin gekommen, um ein Spielchen zu machen, wozu der Erbprinz und seine Gemahlin und Prinz Heinrich geladen waren. Der Fürst blieb voraussichtlich den ganzen Abend und die Erlaucht bedauerte, den Präsidenten nicht empfangen zu können, und erbot sich, ihm am folgenden Morgen eine Audienz zu gewähren. Selbst der leise Wink des einflußreichen Staatsmanns von der Dringlichkeit und Wichtigkeit seines Anliegens vermochte die Entscheidung der Reichsgräfin nicht zu ändern. Unverrichteter Sache und sehr verstimmt und beunruhigt verließ der Kammerpräsident das Schloß und ließ sich wieder nach Hause tragen.

Der Regen strömte ausgiebig hernieder, untermischt mit heftigen Windstößen, welche dem voranleuchtenden Brötzinger die Stocklaterne ausgelöscht hatten. Der weite Schloßplatz mit seinen Bäumen war stichdunkel geworden und so kam es, daß ein zweispänniger Reisewagen, welcher soeben gegen den Halbkreis der Arkaden heranfuhr, beinahe die Träger sammt der Sänfte überfahren hätte, so daß diese nebst ihrem Inhalte durch den Sprung der Träger gegen einen Pfeiler der Arkaden geschleudert und die Scheiben klirrend zersplittert wurden.

„Soll das auch noch ein Omen sein?" murmelte der erschrockene Präsident gedankenvoll, als er sich von dem ersten Stoße erholt hatte. „Welcher Rüpel fuhr mich denn beinahe über den Haufen? — Brötzinger, was war das für ein Wagen, der so unverschämt nahe an den Arkaden fuhr?" fragte er laut.

„Es scheint ein fremdes Gefährt zu sein, Excellenz, denn Pferde und Kutscher waren mir nicht bekannt. Aber der Wagen hält da droben an dem Gamming'schen Hause. Befehlen Excellenz, daß ich mir den Kerl ansehe und der Polizei anzeige?"

„Mit nichten, Brötzinger! Wird irgend ein Esel von Bauernkerl vom Lande sein, — die Gammings haben immer das Haus voll Besuchen," erwiderte der Minister. „Und überdem," setzte er leise hinzu, — „man muß in kritischen Augenblicken, wo möglicherweise soviel auf dem Spiele steht, nachsichtig sein und es mit Niemand verderben. Die Gammings sind theilweise verwandt mit der Erlaucht; wer weiß, wo man sie noch brauchen kann!"

Jener Wagen aber brachte den Kammerrath Ludwig v. Jdstein aus Mühlburg, der mit eigenthümlich gemischten Gefühlen nach Jahren zum ersten Mal wieder in Waldau einfuhr und

nun gerade dasjenige Haus betrat, worin er einst bei der blinden
Frau v. Gamming so oft Carolinen getroffen hatte in jenen Tagen,
die er selbst jetzt, nach alle dem was inzwischen daraus erwachsen
war, für die schönsten und glücklichsten seines Lebens erachtete. Wenn
freilich Herr v. Adelsberg gewußt hätte, wer der Insasse dieses
Wagens war, und weshalb Jdstein nach Walban kam, er wäre
ohne Zweifel noch unruhiger und aufgeregter geworden, als er schon
war, denn Jdstein's Mittheilungen konnten den Prinzen allfällig
vollends aus der väterlichen Gunst verdrängen und den verzweifel=
ten Entschluß beschleunigen, mit welchem der Prinz sich trug.

Jdstein kam fröstelnd und müde an und fühlte sich ernstlich
unwohl. Er hatte eine Staffette mit einem Briefchen an seine Ver=
wandte vorausgesandt und fand ein Zimmer zu seiner Aufnahme
bereit. Es ward zu jener Zeit, wo die Ansprüche noch um so viel
geringer und die Gasthäuser um so viel armseliger und dürftiger
eingerichtet waren, eine umfassendere Gastfreundschaft in den Fa=
milien geübt als heutzutage, und so wurde er freundlich empfangen,
obschon dem Kammerjunker Fritz v. Gamming und seiner Frau der Besuch
eines bei Hofe nicht mehr gerne gesehenen Mannes nicht sonderlich will=
kommen war. Herr v. Jdstein bat aber, seinetwegen keine Umstände
zu machen und ihm zu erlauben, daß er sich sogleich zu Bette lege,
da er, noch Reconvalescent, sich zu angegriffen von der Reise fühle,
um sich der Gesellschaft seiner lieben Verwandten widmen zu können,
und da er am liebsten sein Jncognito in Walbau wahre. Man ließ
ihn gerne gewähren.

*   *

*

Zu den frühen Abendstunden hatte der Wachtmeister Sabel,
dem das Gewissen ein Bißchen schlagen mochte, der Kartenlegerin einen
Besuch gemacht und ihr die neuesten Ereignisse und Stadtklatschereien
der kleinen Residenz zugetragen. Die Riethammer hatte ihn freund=
lich und ohne Groll empfangen, und mit keinem Worte dessen ge=
dacht, was sie ihm am Morgen auf dem Markt zum Vorwurf ge=
macht hatte. Dagegen hatte sie ihm von dem selbstgebrauten Liqueur
vorgesetzt und tüchtig eingeschenkt, und so war er gesprächig geworden
und hatte ihr die Aufnahme geschildert, die er mit seinem Billet
am Morgen bei der Erlaucht gefunden, und noch einmal ausführlich

die Reise nach Filsburg und dasjenige erzählt, was er von Hühnersdorf's Schicksal wußte, worüber die weise Frau abermals den Kopf
geschüttelt und ihm aufgetragen hatte, durch Bastian dem gnädigen
Prinzen sagen zu lassen, er möge auf seiner Hut sein und sich keiner
trügerischen Sicherheit hingeben, da der Musterreiter gewiß noch
mehr Pfeile im Köcher und Verbündete habe und nun erst Lärm
machen lassen werde, und Sabel hatte die Kartenlegerin mit dem
Versprechen verlassen, daß er stehenden Fußes Bastian aufsuchen
und sich seines Auftrags entledigen werde.

Der Polizeimann war aber am späten Abend noch einmal vor
dem Häuschen der Kartenlegerin erschienen, hatte sie herausgepocht
und ihr mitgetheilt, daß vor einer Viertelstunde ein fremder Mann
das Pferd und den Karren des Bärenwirths Schucker vor dessen
Haus gebracht und im Namen des Bürgermeisters von Filsburg
der Frau Schucker berichtet habe, über den Verbleib ihres Gatten
werde ihr am folgenden Morgen ein vornehmer Herr Näheres mittheilen. Die Niethammer war davon überrascht, fiel aber nicht aus
der Rolle.

„Ja, ja, das hab' ich ja erwartet! Die Sterne lügen nicht,
und so wird auch das Andre wahr sein, was ich in den Karten
gelesen habe und noch nicht sagen darf!" murmelte sie dumpf. „Geh'
Er, Meister Sabel, und thu' Er das dem Prinzen zu wissen, den
das besonders angeht! Hört Er's, thu' Er mir ja den Gefallen,
denn bis morgen kann der Prinz vielleicht noch mehr von mir erfahren, als ihm lieb sein wird!"

„Was ist es denn, Niethammern? Hat es wirklich ein Unglück gegeben?" fragte Sabel mit bänglicher Neugier.

„Du lieber Himmel, wenn's ein Glück wäre, reiste die Botschaft davon nicht so schnell," versetzte die Kartenlegerin sentenziös.
„Das kommt immer dabei heraus, wenn Ungeschickte und Unberufene
in's Feuer blasen. Sie verbrennen sich die Augbrauen. Wären
gewisse Leute zuvor zu mir gekommen und hätten mich um Rath gefragt, ehe sie auf eigene Faust in ein Hornissennest griffen, so
wäre mancher Unschuldige nicht gestochen worden. Heute sag' ich
Ihm nichts mehr, Sabel, denn Er kann doch nicht schweigen.
Morgen aber kann man vielleicht offen davon reden. Du lieber
Himmel! wohin man sieht, nichts als Jammer und Elend. Gute
Nacht!"

Damit schlug die Wahrsagerin den Laden zu und ließ den

Polizeimann just ebenso beunruhigt, wie sie selber war. Was mochte
denn geschehen sein, daß der Bärenwirth nicht zurückkam und sein
Fuhrwerk von Amts wegen zurückgeschickt wurde? Hatte er sich mit
dem Gesetz überworfen und saß im Gefängniß, oder war ihm ein
ernster Unfall zugestoßen, der in irgend welcher Weise mit der Hühnersdorf'schen Angelegenheit zusammen hing? Für heute war es zu spät,
um selbst noch nach dem 'schwarzen Bären' zu gehen und Erkundigungen
anzustellen; aber am andern Morgen wollte sie, falls Frau Schucker
nicht selbst nach ihr schickte, diese aufsuchen und ausfragen. Hierauf
legte sie sich wieder zu Bette, ohne indessen die gesuchte Ruhe finden
zu können.

Die Riethammer hatte am andern Morgen nach dem Frühstück
noch eine Weile gewartet, ob nicht Frau Schucker nach ihr schicke;
dann aber ließ ihr die eigene ungeduldige Spannung und Aufregung
keine Ruhe mehr, und sie ging nach dem 'schwarzen Bären,' wo sie
die Besitzerin bestürzt und vergrämt fand und beinahe außer Stande,
sich ihres eigenen Hauswesens anzunehmen. Der Mann, welcher
am vorigen Abend das Pferd und den Karren Meister Schucker's
gebracht hatte, war jeder Erklärung vorsichtig ausgewichen mit dem
Vorgeben, daß er nichts von der ganzen Sache wisse, und hatte
sich dann schleunigst aus dem Staube gemacht, so daß die arme
Frau jetzt ebenso klug war, wie zuvor, und sich furchtbar mit Vermuthungen abquälte.

„Wo ist mein Mann, Riethammern?" rief sie dieser entgegen
und geberdete sich ganz verzweiflungsvoll. „Was ist ihm geschehen,
Gevatterin? Sag' Sie mir's um's Himmelswillen, sei es auch,
was es wolle. Sie weiß es — ich sehe es wohl, daß Sie es in
den Karten gelesen hat!" jammerte Frau Schucker einmal über das
andere und war taub für allen Trost.

Merkwürdigerweise griff die Wahrsagerin diesmal nicht so bereitwillig zu ihren prophetischen und allwissenden Karten, wie sonst,
obwohl die Wirthin sie inständig darum bat.

„Nur ruhig Blut, Frauchen!" versetzte sie. „Es wird ja noch
Alles gut werden, und ihr werdet es bald genug erfahren, was aus
dem Christian geworden ist. Ihr seht ja, Gevatterin, daß er wenigstens Pferd und Fuhrwerk wieder nach Hause geschickt hat, und das
ist immerhin ein gutes Zeichen. So ein paar Wochen im Thurm
sind auch bald überstanden und machen den Mann mürbe! Es ist
Manchem gut, wenn er so von Zeit zu Zeit ein Bißchen brummen

muß, daß ihm der Kitzel vergeht. Ihr habt es hernach in der Ehe zu genießen, und er wird zahmer sein!"

„Barmherziger Himmel, also eingesperrt ist er? mein Christian eingesperrt?!" rief die Bärenwirthin ganz verzweiflungsvoll und mit lautem Jammergeschrei. „Mein Christian im Thurm? Nein, das ist nicht möglich! Das darf nicht sein! Haus und Hof verkauf' ich, damit ich ihn wieder frei kriege! Was hat er denn gethan? wo haben sie ihn denn eingesperrt und weshalb? — Lene! Joseph! den Karren einspannen! ich will fort, ich will zu meinem Mann!"

„Sei Sie doch vernünftig, Gevatterin!" sagte die Riethammer jetzt, da sie sah, daß sie mit ihrer hingeworfenen Muthmaßung so viel Unheil angerichtet hatte. „Wie kann Sie nur daran denken, die Kinder und die Wirthschaft im Stich zu lassen und dem unglückseligen Mann nachzulaufen, der sich seine Suppe selber eingebrockt hat und sie nun auch allein auslöffeln muß? Sie bleibt ruhig hier und faßt sich in Geduld, denn ich kann's Ihr schriftlich geben, daß der Bärenwirth es Ihr nicht dankt, wenn Sie ihn aufsucht, und daß Ihr hinterher eine Tracht Prügel sicher ist!..."

„Einerlei! und wenn mich mein Christian auch hinterher halb todt prügelt, er soll doch nicht sagen, daß ich ihn im Stich gelassen habe!" rief Frau Schnaker ganz blind und taub. „Ich muß zu ihm und nach ihm sehen, und Sie muß mir sagen, wo ich ihn finde!"

„Verwünscht, daß ich mich da verplaudert und Dinge ausgeschwatzt habe, die für Andere noch ein Geheimniß sein sollten!" erwiderte die Riethammer wie im Selbstgespräch und nahm wieder den starren geistesabwesenden leblosen Blick an, den wir schon an ihr kennen. „Das arme Weib rennt in sein eigen Unglück. Der Christian schämt sich jetzt, daß er im Rausch und in der Wildheit sich in diese Rauferei eingelassen hat und der Polizei verfallen ist und hat deshalb sein Fuhrwerk in aller Stille heimgeschickt und seinem Weibe damit die Versicherung geben wollen, daß er bald nachkommen werde. Ein gescheidtes, fürsichtiges Weib hätte es stille getragen und den Nachbarn und Freunden etwas vorgespiegelt von einer Reise, die der Christian mache nach Bayern oder in's Ungarand, um Vieh zu kaufen. Das arme Ding da merkt aber gar Nichts und will nun gar nach Filsburg fahren, und den unglückichen Mann im Thurm aufsuchen und noch den Knecht mitnehmen, damit. desto sicherer morgen jeder Pflasterstein in Waldau wisse, daß der Christian wegen Raufhändel vielleicht auf einige Wochen in's Spinnhaus kommt! Na, er wird dem kopflosen Weibe es niemals vergeben, daß es so seinen guten Namen preisgegeben und sein Unglück an die große Glocke gehängt hat... Hahaha! — Na, mir kann's ja gleichgültig sein. Ich hab' das Meinige gethan und gewarnt; aber das hat man davon, wenn man sich in fremder Leute Angelegenheiten mengt! Ich kann ja wieder gehen, wenn man meinen guten Rath in den Wind schlägt!..."

Damit stand die Riethammer auf und wollte das Zimmer lang= sam verlassen, denn sie lief noch immer halb wie eine Schlafwand= lerin. Frau Schucker schien durch die Worte der Kartenlegerin plötzlich eines Besseren belehrt worden zu sein und das Thörichte eines Versuchs, ihren Gatten im Gefängniß zu besuchen, eingesehen zu haben. Sie bemühte sich nun, die Riethammer zurückzuhalten, durch Schütteln und Bitten aus ihrem halbwachen Zustande zu er= wecken und sie zu bewegen, daß sie der tiefbekümmerten Frau die Karten lege über das Schicksal des Bärenwirths.

Die Riethammer sträubte sich lange, wie sie sich sonst niemals zu sträuben pflegte, wenn Jemand ihre Kunst und geheime Wissen= schaft in Anspruch nehmen wollte. Sie fühlte gleichsam ein inneres Grauen und Widerstreben, das tiefbetrübte Weib in dieser Lage zu hintergehen, und eine Regung des Gewissens hielt sie ab, noch mehr Unglück über diese Familie zu verhängen, nachdem der Riethammer eigener Wunsch, von den Geheimnissen Hühnersdorf's noch mehr zu erfahren, und der Wahrsagerin Zureden eigentlich den Bärenwirth be= stimmt hatte, die Fahrt nach Filsburg zu machen. Das Dunkel, welches noch über Schucker's Schicksal lag, erfüllte selbst dieses ränkevolle Weib angesichts der Gattin und der Kinder mit einer unwillkürlichen Angst, und erst nach langem Bitten der Frau Schucker folgte die Riethammer dieser in die Hinterstube, um ihr die Karten zu legen, vorzugsweise in der Absicht, der geängstigten Gattin auf diesem Wege einige trügerische Beruhigung zu spenden.

Die beiden Frauen saßen mit einander an dem Tischchen in der Stube, deren eine Hälfte von einer gewaltigen doppelten Bett= stelle mit Betthimmel und langen Kattunvorhängen eingenommen ward. Die Karten waren so eben lautlos aus der Hand der Kar= tenlegerin gefallen und hatten sich auf dem Tischchen aufgereiht, als Jemand draußen laut an der verschlossenen Thüre pochte und die Dienstmagd Lene ihrer Herrin meldete, daß ein vornehmer Herr gekommen sei und Frau Schucker um ein Gespräch unter vier Augen bitten lasse, um ihr Nachrichten von ihrem Gatten zu bringen.

Die Bärenwirthin war mit einem Schrei der Ueberraschung aufgesprungen, um nach der Thüre zu eilen. Aber die Gemüths-bewegung wirkte so heftig auf die sonst so kräftige Frau, daß sie mit einem tiefen Seufzer zusammensank und beide Hände vor's Ge-sicht schlug mit dem Rufe: „Ein vornehmer Herr will mich sprechen? Barmherziger Himmel, was werde ich erfahren? Was ist meinem Christian geschehen?"

„Nur Courage, Gevatterin!" raunte ihr die Kartenlegerin zu, welche mit einer raschen Handbewegung ihre Karten zusammenge-strichen und wieder in die Tasche gesteckt hatte. „Wenn ein vor-nehmer Herr sich herbeiläßt, Ihr Bescheid von Ihrem Manne zu bringen, so stehen die Sachen nicht ganz schlecht! Nehm' Sie sich zusammen, arme Frau, und empfange Sie den Herrn hier, denn drüben in der Wirthschaft paßt das doch nicht! — Führe den Herrn nur hieher, Lene!" sagte sie dann zu dem Dienstmädchen, als sie die Thüre aufgeriegelt hatte.

Eine Minute später trat der Kammerrath Ludwig v. Jdstein, von Lene geführt, in die dumpfige Stube und fand Frau Schucker noch ganz erschüttert und zusammengesunken im Stuhle.

„Gott grüße Sie, liebe Frau!" sprach er mit sanfter sympathi-scher Stimme. „Sie sind doch Frau Schucker?"

„Die bin ich, gnädiger Herr! Und Sie, Sie kommen von meinem armen Manne?" erwiderte die Löwenwirthin sich aufrichtend und schaute dem vornehmen Herrn in das bleiche leidende Gesicht und in die klaren, aber tief eingesunkenen Augen, welche mit Ver-trauen-erweckender Milde auf sie gerichtet waren, so daß sie un-willkürlich seine beiden Hände ergriff und an ihre Brust drückte.

„Nicht eigentlich von ihm, aber wenigstens um Sie von dem Schicksal des unglücklichen Mannes in Kenntniß zu setzen, Sie darauf vorzubereiten, daß Sie ihn vielleicht für längere Zeit nicht mehr sehen werden ... Aber in Ihrem Interesse wünsche ich Sie allein zu sprechen, gute Frau! Gestatten Sie mir, daß ich die Thüre schließe!"

Herr v. Jdstein machte seine Hände los und schloß die Thüre, während Frau Schucker sich forschend nach der Riethammer umsah, welche jedoch nirgends zu sehen war. Der Kammerrath hatte sich

ihr gegenübergesetzt und betrachtete sie und ihre Umgebung mit theil-
nehmenden Blicken, schien aber selbst zu bewegt, um sogleich die
Worte zu finden.

„O, sagen Sie mir Alles, lieber Herr! ich bitte Sie!" hub
Frau Schucker endlich an. „Mein Christian ist im Gefängniß,
nicht wahr? O, ich seh schon, daß es ihm schlimm genug ergeht!
Was hat er denn verbrochen?"

Herr v. Jdstein winkte ihr beruhigend mit der Hand. „Es ist
ein trauriger, furchtbarer Fall, der zwei Familien ihren Frieden
und ihr Glück kostet," sagte er mit bewegter Stimme. „Sie müssen stark sein, gute Frau, und an Ihre Kinder denken und an alle
die Pflichten, die vor Ihnen liegen, bevor ich mich meines Auftrags
entledigen kann. Sie müssen sich mit dem Gedanken vertraut machen,
daß der Vater im Himmel Niemandem mehr auferlegt, als er ertragen kann, daß er ein Freund und Beschützer der Verlassenen ist
und daß bei allem schweren Leid, das über Sie und die Ihrigen
hereingebrochen, doch wenigstens noch der eine Trost da ist, daß Sie
den Gatten, den Vater Ihrer Kinder, später einmal geläutert und
entsühnt und hoffentlich als besseren Menschen wiedersehen werden.
Wir wollen wenigstens annehmen, daß ihm dieses furchtbare Erleb-
niß zu heilsamer Warnung und Witzigung gereiche . . ."

„So ist er also schon im Spinnhaus?" rief Frau Schucker
mit einem gellenden Jammerschrei und gerungenen Händen.

„Nicht doch, dieser Strafe dürfte er entgehen, wenn auch nicht
der inneren Seelen- und Gewissenspein!" erwiderte Jdstein, dem
es je länger desto schwerer wurde, der Frau die erforderliche Mittheilung zu machen. „Sagen Sie mir nur, wie Ihr Gatte, ein
ruhiger fleißiger Bürgersmann, der allgemein gelobt wird, dazu
kam, sich in die abenteuerlichen und schmutzigen Geschichten eines
Menschen, wie jener Musterreiter Hühnersdorf, einzulassen? Was
konnte Ihren Gatten bewegen, jenen Menschen aufzusuchen und sich
selbst in die Höhle des Löwen zu begeben?"

Die Frau war jedoch allzu erschüttert, um ihm hierauf zu antworten; sie klammerte sich nur an die eine Idee an, ihr Gatte sei als
Mitwisser und Mitschuldiger von Hühnersdorf's Streichen ergriffen
und bestraft worden. Hievon wollte sie ihn entlasten und dann
wissen, welche Strafe und Gefahr ihm drohe und ob sie ihn nicht
retten könne durch ihr Zeugniß. Sie gewährte dadurch Herrn
v. Jdstein schon eine ungefähre Einsicht in die Sachlage, ohne es

zu ahnen, und dieser theilte dem armen Weibe nun langsam und schonend mit, was sich im 'schwarzen Rößchen' in Filsburg zugetragen habe. Er verhehlte ihr nicht, daß ihr Gatte einen Todtschlag begangen und es nur der raschen und heimlichen Flucht der Werber mit ihren Rekruten zu danken habe, wenn er dem Blutbann entgangen sei, daß es aber im Interesse Schucker's sein dürfte, der Heimath eine Reihe von Jahren fern zu bleiben, bis sein Vergehen verjährt sei. Er nannte ihr das Regiment, worin ihr Gatte diene, und die Dauer der Kapitulation, welche derselbe abgeschlossen habe und vor deren Ablauf er wohl schwerlich frei werden dürfte. Er schilderte ihr die wohlwollenden und mitleidigen Bemühungen des Bürgermeisters, welcher wenigstens den Gaunern und Verworfenen, die dem betrunkenen Schucker Pferd und Wagen im betrügerischen Spiele abgenommen, die Beute wieder entrissen und den Gesetzen gemäß den Angehörigen des rechtmäßigen Besitzers zurückgegeben habe. Er rief der armen Frau in's Gedächtniß, daß jetzt die ganze Sorge für ihre Familie auf ihren eigenen Schultern liege und daß sie daher der Zukunft fest ins Auge sehen müsse und sich nicht um ihren Gatten bekümmern dürfe, welcher ja sein Schicksal verdiene und sich im Grunde noch weit besser unter den Soldaten befinde, als wenn er den Gerichten in die Hände gefallen dem schimpflichen Tod auf dem Schaffot entgegen gehen würde. Er zeigte ihr, wie sie um ihres eigenen guten Namens und desjenigen ihrer Kinder willen nicht einmal aufkommen lassen dürfe, daß ihr Gatte nach seiner That mit den Kaiserlichen fortgegangen, sondern wie sie sich als eine böswillig Verlassene darstellen und Unwissenheit über sein Schicksal vorschützen müsse, um ihn wenigstens vorerst vor Verfolgung sicher zu stellen.

Frau Schucker hatte dies Alles anfangs in thränenlosem Schmerze, dann in wortloser Erschütterung angehört und es war ihr förmlich dabei ein Schwert durch die Seele gegangen. Dann war in ihrem Innern die instinktive Erkenntniß des ganzen Umfangs und Gewichts ihrer eigenen Aufgabe aufgegangen und sie hatte der eigenen Selbsterhaltung, hatte ihrer Kinder gedacht, und vor dem Muttergefühl war momentan die Liebe der Gattin zurückgetreten.

„Der unselige Mann!" sagte sie; „wie konnte er sich so vergessen und hinreißen lassen! Na, ich sehe, ich muß ihn schon seinem Schicksal überlassen und nur den lieben Gott bitten, daß er ihm das Herz erleuchten und ihn auf bessere Wege führen möge! Ich habe

nun der Sorgen und Lasten genug auf mir, um das Geschäft fort=
zuführen und die Kinder zu erziehen und etwas Geld vor mich zu
bringen, um ihn vielleicht später einmal von den Soldaten loszu=
kaufen und in einem andern Lande unser Glück zu versuchen! Es
ist ja bei allem Unstern immer noch etwas Glück dabei und unsere
Verhältnisse sind ja nicht ganz trostlos!"

Und auf Idstein's Befragen gab sie ihm bereitwillig über diese
dann Auskunft und ließ diesen die Meinung gewinnen, daß Frau
Schucker wenigstens den besten Willen und den klaren Sinn habe,
um das Geschäft fortzuführen, dessen Hauptmühen und Sorgen schon
seither vorzugsweise auf ihren Schultern geruht hatten.

Herr v. Idstein hatte anfangs, als er dieses Weib so kalt und
gefaßt sah, sie für theilnahmslos halten wollen; nun aber sah er,
daß ihr Schmerz ein innerlicher war, den sie gewaltsam nieder=
kämpfte, um sich um ihrer Kinder willen nicht vom Schicksal über=
mannen zu lassen, und er hielt es ihr zu gut, als sie jetzt in bittere
Verwünschungen gegen Hühnersdorf ausbrach und diesen als den
Urheber all dieses Unglücks für sie und die Familie des Erschlage=
nen anklagte und verantwortlich machte. Er horchte gespannt zu,
als er vernahm, daß Frau Schucker den Hühnersdorf bezüchtigte,
er habe im Auftrage gewisser vornehmer Leute einem andern vor=
nehmen Herrn wichtige Papiere mit gefährlichen Geheimnissen ge=
stohlen, dann auch gegen seine Auftraggeber ein falsches Spiel ge=
trieben und gewisse Papiere unterschlagen, um sie zu Erpressungen
an Anderen zu verwenden, und die Sache erschien ihm nun plötzlich
in einem ganz andern Lichte, als demjenigen, worin Hühnersdorf sie
ihm in Filsburg hatte zeigen wollen.

„Das sind schwere Anschuldigungen gegen einen Abwesenden,
gute Frau, die Ihr da gegen den Hühnersdorf vorbringt," sagte
er. „Ihr vermöchtet dieselben wohl schwerlich zu behaupten!"

„Nichts leichter als dies, Herr!" rief die Frau. „So wahr
ich hier vor Ihnen stehe, ich thu' dem Elenden nicht Unrecht. Der
Rausch hat Alles aus ihm herausgeschwatzt und er hat es meinem
Manne anvertraut und den Gewinn mit ihm zu theilen versprochen!
— Und meinen thörichten kurzsichtigen Mann hat er damit für die
Sache gewonnen, und der hat mit beiden Händen nach dem leichten
Gewinn gegriffen, trotz all meiner Bitten, meines Abredens und
Abmahnens, denn mir graute von vorne herein vor der ganzen
Sache. Gestohlen Gut bringt niemals Segen, und wer in andrer

Leute Feuer bläst, verbrennt sich immer den Mund. Der vornehme
Herr wird es auch noch erfahren, der aus lauter Rachgier und
Schadenfreude solche Papiere aufbewahrt hat, welche seinen Feinden
gefährlich sein können, daß wer Andern eine Grube gräbt, selber
leicht hineinfallen kann! Gott verzeih' ihm die Versuchung, die er
damit Anderen vorgehalten hat! Seine Rachsucht hat acht Waisen
die Väter gekostet, denn meine Kinder sind ja im Grunde auch halbe
Waisen, hat zwei Weiber um ihre Gatten und Ernährer und zwei
Männer um Leben und Lebensglück und guten Ruf gebracht! Aber
freilich, was die vornehmen Leute verschulden, das müssen die gemeinen gewöhnlich verbüßen!"

„Sie haben theilweise Recht, arme Frau, und ahnen wohl
kaum, wie Ihre berechtigten Ausfälle an den richtigen Mann gekommen sind," sagte Herr v. Jbstein ruhig und beinahe wehmüthig.
„Sie haben mir da eine herbe, aber wohlverdiente Lehre gegeben!"

„Ich Ihnen, gnädiger Herr? . . ."

„Ja, gute Frau, und ich danke Ihnen dafür. Der Mann,
dem die Papiere gestohlen wurden, bin ich; allein diese unseligen
Blätter sollen kein Unheil mehr stiften, — welchen Gebrauch auch
Dritte davon machen mögen, ich will wenigstens ihrem Mißbrauch
vorbeugen. Die Personen, welche dadurch am meisten geschädigt
werden könnten, stehen dem durchlauchtigen Fürsten Johann Heinrich
nahe. Ich werde noch heute um eine Audienz bei demselben nachsuchen, um demselben den ganzen Zusammenhang zu eröffnen und
jenen Mann bloßzustellen, welcher die Hand eines Diebs und Mörders gegen mich bewaffnet hat; den eigentlich schuldigen Urheber
soll die Strafe treffen, die übrigen Werkzeuge und Opfer mit der
erlittenen Angst und Demüthigung davonkommen. Verlaßt euch
darauf, gute Frau, daß auch ich meine Sühne auf mich nehme,
und darum nun zu etwas Anderem! — Bedürfen Sie Geld oder
Kredit, um sich und Ihren Kindern dieses Haus und die Hantierung
zu erhalten? Habt Ihr Schulden auf dieses Anwesen?"

„Ei natürlich haben wir's, und die Zeiten sind schlecht genug,"
erwiderte die Bärenwirthin, ihren Vortheil rasch wahrnehmend,
denn nun sie wußte, daß der fremde Herr nicht bloß aus rein mensch-
lichem Wohlwollen, sondern mehr oder weniger aus einer Art innern Gewissensdranges sich in diese Sache gemengt habe, hielt sie es
nur für seine Pflicht, auch mit einer runden Summe herauszurücken,

und schilderte ihm nun ihre Verhältnisse minder glänzend als sie
waren.

„Ich werde mich um Ihre und Ihrer Kinder Zukunft kümmern,
gute Frau, und durch einen Anwalt für Euch sorgen lassen," sagte
Herr v. Jdstein. „Nehmt einstweilen diese Börse hier und zählt
deren Inhalt. Deckt derselbe Eure momentanen Bedürfnisse nicht,
so sucht mich in meiner Wohnung bei Frau v. Gamming am äußeren
Umkreis auf und fragt daselbst nur nach dem Kammerrath Freiherr
Ludwig v. Jdstein aus Mühlheim. Und nun Gott befohlen und
den Kopf hübsch oben behalten!"

Jdstein hatte jetzt Eile, sich zu entfernen, denn die peinlich
vorwurfsvollen Gedanken, die er sich seit einigen Tagen wegen der
Vorfälle in Filsburg gemacht hatte, stiegen nun verstärkt durch die
Anklage dieser armen Frau wieder in ihm auf, und unter den Nachwehen seiner Krankheit war er gegen derartige Eindrücke und Be-
wegungen des Gemüths doppelt empfänglich.

Kaum war er fort, als die lange bewahrte Kraft der Frau
Schucker ebenfalls zu weichen schien, und sie sich laut schluchzend
das Gesicht mit beiden Händen verhüllte, und die Stirne auf den
Tisch drückend in heftiges krampfhaftes Weinen ausbrach.

„Mein Mann, mein armer guter Christian ein Mörder und
ein Soldat!" war der immer wiederkehrende Refrain ihres Jammers.
„Wann wird er wiederkehren? Was soll aus mir und den armen
Kindern werden?" rief sie dazwischen und all die Fassung und der
Lebensmuth, welchen sie vorhin angesichts des fremden Mannes be-
wahrt hatte, waren wie weggeblasen — des Weibes Schwäche
machte ihre Rechte geltend und das schmerzzerrissene Herz suchte Erleichterung in lautem Weinen und Wehklagen.

An der Himmelbettlade hinter der jammernden Frau wurden
die Kattunvorhänge lautlos aus einander geschoben und dazwischen das
gelbliche fahle Gesicht der alten Kartenlegerin sichtbar, auf welchem
sich verschiedene Empfindungen und Affekte spiegelten. Die Riethammer hatte Alles mit angehört und eine tiefe Erschütterung davon hingenommen, denn ihr Gewissen regte sich ernstlich. Allein
anderseits war auch ihr Vortheil so wesentlich bei demjenigen
betheiligt, was sie gehört hatte, daß in ihren tiefliegenden Augen
eine gewisse Genugthuung aufblitzte und sie offenbar vor Begierde
brannte, das Gehörte zu verwerthen. Einige Minuten schaute sie
so unschlüssig bald das jammernde Weib, bald die schwere Börse an,

welche vor derselben auf dem Tische lag, und schien nicht übel Lust zu haben, der Bärenwirthin ihren Rath aufzudrängen. Dann aber sanken die beiden Enden des Bettvorhangs wieder zusammen, die Riethammer wand sich geräuschlos hinter den Falten desselben hervor und nützte einen Moment, wo der Paroxysmus des Schmerzes bei Frau Schucker besonders hoch aufschlug und in lautem Wehklagen sich äußerte, um leise und gewandt aus der Thüre zu entschlüpfen und unbemerkt das Gasthaus zu verlassen.

Erst draußen im Freien schien sie wieder planmäßig zu handeln, denn sie kreuzte rasch die Hauptstraße und bog in eine der schmalen Gassen ein, welche zu ihrer Wohnung führte. Hier legte sie rasch ihre besten Kleider an und wanderte dann dem Schlosse zu, um die Reichsgräfin v. Thannheim aufzusuchen.

*　　*

*

Der Kammerpräsident v. Adelsberg war diesen Morgen glücklicher gewesen als am vorigen Abend — er war bei der Erlaucht vorgelassen worden, hatte derselben nach einer vorsichtigen Einleitung ausführliche Mittheilung über die Unterredung gemacht, die er gestern mit dem Prinzen Ludolf gehabt hatte, und war schließlich mit der Bitte herausgerückt, Caroline möge es über sich nehmen, die alte Durchlaucht zu bestimmen, daß er den Prinzen öffentlich wieder zu Gnaden annehme und dann mit einer standesgemäßen entsprechenden Ausstattung in preußische Dienste zurückkehren lasse.

Caroline war wie niedergedonnert von demjenigen, was sie hörte.

„Und Sie glauben, daß es des Prinzen Liebden mit dieser Drohung Ernst sei, Excellenz?" fragte sie erschrocken und sichtlich ohne Fassung.

· „Erlaucht wollen zu bemerken geruhen, daß der durchlauchtige Prinz n i c h t gedroht hat," erwiderte der Präsident geschmeidig und doch mit einem verzweiflungsvollen Ernst im Gesichte. „Würden Seine Liebden mir eine förmliche Drohung entgegengehalten haben, so könnte ich mir erlauben, die Sache leicht zu nehmen. Man verräth selten seine eigenen Pläne durch Drohungen, zumal ein tüchtiger Soldat, wie der erlauchte Prinz ist. Ich erlaube mir unmaßgeblich die Sache von einem andern ernstern Standpunkt zu betrachten. Im Gemüthe des durchlauchtigen Prinzen findet ein Kampf statt, der die innersten Tiefen seines Wesens aufwühlt und alle möglichen Affekte und Leidenschaften in Bewegung setzt. Er ist in seinen Erwartungen getäuscht, in seinem Selbstgefühle gekränkt, er scheint sich sogar in gewissen zärteren Bezügen des Herzens verrathen zu wähnen — meine Diskretion und mein Zartgefühl verboten mir, diese Fäden weiter zu verfolgen, Erlaucht; aber ich wage mir unmaßgeblich zu schmeicheln, daß auch in diesem Stücke des Prinzen Gemüth irgendwie verletzt ist. Ferner drücken ihn Langeweile, unbefriedigter Thatendrang und Ehrgeiz. In diese Stimmung des erlauchten Prinzen herein ist vielleicht, ja sogar sicher, irgend eine Lockung von jenseit des Rheins gefallen, irgend ein Versuch, einen solchen Degen dem Reiche und der Sache der Legitimität abtrünnig zu machen . . . wer vermöchte dafür einzustehen, daß die Republik und ihre Führer nicht gerade auf den jüngeren nachgeborenen Prinzen eines unserer geachtetsten Fürstenhäuser ihre Blicke geworfen haben? . . . Genug, Erlaucht, was mir des Prinzen Liebden gestern gleichsam wider Willen anvertrauten, war nicht eine bestimmte Drohung, eine Bravade, sondern der unwillkürliche Aufschrei eines loyalen Gemüths im Kampfe mit Versuchungen, im Zwiespalt zwischen Pflichtgefühl und Ehrgeiz — ein Zustand, welcher hundertmal gefährlicher ist, als eine momentane Verbitterung, welche sich in einer Drohung Luft macht, die vielleicht, je grausiger sie klänge, desto weniger ernst gemeint wäre!"

„Und Sie halten es für möglich, Excellenz, daß der Prinz sich und seinen Stand so weit vergessen könnte, um unter die Fahnen der Neufranken zu treten?" fragte die Reichsgräfin entsetzt.

„Erlaucht wollen zu entschuldigen geruhen, wenn ich mich nicht vermesse, hierin irgend eine Ansicht abzugeben," versetzte der Kammerpräsident achselzuckend. „Ich muß mich auf ganz spezielle Wahrnehmungen beschränken, die ich vertreten kann: auf einen Grad der Gereiztheit bei Seiner Liebden, der — ich fürchte sehr — momentan vielleicht dieselben unzurechnungsfähig macht, klar zu unterscheiden, die wägende Vernunft walten zu lassen. Der Zorn, Erlaucht, ist ein schlechter Rathgeber; der Ehrgeiz ist ein Dämon . . . Es kommt bei den Entschlüssen der Menschen unendlich viel auf die Stimmung an, in welchen uns gewisse Versuchungen und Chancen nahe treten. Die Chancen sind im concreten Fall unendlich verlockender für den Prinzen auf jener, als auf dieser Seite . . . Jede

Minute ist von unwiderbringlicher Wichtigkeit und mehr als eine
Nacht liegen zwischen jener Scene und heute, — wie viel konnte inzwischen geschehen! Erlaucht werden hiernach zu ermessen im Stande
sein, warum ich gestern Abend mit solcher Beeiferung die Gnade
nachsuchte, von hochdero Liebden huldvollst empfangen zu werden, —
Erlaucht werden mir allergnädigst das Zeugniß nicht vorenthalten,
daß ich das Meinige gethan habe . . ."

„Oh, gewiß, gewiß, Excellenz! alle Schuld fällt auf mich, obschon ich nicht anders konnte!" sagte die Reichsgräfin. „Ich will
meinen Fehler auch wieder gut machen und jetzt handeln! Bitte,
lieber Herr Präsident, sagen Sie mir nur, was ich thun soll . . ."

„Zunächst den grollenden zögernden Vater mit dem reuigen ungeduldigen Sohne versöhnen, Erlaucht, und dann Seiner Liebden
dem Prinzen eine freigebige Kompetenz, ein unabhängiges Allodial-
vermögen sichern, wenn ich mich erkühnen darf, einen unmaßgeblichen
Vorschlag zu formuliren," versetzte der Präsident. „Und dazu erkühne ich mich noch unterthänigst zu bemerken, daß die Zeit drängt,
denn wer weiß, ob es nicht zu spät ist, ob der Prinz in diesem
Dilemma nicht denjenigen Weg eingeschlagen hat, der zu unser Aller
Verderben führt?"

„Wie meinen Sie das? Könnte nicht eine unbedachte eigene
Entscheidung des Prinzen den gordischen Knoten zerhauen und nur
den Prinzen selber gefährden? Ein Prinz aus altem Dynastenge-
schlecht, der zu den Feinden des Reichs überginge, wäre verhöhnt,
könnte nie wieder auf deutschem Boden existiren! Sie schütteln den
Kopf, Excellenz?"

„Ein Prinz, welcher seinen Degen der Sache der Republik
leihen würde, Erlaucht, fände in diesem Augenblick in Frankreich
die begeistertste Aufnahme und ein Generalkommando! Er dürfte
den Herren in Paris die erwünschte Gelegenheit liefern, wieder
einige Heere nach Deutschland herüber zu werfen, Krieg den Palästen,
Friede den Hütten verkünden zu lassen, einen Riß in das deutsche
Reich zu machen und den Prinzen als Lehensträger der Republik
zum Gouverneur seiner Erblande und anderer Provinzen zu machen!
Der durchlauchtige Prinz ist selbst überzeugt, daß er derartige Chancen
habe — und wer bürgt uns dafür, Erlaucht, daß dies nicht Pläne
der französischen Nationalversammlung sind, die man dem Prinzen nur
suggerirt hat, um einen Scheingrund zur Invasion zu haben! . . .
Erlaucht, meine hochverehrte hohe Frau, ich beschwöre Sie, denken

Sie an die Folgen dieses Schrittes, an die verwüsteten Gefilde unseres Landes, an die Verletzung des legitimen Prinzips, an alle die blutigen Opfer eines Krieges mit den wilden Horden der Neufranken, an den umgestürzten Thron von Waldau — und sagen Sie allergnädigst höchstselbst: kann hiegegen irgend ein Stück Geld ein Aequivalent sein? Darum sollte man nicht zögern, Seiner Liebden unserm durchlauchtigsten Herrn einen Entschluß abzuringen, sei es mit Schmeichelworten, sei es mit ernsten Vorstellungen!..."

„Wie? Sie glauben also wirklich, daß der Sohn gegen den eigenen Vater auftreten, ihn vom Throne stoßen könnte, Excellenz?" fragte die Reichsgräfin kopfschüttelnd. — „Nein, ganz unmöglich! Wie der Prinz auch sein mag, ich halte Lu—, ich halte meinen Stiefsohn dessen unfähig..."

„Ich ebenfalls, Erlaucht! auch ich habe eine bessere Meinung von Seiner Liebden," versetzte der angstgequälte Kammerpräsident. „Meine Ehre zum Pfande, erlauchte Frau, daß ich es für Felonie halten würde, dem Sohne meines allergnädigsten Herrn irgend eine niedrige Handlungsweise zuzutrauen. Gegen den eigenen edlen Vater allerdings würde der gnädige Prinz wohl niemals feindlich und rebellisch auftreten; aber gestatten mir Erlaucht nur beispielsweise den Fall zu setzen — und bei einem hochbetagten Fürsten wäre ja eine solche Eventualität, wie schmerzlich und furchtbar erschütternd auch für uns Alle, welche wir einen solch unersetzlichen Verlust zu werthen wissen, und für das ganze Land! — den allerdings nicht wahrscheinlichen, aber höchst beklagenswerthen Fall, daß Seine Durchlaucht das Zeitliche gesegnet hätte, — sollte es dann nicht als im Bereich der Möglichkeit liegend angenommen werden können, daß bei der leidigen Spannung, welche leider schon seit Jahren zwischen den durchlauchtigen prinzlichen Brüdern stattfindet, bei den sozusagen philosophischen Ansichten Seiner Liebden des Prinzen Ludolf über das Erstgeburtsrecht, woraus Hochdieselben ja gar kein Hehl machen, eine gewisse Kälte und ein Groll oder Vorurtheil Hochdieselben minder empfänglich machen könnte für das Grausige, was in einem solchen Ueberziehen des Landes mit fremder Heeresmacht, in einem solch gewaltsamen Umstürzen des von Gott gegründeten Thrones von Waldau liegen würde, Erlaucht?... Ich bitte unterthänigst meine allergnädigste Herrin, hochgeneigtest bemerken zu wollen, daß nach menschlicher Voraussicht die schreckliche Eventualität, welche wir als möglich voraussetzen, ja befürchten — nämlich eine

Invasion neufränkischer Sansculotten in unser gesegnetes Fürstenthum und unter der Führung oder im Interesse Seiner Liebden des
Prinzen Ludolf, — nach meinem unmaßgeblichen Dafürhalten noch
nicht so sehr nahe bevorstehen dürfte, insoferne Seine Liebden immerhin erst Zeit brauchen dürften, sich in den Heeren der fluchwürdigen
französischen Republik erst eine Stellung zu verdienen — immer angenommen natürlich, daß der Uebertritt Seiner Liebden nicht schon
eine vertragene und vollendete Thatsache ist, — daß also nach dem
unerforschlichen Rathschlusse des Allmächtigen und den Plänen des
Prinzen Jahre darüber hingehen, Seine Durchlaucht unser hochweiser
allergnädigster Herr möglicherweise schon das Zeitliche gesegnet haben
dürften, daß aber in diesem Falle dann die Bedenken und Strupel
des Prinzen weniger schwer wägen dürften . . ."

„Sie wollen sagen, Excellenz, daß der Prinz — nach dem Ableben seines erlauchten Vaters, den uns der Himmel noch lange erhalten möge — etwa versucht sein könnte, sich aus Ehrgeiz und um
sich an seinen älteren Brüdern und insbesondere an der Frau Erbprinzessin unserer Tochter Liebden, zu rächen, mit Hülfe der Neufranken den Thron erobern möchte?" fragte die Reichsgräfin wie
aus tiefen Gedanken erwachend, denn eine unwillkürliche Schadenfreude schwellte ihr insgeheim das Herz bei der Vorstellung, ihre
stolze Schwiegertochter die Erbprinzessin Natalie nach dem Ableben
des Fürsten Johann Heinrich vom Throne gestürzt, aus dem Lande
vertrieben und gedemüthigt zu sehen, — die Idee, diese ihre Geg-
nerin dann gestürzt zu sehen, wenn Carolinens eigener Glücksstern
gleichsam untergegangen war, rückte ihr jede andere Gefahr, welche
der Minister ihr vorgestellt hatte, aus den Augen.

„Mit Hochdero gnädigster Erlaubniß, Erlaucht! ja! das ungefähr würde der Sinn meiner unterthänigsten Vorstellungen sein,"
erwiderte Herr v. Adelsberg gefügig und belauschte erwartungsvoll
die Züge der Reichsgräfin.

„Nun denn, so erscheint mir die Sache auch nicht so bringend,
Excellenz," sagte die Reichsgräfin leichthin. „Ich vermag keine so
zwingende Gefahr in den Gedanken und Träumereien oder selbst in
etwaigen Drohungen zu sehen, welche dem Prinzen jeweilig die Verbitterung eingibt. Weit entfernt, Ihre Besorgnisse zu verkennen
oder Ihren Eifer zu unterschätzen, Excellenz, so fürchte ich doch beinahe, daß Sie in dieser Sache zu schwarz sehen. Sind wir jedoch
darin einverstanden, dem Prinzen nicht die Ruchlosigkeit zutrauen zu

dürfen, daß er gegen den eigenen greisen Vater die gewissenlos frevle
Fahne der Empörung erhebe, — und wenn es je nach dem, so Gott
will noch fernen Ableben meines theuren Herrn und Gemahls geschehen würde, mein lieber Herr Kammerpräsident, — so vertraue ich
zu des Prinzen Loyalität, Pietät und gutem Herzen, daß er mich
und meine unschuldigen Kinder eher in unsern Rechten beschützen,
als kränken würde ... Was des Prinzen Liebden dann aber seiner
Schwägerin, der Erbprinzessin Natalie, gegenüber unternehmen würden, das entzieht sich ganz meiner Erwägung und Einsicht!"

„Ich wage Eurer Erlaucht höheren Einsichten natürlich nicht zu
widersprechen," erwiderte der geschmeidige Hoffmann in steigender
Beängstigung. „Aber meine allergnädigste Herrin wolle mir, dem
Staatsmann und verantwortlichen Rathgeber der Krone, nicht zürnen,
wenn ich diese Ansichten nicht theilen kann, wenn ich, auf die Gefahr hin als ein Pessimist zu erscheinen, mich gedrungen fühle, Allem
aufzubieten, um den Prinzen nur einigermaßen zu beruhigen, zu be-
friedigen und von jenen Gedanken abzulenken und unter äußerlich
angenehmeren Verhältnissen hochdessen früherem Beruf und Lebensstellung zurückzugeben, — wenn ich mich erkühne, Eure Erlaucht
unterthänigst und inständigst anzuflehen, Sie möchten doch Ihren
ganzen Einfluß auf unseren allergnädigsten Herrn aufwenden, um
zu bewirken, daß Seine Liebden Prinz Ludolf wieder vor der Welt
bei Hofe in Gnaden angenommen und mit den nöthigen Retablisse-
mentsgeldern und einer entsprechenden Kompetenz versehen, in die
Lage versetzt werden, in preußische Dienste zurückzukehren und unter
anderen Umgebungen die dämonischen Gedanken und Pläne zu vergessen, welche hochdenselben dermalen umgaukeln und locken!"

„Und warum soll gerade ich diese schwierige und undankbare
Mission auf mich nehmen, Excellenz" fragte die Reichsgräfin kalt.

„Weil Niemand außer meiner allergnädigsten erlauchten Herrin
dieses Resultat so rasch und vollständig bei Seiner hochfürstlichen
Durchlaucht durchzusetzen vermag, wie Sie, Erlaucht," versetzte der
Kammerpäsident mit dem weichsten einschmeichelndsten Tone. „Wir
Alle kennen die verdiente wunderbare Macht, welche der Liebreiz und
die Herzensgüte und all die edlen hohen Vorzüge von Herz und
Geist Eurer Erlaucht auf meinen allerdurchlauchtigsten Herrn aus-
üben — wir Alle sind ja mit Entzücken Zeugen der unwiderstehlich-
sten Gewalt sieghafter Anmuth und jener Atmosphäre von gewinnen-
der engelgleicher Güte, welcher meine hohe Herrin umgibt ... Was

ist alle Beredsamkeit und Ueberzeugungskraft des Staatsmanns gegenüber einem gütigen Fürwort, einem sonnigen Lächeln, einem freundlichen Blick von einer solchen Charitin, wie meine hohe allergnädigste Gebieterin?" fuhr er fort, trat der Reichsgräfin einen Schritt näher, legte die Rechte betheuernd auf sein Herz und erfaßte Carolinens kleine Hand, die er ehrerbietig an seine Lippen zog. —

„Oh, Erlaucht vermögen Alles, was Sie nur wollen, über den durchlauchtigsten Herrn, und der gnädige Prinz selbst ist vollkommen überzeugt, daß es nur Ihres gütigen Fürworts bedürfen wird, um seine Sache zum erwünschten Ziele zu führen ..."

„Ludolf überschätzt vielleicht meinen Einfluß in dieser Hinsicht, oder vergißt, daß er seinerseits dem sonst so gütigen Vater zu viel Grund zu gerechtem Zorne gegeben hat," erwiderte die Reichsgräfin und lächelte zerstreut, denn die Schmeichelei aus dem Munde eines sonst so stolzen Mannes that ihr wohl. „Indessen bin ich ja längst im Interesse meines Sohnes thätig gewesen und kann nur versichern, daß es keiner besonderen Bitten bedarf, um meinen Eifer rege zu erhalten ... Seien Sie überzeugt, Excellenz, und sagen Sie es gelegentlich auch dem Prinzen: ich werde seine Sache nicht vergessen, werde sehen, was sich thun läßt, werde die erste schickliche Gelegenheit wahrnehmen, denn die Sache drängt ja im Grunde gar nicht ..."

„Ich bin untröstlich, Erlaucht, daß ich bei aller Hochachtung für Eurer Liebden hohe Einsichten und bei aller tiefsten Dankbarkeit für Eurer Erlaucht gütige Zusagen doch hierin nicht Hochdero Ansichten theilen kann!" erwiderte Herr v. Adelsberg händeringend, eindringlich und mit schmerzlichem Ernste. „Läge nicht die höchste Gefahr auf dem Verzuge, drängte die Zeit nicht ganz gewaltig, Erlaucht, würden Sie dann mich hier sehen? Halten Euer Liebden mich für zu feig, um in einer solchen Angelegenheit offen mit meinem allerdurchlauchtigsten Herrn zu sprechen? O nein, Erlaucht würden mir hierin gewaltig Unrecht thun. Ich hoffe zu Gott aus voller Ueberzeugung, daß ich meinen durchlauchtigen Herrn zu dem bestimmen kann, was ich im Interesse des Hofes, des Staates, des Reiches für den Prinzen ersehen möchte, um ihn vom Abgrunde zurückzureißen. Aber zur Ueberredung mit Gründen bedarf es geraumer Zeit, während die Fürbitte einer Mutter das betreffende Versprechen im Fluge erobert! Und glauben mir Euer Erlaucht, daß die Sache dringlicher ist, als Hochdieselben annehmen! Der Prinz muß um jeden Preis abgehalten werden, sich mit der Republik der Neu-

franken einzulassen! Hat er einmal sich jenen Dämonen verschrie-
ben, so ist er willenlos; die Brücken sind hinter ihm abgebrochen
und er selbst wird machtlos fortgerissen von der Strömung. Es
wird nicht mehr an ihm liegen, seine Zeit zu wählen oder seine
Lieben zu schonen — ein blindes Werkzeug fremder Gewalten wird
er gegen seinen Willen gezwungen werden, gegen sein eigen Fleisch
und Blut zu wüthen und den Plänen der Wütheriche zu dienen!
Ich bin überzeugt, des Prinzen Liebden ahnt das instinktmäßig,
und daher sein bisheriges Zögern, auf den Lockruf Derer zu hören,
welche ihn für ihre Eroberungsgelüste und freslen räuberischen Absichten zu gewinnen suchen! Jede Stunde des Zögerns vermehrt
beim Prinzen die Spannung des Unmuthes und steigert die Chancen
seiner Verderber. Darum, Erlaucht, auf meinen Knieen flehe ich,
thun Sie bald, was Sie thun können, damit Sie nicht durch eine
Versäumniß sich eine allzu späte bittere Reue kaufen, denn glauben
Sie mir: ist das Rad des Unheils einmal im Rollen, so kann der
Prinz mit aller Pietät und allem guten Willen und aller Tapferkeit
demselben nicht mehr Einhalt gebieten, und dasselbe zermalmt dann
unerbittlich ihn selbst und uns Alle ..."

„Glauben Sie das wirklich, Excellenz?" rief Caroline erblassend
und nun wirklich erschreckt.

„Hätte ich wohl um geringerer Gründe willen diesen Weg betreten und mich an Sie gewandt, Erlaucht?" rief der Kammerpräsident
im überzeugendsten Herzenstone. „Wollen Sie mir, dem vieljährigen
treuen Diener meines allerdurchlauchtigsten Fürsten, die grausame
Pflicht auferlegen, meine allergnädigste Herrin, daß ich dem Vaterherzen den Schmerz bereite, den Abgrund zu zeigen, an welchem wir
Alle stehen? Würde dieser Schlag nicht das edle milde Herz des
durchlauchtigen Herrn zerfleischen und vielleicht den Augenblick beschleunigen, wo Groll und Bitterkeit den Prinzen geneigt machten, den
Versuchungen nachzugeben, die Heere des Auslandes zum Umsturz
unseres Thrones und aller unserer Verhältnisse über unsere Grenzen
hereinzuführen? — Oh, Erlaucht! geruhen Sie dies zu bedenken
und säumen Sie gnädigst nicht länger, damit es nicht zu spät sei!"

Mit wirklichen Thränen in den Augen hatte der Staatsmann
im Affekte die Hand der Reichsgräfin erfaßt und an seine Stirne
gedrückt.

„Nun denn, Excellenz! Diesen Beweggründen kann ich mich
nicht verschließen," sagte Caroline. „Ich bin Ihnen für das Ver-

trauen verbunden, welches Sie mir erwiesen haben und werde sogleich zu meinem Gemahl gehen und mit aller Kraft in ihn dringen, um die Angelegenheiten unseres Sohnes Ludolf zu bereinigen. — Sie sollen noch im Laufe dieses Tages von mir hören!"

„Der Himmel wird es Eurer Erlaucht an ehelichem Glück und an Hochdero lieblichen Kindern lohnen!" erwiderte Herr v. Adelsberg aufathmend, küßte die ihm gnädig gereichte Hand und zog sich mit sichtlich erleichtertem Gemüthe zurück.

„An ehelichem Glück?" wiederholte sich Caroline gedankenvoll, als sie wieder allein war und aufgeregt und betroffen wie sie war, das eben Gehörte noch einmal an sich in Gedanken vorüberziehen ließ. Sie kannte des Prinzen wilde leidenschaftliche Heftigkeit und wußte, daß ihm schon zuzutrauen war, er werde sich in einem Momente der Gereiztheit zu einer Unbesonnenheit hinreißen lassen. Sie kannte aber auch die engherzige Sparsamkeit ihres Gemahls, dessen Unschlüssigkeit und instinktive Zweifel an Ludolf's Besserungsgelübden und an den Ernst seiner Sinnesänderung, welche sämmtlich nur aus des Fürsten genauerer Kenntniß von Ludolf's Wesen und Charakter entsprangen; sie wußte, mit welch geringem Erfolg sie seither schon zu Gunsten Ludolf's hatte vermitteln wollen. Wahrlich, wenn sie die Wahl gehabt hätte, würde sie am liebsten sich dem Auftrage entzogen haben, den Herr v. Adelsberg ihr zugemuthet hatte; aber sie hatte keine Wahl, wenn sie an ihre Kinder gedachte und an die Möglichkeit einer Invasion der republikanischen Neufranken, an den vor dem Kammerpräsidenten ausgesprochenen Zweifel, ob Ludolf, wenn erst die Kugel im Rollen sei, dann noch im Stande sein würde, ihr und ihren Kindern Schutz gegen Unbill und Vergewaltigung der fremden Horden angedeihen zu lassen. Sie mußte handeln, aus Selbsterhaltungstrieb und um ihrer Kinder willen, und sie wollte nun keine Zeit versäumen.

Resolut rührte die Reichsgräfin die silberne Klingel auf dem Tisch und befahl dem eintretenden Lakai, drunten bei dem durchlauchtigen Herrn zu fragen: ob sie ihm mit den Kindern guten Tag sagen dürfe. Die Kleinen sollten ihr dann Gelegenheit und Festigkeit geben, ihren Zweck zu verfolgen, obschon sie sich noch nicht klar darüber war, wie sie die Sache angreifen wollte. Gedankenvoll stand sie am Fenster und starrte an den trüben Himmel, in die grauen ziehenden Wolken, in die tanzenden wirbelnden dürren Blätter, die der Wind dort drüben im Schloßgarten vor sich her trieb.

„Erlaucht halten zu Gnaden, aber Seine hochfürstliche Durchlaucht haben geruht, einen Spaziergang ohne Begleitung zu machen,
und sind noch nicht zurück," meldete der Lakei.

„So geh' in die Stadt, in den Schloßgarten und suche Seine
Durchlaucht, um deinen Auftrag zu bestellen!" herrschte Caroline
dem Diener zu, der sich stumm verbeugte, aber gleichwohl noch stehen
blieb.

„Hast Du sonst noch was zu melden?"

„Zu dienen, Erlaucht! eine Frau ist im Vorzimmer und bittet
um die Gnade, aufwarten zu dürfen. — Frau Niethammer aus dem
'Dörfchen'!"

„Sie mag kommen," herrschte die Reichsgräfin, aber die Farbe
wich unwillkürlich von ihren Wangen ob einer vagen schlimmen
Ahnung, weil die Wahrsagerin ungerufen kam.

Mit tiefen Bücklingen und einem kriechenden Lächeln trat die
Niethammer in den kleinen Salon, entschuldigte ihr frühes Erscheinen
und erkundigte sich in süßlichem Tone nach dem hohen Befinden
ihrer Gönnerin, die ihr darauf kaum antwortete.

„Was bringt Sie mir, gute Frau?" fragte die Reichsgräfin;
„ich bin im Augenblick beschäftigt und habe nur wenige Augenblicke
für Sie!"

„Ein einziger genügt, Erlaucht," erwiderte die Niethammer
näher tretend und mit geheimnißvollem ernsthaftem Gesicht und gedämpfter Stimme. „Ich will nicht aufhalten, sondern nur eine
Warnung bringen. Meiner gnädigsten Beschützerin droht eine große
Gefahr; der Feind, den wir immer in den Karten finden, ist hier
und brütet über Racheplänen — die Karten sind voll Unheil!"

„Er wäre hier? mein Feind?!" rief Caroline, und um ein
Haar wäre ihr der Name desselben entfahren. „Woher weiß Sie
das, gute Frau?"

„Aus den Karten," flüsterte das Weib vertraulich und mit
warnend erhobenem Finger. „Erlaucht wissen ja, daß ich Abends
und Morgens die Karten für Euer Gnaden lege. Schon gestern
Morgen fand ich den Kreuzbuben darin und diesen Morgen war er
wieder da und die Bilder sind so deutlich, wie selten! Hier ist
noch das ganze Spiel, wie es lag . . ."

„Schon gut! geb' Sie her, damit ich es aufbewahre! wir betrachten es ein ander Mal," versetzte die Reichsgräfin gepreßt. „Für
jetzt sag' Sie mir nur in Kürze, was Sie weiß!"

„Du lieber Himmel, wer kann sagen, daß er etwas wisse! Die Allwissenheit ist nur beim lieben Gott!" sagte die Niethammer mit einem tiefen Seufzer. „Der läßt uns nur einen schwachen Blick in seine Geheimnisse thun; aber wer klug ist, verschmäht auch solche Winke nicht. Die Karten besagen, daß der gefürchtete Feind hier ist in schrecklichem Ingrimm, daß er an seinem Nebenbuhler und Gegner Rache nehmen will. Es sind grausige Thaten vorge-fallen, Blut ist geflossen, Unschuldige sind um Freiheit und Habe gekommen wegen der unschuldigen Papiere, welche dem Feind ge-stohlen worden sind. Nun will er, der Feind, zum Fürsten gehen und Klage führen, und die Karten deuten auf große Händel und Stürme. Er ist bei seinen Freunden und scheint insgeheim da zu sein. Das Alles steht dort in den Blättern und so wollt' ich denn nicht säumen, sogleich her zu kommen und meiner gnädigen Be-schützerin dies Alles zu vermelden!"

„Ich danke Ihr, gute Frau, und bleibe Ihr gewogen," stam-melte Caroline tief erschrocken und reichte der Niethammer ein Geld-stück. „Es war sehr freundlich von Ihr, mich davon in Kenntniß zu setzen . . . Suche Sie mehr zu erfahren, wenn Sie kann . . . In diesem Augenblick vermag ich mich Ihr zwar nicht zu widmen, weil ich . . . weil ich beschäftigt bin, aber Sie soll heute noch von mir hören . . . Wenn etwas Neues vorfällt, werd ich Ihr eine Be-nachrichtigung danken. Einstweilen . . . ."

„Gott erhalte meine engelsgute gnädige Erlaucht! ich werde mein Augenmerk auf Alles haben, damit ja nichts versäumt wird, gnädigste Frau! — Tausend Dank und einen unterthänigsten guten Morgen!" versetzte die Kartenlegerin, welche wohl sah, daß sie un-gelegen kam, und zog sich rasch zurück, zufrieden mit der unverkenn-baren Unruhe, welche sie im Gemüthe der Reichsgräfin hervorge-rufen hatte. Sie ging mit dem festen Vorsatz, noch vor Abend im Hause der Frau v. Gamming mehr zu erfahren.

Caroline war sogar noch tiefer erschüttert, als sie gezeigt hatte. Idstein war in Walbau und trug sich mit Racheplänen? und ge-rade in diesem Augenblicke, wo seine Enthüllungen Alles verderben, dem Prinzen die volle Ungnade seines rechtlich denkenden Vaters zu-ziehen und die Katastrophe beschleunigen konnten, welche Herr v. Adels-berg eben zu vermeiden so sehr beeifert war? Das war überwäl-tigend und rief ein Chaos von Gedanken in ihr wach, das keinerlei

klare Entschlüsse aufkommen ließ. „Vielleicht schon zu spät," war
die Alles überwältigende Furcht, welche auf ihrem Gemüthe lastete
und sie mit eisiger Angst durchbebte.

*　　　　*

*

Ja, zu spät war es allerdings, denn inzwischen hatte sich ein
anderer Umstand zugetragen, der alle Berechnungen Adelsberg's über
den Haufen zu werfen drohte.

Fürst Johann Heinrich war diesen Morgen trotz der rauhen
Witterung ausgegangen, — nicht um, wie seine Schmeichler sagten,
seine kleine Residenz in ähnlicher Weise zu durchwandern, wie der
Chalif Harun-al-Raschid Bagdad durchwanderte, um incognito die
Wünsche und Beschwerden seines Volkes kennen zu lernen und schnöden
Mißbräuchen zu steuern, — o nein! die Durchlaucht machte nur
ihren konstitutionalen Spaziergang. Der Leibphysikus hatte seit der
letzten sogen. Erscheinung der Weißen Frau und der hierdurch her-
vorgerufenen Unbäßlichkeit dem durchlauchtigen Herrn, dessen Korpu-
lenz und Asthma ohnedem in einer Befürchtung-errregenden Weise
zunahm, den dringendsten Rath gegeben, jeden Morgen einen mehr-
stündigen Spaziergang zu machen, und heute war Johann Heinrich
allein ausgegangen, um nicht reden zu müssen und doch dem Rath
seines Leibphysikus nachzukommen.

Der Fürst hatte den Schloßgarten mehrfach durchwandert und
war nun in die Stadt eingebogen, als ihm — natürlich zufällig —
der Erbprinz begegnete, der seit einiger Zeit den erlauchten Vater
nur selten unter vier Augen zu sehen bekam. Erbprinz Johann
war hierob sehr erfreut gewesen, hatte sich nicht nehmen lassen, dem
etwas unbeweglichen und schwerfälligen alten Herrn den stützenden
Arm zu reichen und mit ihm unbefangen zu plaudern, während sie
in einer vor dem Winde geschützten Straße auf- und abgingen und
den neugierigen Bewohnern Waldau's das erfreuliche Schauspiel
des herzlichsten Einverständnisses gaben, das alle Gerüchte von der
Eifersüchtelei und Spannung zwischen dem alten und dem jungen
Hofe zu widerlegen schien.

Erbprinz Johann hatte — natürlich nur zufällig — auch die
Rede auf das „Gerücht" gebracht, daß Bruder Ludolf incognito in
Waldau sei, zwar noch keine Besuche bei den Brüdern gemacht,

dagegen schon wieder einen lustigen Kreis von Offizieren und jungen Lebemännern vom Adel um sich versammelt habe, der ihm mit Gelagen und lustigen Streichen die Zeit vertreiben helfe, aber bereits in der kleinen Residenz viel von sich reden mache.

„Sie wissen, lieber Papa, daß ich weit entfernt bin, den Vormund und Präceptor Ludolf's machen zu wollen," sagte der Erbprinz leichthin; — „aber um des Ansehens der fürstlichen Würde und des Wohlanstandes willen möchte ich doch beinahe wünschen, daß Ludolf vorsichtiger wäre und wieder in seine preußische Garnison zurückkehrte, — wäre es auch nur, um dem müssigen Geklatsch zu begegnen, daß ihn seine Schulden dort gezwungen haben, Urlaub zu nehmen und den Schauplatz seiner Polissonnerieen hieher zu verlegen."

„Spricht sich das wirklich so in der Stadt herum, Johann?" fragte der Fürst und schlug die müden Augen des gesenkten Hauptes zu dem Thronfolger auf.

„Je nun, man deutet es wenigstens in meinem Kreise an, denn man kennt meine Delikatesse in diesem Punkte, mein gnädiger Papa!" erwiderte Johann. „Ich liebe trotz all seiner Fehler Ludolf zu sehr, um ein Gefallen an diesen Gerüchten und Klatschereien zu finden, und so nimmt man sich vor mir in Acht; allein wenn man vor meiner Frau und mir Andeutungen wagt, so muß das Aergerniß schon weit genug gediehen sein, und ich vermag nicht zu begreifen, warum Ludolf schon um seiner selbst willen nicht lieber in Bauhof draußen bleibt, wo er doch wenigstens den Vortheil hätte, minder beachtet zu sein, und warum er Ihrem Befehl zu trotzen wagt, der ihn gewissermaßen dorthin konfinirte!"

„Ich muß Ludolf hierin in Schutz nehmen," sagte der Fürst. „Er möchte wohl von hier fort, aber seine Verhältnisse sind noch nicht geordnet; ich bin noch zu keinem Entschlusse gekommen . … Aber was gibt es denn da am 'goldenen Stern'?"

Ein Menschenhaufe hatte sich vor dem kleinen Gasthause gesammelt, vor dem ein schwerfälliger beschmutzter Reisewagen hielt. Als die beiden fürstlichen Personen herzutraten, trug man soeben einen in Decken gehüllten alten Herrn aus dem Gasthause heraus und legte ihn in den Wagen, wo er mit Federbetten zugedeckt ward. Ein untersetzter kräftiger junger Mann leitete diesen Akt und wandte sich dann zu dem Wirth und seinen Leuten, um die Zeche zu bezahlen, und die Hausknechte abzulohnen. Beim Erscheinen des Fürsten

unb des Erbprinzen waren die Neugierigen erstaunt und ehrfurchtsvoll bei Seite getreten, und der Erbprinz hatte einen Blick in den
Wagen geworfen.

„Du lieber Himmel, gab es hier ein Unglück?" fragte er.
„Ist der arme Mann krank?"

„Er soll von Sinnen sein, sagt man," versetzte einer der Bürger
ehrfurchtsvoll.

„Und wer ist es denn?" fragte der Fürst, seinen Sohn am
Arme zurückziehend.

„Die Leute sagen: es sei der Oberstlieutenant v. Hövel, der
früher hier nebenan gewohnt hat," erwiderte ein Anderer.

„Herr v. Hövel?" fragte der Erbprinz weiter vortretend und
blickte die Jammergestalt in den Decken an. „Barmherziger Gott,
was ist ihm denn geschehen?"

„Haben Sie den armen Mann vielleicht gekannt, mein Herr?"
fragte nun der junge Herr, in welchem unsere Leser den Studenten
Adam v. Jbstein aus Hulbenberg erkennen werden, und näherte sich
dem Schlage des Reisewagens.

„Gewiß, mein Herr! und wie kommt es, daß der sonst so
ruhige Mann den Verstand verloren haben soll?"

„Herr v. Hövel müßte keinen Verstand gehabt haben, wenn er
ihn nicht über solchem Jammer verloren hätte," erwiderte Adam.
„Vorgestern hat sich seine Tochter zu Tode gerast, ein Mädchen so
schön und liebreizend, wie man wohl selten eines finden mag, an
dessen Seelenleben aber ein unerhörter Frevel begangen worden
ist . . . Jenun, wenn Sie aus Waldau sind, müssen Sie ja ihre
Geschichte kennen . . . Von einem vornehmen Wüstling verführt,
den das Gesetz nicht auf gewöhnlichem Wege erreichen kann, ward
sie von dem Elenden verleugnet, von ihrem Vater verstoßen und ver-
flucht, von ihren Verwandten und Freunden verlassen, hat über dem
Tod ihres Kindes den Verstand verloren und im wilden Paroxysmus
das Leben ausgehaucht. Der arme Vater, der den gegen die schmach-
voll Bethörte geschleuderten Fluch bereute und sich ihrer wieder annahm, ward von ihrem furchtbaren Ende so erschüttert, daß er einen
Schlaganfall bekam, der ihm Bewegung, Sprache und Denkkraft
raubte, und so will ich ihn denn von seinem einsamen Gute hinweg
zu seinem Sohne, dem Lieutenant, bringen, damit er wenigstens
Pflege habe und der Umgebung entrissen sei, die ihn beim Wieder-

aufleben seines Bewußtseins all seinen Jammer wieder vor die Seele rufen müßte!"

„Und wer sind Sie?" fragte der Erbprinz mit Interesse.

„Einer der wenigen Freunde, welche diesem schwergekränkten Ehrenmanne geblieben sind, und ein Mann, der sich gelobt hat, die arme Philippine und ihren Vater an dem herz= und gewissenlosen Verführer zu rächen!" entgegnete Adam mit einem wilden Blicke. „Wie hoch auch der Elende stehe, ich werde schon noch die Mittel finden, mit ihm abzurechnen!" Damit rückte Adam leicht den Hut und stieg in den Wagen. Der Hausknecht schloß den Schlag und der Wagen rollte davon, zu dem nahe gelegenen Thore hinaus.

Der Erbprinz hatte dem Wagen verwundert nachgeblickt; jetzt wandte er sich zu dem Gastwirth.

„Wer war der junge Mann, der so kühn sprach, und so ver= messen drohte?" fragte er.

„Der Knecht, welcher kutschirte, meinte, es sei ein Student v. Jdstein aus Huldenberg, ein Neffe von demselben Herrn v. Jd= stein, der vordem hier . . . ."

„Schon gut, lieber Mann! ich danke Ihm," sagte der Erb= prinz, ergriff den Arm seines Vaters und ging mit demselben die Straße hin.

„Begleite mich in's Schloß und laß Heinrich rufen, mein Lieber!" sagte die alte Durchlaucht, als sie einige Dutzend Schritte von dem Schauplatz des eben geschilderten Auftritts entfernt waren. Der greise Fürst war unverkennbar tief erschüttert durch die uner= wartet vor ihn gelangte Kunde. „Der unselige gewissenlose Mensch, der gottvergessene Ludolf!" murmelte der unglückliche Vater vor sich hin. „Drei Menschenleben und einer ganzen Familie Glück und Frieden auf seinem Gewissen! Das ist furchtbar, unerhört! Und da treibt sich dieser Mensch noch hier herum und ergötzt sich mit Gelagen und tollen Streichen?!"

„Wir wollen zu Ludolf's Ehre annehmen, daß er nichts von dieser furchtbaren Katastrophe weiß, bester Papa!" flüsterte Erbprinz Johann!

„Einerlei, der Faden meiner Geduld ist abgerissen — Ludolf muß fort, noch heute! Barmherziger Gott, vergib ihm! Deine Hand liegt schwer auf mir! . . ." murmelte Fürst Johann Heinrich. „Die erste Pflicht eines Fürsten ist Gerechtigkeit, und ich werde gerecht sein, ohne auf die Stimme meines schmerzlich zerrissenen

Vaterherzens zu hören . . . Ludolf soll in seine Garnison zurück und nicht eher wieder vor meine Augen kommen, als bis er mir Beweise von Sinnesänderung gegeben hat!"

„Ich kann nur die Eine Bitte daran knüpfen, mein theuerster Papa: entfernen Sie den Bruder schnell, ehe wir einen neuen Affront erleben müssen!" sagte der Erbprinz. „Die Miene, mit welcher jener junge Mann vorhin seine Drohungen gegen Ludolf ausgestoßen hat, verkündete nichts Gutes! Der junge Mensch hatte etwas wahrhaft Fanatisches in seinem Hasse — Beweis genug dafür ist, daß er es gewagt hat, solche Drohungen gegen ein Mitglied des regierenden Hauses mir gleichsam in den Bart zu schleudern!"

Der Fürst antwortete nicht, aber sein langsamer mühvoller Gang, sein kurzer Athem und die dunkle Röthe seines Angesichts verriethen seine Gemüthsbewegung. Der sparsame alte Herr eiferte sich noch vollends in einen gewissen Affekt hinein, um sich zu überreden, daß der Sohn kein pekuniäres Opfer verdiene, daß von einem vertragsmäßigen Abkommen mit Ludolf keine Rede sei, sondern der Wüstling von Sohn jede Unterstützung seines Vaters als Gnade ansehen müsse.

Der Lakai, welchen die Reichsgräfin von Thaunheim nach ihrem Gemahl ausgeschickt, hatte den greisen Fürsten am Arme seines ältesten Sohnes über den Schloßplatz nach der Residenz herüber kommen sehen. Er war zurückgeeilt, um seiner Herrin davon Meldung zu machen, und diese sah vom Fenster noch den Gemahl in's Schloß treten und erkannte an seinem Gange, sowie an seiner ungewohnten Begleitung, daß irgend etwas Ungewöhnliches vorgefallen sei. Sie holte daher ihre beiden jüngsten Kinder und schickte sich an, nach den Appartements ihres Gemahls im Erdgeschoß hinunterzusteigen und nach ihm zu sehen, ihm guten Tag zu sagen und sich nach seinem Befinden zu erkundigen.

„Laß mich eine halbe Stunde allein, damit ich mich erhole, und komme dann mit Heinrich zu mir; wir wollen Familienrath halten und das Ergebniß desselben Ludolf mittheilen! Er muß noch heute die Residenz, morgen das Land verlassen!" hatte Fürst Johann Heinrich dem Erbprinzen im Vorzimmer zugeflüstert. Erbprinz Johann wußte, daß derartige Entschlüsse seines Vaters nicht unwandelbar waren; aber die Frau Erbprinzessin fürchtete die spitze Zunge Ludolf's und wünschte dessen Entfernung aus Waldau, und Prinz Johann selbst sah aus Schicklichkeits-Rücksichten und strengen Grundsätzen

seinen debauchirten Bruder lieber in der Ferne; — er eilte daher
möglichst schnell nach seinem Palais in der Stadt zurück, um seine
Frau von dem Vorgefallenen in Kenntniß zu setzen und den Prinzen
Heinrich herbeizurufen.

Als die Reichsgräfin mit ihren beiden jüngsten Kindern in das
das Arbeitszimmer des Fürsten trat, saß Johann Heinrich vor dem
Kamin, starrte gedankenvoll in's Feuer und trank ein Glas frischen
Wassers.

„Guten Tag, Linchen! guten Tag, Kinder!" sagte er langsam
und ohne aufzustehen; „hab' euch ja diesen Morgen noch gar nicht
gesehen! Was macht ihr?"

„Verzeihung, mein Lieber, daß ich hier so ohne Weiteres ein-
breche, aber die Unruhe, die mich quält, mag es entschuldigen!"
versetzte Caroline besorgt und zärtlich. — „Sie sehen echauffirt und
angegriffen aus, mon cher! Was ist Ihnen?"

„Du sollst es hernach erfahren, Linchen! Du lieber Himmel,
unangenehme Dinge, erschütternde Erlebnisse! . . . Weißt Du schon
davon? Die kleine Philippine Hövel, Deine ehemalige Hofdame,
ist gestorben, hat sich im Wahnsinn zu Tode gerast, und ihr un-
glücklicher Vater ist aus Kummer und Jammer an Gliedern und
Zunge gelähmt! Hab' ihn selber gesehen — ein wahres Jammerbild!"

„Ist's möglich?" rief Caroline und die Farbe wich von ihren
Wangen, denn in ihrer Seele stiegen Gewissensbisse und Selbst-
vorwürfe auf, die sich nicht hinwegtäuschen ließen. „Oberstlieutenant
v. Hövel ist also hier?"

„Nein? er ist wieder abgereist, zu seinem Sohn, der ihn verpflegen soll — ich sah ihn wegfahren.

„Und er erzählte Ihnen seine Geschichte selbst, mon cher?"
fragte Caroline.

„Er? O nein, er lag wie gebrochen in Decken gehüllt im
Wagen! Der arme Mann! es hätte ihm vielleicht das Herz er-
leichtert, wenn er seinen Schmerz in Worte zu kleiden vermocht hätte!
Sein Begleiter, Herr v. Jöstein theilte uns Alles mit, und stieß
gegen Johann wilde Drohungen wider diejenigen aus, auf deren
Haupt diese drei Menschenleben fallen!"

„Großer Gott! Sie haben also Jöstein gesprochen, Monseigneur? . . ." stotterte die Reichsgräfin und gab schon Alles verloren.

„Nein, nicht ich, sondern Prinz Johann, an den sich Jösteln wandte," sagte der Fürst gedankenvoll. „Das Ereigniß wird in wenigen Stunden in der ganzen Stadt bekannt sein und die alte verklungene Geschichte wieder in Aller Mund bringen, Erbitterung gegen meinen lasterhaften Sohn hervorrufen. Man wird von mir einen Akt der Sühne erwarten, und man soll sich nicht täuschen: Johann Heinrich wird zeigen, daß er ebenso gerecht als selbstsuchtslos ist; er wird sogar der Bande des Bluts nicht achten, wenn es gilt, das gekränkte Recht zu wahren — Ludolf muß noch heute Waldau verlassen und auf so lange in's Ausland gehen, bis sein Betragen mich von seiner ernsthaften Besserung überzeugt hat und dieser abscheuliche Handel mit Philippine Hövel in Vergessenheit gekommen ist!"

„Monseigneur, halten Sie ein! Lassen Sie mich für meines Sohnes Liebden flehen!" bat die Reichsgräfin mit einem Angstschrei und mit Thränen in den schönen Augen und warf sich zu den Füßen ihres Gemahls nieder, der jedoch diesmal ungerührt zu bleiben schien.

„Steh' auf, Linchen! laß es gut sein! Ich sage Dir, diesmal laß ich mich nicht erweichen," entgegnete er und klopfte mit den Fingerknöcheln auf die Marmorplatte des Tischchens, worauf sein Arm ruhte. „Ich habe Dir schon einmal bewiesen, daß ich über die strenge Regentenpflicht und Strafgerechtigkeit die väterliche und christliche Milde gestellt habe, um vielleicht einen Leichtsinnigen nur frecher, einen Verhärteten nur noch fürwitziger zu machen! Ludolf, mein unseliger verworfener Sohn, hat mir's damit gelohnt, daß er mein Herz nur auf's Neue kränkte und seinen erlauchten Namen besudelte! Diesmal werde ich mich nicht erweichen lassen. Gib Dir keine vergebliche Mühe!

„So hören Sie mich wenigstens um Ihret- und um unser Aller Wohlfahrt willen, Monseigneur, denn Sie haben keine Ahnung davon, wie übel dieser Zeitpunkt gewählt ist," rief Caroline eindringlich. „Die Verhältnisse liegen heute anders als damals. Prinz Ludolf hat seinerseits Schritte gethan, die ihn bei seinem Stolz und Starrsinn Mühe und Selbstüberwindung kosteten, um Sie zu versöhnen; er hat Zusagen bekommen, die seither nicht in Erfüllung gegangen sind . . ."

„Seine Zukunft beschäftigt mich seit Wochen; es ist meine Schuld nicht, wenn noch nichts Entscheidendes geschehen konnte," fiel

ihr der Fürst streng ins Wort. „Die Erkundigungen, welche ich in
Potsdam und Berlin über Ludolf anstellen ließ, haben mich bis in's
innerste Herz betrübt und klägliche Dinge zu Tage gefördert. Seine
Schulden, seine losen Streiche und deren Folgen haben ihn gezwungen, meine Verzeihung zu suchen. Seine Reuegefühle sind nur wieder
ein neuer Anschlag auf meine Börse . . . Ein anderer, minder
sanfter und liebreicher Vater würde ihm längst geflucht, ihn verstoßen haben . . ."

Die beiden Kinder weinten erschrocken ob der ungewohnten
Heftigkeit Papa's in Stimme und Geberden, ob der sichtlichen Angst
und Thränen der Mutter. Die Reichsgräfin ergriff die Weinenden
bei den Hand und führte sie hinaus in's Vorzimmer, um sie ihrer
Bonne zu übergeben.

„Wir wollen die Sache ruhig überlegen und besprechen, mon
cher," sagte sie dann, zu ihrem Gemahl zurückgekehrt. „Sie werden
gereizt und heftig, und wenn ich Ihnen das auch nicht verdenken
kann, so wird doch hierdurch nichts gefördert. Darf ich mir die
einzige Gnade ausbitten, fünf Minuten lang ruhig gehört zu werden,
um zu zeigen, wie heutzutage die Verhältnisse ganz anders liegen,
als zu der Zeit, von welcher Euer Liebden reden? Wollen Sie mir
vergönnen, in bester Absicht Thatsachen zu erwähnen, welche zu
meiner Kenntniß gekommen sind und die ich aus Pflichtgefühl nicht
verschweigen kann, wenn wir nicht Alle von dem Abgrund ver-
schlungen werden sollen, an dessen Rande wir bewußt und unbewußt
stehen?"

Die Reichsgräfin hatte mit Ruhe und eindringlicher Mäßigung einen Stuhl genommen, sich dicht neben ihren Gemahl an's
Kamin gesetzt und seine nervös bebende Hand erfaßt, — eine Berührung, welche ihn wie mit mesmerischer Gewalt umzustimmen
schien.

„Was werde ich da wieder zu hören bekommen!" murmelte er
und wandte sich halb zu ihr.

„Wundersame, unerwartete, entsetzliche Dinge, die von unab-
sehbaren Folgen sein können," versetzte sie ruhig und theilte nun
dem Fürsten, jedoch ohne Nennung der Quelle, mit, was sie erst vor
einer Stunde aus dem Munde des Kammerpräsidenten vernommen
hatte.

Der Fürst hatte ihr mit steigender Spannung zugehört, und
der Eindruck ihrer Mittheilungen war ein furchtbarer, niederschmet-

ternder. Der Greis rang nach Fassung, schnappte nach Luft, denn was ihm seine Gemahlin nur als eine Eventualität schilderte, das stand vor seinem Geiste schon als eine Aktualität, als ein halb ausgeführtes Komplott da.

„Und das ist mein Sohn? eine solche Viper hab' ich an meinem Busen genährt? Das also ist die Reue über den angeblichen thörichten knabenhaften Scherz der sogenannten 'Räuberhöhle'? So greift der Verworfene auf's Neue wider göttliches und menschliches Recht nach meiner Krone?" stammelte er und seine Brust wogte ungestüm und alles Blut schien ihm zum Kopf zu dringen. „Mit dem Erbfeinde verbunden wider das eigene Blut und Vaterland? Ich verstoße den Elenden!"

„Den Bruder Ludolf?" fragte der Erbprinz, der in diesem Augenblick mit Prinz Heinrich von der andern Seite in das Gemach trat. Beide waren jetzt in Uniform, wie es Sitte war, wenn der Vater sie offiziell empfing. „Was für neue Kunde über ihn ist denn eingetroffen? Verzeihung, chère maman, für unser ungemeldetes Eintreten!" sprach er, sich zu Karolinen wendend und zog ihre Fingerspitzen mechanisch an seine Lippen; „aber wir waren hieher befohlen! — Was hat es denn gegeben? Seine Liebden der durchlauchtige Herr erscheinen ja ganz außer sich?"

„Denkt euch, meine Söhne, Ludolf trägt sich mit dem Gedanken, der neufränkischen Republik seinen Degen anzubieten in der Hoffnung, mit Hülfe neufränkischer Heere die von Gott eingesetzte Thron= und Erbfolge durch das Erstgeburtsrecht umzustoßen und sich etwa zum Statthalter von Waldau und Lehenträger der Republik aufzuwerfen. Was sagt Ihr dazu?"

„Empörend, aber es sieht dem wilden Menschen ähnlich," versetzte der Erbprinz verblüfft; „allein woher wissen Sie um den Plan, gnädigster Papa?"

„Eure Mutter hat mir ihn mitgetheilt!"

„Dann läßt sich an der Wahrheit desselben nicht mehr zweifeln. Ihre Erlaucht unsere gnädige Mama ist gewiß so genau berichtet, als es nur sein kann, sonst würde sie diese Mittheilung nicht gemacht haben! — Das ist Felonie, Landesverrath in des Wortes kühnster Bedeutung!" rief der Erbprinz

„Es ist noch mehr — es ist Vater= und Brudermord!" rief Prinz Heinrich sich kühn aufrichtend und schlug an seinen Degen.

„Man muß eine Untersuchung einleiten und den unglücklichen

aberwitzigen Menschen vor den Staatsgerichtshof stellen," sagte der
Erbprinz. „So tief mich's schmerzt, so sind wir doch der allgemeinen Wohlfahrt, der Ruhe und Sicherheit des Staats eine exem-
plarische Strenge schuldig!"

„Ludolf muß verhaftet und dingfest erhalten werden, um ihn
an der Ausführung seines Projekts zu verhindern und zur Nennung
seiner Mitschuldigen zu zwingen!" rief Prinz Heinrich, sich in eine
lebhafte Thatkraft hineinredend. „Ich möchte den unmaßgeblichen
Antrag mir erlauben, Generalmarsch schlagen, die Garnison unter
die Waffen treten zu lassen, den Kriegszustand zu verhängen . . ."

Der Fürst hörte vielleicht diese Worte gar nicht; in seinen
Lehnstuhl zusammengesunken saß er da, die Hände im Schooße ge-
faltet, starrte in das Kamminfeuer, eine unsägliche Wehmuth in
den Zügen, mühsam verhaltene Thränen in den Wimpern. Nach
mehr als einem halben Jahrhundert einer ruhigen segensreichen Regierung rüttelten die politischen Stürme von außen nicht nur an
seinem Staate, sondern auch an seinem Herzen. Das war beinahe
zu viel für das schlichte treue Vatergemüth.

Caroline allein überschaute klar und unbefangen die Sachlage;
sie erkannte in des Erbprinzen Gebahren die Angst und die Schadenfreude, in Prinz Heinrich's scheinbar ritterlicher Aufwallung den
falschen Muth des Poltrons, der sich durch komödienhafte Phrasen
zum Helden stempeln will. Sie hatte zugleich eine deutliche Ahnung
von Dem, wessen Ludolf fähig war, wenn er sich zum Aeußersten
getrieben sah.

„Messeigneurs, ich beschwöre Sie, handeln Sie nicht leiden-
schaftlich und unbedacht! Treiben Sie die Sache nicht auf die Spitze!"
rief sie und wandte sich bittend von dem Einen zum Andern. —
„Sie gehen Alle von irrigen Voraussetzungen aus. Prinz Ludolf hat
nicht gedroht, sondern nur von verlockenden Gedanken und Gelüsten,
von Möglichkeiten und dämonischen Ideen gesprochen . . ."

„Ideen sind die Mütter der Thaten, Euer Liebden!" fiel ihr
der Erbprinz ins Wort. „Wir dürfen annehmen, daß derjenige,
welcher unserer gnädigen Mama Liebden die Aeußerungen unseres
aberwitzigen Bruders hinterbrachte, deren Tenor und Tragweite
eher abgeschwächt als zu lebhaft kolorirt hat . . ."

„Und daß er wenigstens warnen wollte, so lange es noch Zeit
war," setzte Prinz Heinrich bei. „Wenn ein Mann von Ludolf's
Schlauheit von solchen Dingen spricht, so wähnt er sich der Aus-

führbarkeit derselben sicher. Wir müssen eher zu rasch, als zu langsam handeln, um nicht überrumpelt zu werden!"

„Wir haben hier zuvörderst den höheren Pflichten gegen Gesellschaft, Staat, Menschheit, Ordnung zu genügen und das beabsichtigte Verbrechen zu vereiteln,". sagte der Erbprinz. „Hat das Gesetz gesprochen, so können die Gnade und die Liebe nach Maßgabe der
Sachlage die Strenge des Gesetzes abschwächen, und wir werden
uns dann erinnern, daß der Unglückliche unser Bruder ist!"

„So handeln Sie wenigstens nicht ohne die Räthe der Krone,
Messeigneurs! Lassen Sie den Kammerpräsidenten v. Adelsberg
rufen, damit auch der gesetzliche Schein gewahrt bleibe!" rief Caroline, der ein neuer Gedanke durch den Kopf schoß. — „Mein theurer
gnädiger Gemahl, handeln Sie nicht ohne Ihren bewährten treuen
Rathgeber, ohne Ihren erprobten treuen Diener, der vielleicht unbefangener urtheilt als jeder Andere, weil er über den Parteien
steht! Ich beschwöre Sie, um unser Aller Wohles willen!"

„Madame hat Recht; laßt Adelsberg rufen!" erwiderte der
Fürst, sich aus seiner schmerzlichen Lethargie aufrüttelnd. „Sei
ruhig, meine Liebe, es soll keine Cautele versäumt werden. Geh'
nur, verlaß uns! Du sollst hernach von mir hören!"

Caroline wünschte nichts sehnlicher, als sich zurückzuziehen, und
verabschiedete sich rasch und ohne viele Ceremonie. Als sie gekom-
men, war ihr die Sache nicht so ernst und folgenschwer erschienen
wie jetzt; nun aber begriff sie, daß diese Angelegenheit zu einer
Krise gediehen war, und sie wollte Ludolf warnen, ihn bitten, nach
Bauhof zu eilen und dort sich zu verstecken. Sie eilte an ihren
Schreibtisch und schrieb hastig einige Zeilen, mit denen sie ihre vertraute
Kammerfrau absandte, welche zugleich die Kartenlegerin wieder in's
Schloß bescheiden sollte.

„Mein theurer gnädiger Papa," hub der Prinz an, als die
schöne Stiefmutter weggegangen war, — „ich sehe mich gedrungen,
nun den unmaßgeblichen Vorschlag zu machen, daß mein unglückseliger
Bruder verhaftet werde. Es ist von der größten Wichtigkeit, seine
Flucht zu verhindern, die ihn gerade in die Hände der Republik
treiben und die Ausführung seiner ruchlosen Anschläge beschleunigen
hieße. Wollen Sie mich beauftragen, Ludolf in aller Stille und mit
allen nöthigen Rücksichten verhaften und in ritterliche Haft nehmen
zu lassen?"

„Es sei, mein Sohn, aber handle mit Umsicht und vergiß

nicht, daß wir kein Aufsehen machen dürfen! Ludolf wird hier im
Schlosse von zwei Offizieren und Unteroffizieren bewacht werden,
welche mir mit ihrer Freiheit für seine Person haften. Adelsberg
soll den Kronanwalt beauftragen, die Untersuchung einzuleiten . . .
Ach, diese entsetzlichen Dinge sind mir ordentlich in die Glieder gefahren! Meine Gicht, mein Herzkrampf rühren sich wieder! . . . ."

„Mein theurer Papa, lassen Sie auch mich nicht unthätig sein!"
bat Prinz Heinrich. „Die Wachtparade zieht demnächst auf; man
muß die Wachen am Schloß und an den Thoren und sonstigen
Posten verstärken, die Truppen konsigniren, die Offiziere bei der
Parole behalten — geruhen Sie mir diese Aufträge zu geben, damit keine Vorkehrung versäumt werde!"

„Wohlan, handle nach Gutdünken und berede dich mit
dem Gouverneur! Der Augenblick soll uns gerüstet finden!" sagte
der Fürst mit ernster trauriger Entschlossenheit. „Der Gouverneur
soll noch einige Compagnieen Soldaten mehr in die Stadt ziehen
und die Kanoniere in ihre Kasernen konsigniren lassen! Die Ge-
schütze sollen bespannt und marschfertig gehalten werden!"

Die Prinzen gingen und der unglückliche Vater war wieder
allein.

* * *

In der Gartenwohnung des Prinzen Ludolf saß ein halbes
Dutzend Offiziere um den runden Tisch; ein reichliches Gabelfrühstück war vorüber, der firnste Wein blinkte in den Gläsern, die
Pfeifen qualmten, die Köpfe glühten, und die Unterhaltung war
mehr laut und lustig, als eben gewählt.

„Einen Trinkspruch, Kameraden!" rief Katzenegg, mit der Mes-
serklinge an sein Glas pochend; — „dem fidelsten, genialsten, loyal-
sten, lustigsten, leutseligsten aller Prinzen! Möchte er unter uns
bleiben und den alten Kreis seiner treuen Freunde immer größer
und zahlreicher werden sehen! Möchte es ihm vergönnt sein, der
Liebe und Anhänglichkeit aller seiner Waldauer sich in demselben
Maße zu erfreuen, wie unsere Herzen für ihn schlagen! Möge der
erlauchte Freund hier wie überall die Herzen der Frauen, die Degen
der Männer und die Kassen der Juden für sich haben! Möge
unser herrlicher gütiger Wirth noch lange seiner Jugend genießen!

Wer mit mir fühlt, der rufe mit mir: Seine durchlauchtigen Gnaden der lustige Prinz Ludolf von Waldau lebe hoch!"

„Hoch, hoch, und abermals hoch!" fiel der Chorus ein und die Gläser klirrten zusammen.

Der Prinz hatte lächelnd die Runde mit seinem Glase gemacht. „Dank' euch, meine Freunde!" rief er. „Der Hauptmann hat gesprochen, wie seiner Zeit in der seligen Räuberhöhle, und ich sollte nun auch eine Rede halten, was aber meine Sache nicht ist. Darum kurz und gut: Wenn ich euch und eure treuergebene Freundschaft auch einmal erprobt`habe, dann soll es auch euer Schade nicht sein. Inzwischen wünsch' ich euch just dasselbe, was Katzenegg mir gewünscht hat und leere dies Glas auf euer Aller Wohl! ... Was ist es, Bastian? was glotzest Du mich so sonderbar an?"

„Es ist ein Herr da, welcher den gnädigen Prinzen zu sprechen wünscht, flüsterte Bastian geheimnißvoll; „ich hab' ihn in den Salon geführt."

„Wer ist es denn?"

„Ein Offizier! Durchlaucht."

„Dummkopf, wenn es ein waldauischer Offizier ist, so führe ihn hier herein! Er wird nicht verschmähen, ein Glas Wein mit uns zu trinken."

Bastian ging.

„Wer mag es denn sein, mein Prinz?" fragte Katzenegg, der neben Ludolf saß, neugierig.

„Weiß nicht; der Esel von Bastian kennt euch noch nicht alle und hat jedenfalls vergessen, ihn um den Namen zu fragen," versetzte Ludolf. „Jedenfalls also ist es keiner aus unserm Kreis."

Bastian kehrte zurück mit der Meldung, der Offizier lasse ehrerbietigst für die gütige Einladung danken, bitte aber den Prinzen unterthänig um einige Minuten unter vier Augen, da er eine dienstliche Meldung zu machen habe.

„Bursche, hast Du auch recht gehört?" rief der Prinz. „Was kann ein waldauischer Offizier mir, dem königlich preußischen, dienstlich melden! — He, Katzenegg, bitte, geh' Du 'mal hinüber und sieh', was er will! — Laßt euch nicht stören, Jungens! Freiberg ist uns noch die Erzählung seines Abenteuers mit der Putzmamsell schuldig, mit welcher er auf die Frankfurter Messe reiste. Ihr kennt es noch nicht?"

„Nein! erzählen! preisgeben!" tönte es im Kreise. „Der Schwerenöther hat immer Glück!"

„Na, ich will meine Geschichte zum Besten geben, aber erst wenn wir allein sind," sagte Freiberg. „Die Domestiken sollen es nicht hören, sonst weiß es am Sonntag Abend die ganze Stadt."

„Ich will dafür sorgen, daß wir ungestört bleiben, so lange du erzählst, Freiberg!" sagte der Prinz aufstehend und ging zur Thüre, wo ihm aber gerade Katzenegg in die Hände lief und einige Worte zuflüsterte, die den Prinzen überraschten. — „Entschuldigt einen Moment, Jungens, ich bin gleich wieder hier!"

„Was war's denn, Katzenegg, Du schaust ja verzweifelt ernsthaft drein?" rief einer aus der Gesellschaft.

„Lieutenant Sandvoß, der Adjutant des Erbprinzen, wünscht sich eines Auftrags zu entledigen, den er dem Prinzen nur unter vier Augen mittheilen kann," erwiderte Katzenegg.

„Der rothhaarige pedantische Sandvoß, die leibhaftige Solidität und Zimpferlichkeit?!" rief ein Anderer. „Na, gut daß der nicht hereinkam! was der die Augen aufgerissen haben würde, uns so in Hemdärmeln da sitzen zu sehen!"

„Der hätte unter uns hereingetaugt, wie der Teufel in's Credo," witzelte ein Anderer.

„Wir hätten ihn mit Wein getauft, um ihn coursfähig zu machen, und er wäre dann vielleicht ein lustiger Teufel geworden!" bemerkte ein Dritter; „ich gäbe eine Monatsgage darum, den Duckmäuser einmal scharf angetrunken zu sehen!"

„Und diese Begegnung hat Dich verstimmt, unverwüstlicher Räuberhauptmann?" fragte Freiberg den Katzenegg, der bedächtig und vor sich hinstarrend sein Glas austrank.

„Die Miene des Adjutanten gefiel mir nicht," brummte Katzenegg. „Der Bursche, sonst immer lächelnd wie der Haubenstock einer Putzmamsell, macht ein Gesicht so ernsthaft und bittersüß, als hätt' er dem Prinzen eine Ausforderung zu überbringen, und that so zuversichtlich, so abstoßend geheimnißvoll . . . Ich will mich 'mal in's Vorzimmer verfügen!" Und er schlüpfte in seinen Uniformsrock und ging hinaus.

Auch Prinz Ludolf hatte es seiner Stellung angemessen erachtet, seinen Interimsrock anzulegen, ehe er hinüber ging. Als er in den Salon trat, sah er den Adjutanten mit dem Dreimaster auf dem

Kopf, die Schärpe um die Hüften, in militärischer Positur. Sandvoß gab sich in ganz förmlicher Weise zu erkennen und fragte dann: „Habe ich die Ehre, Seine Gnaden, den Prinzen Ludolf von Waldau Lieben, Oberst in königlich preußischen Diensten, vor mir zu sehen?"

„Larifari, Herr Lieutenant; als ob Sie mich nicht kennen würden! Oder sind Sie kurzsichtig geworden? — Was wünschen Sie von mir?" fragte Ludolf ungeduldig

„Ihren Degen, mein Prinz! Im Namen Seiner Durchlaucht: Sie sind mein Gefangener!" versetzte der Adjutant in dienstlichem Tone, setzte dann aber geschmeidig und wie entschuldigend hinzu: „Ich bitte Euer Lieben unterthänigst, mich diesen unliebsamen Auftrag nicht entgelten zu lassen!"

„Herr Lieutenant, Sie sind nicht bei Sinnen! Fastnacht ist noch nicht da," wallte Prinz Ludolf auf. „Soll dies Ernst sein?"

„Voller, bitterer Ernst, und für mich, wie gesagt, ein un= angenehmer Auftrag!" sagte Sandvoß mit Festigkeit. „Herr Oberst Prinz zu Waldau, ich bitte um Ihren Degen, denn Sie sind mein Gefangener!"

„Herr . . . das geht über den Spaß!" rief Ludolf drohend und richtete sich in seiner ganzen Länge auf. „Von wem kommt Ihr Auftrag?"

„Von Seiner durchlauchtigen Lieben dem Herrn Erbprinzen Johann von Waldau — im Namen und Auftrag Seiner hochfürst= lichen Durchlaucht!"

„Im Namen aller Teufel der Hölle, was fällt Ihnen ein, mein junger Herr?" brauste Ludolf auf. „Wo ist Ihre Legitimation? wo ein Verhaftsbefehl?" — Lieutenant Sandvoß zuckte die Achseln und bedauerte, derartige Dokumente nicht zu besitzen. — „Mit wel= chem Rechte kann mein Bruder, der Erbprinz, mich verhaften lassen, so lange meines durchlauchtigen Herrn Vaters Lieben noch bei Leben und an der Regierung sind?" — Lieutenant Sandvoß zuckte abermals die Achseln und begann etwas dämlich darein zu schauen. — „Wie kann man sich unterstehen, in einem solchen Mauseloch von Fürstenthum einen königlich preußischen Stabsoffizier verhaften lassen zu wollen, und zwar noch durch einen Lieutenant? Wissen Sie nicht, daß nach militärischem Brauch nur ein Stabsoffizier zuständig wäre, meinen Degen in Empfang zu nehmen, mein junger Herr?"

„Herr Oberst Prinz von Waldau," erwiderte jetzt der Lieutenant

Sandvoß, von dem geringschätzigen Tone der letzten Bemerkung sichtlich pikirt, und trat dem Prinzen um einen Schritt näher, — „ich
bin nicht hieher gekommen, um mit Eurer Liebden darüber zu rechten,
ob ich ein Recht habe, Sie zu verhaften oder nicht, sondern um als
Soldat meine Schuldigkeit zu thun und einen erhaltenen Befehl auszuführen. Ich frage daher Euer Liebden nochmals: wollen Sie die
Gewogenheit haben, mir Ihren Degen zu überliefern und mir als
mein Gefangener zu folgen, oder wollen Sie mich zwingen, Gewalt zu brauchen?"

„Gewalt?!" rief der Prinz, der vor Wein und Zorn glühte
und sich kaum mehr zu halten wußte. „Versuchen Sie 'mal Gewalt,
mein Herr, und Sie sollen sehen, daß wenigstens ein paar Dutzend
von euren Soldaten oder Schergen in's Gras beißen müssen, ehe
sie mich lebendig fangen!... Gewalt? potz Millionen Donnerwetter! gehen Sie zu denen, die Sie gesandt haben, und sagen Sie
denselben: sie mögen Gott danken, wenn Prinz Ludolf ihnen nicht
über Nacht auf den Hals rücke und ihnen die Bude über den Kopf
zusammenwerfe! Vor Allem aber, mein Herr Lieutenant, machen
Sie, daß Ihre Beine Sie weiter tragen, oder bei Gottes Blitz!
meine Domestiken sollen Ihnen den Heimweg zeigen!"...

„Alle Wetter, was gibt es denn? was soll denn dies bedeuten?"
riefen einige Stimmen und die Genossen des Gelages, von dem
Lärm herbeigezogen, erschienen auf der Schwelle.

„Zum Teufel, Sandvoß! was machst Du denn hier?" rief Freiberg; „Du wirst doch nicht den Prinzen in seinem eigenen Hause in-
sultiren?"

„Meine Herren Kameraden," antwortete Sandvoß, dessen
Zuversicht und Festigkeit jetzt eher wuchs, als abnahm, — „ich
nehme Sie hiemit zu Zeugen, daß ich im Namen Seiner hochfürstlichen
Durchlaucht, unsers allergnädigsten Kriegsherrn, den hier anwesenden
Prinzen Ludolf von Waldau, königlich preußischen Obersten, aufgefordert, mir seinen Degen abzugeben und mir als Gefangener zu
folgen, und daß besagter Prinz dieß unter Drohungen verweigert
hat!"

„Prinz, geben Sie nach!" flüsterte Anblau, der noch einer von
den nüchternsten war. „Lieutenant Sandvoß kann ja als Soldat
nicht anders handeln, wenn ihn der Auftrag auch ohne Zweifel an-
widert, wie ich zu seiner Ehre annehme... Es kann nur ein Mißverständniß sein oder ein schlechter Scherz!"

„Es ist nicht mehr noch weniger als ein boshafter Streich, den meine lieben Brüderchen, der Pantoffelheld Johann und der Möchte=gern Heinrich, mir spielen wollen!" rief Ludolf. „Man droht mir mit Gewalt, aber ich werde Gewalt mit Gewalt vertreiben und sollte darob auch der ganze wurmstichige Bau dieses Fürsten= thums über den Haufen fallen. Vorwärts, meine Freunde, wir wollen 'mal zeigen, aus was für Holz wir geschnitzt sind! . . ."

„Mein Prinz, Sie reden sich um den Hals!" warnte Anblau. „Sandvoß, ich hoffe, daß Du auf diese Aeußerungen nicht gehört hast, sondern Dich nur an Deinen Auftrag hältst!"

„Mein Auftrag ist zu Ende, ich habe das Meinige gethan," erwiderte der Adjutant, militärisch salutirend. „Ich werde mich auf das Zeugniß meiner Herren Kameraden berufen, daß ich meine Ordre zu vollziehen versucht habe, aber mit Gewalt bedroht worden bin, falls ich Ernst mache . . . Habe die Ehre mich zu empfehlen!" Und sich auf den Hacken herumschwenkend, verließ er das Zimmer.

Die sechs Gäste schwiegen betroffen, und einige Gesichter wur= den sehr lang.

„Was wollte man denn eigentlich von Ihnen, mein Prinz?" fragte Anblau ruhig. „Glauben Sie wirklich, daß es mit der Ver= haftung ernsthaft gemeint war?"

„Sah denn die ganze Sache etwa wie Spaß aus?" versetzte der Prinz. „Ich fürchte sehr, die Sache war nur allzu ernst ge= meint und meine Brüder haben mir auf einige Jahre frei Quartier in einem vergitterten Stübchen auf dem alten Bergschlosse Waldau oder sonst irgendwo zugedacht!"

„Aber weshalb denn?" fragte Freiberg kleinlaut.

„Ich kann mir nur Einen Grund denken — derselbe Schurke Hühnersdorf, welcher euch und Anderen die Drohbriefe schickte und den ich in den Händen der kaiserlichen Werber wußte, ist demselben entsprungen, hat sich in den Schutz meines Bruders Johann geflüchtet und demselben gewisse compromittirende Papiere übergeben, die er mir zu hinterschlagen wußte," sagte der Prinz mit zornblitzenden Augen und einer wilden Energie. — „Freunde, Kameraden! ihr seht, wie die Sachen stehen! Wir alle ziehen an demselben Karren. Wird oder ist die Geschichte verrathen, oder sind die Originalpapiere, die ich zum Theil vernichtet wähnte, in den Händen meiner Brüder, so ist meine ganze Bemühung, unsere Verabredungen von damals und die in der Räuberhöhle gefaßten allfälligen Pläne als einen

Scherz hinzustellen, vergeblich gewesen. Meine Brüder sind Schwächlinge und darum grausam; sie werden euch und mir das nie verzeihen! Also bleibt uns nur die Wahl, entweder uns wie Schöpse
einfangen und einsperren zu lassen oder in keckem Zugreifen den
ganzen Plunder über den Haufen zu werfen, meine Brüder zur Abdankung zu zwingen, mich auf den Thron zu setzen und . . ."

„Halten Sie ein, mein Prinz! Sie schweigen von Seiner
Durchlaucht unserem Fürsten, dem wir den Fahneneid geleistet haben!"
rief der Hauptmann von Kaisersheim. „Was gedenken Sie mit ihm
zu thun, wenn die Rebellion gelingt?"

„Hm, ich vermuthe, daß meines gnädigen Herrn Vaters Liebden
todtkrank sind, sonst dürfte sich der Erbprinz nicht erlauben, mir
den Degen abfordern zu lassen," erwiderte Prinz Ludolf betreten
und ausweichend. „An ihn habe ich gar nicht gedacht."

„Der durchlauchtige Herr ist nicht krank — noch vor einer
starken Stunde begegnete ich ihm am Schloßrondell, wo hochderselbe mit
dem gnädigsten Erbprinzen spazieren ging," bemerkte Anblau, den
Prinzen mit kaltem Argwohn messend. „Wäre Seiner Durchlaucht
etwas Menschliches zugestoßen, so wäre die Kunde davon schon wie
ein Lauffeuer durch die Stadt gegangen!"

„Wenn Sie wirklich meinen Vater und meinen Bruder Johann
zusammen gesehen haben, dann bestärkt mich das nur in meinen
Vermuthungen, und ich bin für das Losschlagen, koste es, was es
wolle!" rief der Prinz wild. — „Also fort mit den Bedenken und
dem Zögern, meine Freunde! Eile jeder in seine Kaserne, raffe
seine Leute zusammen und sammle die Offiziere, auf welche wir uns
verlassen können. Die anderen Offiziere werden verhaftet, die Thore
besetzt, das Schloß umstellt, auf dem Markt- und Schloßplatz Kanonen aufgefahren, und an der Spitze einiger Kompagnieen rücke ich
vom Schloßgarten her gegen das Schloß. In einer Stunde ist die
ganze Geschichte zu Ende und wir sind Herren der Situation!"

„In diesem Fall rechnen Sie nicht auf mich, mein Prinz, und
nehmen Sie mich als den Ersten, den Sie verhaften lassen!" versetzte Anblau, der wieder in die Uniform geschlüpft war, nahm
seinen Degen vom Hutrechen des Vorzimmers und reichte ihn dem
Prinzen. „Abgesehen davon, daß ich dem durchlauchtigen Herrn meinen
Fahneneid geschworen habe, theile ich die sanguinischen Hoffnungen
Eurer Liebden nicht, mein Prinz! Möglicherweise sind Sie allerdings
vielleicht binnen einer Stunde im Besitz der Stadt, aber Sie können

nicht auf die übrigen Städte noch auf das platte Land rechnen. Der Bürger- und Bauernstand hängt mit aufrichtiger Verehrung und Treue an dem Fürsten, der schon seit mehr als einem halben Jahrhundert das Land gewissenhaft und mild regiert hat. Adel, Geistlichkeit, Beamtenstand werden nie von Herzen einem neuen Fürsten huldigen, welcher durch solche Mittel sich den Weg zum Throne gebahnt hat. Der Kaiser wird Reichs-Exekutionstruppen schicken . . ."

„Gegen welche wir von der französischen Republik Truppen erbitten werden!" rief der Prinz wild.

„Dann wehe, zehnfach wehe Ihnen, mein Prinz!" sagte Andlau; „wäre ich in diesem Augenblicke nicht Ihr Gast, so würde ich mich noch anders ausdrücken!"

„Andlau! in's Teufels Namen, Du verdirbst uns ja die ganze Geschichte!" raunte ihm Katzenegg in's Ohr. „Geh' meinetwegen, wenn Du nicht mitthun willst, aber erspare Dir und uns Deine Predigten!"

„Ich bedaure, mein Prinz, daß ich mich meinem Freunde Andlau in jeder Beziehung anschließen muß," sagte Hauptmann v. Kaisersheim etwas verlegen. „Hier ist auch mein Degen, den ich nicht gegen meinen Landesvater und Kriegsherrn ziehen will!"

„Dann zerbrechen Sie beide Ihre Plempen, meine Herren, oder gehen Sie hin, um mich meinen Brüdern zu verrathen!" versetzte Prinz Ludolf barsch. „Ihr Anderen aber folgt mir in's Speisezimmer, um unsere Berathung fortzusetzen!"

Die beiden treugebliebenen Offiziere verließen alsbald den Gartenpavillon des Prinzen und einige der Anderen hätten nicht übel Lust gehabt, ihnen nachzufolgen, wurden aber durch falsche Scham und böses Gewissen zurückgehalten. Sie schlüpften langsam in ihre Uniformen, steckten ihre Degen an und schauten einander erwartungsvoll und sichtlich ernüchtert in's Gesicht, waren aber rathlos.

„Katzenegg, Du hast uns da in eine dumme Geschichte hineingeführt, Du mußt uns auch wieder heraushelfen," flüsterte Föhrenbach seinem Kameraden zu.

„Laß mich nur machen, ich will uns schon salviren, wenn es irgend angeht!" erwiderte Katzenegg noch zwischen Thür und Angel des Speisezimmers.

Der Prinz ließ Champagner serviren und goß selbst ein großes Glas hinunter, aber seine Gäste mochten nicht herzhaft trinken.

„Nun zur Sache! laßt euch nicht irre machen durch die beiden
Weichlinge da!" sprach Ludolf aus dem Fenster auf die beiden Offiziere deutend, welche mit starken Schritten dem Gartenthore zueilten.
„Die Zeit drängt; wir müssen zu einem Entschluß kommen! Was
schlägst Du vor, Katzenegg?"

„Ich habe noch keinen festen Plan, aber Eines ist mir klar:
wir müssen in die Kasernen, die Stimmung zu erfahren, die Kameraden herbeizutreiben, das Gerücht verbreiten, daß man den Prinzen
Ludolf verhaften wolle und ein Comité bilden, welches den Aufstand
organisirt," erwiderte Katzenegg.

„Dadurch wird kostbare Zeit verloren gehen . . ."

„Aber unsere Partei an Stärke gewinnen!" fuhr Katzenegg fort.
„Einstweilen, lieber Prinz, verrammelst Du Dich hier und vertreibst
Gewalt mit Gewalt. Wir entsetzen Dich dann!" — Ja, und viel-
leicht könnte nichts Willkommeneres und Förderlicheres geschehen,
als daß sie Dich verhafteten, mein lieber Prinz! Das gäbe am meisten
Lärm und legte uns Anderen die Verpflichtung auf, Dich zu befreien,
und Dein erster Schritt in der Freiheit wäre dann, die Fahne der
Rebellion zu erheben und Deine Brüder verhaften zu lassen."

„Das leuchtet mir nicht ein, Katzenegg! Beginnen wir lieber
mit der Verhaftung meiner Brüder und damit, daß ich an der Spitze
einer zuverlässigen Kompagnie in's Schloß bringe!" rief der Prinz.
„Welcher von euch ist seiner Kompagnie am sichersten? . . ."

„Freiberg mit seinen Kanonieren könnte den Ausschlag geben,"
sagte Katzenegg. „Die großen Brummer fürchtet man am meisten."

„Mein Major ist ein Mann, mit dem sich nicht spassen läßt;
er hiebe mich vom Pferd herunter, wenn ich meine Kompagnie ohne
Ordre aus der Kaserne führte," sagte Föhrenbach.

„Einige Bursche von den Herren Offizieren sind draußen und
wollen ihre Herren sprechen," meldete Bastian unter der Thüre.
„Herr Hauptmann v. Freiberg, Herr v. Katzenegg, Sie möchten
hinauskommen!"

Der Prinz stand wie auf Kohlen und erschöpfte vergebens seine
Beredtsamkeit, um wenigstens Einen seiner Freunde dazu zu bestimmen,
daß er die Fahne des Aufruhrs erhebe und durch Ueberrumpelung
seiner Kameraden die Schilderhebung einleite, aber Föhrenbach und
v. Schilling waren unschlüssig. Mittlerweile waren die beiden
Andern wieder eingetreten und zwar sehr ernsten Gesichts.

„Da haben wir's!" rief Katzenegg mit einem wilden Fluche.

„Man ist uns bereits zuvorgekommen und hat alle möglichen Vorkehrungen getroffen. Die Truppen sind auf dem Schloßplatz und
Markt konsignirt, die Wachen und Posten verstärkt, die Offiziere
zusammenberufen; unsere Stabsoffiziere lassen uns in der ganzen
Stadt suchen . . ."

„Meine Batterie ist bereits ausgerückt und mein Pferd erwartet mich am Thore," setzte Freiberg hinzu; „wir müssen also
gehen, wenn wir überhaupt noch etwas nützen sollen! Adieu, mein
Prinz, Euer Liebden werden in den nächsten Stunden von mir
hören!"

„Horch! ist das nicht Generalmarsch?" rief ein anderer, an's
Fenster tretend und es öffnend. „Nein, es ist nur Marsch!... Adieu, mein
Prinz! ich will bei meinem Bataillon mein Möglichstes versuchen!..."

„Und ich schicke Dir sogleich Bescheid, lieber Prinz, sobald ich
weiß, welcher Teufel denn eigentlich los ist!" sagte Katzenegg.

„Ich würde gerne bei Ihnen bleiben, mein Prinz, aber ich
glaube daß ich bei meiner Schwadron Ihnen mehr nützen kann, als
hier," bemerkte Herr v. Schilling, sich verabschiedend.

Mit einem bittern sardonischen Lachen und geballten Fäusten
rannte Ludolf im Zimmer auf und nieder, als er sich allein sah.
Er ahnte nun, daß er abermals verlassen war, und wüthete in ohnmächtigem Ingrimm.

„He, Bastian! packe die Koffer und richte mir das Nöthigste
in einen Mantelsack!" befahl er dann, nachdem er seine Dienerschaft
zusammengerufen. „Du, Gebhard, sattelst die beiden Reitpferde,
rüstest den Halbwagen und schirrst die beiden Braunen an, die in
der Remise am Wagen bereit stehen müssen. Du, Franz, hilfst mir
alle Gewehre im Hause laden. Dann werden die beiden Thüren
verrammelt und nur das hintere Stallthor offen gelassen, aber scharf
bewacht. Niemand darf herein, ich habe es denn ausdrücklich befohlen.
Jeder steht mir mit seinem Kopf dafür, daß meine Befehle vollzogen werden! — Wir wollen einmal sehen, wie weit sie es treiben
werden und woher all dieser Lärm!"

*　　*
*

In den Appartements des Fürsten Johann Heinrich war ein
Theil der fürstlichen Familie erwartungsvoll versammelt: der Erb-

prinz, der Prinz Heinrich, die Reichsgräfin von Thannheim mit ihren
Kindern und Damen, ferner ein Theil der höheren Hofbeamten,
alle mit sehr ernsten und theilweise ängstlichen Gesichtern. Der greise
Fürst lag in einem Kabinet auf dem Ruhebett — der Leibphysikus
hatte ihm eine Aderläße applicirt und Ruhe anbefohlen. Der Erbprinz hatte einige der höheren Offiziere um sich versammelt und be-
sprach sich lebhaft und angelegentlich mit ihnen, gab Befehle und
Weisungen und diktirte schriftliche Ausfertigungen. Adjutanten und
Ordonnanzen gingen aus und ein, einzelne berittene Offiziere tum-
melten ihre ungeduldigen Pferde draußen auf dem Schloßplatze. Jetzt
hörte man Trommelschlag und die beiden Leibkompagnieen marschir-
ten von der Stadt her auf dem Schloßplatze ein, näherten sich dem
Schlosse und besetzten dessen Zugänge von der Stadt her, während
einige Züge durch die Thorbögen rückten und auch die Parkseite
des Schlosses besetzten.

Die Gemüther des versammelten Hofes waren sichtlich erleichtert, als diese militärischen Vorkehrungen getroffen waren, und als
nun gar vier Kanonen ebenfalls auf dem Schloßplatze auffuhren
und abprotzten und die Mündungen der Stadt zukehrten, da wurden
alle Gesichter heiter und zuversichtlich, und selbst der greise Fürst
kam jetzt aus seinem Kabinet heraus und nahm einen Lehnstuhl im
Salon am Fenster ein, wo sich sogleich die Reichsgräfin Thannheim
mit ihren Kindern um ihn schaarte, aber auch der Erbprinz herzu-
eilte, um sich nach dem Befinden seines erlauchten Vaters zu erkundigen und über die getroffenen Anordnungen Bericht zu erstatten.

„Die Stadt ist besetzt und die Bürgerschaft scheint ruhig, wenn
auch etwas überrascht von den getroffenen militärischen Vorkehrungen,
deren Ursache sie nicht errathen kann," sagte der Erbprinz. „Nach
meinem unmaßgeblichen Dafürhalten sollte man jedoch den Bürgermeister und einige der Stadtverordneten hieher auf's Schloß bescheiden und ihnen den Grund dieser Bewegung erklären!"

„Wo ist Adelsberg? ist er noch nicht hier?" fragte der Fürst.

„Leider nein, theurer Papa; seit zwei Stunden sucht man Eurer
Liebden Minister vergeblich, man hört nur, daß er über Land gefahren sei. Aergerlich, daß dieß gerade heute geschah!"

„Und wie steht es mit meinem ungerathenen Sohne, Johann?"

„Unbegreiflicherweise ist mein Adjutant Sandvoß noch nicht
zurück, durch den ich Ludolf verhaften ließ, mein lieber Papa! Wenn

nur dem Menschen kein Unfall zugestoßen ist! Soll ich nicht einen andern Offizier nach ihm schicken?"

„Nein; Sandvoß ist kein Kind mehr, und Ludolf wird sich nicht an ihm vergreifen," sagte der Fürst bedächtig. „Er wird sich vielleicht einen kurzen Aufschub erbeten haben, um seine Angelegenheiten zu ordnen, kompromittirende Papiere zu vernichten..."

„Das wäre fatal, bester Papa!"

„Nicht also, Johann! Wäre es Dir denn so erwünscht, Ludolf schuldig zu finden," versetzte der Fürst tadelnd. „Sandvoß wird mich verpflichten, wenn er meinem ungerathenen Sohne dazu Zeit gönnt. Einmal überwiesen, vermöchte ihn selbst mein Vaterherz nicht mehr zu schonen, denn ein Regent soll den Arm der Gerechtigkeit nicht hemmen, selbst wenn das Vaterherz darob blutet..."

„O wie edel, wie fürstlich gedacht! Gott segne meinen durchlauchtigen Herrn!" flüsterte Caroline und zog Johann Heinrich's Hand mit Wärme an ihre Lippen, während sie gleichzeitig einen vorwurfsvollen Blick auf den Erbprinzen warf, der sich verlegen auf die Lippen biß.

„Jenun, mein theurer Papa, ich meinte nur, es wäre von unberechenbarem Vortheil gewesen, wenn uns die Papiere meines unglücklichen Bruders eine Einsicht in seine Korrespondenz, in die Tragweite seiner Pläne und den Umfang seiner frevlen Verbindungen gewährt hätten," entschuldigte sich der Erbprinz. „Es war meinerseits nicht Schadenfreude oder Gehässigkeit, sondern nur staatsmännische Vorsicht!"

„Ueberlassen wir dieß, sowie alles Geschäftliche, meinem Freund und Rathe, meinem treuen bewährten Staatsminister Adelsberg, der über den Verhältnissen und Parteien steht!" sagte der Fürst, die Daumen seiner gefalteten Hände um einander drehend. „Begnügen wir uns mit den getroffenen Vorkehrungen! — Dort kommt Deine Frau mit den Kindern und Sandvoß!" setzte er aus dem Fenster blickend hinzu.

Die Erbprinzessin Natalie mit ihrem Sohn und ihren jüngeren Töchtern war so eben angefahren und trat jetzt in den Salon, gefolgt von Sandvoß, welcher sogleich auf den Erbprinzen zueilte. Die stolze Dame war blaß und ernst; im Vorbeigehen nur mit leichtem Kopfnicken ihren Gemahl und die übrigen Herren von Hofe grüßend, rauschte sie in ihrem schwarzen Atlaskleid zu dem Fürsten hin, ergriff dessen Hand und sagte: „Vergeben Sie mir, theurer Herr

Papa, wenn ich mich erkühne, mich mit meinen Kindern unter Eurer Liebden schirmende Fittige zu flüchten! Ich hörte soeben von Herrn v. Sandvoß, daß Prinz Ludolf — seinem frevlen Gebahren die Krone aufzusetzen — ruchlos und vermessen genug war, dem Adjutanten seinen Degen, der Weisung seines erlauchten Vaters Gehorsam zu verweigern und sogar zu drohen, er werde Gewalt mit Gewalt vertreiben und uns die Bude über dem Kopf zusammenwerfen. Da nun unser Palais auf dem Wege des Prinzen nach dem Residenz-schlosse liegt, und mein Gemahl durch anderweitige Funktionen zur Aufrechthaltung von Gesetz und Ordnung uns fern bleiben mußte, so habe ich mir erlaubt, Herrn v. Sandvoß zurückzubehalten, mich seinem Geleite anzuvertrauen und nächst dem präsumtiven Thron-erben und meinen übrigen Kindern in das Schloß zu flüchten, wo dem fluchwürdigen Beginnen des Meuterers gottlob noch ein ent-schlossener Widerstand geleistet werden wird, bevor wir den Jakobi-nern überantwortet werden!"

„Damit eilt es noch nicht, Natalie! wir dürfen der Liebe unsers treuen Volkes sicher sein! Sie mögen daher Ihre Besorgnisse hinter sich werfen," erwiderte der Fürst ruhig. „Seien Sie mir übrigens mit meinen Enkeln hier willkommen! — Nun, Johann, was für Kunde bringt Sandvoß? Ludolf hat sich geweigert, ihm zu folgen?"

„Hat mit Widerstand gedroht und nach dem Verhaftsbefehl gefragt, mein theurer Vater! Er nimmt sich überdem sogar das Recht in Anspruch, nur durch einen Stabsoffizier verhaftet zu wer-den, und ich habe bereits den Oberstlieutenant Sundbye . . ."

„Halt! laß ihn zurückrufen! Alles bleibt in Statu quo, bis Adelsberg kommt! Wir wollen nichts übereilen. 'Zween harte Stein' malen selten fein,' und wir wollen erst hören, was Ludolf für sich geltend zu machen hat," sagte der Fürst abwehrend, denn die flehentlichen Blicke der Reichsgräfin waren ebenso wirksam bei ihm, als seine eigene Bedächtigkeit, die ihn von einer Uebereilung zurück-hielt, und das Vatergefühl, das selbst für den irrenden Sohn noch sprach.

Der Erbprinz wollte so eben in's Vorzimmer eilen, um einen Ordonnanzoffizier dem Oberstlieutenant Sundbye nachzuschicken, als Prinz Heinrich in höchster Aufregung hereinstürzte und beim Anblick seines Bruders diesen rasch beiseite zog.

„Was hast Du, Bruder? Irgend ein neues Unheil?" fragte der Erbprinz.

„Offene Rebellion — eine Soldaten-Empörung im Anzuge, lieber
Bruder!" flüsterte Prinz Heinrich in beinahe kopfloser Bestürzung.
„Major Bürklin meldet soeben, daß die Soldaten in der alten Bau-
hofkaserne den Prinzen Ludolf hoch leben lassen und sich betrinken,
sowie daß die im Dörfchen einquartierten Soldaten nicht ausrücken
wollen! — Man muß Ernst machen, Johann, oder wir sind verloren! Ich bin überzeugt, das längst vorbereitete Militär-Komplott
kommt zum Ausbruch und ein Theil der Offiziere steckt hinter der
ganzen Sache und handelt im Einverständniß mit Ludolf, der es
auf nichts Geringeres abgesehen hat, als Papa zur Abdankung und
uns zur Thronentsagung zu zwingen!"

„Ich kann's noch nicht glauben, Heinrich!" erwiderte der Erbprinz. „Diese Rufe sind vielleicht nur übermüthige Bubenstreiche
Einzelner, welche man betrunken gemacht, oder bloße Fühler, von
einigen besoldeten Aufwieglern ausgestoßen. Ich habe ein zu festes
Vertrauen zu der Liebe und Treue unserer Unterthanen, und so
lange nicht eine fremde Armee in Anmarsch ist, um Ludolf's angebliche Pläne durch Gewalt zu unterstützen, fürchte ich noch nichts.
In diesem Augenblicke verhaftet Oberstlieutenant Sundbye den Bruder,
— allerdings gegen den Willen des Vaters . . ."

„Um's Himmels willen, wie unklug!" fiel ihm Prinz Heinrich
ängstlich in's Wort; — „nur um Alles in der Welt keine Gewalt,
denn wenn Ludolf sich persönlich bedroht sieht, so wird er offen re-
belliren und seine Anhänger werden losschlagen!"

„Was aber thun, Bruder? Noch vor einer Stunde drangst Du
ja selbst auf Ludolf's Verhaftung!"

„Nun ja, aber nun bin ich dagegen, weil die Verhältnisse anders liegen — ich rathe nur zur List," erwiderte Heinrich.

„List? List gegen Ludolf? Wie soll eine solche gelingen? Er ist
schlau!"

„Ich habe meinen Plan, Johann! Wir lassen ihn freundlich
hieher bitten, um sich mit Papa zu versöhnen," sagte Prinz Heinrich. „Kommt er, so wird er in aller Stille verhaftet und festge-
setzt, vor den Staatsrath gestellt . . ."

„Ach, pfui doch, das wäre unwürdiger Verrath! Dazu biet'
ich niemals die Hand," sagte der Erbprinz unwillig. „So könnte ich
nicht an meinem Bruder handeln!"

„Bah, an einem Bruder, der uns auf die Guillotine schicken
möchte?"

„Das glaub' ich nicht; und es ist auch noch nicht bewiesen! Und wenn auch, zu perfiden Mitteln würde ich niemals greifen. Lieber ehrlich untergehen!"

„Bruder, wo bleibt Deine Staatskunst? Die Gefahr und der Erfolg rechtfertigen selbst ein solches Mittel! In Holland ist man nicht so wählerisch!"

„Meinethalben! Die Generalstaaten mögen so handeln! Diese Pfeffersäcke sind keine Fürstensöhne. Vergiß nicht: noblesse oblige! — Und unser gerader redlicher Vater würde uns verfluchen, wenn wir zu solchen Mitteln greifen würden!"

„Wir wollen Papa überhaupt aus dem Spiele lassen, denn er mit seiner Milde und die Frau Stiefmama mit ihren Kabalen und ihrer — Voreingenommenheit für Ludolf würden uns doch unsere Pläne durchkreuzen," sagte Heinrich. „Ich habe meinen Plan: damit Ludolf dem gutmüthigen weichen Papa nicht die Einwilligung zur Abdankung abtrotzen kann, möchte ich unmaßgeblich vorschlagen, wir schicken Papa mit seiner kleinen Frau und den kleinen Kindern und unsern eigenen Frauen und Kindern in aller Stille und ganz heimlich nach der Karlsburg, lassen sie von einigen ergebenen Compagnieen bewachen. Wir aber bleiben hier und dämpfen mit Feuer und Schwert den Aufstand. Ludolf jedoch muß um jeden Preis gefangen genommen und in enge Haft gebracht werden, damit er uns nicht entwischen kann."

„Dein Plan wäre im Allgemeinen nicht so übel, allein wie wollen wir den Vater bewegen, daß er es uns überläßt, den Aufstand zu bewältigen?" erwiderte der Erbprinz nachdenklich. „Ich glaube nicht, daß er bei seiner Eifersucht auf die eigene Macht und Selbstregierung uns dieses Mandat übertragen wird ... Die Frauen und Kinder allerdings sollten um jeden Preis in Sicherheit gebracht werden, das gebe ich zu; aber ich kann nicht einräumen, daß uns die Gefangennahme Ludolf's etwas frommen würde — im Gegentheil! sobald es in der Stadt verlautet, daß wir ihn gefangen halten, so hat sicher schon irgend einer seiner Verbündeten und Affiliirten von ihm den Auftrag, so rasch wie möglich die Kunde davon nach Paris zu berichten, um von dort die rascheste Hülfe zu erbitten, und wir beschleunigen damit nur diejenigen Schritte gegen uns, denen wir eigentlich vorbeugen möchten. Ich sehe nun erst ein, wie richtig Papa vorhin urtheilte, als er mir befahl, den Oberst-

lieutenant Sundbye zurückzurufen, den ich abgesendet hatte, um Ludolf zu verhaften . . ."

„Aber um's Himmels willen, Bruder! etwas muß doch geschehen, um ihn unschädlich zu machen?" rief Prinz Heinrich. „Laß
ihn wenigstens hieher bitten, damit wir ihn unter den Augen
haben!"

„Er wird einfach nicht mehr kommen, wenn ihn Sundbye nicht
mit Gewalt bringt," sagte der Erbprinz rathlos. „Er wird es für
eine Kriegslist halten, mittelst deren wir ihn in eine Falle locken
wollen, nachdem wir zweimal ihn vergeblich verhaften lassen wollten.
Er wird vielmehr jetzt erst recht störrisch werden, wo nicht gar den
Franzosen Bescheid geben, daß sie ihren Einfall beschleunigen!"

„Das will ich wenigstens verhüten, Bruder!" sagte Prinz
Heinrich lebhaft. „Ich lasse die Husaren aufsitzen und die ganze
Umgebung von Waldau auf Weg und Steg besetzen, daß keine Seele
durchkommen kann!"

„Die Husaren können wir nicht entbehren, mon cher, denn sie
müssen die Frauen und Kinder nach der Karlsburg geleiten," entgegnete der Erbprinz, der aus den Zweifeln und der Unschlüssigkeit
nicht herauskam. „Soviel steht zunächst fest, daß wir diese wenigstens in Sicherheit bringen müssen, sonst gebraucht man sie als
Geißeln gegen uns. Du mußt sie begleiten und über ihre Sicherheit wachen, Heinrich! Dir allein vertraue ich mein Theuerstes
an! — Was aber die etwaigen frevelhaften Verständigungen Ludolf's
mit der französischen Republik betrifft," fuhr er kleinmüthig fort,
„so werden wir ihn hieran nicht hindern können, denn es ist wohl
kaum zu bezweifeln, daß Ludolf sich dafür schon längst genügend
vorgesehen hat, daß optische Signale, Feuerzeichen ꝛc. verabredet
sind, daß er über Brieftauben oder geheime Couriere verfügt, die
sich unserer Kontrole entziehen. Wir müssen also die ganze Sache
an uns kommen lassen und können uns höchstens vor Ueberrumpelung sicher stellen. Ich schlage daher vor, daß einige Lauerposten
auf dem Thurme des Schlosses und den Thürmen der verschiedenen
Kirchen aufgestellt werden . . ."

„Ah, meiner Treu! Das hätte längst geschehen sollen! Das
hätte ich übersehen, werde es aber nachholen," sagte Prinz Heinrich
halb erschrocken und eilte hinaus.

Die angelegentliche ernste Unterredung der beiden Prinzen war
den anwesenden Höflingen nicht entgangen und hatte sie mit einer

unbehaglichen vagen Angst und Beklommenheit erfüllt, denn der
Erbprinz verhehlte seine fieberische Unruhe nicht, als er sich jetzt
seiner Frau und seinen Kindern näherte und angelegentlich mit der
Erbprinzessin und der Prinzessin Heinrich sprach, welche von seiner
Unruhe angesteckt zu werden schienen.

„Was habt ihr denn für absonderliche Heimlichkeiten, mein
Lieber?" fragte der greise Fürst seinen Sohn, als er ihn herbeige=
winkt hatte. „Ihr steckt da die Köpfe zusammen, als ob irgend ein
Unglück drohe, und scheint mir etwas verhehlen zu wollen. Was
gibt es denn Absonderliches, Johann?"

„Ich habe mich mit Heinrich über einige Schritte berathschlagt,
gnädigster Papa, die nach meinem unmaßgeblichen Dafürhalten nun
geschehen sollten," erwiderte der Erbprinz sehr ernsthaft und besorgt.
„Bruder Heinrich und ich wollen Eurer Liebden den unmaßgeblichen
Vorschlag unterbreiten, die Frauen und Kinder der Familie unter
Bedeckung nach der Karlsburg zu schicken, bis die Verhältnisse hier
sich geklärt haben. Es ist keine Frage, daß wir freier und unbe=
fangener handeln können, wenn wir unsere nächsten Angehörigen,
die wehrlosen Frauen und Kinder, an einem sicheren Orte wissen ..."

„Ah, Du hältst also das Schloß hier nicht für sicher genug,
Johann?" fragte der Fürst mit einem spöttischen Lächeln.

„Unter den gegenwärtigen Umständen mag es genügende Sicher=
heit bieten, aber ich erlaube mir Eurer Liebden ehrerbietigst zu be=
merken, daß wenn der Aufruhr größere Dimensionen annimmt ..."

„Das wird er nicht, mon cher! noch ist es kein Aufruhr,
sondern nur ein Schrecken, ein leeres Gerücht, eine ungreifbare
Befürchtung, vielleicht nur ein blinder Lärm," fiel ihm Johann
Heinrich in die Rede.

„Zugegeben, mein gnädiger Papa! aber Euer Liebden werden
mir einräumen müssen, daß wenn sich dazu eine Militär=Emeute
und ein Einfall von republikanischen Sansculotten gesellte, es ge=
rade auf unsere Frauen und Kinder abgesehen sein könnte, um sie
als Geißeln und Mittel zur Drohung, zu Erpressung von Zuge=
ständnissen gegen uns zu benützen ... Es wurde vorhin gemeldet,
daß Soldaten in der alten Kaserne den Prinzen Ludolf haben hoch=
leben lassen!"

„Bübereien, — sonst nichts, mon fils!"

„Mag sein, mein gnädiger Papa, aber immerhin bedeutsame
Vorboten und Sturmvögel!" entgegnete der Erbprinz. Diese Kunde

war aber auch an dem greifen Fürsten nicht ganz ohne Eindruck vorübergegangen. Saß er auch noch regungslos im Lehnstuhl, zu seinen Soldaten auf dem Schloßplatze hinausstarrend und die Daumen im Schooße um einander bewegend, so legten sich doch seine vollen Züge unverkennbar in ernstere Falten. „Man sollte wenigstens eine Vorkehrung, die jedenfalls nichts schaden kann, noch treffen, ehe es zu spät ist, mein gnädigster Papa!" fuhr der Erbprinz fort. „Meine Frau, welche doch gewiß nicht zu den Muth- oder Kopflosen gehört, billigt ganz meinen Vorschlag, und ist bereit, unsere Kinder nach der Karlsburg zu bringen. Heinrich und seine Frau werden mit Ihrer Erlaubniß ebenfalls dahin abgehen, denn es wäre von Werth, wenn Heinrich dort das Kommando übernähme und für die Sicherheit Aller wachte. Und wenn meine liebreiche pietätvolle Fürsorge und unterthänige Bitte etwas bei Eurer Liebben vermag, so wollte ich meinen gnädig= sten Herrn Vater ehrfurchtsvoll gebeten haben, mit der Erlaucht von Thannheim und meinen jüngeren Geschwistern ebenfalls nach der Karlsburg zu gehen und dort das Gewitter vorübergehen lassen, während ich, mit den erforderlichen Vollmachten versehen, hier die geeigneten Vorkehrungen zu Dämpfung des Aufruhrs treffe!"

„So ist die Sache also ernster, als ich glaubte und als ihr mir bisher gestanden habt? Sprich, Johann! ich will Alles wissen!" rief der Fürst!

„Wir haben nichts verheimlicht, mein gnädiger Papa," versetzte der Erbprinz ausweichend. „Noch ist nichts klar zu erkennen, als die allgemeine Gährung; aber unverkennbar steht uns eine ernste Krisis bevor, welche mit Einbruch der Nacht ausbrechen wird. Alle derartigen Frevel suchen das Gewand der Nacht, mein gnädigster Vater, und darum flehe ich, bevor es zu spät ist . . ."

„Du hast Recht, die Frauen und Kinder sollen in Sicherheit! Heinrich mag sie begleiten!" sagte der greise Fürst, mit ungewöhn= licher Lebhaftigkeit vom Stuhle aufstehend. „Was mich anbelangt, so werde ich hier bleiben! Ich werde unter keinen Umständen den Posten verlassen den mir die Vorsehung angewiesen hat. Ich will allen Guten und Rechtschaffenen unter meinen Waldbauern und den Landeskindern im Allgemeinen den Trost geben, daß ihr Fürst jedes Schicksal mit ihnen theilt. Aber die wehrlosen Frauen und Kinder sollen nach der Karlsburg, — hörst Du, Caroline?" wandte er sich zu der Reichsgräfin, und theilte ihr seine Verfügung mit.

„Lassen Sie mich hier bleiben, mon cher! ich bitte flehentlich," sagte die Reichsgräfin. „Es wäre unverzeihlich von mir, wenn ich in einem solchen Augenblick von Eurer Liebden Seite gehen wollte! Es ist mein Recht und meine Pflicht, hier bei meinem theuren Gemahl auszuhalten! Die Kinder mögen allein gehen unter der Aufsicht Ihrer Liebden der Frau Erbprinzessin!"

„Die Kinder bedürfen der Mutter, Caroline! ich habe meinen Entschluß gefaßt, liebes Kind, und Du wirst gehorchen und gehen!" sagte der Fürst bestimmt. „Hier ist keine Zeit zu langen Erörterungen, Linchen, und ich h a b e gesprochen! Geh' auf Deine Zimmer und laß das Nöthigste packen, während ich die Befehle gebe, daß die Wägen bespannt werden. Und nun zum letzten Mal, meine Herren! wo ist denn Adelsberg? Kann man mir denn in einem solchen kritischen Augenblick den Mann nicht zur Stelle schaffen, den ich wünsche? Und wie kommt es, daß er nicht schon aus eigenem Antriebe hier ist?"

Der Kammerjunker Karl v. Ziegenau näherte sich schüchtern und verlegen dem Fürsten. — „Durchlaucht halten zu Gnaden, aber mein Oheim Kammerpräsident ist über Land gefahren," berichtete er mit der tiefsten Ehrfurcht. „Ich habe nicht ermangelt, schon vor mehr als einer Stunde mich nach der Wohnung Seiner Excellenz zu verfügen und den Oheim hierher zu bescheiden. Da erfuhr ich denn, daß der Kammerpräsident durch einen reitenden Boten benachrichtigt, nach Langenbachstein gefahren sei, um meine Tante, die Baronin Heller, noch einmal zu sehen, die am Tode liegt und den Oheim Kammerpräsidenten um diese Gnade gebeten habe. Ich habe jedoch bereits meinen Reitknecht als Staffette an die Excellenz abgeschickt, um Eurer Durchlaucht Wunsch dem Oheim notifiziren und denselben um schleunige Heimkunft bitten zu lassen!"

„Hätten Sie nicht thun sollen, lieber Ziegenau!" erwiderte der Fürst mit mildem Tadel. „Wenn Adelsberg an seines Herrn Seite fehlt, so hat er immer dringende Gründe, und ich möchte ihn in der Erfüllung seiner brüderlichen Pflicht nicht stören! — Armer Adelsberg! es ist ja seine einzige noch lebende Schwester! Ja, ja, wenn man alt wird, sinken unsere Freunde und Lieben um uns hin wie dürres Laub vor dem Winde . . ." Und mit wehmüthigem Antlitz ging er in sein Kabinet.

Reichsgräfin Caroline hatte eingesehen, daß hier jeder Widerstand vergeblich sei, da der Befehl des Fürsten so bestimmt lautete; nach einigen Worten an die beiden Schwiegertöchter über diese

traurige Nothwendigkeit, die Residenz zu verlassen, begab sie sich
mit ihren Kindern auf ihre Appartements und ertheilte Befehle zum
Einpacken des Nothwendigsten. Caroline selbst betheiligte sich daran
nicht. Sie zog sich in ihr Boudoir zurück, setzte sich an den Schreibtisch und vergrub grübelnd und sinnend das Gesicht in beide Hände.
Eine gewaltige Aufregung durchstürmte sie, denn sie mußte sich sagen,
daß sie eigentlich die ganze Gährung und Angst hervorgerufen habe
durch ein vorschnelles und unzeitiges Einmengen. Vergebens versuchte sie sich selber vor ihrem Gewissen zu entschuldigen und über
die Folgen zu beruhigen, — sie fand keine Ruhe. Wenn ihre Empfindungen für den Stiefsohn auch nicht mehr so warm waren, wie
ehedem, um ihr eine ernsthafte und schmerzliche Besorgniß um seinetwillen einzuflößen, so konnte sie bei Ludolf's wilder heftiger Gemüths-
art doch unbedingt annehmen, Ludolf werde in furchtbarem Ingrimm
gegen sie auflodern, wenn er erfahre, daß sie sein Geheimniß verrathen habe. Und was stund dann auf dem Spiele? Jedenfalls
lag die Zukunft düstrer und drohender als jemals vor ihr, wenn
Ludolf gefangen und in der Gewalt seiner Brüder war, wenn man
ihn der Felonie überwies und auf die alte angebliche Verschwörung
zurückgriff, wenn dann vollends noch Ißstein in diesem Augenblicke
sich Zutritt und Gehör beim Erbprinzen und durch diesen beim
Fürsten verschaffte, und seine Anklage wegen des Diebstahls der Papiere und des Vergiftungsversuchs erhob! Und dann der räthselhafte
Tod der unglücklichen Philippine, das furchtbare Geschick des alten
Herrn v. Hövel, die Prophezeihungen der Kartenlegerin über die
drohenden Wolken an dem Horizont von Carolinens Zukunft, über
die Nachepläne des Feindes!... Zwei Dinge standen klar vor
dem Auge der Reichsgräfin: sie selbst durfte nicht von der Seite
ihres Gemahls weichen, wenn sie nicht von ihrem Verhängniß ereilt
werden sollte, wenn sie nicht jede Gelegenheit aufgeben wollte, un-
liebsame Verdächtigungen gegen sie und Ludolf bei dem Fürsten zu
unterdrücken oder abzuhalten und sich sein Ohr zu sichern; dagegen
aber mußte Ludolf fort, fort um jeden Preis, um seiner ganzen Zukunft willen!

Noch war sie ohne Nachricht, ob ihr erstes Billet in seine
Hände gelangt sei, und diese Ungewißheit steigerte noch ihre innere
Unruhe und Aufregung. Jetzt aber galt es entschieden, ihn zu
warnen, ihn zu beschwören daß er sich flüchte, und sie warf abermals einige hastige Zeilen auf das Papier, verschloß das Billet in

ein zweites an die Riethammer und sandte es durch einen vertrauten
Diener ab, nachdem sie zuvor auf ihre ängstliche Erkundigung bei
der Kammerfrau: ob die Kartenlegerin noch nicht dagewesen sei, eine
verneinende Antwort erhalten hatte.

*   *

*

Prinz Ludolf hatte kaum seinen Gartenpavillon in Vertheidigungs-
stand gesetzt und sich davon überzeugt, daß alle Sicherungsmaßregeln
getroffen seien, als ihm Bastian ein Billet brachte, welches ein Weib
ihm durch den Zaun gereicht. Es war das erste Billet der Reichsgräfin, worin sie ihn vor der ihm drohenden Gefahr warnte und
ihm rieth, sich schleunigst auf sein Schloß Bauhof zu begeben, indem
Jdstein in Waldau angelangt sei und seine Brüder das Ohr des
Fürsten haben.

Ludolf war zwar beunruhigt, aber er wollte der Gefahr trotzen
und hier bleiben, denn er wußte, daß der Abwesende immer Unrecht
habe, und er pochte auf die Gewißheit, daß sein Werkzeug und
etwaiger wesentlichster Belastungszeuge in den Händen kaiserlicher
Werber sei. Dennoch aber war jetzt, nachdem die Weinlaune ver-
flogen und eine kühle Ueberlegung an die Stelle des vorherigen tollen
Leichtsinns getreten war, seine Stimmung eine höchst peinliche und
unbehagliche. Daß er sich der Verhaftung durch den Adjutanten
Sandvoß widersetzt hatte, nahm er leicht, denn den Folgen des Un-
gehorsams konnte er leicht ausweichen durch Vorschützen seiner Eigenschaft als preußischer Offizier; allein ernster und gewichtiger war,
daß man überhaupt ihm den Degen abverlangt, die Soldaten in
die Kasernen konsignirt, militärische Vorkehrungsmaßregeln getroffen
hatte. Das konnte er in seinem bösen Gewissen nur mit den früheren
tollen Plänen in der 'Räuberhöhle' zusammenreimen, über welche
die von Jdstein abgelieferten Papiere Aufschluß gegeben hatten.

War das aber der Fall, so mußte die Thatsache, daß er noch
so eben seinen Frühstücksgästen die Anmuthung zu einer bewaffneten
Schilderhebung, zu einer Militär-Revolution gestellt hatte, ihn um
Hals und Ehre bringen, wenn Audlau plauderte, wenn seine in-
timeren Freunde und Verbündeten irgend eine Tollköpfigkeit be-
gingen! Seine Unruhe und Rathlosigkeit stieg von Minute zu Minute, je mehr er sich alle die leichtfertigen Scherze und Aufforde-

rung an seine Freunde, für alle Fälle eine Verschwörung beisammen zu behalten, und andererseits die Unzuverlässigkeit dieser Menschen in's Gedächtniß rief. Hatten nicht Katzenegg und all die Anderen schon das vorige Mal sich bestens zu salviren gesucht, als die hoch= verrätherische Verbindung bekannt und untersucht zu werden drohte? Und was würden diese Menschen erst jetzt thun, wenn sie den ganzen Apparat sähen, den man entfaltet hatte? Würden sie den Muth finden, jetzt loszuschlagen, um sich selber zu retten, oder würden sie nicht vorziehen, sich lieber durch Denunciation weißzu= brennen? . . . Diese und ähnliche Fragen stürmten ja auf ihn ein und machten ihn doppelt elend und rathlos, weil er sie allein tragen mußte, weil er augenblicklich Niemanden hatte, mit dem er sie besprechen konnte.

„Bastian, laß mir Niemand auf Pistolenschußweite an das Haus heran! hörst Du?" rief er dann wieder dem vertrauten Diener zu, der auf der Treppe lauerte, eine schußfertige Büchse auf den Knieen, und dem diese ganze Geschichte ebenfalls sehr bedenklich zu werden vorkam.

„Ganz wohl, gnädiger Herr! aber dort kommt Einer aus dem Gebüsch herausgekrochen und winkt mit einem Tuche, Durchlaucht — es ist Herrn v. Freiberg's Fourierschütze," flüsterte Bastian zurück. „Soll ich den auch nicht herankommen lassen? Soll ich ihm eine Kugel über den Kopf wegschicken? Und laß ich knallen, wird dann der Schuß nicht die halbe Stadt aufregen und alle Gasser hierher locken?"

„Hm, Du hast recht! wir dürfen nicht schießen, bevor es das Aeußerste gilt!" murmelte der Prinz! „Geh' mal hinaus zu ihm und frag' nach seinem Begehr! Sag' ihm, daß sein Herr nicht mehr da sei."

„Ich sehe schon, was er will, gnädiger Herr! er zeigt einen Brief her," berichtete Sebastian. „Käm' er, seinen Herrn zu holen, dem er ja vorhin Schärpe und Ringkragen brachte, so wäre er nicht dort hinten am Landgraben über die Mauer gestiegen, sondern käme ehrlich und offen durch das Gartenthor, das ich nicht versperrt habe."

„So sieh denn, was er bringt!" rief der Prinz.

Es waren nur wenige Zeilen in französischer Sprache.

„Mein gnädiger Prinz! gestatten Sie mir, daß ich Sie warne!" schrieb Freiberg. „In der ganzen Stadt sind strenge militärische

Vorsichtsmaßregeln getroffen. Man sagt den Offizieren, es handle sich um eine Verschwörung gegen den Fürsten und den Staat. Diejenigen, welche Ihren erlauchten Brüdern näher stehen, flüstern geheimnißvoll: man wolle sich Ihrer Person, mein lieber Prinz, versichern, wegen Drohungen, welche Sie ausgestoßen haben, einen Landesverrath zu begehen und fremde Kriegsvölker ins Land zu führen. Flucht dürfte Ihnen heute unmöglich sein, mein gnädiger Herr, da alle Thore, Feldwege und Landstraßen militärisch besetzt, alle Postenkommandanten angewiesen sind, Sie zu verhaften. Man will angeblich die Nacht abwarten, um Sie in Ihrer Wohnung aufzuheben. Erlauben Sie mir, mein theurer Freund, daß ich Ihnen meine Wohnung als Versteck anbiete, denn dort wird man Sie am wenigsten vermuthen. Mein Fourierschütz, ein treuer zuverlässiger Bursche, ist angewiesen, Sie in der Dämmerung auf sicherm Umweg in mein Quartier zu bringen. Verschmähen Sie, mein gnädiger Herr, die Hülfe eines treuergebenen Freundes nicht, und vertrauen Sie Ihrem

F. v. F."

„Nachschrift: Ich glaube mich nicht zu täuschen, mein gnädiger Herr, wenn ich annehme, daß man auf die Mitglieder der früheren 'Räuberhöhle' ein besonderes Augenmerk hat."

Der Prinz lachte bitter, als er den Brief gelesen hatte, der, wie er nicht verkennen konnte, treu und ehrlich gemeint war. Ja, ja, da hatte er sich also selbst eine Suppe eingebrockt, indem er gestern dem Präsidenten auf die Bude gerückt war und jene Andeutungen hatte fallen lassen, durch die er seine Sache zu verbessern, die Lösung seiner Angelegenheiten zu beschleunigen suchte! Dies war ihm nun ganz klar, daß Herr v. Adelsberg ihn mißverstanden und, von allzu großen Besorgnissen um Staat und Ordnung erfaßt, ihn wahrscheinlich seinen Brüdern denunciirt und verrathen hatte.

„Diese Hasenherzen haben die Sache dann ernst und buchstäblich genommen und den alten Herrn mit Bitten und Vorstellungen und Warnungen bestürmt, und der alte Herr hat nun selber den Kopf verloren und sieht sich schon in der Karlsburg eingesperrt, wie der arme König Ludwig im Tempel!" murmelte er vor sich hin. „Na, ich würde Allen die Seelenangst herzlich gönnen, wenn die Sache für mich selber nicht so verwünscht fatal wäre! Da hab' ich mich einmal wieder gründlich blamirt und in der eigenen Schlinge gefangen!" lachte er bitter und höhnisch auf. „Was nun machen?"

„Der Fourierschütz wartet unten auf Bescheid, gnädiger Herr," meldete Bastian. „Was soll ich ihm sagen?"

„Sag' ihm, er möge seinem Herrn meinen Dank melden und mich zwischen Tag und Dunkel hier abholen!" versetzte der Prinz mit einer ungeduldigen Handbewegung. Er wollte allein sein und mit sich selber zu Rathe gehen, was er thun konnte und sollte, um den Sturm zu beschwören, den er selber hervorgerufen und den er in seinem Leichtsinn als einen köstlichen Spaß hingenommen haben würde, wenn derselbe ihn selbst nicht mit solch ernsten Folgen bedroht hätte.

Wenn Ludolf sich die Sachlage ruhig erwog, so fand er sich versucht, ganz einfach in das Schloß zu gehen, vor seinen Vater zu treten, demselben offen den Hergang zu berichten und sich derjenigen Rüge und Ahndung zu unterwerfen, welche der Fürst über ihn verhängen würde. Sein Auftreten und Entgegenkommen, sein freiwilliges Erscheinen mußte dann jedes Mißverständniß entwaffnen, und der Vater konnte, ja mußte ihm verzeihen. So erschien ihm die Sache auf den ersten Anblick und unter dem Einflusse eines natürlichen Gefühls und einer gesunden Logik.

Einen Augenblick war er schon entschlossen, sich in seine Gala-Uniform zu werfen und nach dem Schlosse zu gehen. Da griff er das Billet Freiberg's noch einmal auf, überlas und erwog es, und — sein Entschluß wankte. Hielt er die Nachrichten, welche Freiberg ihm in diesen wenigen Zeilen gegeben hatte, zusammen mit dem Erscheinen des Adjutanten Sandvoß, so zweifelte er je länger desto mehr an dem Erfolg eines muthigen, offenen und geraden Handelns. Er kannte seine Brüder, die „Hasenfüße, Leisetreter und Pantoffelhelden," wie er sie längst geringschätzig nannte. Er ersah aus der Verfügung, welche der Erbprinz getroffen hatte, indem er in seinem eigenen Namen den Bruder verhaften lassen wollte, daß die Prinzen Johann und Heinrich nun das Ruder in der Hand hatten. Er kannte deren Abneigung und Voreingenommenheit gegen ihn und des guten aber schwachen Vaters Hang, in allen kritischen Momenten die Verantwortlichkeit für einen resoluten Entschluß auf die Schultern Anderer abzuladen und überzuwälzen; er hatte also schon jetzt den Beweis, daß seine Brüder vom Vater mit dem Auftrage betraut waren, den vermeintlichen Verbrecher zu verhaften und zu bestrafen. Prinz Ludolf dachte zwar daran, den Präsidenten v. Adelsberg aufzusuchen und zu zwingen, daß derselben mit ihm vor den Fürsten

trete und ihm bezeuge, daß er gestern nicht gedroht, sondern nur
von versuchenden Gedanken, von Ideen und Eventualitäten gesprochen
habe; allein war nicht Adelsberg selbst sein Verräther, der Urheber
eines unseligen Mißverständnisses? war Adelsberg nicht jedenfalls
schon selbst im Schlosse und beim Fürsten? Ludolf kannte die Höf=
linge zu gut, um von ihnen etwas Anderes zu erwarten, als ge=
heime Selbstsucht und elenden Knechtssinn, welcher nur dem Auge
des Herrn ablas, was dieser wollte. Auch Adelsberg machte hievon
sicher keine Ausnahme und nahm gewiß nicht die Demüthigung auf
sich, vor dem Fürsten einzugestehen, daß er sich geirrt, übereilt, den
Prinzen gestern mißverstanden habe, wenn ihm nicht irgend ein Vor=
theil aus einem derartigen Geständniß erwachsen konnte! Und welchen
Vortheil konnte der verdächtigte jüngere Sohn, der anrüchige Prinz,
dem einflußreichen Minister einräumen?!

Vor Allem war Ludolf beinahe über allen Zweifel erhaben,
daß es ihm wohl kaum gelingen dürfte, jetzt zu seinem Vater hin=
durchzudringen, wenn seine beiden Brüder dessen Ohr und Vollmacht
hatten. Er knirschte hierüber vergeblich, aber er konnte es nicht än=
dern. Freilich an der Spitze einiger Kompagnieen Soldaten mit
entschlossenen, ihm befreundeten Offizieren war er wohl sicher, in's
Schloß zu dringen, nicht aber sicher, ob ihn der Vater dann noch
hören wollte! Denn alsdann erschien er als Rebell und mußte
entweder das Aeußerste wagen, oder die Strafe einer offenen Em=
pörung auf sich nehmen. Und wer bürgte ihm dafür, daß ein der=
artiges Vorgehen nicht zu Blutvergießen oder wenigstens dazu diente,
daß er und seine Freunde überwältigt wurden und er dann diejeni=
gen, welche ihm zu dienen vermeint hatten, der vollsten Strenge des
Gesetzes und der Rache so schwacher Menschen wie seine Brüder
waren, preisgab?

Nein, so leichtsinnig und selbstsüchtig Ludolf auch war, so em=
pörte sich doch Etwas in seiner derben soldatischen Natur gegen die
Verantwortung, die er seinen Freunden gegenüber hierdurch auf sich
genommen hätte. Nach einer langen qualvollen Prüfung aller Um=
stände sagte er sich endlich kurzweg und entschlossen: „Es bleibt mir
nichts Anderes übrig, als geradezu offen und freiwillig in's Schloß
zu gehen, meinen Degen dem Vater einzuhändigen und angesichts
des allzu ängstlichen Präsidenten v. Adelsberg offen darzulegen, daß
meine gestrige 'Unterredung' mit demselben nur ein Schreckschuß, eine

gelinde Preſſion zur Entſcheidung meiner eigenen Angelegenheiten geweſen ſei."

Mit dieſem Entſchluß war er in ſein Schlafzimmer gegangen,
um ſeine Gala-Uniform hervorzuſuchen, denn der Schritt, den er
thun wollte, ſollte in beſter Form und in ſeiner Eigenſchaft als
preußiſcher Offizier geſchehen. Die Uniform war aber ſchon einge-
packt, und als er die Klingelſchnur zog, um ſie von Baſtion zu verlangen, trat dieſer mit einem Billet in der Hand ein.

„Was bringſt Du da?" rief er ihm entgegen.

„Ein Briefchen, das ein altes Weib uns ſo eben durch die
Ritzen des hinteren Thores gereicht hat, gnädiger Herr! Ich ſoll
es Ihnen ſogleich übergeben!"

„Gib her!" rief der Prinz, von einer Ahnung durchzuckt, daß
das Briefchen von der Reichsgräfin kommen könnte.

Und ſo war es denn auch! Aus dem nur mit einer Oblate ver-
ſchloſſenen Umſchlag nahm er zwei Billets von Carolinen, eines
bringender als das andere ihn zu eiliger Flucht mahnend. Die
Reichsgräfin meldete ihm, daß Ludwig v. Jdſtein in Waldau ange-
gekommen, daß Philippine v. Hövel im Wahnſinn geſtorben, ihr
Vater durch einen Schlag gelähmt worden ſei, daß Jdſtein gedroht
habe, den Prinzen zu vernichten. Sie meldete ihm ferner, daß ſein
Gedanke, ſich den Neufranken in die Arme zu werfen, den Fürſten
ſo tief empört, daß er gedroht habe, die Hand für immer von Ludolf abzuziehen und ihn mit der ganzen Strenge des Geſetzes behandeln zu laſſen, weil er ſich einrede, daß ein Fürſt vor Allem gerecht
ſein müſſe; daß der Erbprinz und Prinz Heinrich, ſowie die ganze
Partei des jungen Hofes nun des höchſten Einfluſſes ſich bemächtigt
und daß ſie ſelbſt die Weiſung erhalten habe, ſich mit ihren Kindern
und den anderen fürſtlichen Frauen nach der Karlsburg zu begeben,
um dort die weitere Entwickelung der Sache abzuwarten. Caroline
beſchwor ihn, ſeine Perſon in Sicherheit zu bringen, bis der erſte
Sturm vorüber und ſie in der Lage ſei, etwas für ihn zu thun und
dem Erbprinzen und deſſen Gemahlin die errungene Gewalt wieder
aus den Händen zu winden. Jedenfalls aber ſolle er ſich der Ueber-
bringerin anvertrauen, welche ihn aus der Stadt zu bringen ver-
ſprochen habe. Ein Zögern bis zum ſpäten Abend heiße ſein Leben
frevenntlich auf's Spiel ſetzen.

Trotz alles perſönlichen Muthes war Prinz Ludolf doch momentan tief erschüttert von dem Inhalte der beiden Billets, denn die Erwähnung Philippinens schlug gewaltig an sein Gewissen.

„Sollte das die Sündenschuld sein für meinen tollen Handel mit dem Mädchen?" flüsterte er, unwillkürlich übermannt von einem leisen Grauen, und die Gedanken und Gefühle, die sich in seiner Seele nun chaotisch aufbäumten, raubten ihm die klare Einsicht, die Fähigkeit zu einem raschen Entschluß. Er warf sich mit einer unbeschreiblichen Bitterkeit gegen sich selbst in einen Lehnstuhl und starrte finster vor sich hin. Da regte sich Bastian, der noch immer wartend an der Thüre stand und seinen Gebieter verwundert und erstaunt beobachtet hatte, ohne sich erklären zu können was dies Alles zu bedeuten habe.

„Was willst Du noch hier, Bursche?" schrie ihm der Prinz drohend zu."

„Durchlaucht halten zu Gnaden, aber der gnädige Prinz haben mir ja geläutet!"

„Ach ja — wo ist meine Gala-Uniform, Bastian?" fragte Rudolf zerstreut.

„In den Koffern, gnädiger Herr! Eure Liebden hatten mir ja befohlen, Alles einzupacken!" versetzte Bastian. „Soll ich sie wieder auspacken?"

Der Prinz besann sich eine Weile. „Ein Omen!" murmelte er. „Nein, laß sie, wo sie ist! es ist doch zu spät! Geh'! —. nein, halt, Bastian! wo ist das Weib, das den Brief gebracht hat?"

„Durchlaucht halten zu Gnaden, aber die Alte ist sporustreichs davon gelaufen, als sie den Brief hereingeschoben hatte, weil der Gebhard ihr mit der Flinte drohte!"

„Tölpel, die ihr seid! — Wer war denn das Weib?" rief der Prinz ärgerlich.

„Durchlaucht verzeihen, aber ich hab' sie nicht gesehen und die Anderen haben sie auch nicht gekannt!"

„Wie konntet ihr euch unterstehen, sie fortzujagen und zu bedrohen?!" wallte der Prinz mit einer Verwünschung auf.

Bastian riß die Augen weit auf. „Da weiß ich — Gott str — nicht mehr, was ich thun soll!" rief der Reitknecht schmollend. „Durchlaucht halten zu Gnaden, aber Sie sagten mir ja, es dürfe keine Seele in's Haus herein, und Gebhard hat in gutem Glauben gehandelt, wie er die alte Hexe wegjagte, die ja auch eine Spionin sein konnte!"

„Schafsköpfe! dann konntet ihr wenigstens zuvor fragen!" murrte der Prinz. „Wer sich dem Hause nähert, der wird mir wenigstens gemeldet, — verstehst Du?"

„Da kommt eben ein Offizier den Garten herauf," meldete Bastian, aus dem Fenster deutend.

„Major Sundbye?" murmelte der Prinz; „laß ihn herein und führ' ihn in das Empfangszimmer! — Doch halt, nein! es ist besser, er sieht mich nicht! . . . Verleugne mich; sag' ihm, ich sei ausgegangen!"

Bastian eilte hinunter, dem Major entgegen, dessen ernste Miene und forschende Blicke nichts Erfreuliches verkündeten. Der Major schien aber nicht geneigt, sich abweisen zu lassen, sondern bestand wenigstens darauf, in den Pavillon geführt zu werden, und befahl dem Reitknecht, ihn durch die verschiedenen Zimmer des Gebäudes zu geleiten. Die bereitstehenden gepackten Koffer und die etwas verblüfften Mienen der Dienerschaft schienen zwar das Vorgeben Bastian's, daß sein Herr das Haus verlassen habe, zu bestätigen. Gleichwohl erließ der Major es Bastian nicht, ihn durch alle Zimmer, selbst durch das Schlafzimmer des Prinzen, zu führen, wo dieser hinter den zusammengezogenen Gardinen seines Bettes stehend, mit einer Gluth der Schaam und Entrüstung auf den Wangen, den blanken Degen in der Hand, wartete, bis Sundbye wieder das Gemach verlassen hatte.

„Gottlob, daß er diskret genug war, die Gardinen nicht zurückzuschlagen!" murmelte Rudolf anathmend. „Ich hätte ihn eher niedergestoßen, als vor ihm erröthet! So ist mir und ihm das Aergste erspart! — Aber nun fort! Das Spiel ist ja doch verloren!" —

* *
*

Der Abend begann zu dunkeln, als Major Sundbye in das Schloß zurückkehrte und über seinen vereitelten Auftrag Bericht abstattete. Er selbst war darob nicht gram, denn obschon dem Prinzen ferne stehend, hatte er sich jenem Auftrag doch nur ungern unterzogen und nur dem gemessenen Befehle soldatisch gehorcht. Er hatte sich der Hoffnung hingegeben, daß nun die ganze Sache beigelegt sein werde, war aber nicht wenig erstaunt, daß er die beiden Prinzen

Johann und Heinrich bei seiner Meldung die Gesichter in sehr bedenkliche Falten legen sah.

„Sie haben des Prinzen Ludolf Liebden wirklich nicht getroffen, Herr Major?" fragte Prinz Heinrich argwöhnisch und mit forschendem Blicke.

„Mein Wort darauf, Herr General, daß ich ihn nicht einmal gesehen habe, obschon ich mich durch alle Zimmer führen ließ und überall nur Spuren einer eiligen Abreise fand," erwiderte Herr v. Sundbye, mit festen Augen den Blicken des Prinzen begegnend.

„Und Sie glauben, daß der Prinz sich nicht versteckt hielt, Major?" fuhr Heinrich trotzdem fort.

„Excellenz verzeihen, wenn ich hierauf nur antworte, daß meine Ordre nur dahin ging, dem durchlauchtigen Prinzen den Degen abzuverlangen und ihn zu verhaften, falls ich ihn sähe, nicht aber, daß ich der Polizei in's Handwerk greife und eine Haussuchung veranstalte," erwiderte Sundbye ruhig. „Als Offizier muß ich annehmen, daß der erlauchte Prinz als Offizier sich mir bei der Durchwanderung seiner Wohnung gegenübergestellt haben würde, wenn er noch dagewesen wäre."

„Sie haben Recht, Major v. Sundbye! Sie haben korrekt gehandelt!" sagte der Erbprinz. „Uebrigens wird Ihnen die Ordonnanz, die ich Ihnen nachsandte, gemeldet haben, daß ich die Ordre der Verhaftung des Prinzen zurückgenommen?"

„Allerdings, mein Prinz! allein Durchlaucht halten zu Gnaden, wenn ich leider berichten muß, daß mein Auftrag schon vollzogen war, als ich den Gegenbefehl erhielt," entgegnete Sundbye.

„Es ist gut, ich danke Ihnen, Major!" sagte der Erbprinz und entließ den Major.

„Was nun? Er ist fort und ohne Zweifel auf dem kürzesten Wege nach Frankreich," sagte Prinz Heinrich zu seinem Bruder, und sein Gesicht verrieth eine bitter getäuschte Erwartung.

„Er hat Schamade geschlagen und sein Spiel vereitelt gesehen," erwiderte der Erbprinz. „Suchen wir uns wenigstens seiner Mitschuldigen zu bemächtigen, bevor er zurückkehrt, und uns der Reichshülfe zu versichern."

„Ja, lassen wir das Gesetz in seiner ganzen Strenge walten, um ein Exempel zu statuiren!" bestätigte Prinz Heinrich beeifert. „Aber glaubst Du nicht, Bruder, daß man Ludolf verfolgen solle?"

Der Erbprinz zuckte die Achseln. „Wenn es geschehen könnte,

ohne daß ich die Verantwortlichkeit trüge, hätte ich nichts dagegen. Von Papa würden wir aber schwerlich die Einwilligung dazu erlangen. Rudolf kann keinen bedeutenden Vorsprung haben. Sind die berittenen Hatschiere noch da?"

„Nein, sie sind vorhin als Escorte unserer Damen und Kinder nach Karlsburg abgegangen. Die Damen des Hofes mußten übrigens ohne die Reichsgräfin abreisen, welche plötzlich unbaß geworden ist . . . ."

„Dann gilt es doppelt auf unserer Hut zu sein, denn die Frau Stiefmama bleibt unverkennbar nur hier, um unserm Roué von Bruder den Rücken zu decken," fiel ihm der Erbprinz erschrocken in's Wort. „Papa ist ebenfalls unwohl und hat sich in sein Kabinet zurückgezogen. Seien wir auf unserer Hut, und verhindern wir vor Allem, daß die Reichsgräfin Zutritt zu Papa erhalte . . . . Und dann, Heinrich, wenn die Hatschiere zurückkehren, so laß sie alle Straßen in der Richtung nach der Grenze absuchen! Wir werden Rudolf noch ereilen können. Ich gehe jetzt zu Papa, um ihm Rudolf's Flucht zu melden und mir Vollmacht zu holen, gegen die verdächtigen Offiziere vorgehen zu dürfen!" —

Als der Erbprinz in das Arbeitskabinet seines fürstlichen Vaters trat, fand er bei diesem den Geheimerath v. Gairing, einen der ältesten und erprobtesten fürstlichen Diener, der so eben im Begriff war, einen Vortrag zu halten, welchen er nun beim Anblick des neuen Ankömmlings unterbrach.

„Wir berathen uns soeben über die Sachlage, mein Sohn," wandte sich der Fürst sichtlich erleichtert an den Erbprinzen. „Während Du bei Deiner Frau und Deinen Kindern warst, mein Lieber, ist mir die Nachricht geworden, daß mein armer Adelsberg auf der Fahrt zu seiner sterbenden Schwester bei Wettersbach mit dem Wagen umgeworfen ward und sich Kopf und Schulter zu erheblich verletzt hat, um sogleich hieher zurückkehren zu können. Adelsberg hat Unsern lieben alten Freund und treuen Diener Gairing mit der Führung der Staatsgeschäfte in seiner Abwesenheit betraut, was meinen vollen Beifall hat. Gairing ist nun herbeigeeilt, um Uns seine treuen Dienste anzubieten und mir die beruhigende Versicherung zu geben, daß wir Uns unnöthig geängstigt haben!"

„Sie nehmen die Sache sehr leicht, Herr Geheimerath!" sagte

der Erbprinz mit strengem Blick und vorwurfsvollem Tone. „Die Lage der Dinge ist doch unbedingt eine sehr ernste?"

„Ganz gewiß, mein durchlauchtiger Prinz, wenn wir die Krisis steigern, indem wir die Sache zu ernst nehmen," entgegnete der greise Geheimerath ruhig und mit Würde. „Allein wir entwaffnen vielleicht Alles, was uns droht, indem wir die Sache als das behandeln, was sie im Grunde bis zu diesem Augenblicke noch ist — als einen blinden Lärmen!"

„Das erscheint mir denn doch als eine allzu sanguinische Auf-fassung, mein bester Geheimerath, und ich wäre sehr begierig zu er-fahren, wie Sie dieselben begründen können!" sagte der Erbprinz pikirt.

„Falls Euer Liebden geruhen wollen, mich geduldig anzuhören, wenn ich fortfahre, so schmeichle ich mir mit der Hoffnung, daß mein gnädigster Herr mir beizupflichten geruhen wird," entgegnete Herr v. Gairing und rückte dem Prinzen einen Stuhl hin. Mit etwas sauersüßer Miene nahm Prinz Johann Platz, und der Geheimerath begann von Neuem: „Nachdem Seine Durchlaucht die Gnade gehabt atten, meine Dienste anzunehmen und mir die Untersuchung der raglichen so ernst erscheinenden Angelegenheiten allergnädigst anzu-ertrauen, hub ich, von der Ueberzeugung ausgehend, daß wenn mein theurer Freund der Präsident v. Adelsberg in demjenigen, was des Herrn Prinzen Ludolf Liebden ihm gestern anzuvertrauen so gewo-gen waren, irgend einen Grund zu direkten und dringenden Sorgen um das hohe Fürstenhaus und den Staat gesehen hätten, der Prä-sident selbst vorbeugende Maßregeln getroffen haben würde — ich hub also, wage ich zu sagen, damit an, daß ich die Aeußerungen, welche Ihre Erlaucht die Frau Reichsgräfin v. Thannheim Liebden gethan hatte, näher zu erforschen mich bemühte. Ich nahm mir also die Freiheit, mir eine Audienz bei Ihrer Erlaucht zu erbitten, welche mir gewährt wurde und von welcher ich soeben zurückkehre, und ich darf mir nun erlauben, meine unvorgreifliche und unmaßgebliche Ueberzeugung dahin auszusprechen, daß die ganze Befürchtung wegen einer etwaigen Felonie Seiner Liebden des Prinzen nur auf einem Mißverständnisse beruht, dessen Schuld Ihre Erlaucht bereits zum Theil auf sich zu nehmen geruht haben . . ."

„Ah, das ist stark!" stieß der Erbprinz hervor. „Ohne Ihrer Ansicht irgend zu nahe zu treten, Herr Geheimerath, muß ich doch gestehen, daß mir diese Erklärung meiner gnädigen Frau Stiefmutter doch sehr auffallend vorkommt!"

„Ich meinestheils bin aber davon befriedigt und gerne geneigt, ebenfalls einen Theil des Mißverständnisses auf mich zu nehmen," entgegnete ihm der Fürst. „So wie sich die Sache nun herausstellt, als eine Aeußerung des Unmuths und der Ungeduld meines wilden Sohnes, als ein Versuch mir eine Entscheidung in seiner Angelegenheit abzutrotzen, mir vielleicht bange zu machen — was gottlob an meiner Ruhe und fürstlichen Gewissenhaftigkeit scheiterte." setzt er mit selbstgefälligem Lächeln hinzu, — „bin auch ich überzeugt, daß es sich um eine ernstliche, zum Ausbruch reife Verschwörung noch nicht handelt, sondern nur um leere Bravaden, die übrigens nicht ungeahndet bleiben sollen. — Fahren Sie fort, lieber Gairing!"

„Aber ich bitte nur bemerken zu dürfen, durchlauchtigster Papa, daß das Gebahren meines verblendeten Bruders: seine Widersetzlichkeit gegen einen Offizier im Dienst, der ihn verhaften sollte, seine nunmehrige Flucht . . . ."

„Flucht?!" riefen der Fürst und der Geheimerath gleichsam in Einem Athem und bedenklichem Tone.

„Ja, zum mindesten die konstatirte Abwesenheit aus seiner Wohnung und die Vorbereitungen zu einer eiligen Abreise, denn doch darauf hinzudeuten scheinen, daß Rudolf nicht den Muth hat, einem Gerichte gegenüberzutreten, das ihn zur Rechtfertigung seiner Aeußerungen auffordern würde," fuhr der Erbprinz nachdrücklich fort. „Man weiß sogar, wie ich auf das Bestimmteste versichert werde, daß Einverständnisse von Seiten verschiedener Offiziere mit meinem verblendeten Bruder existiren, welche bestimmte Eventualitäten im Auge haben, und die Hochrufe auf den Prinzen Rudolf, die man in verschiedenen Kasernen gehört hat, sind andere sehr bedenkliche Indicien . . . ."

„Welche übrigens, mit Eurer Liebden gnädigster Erlaubniß, noch nicht viel beweisen dürften," wandte der Geheimerath mit bescheidener ruhiger Miene ein. „Ich habe mir eine möglichst unbefangene Ansicht von der Sache zu erwerben gesucht und bitte unterthänigst um die Gnade, dieselbe vortragen zu dürfen. Gerüchte und einzelne bübische Ausschreitungen dürften, meines ganz bescheidenen unmaßgeblichen Dafürhaltens, den aufgewandten militärischen Apparat nicht ganz rechtfertigen, welcher nicht nur die Residenzstadt, sondern das halbe Land allarmirt hat, so daß die Bürger und Einwohner in banger Furcht die Köpfe zusammenstecken und nach dem Grunde dieser auffälligen Demonstrationen forschen und sich kaum beruhigen ließen . . ."

„Der Bürgermeister war nämlich mit fünf Rathsverwandten vorhin hier, um Uns der unbedingten Ergebenheit der Bürger- und Einwohnerschaft zu versichern und um Waffen zu bitten, um dem Einfall der Neufranken mit Gewalt zu begegnen," bemerkte der Fürst zwischenhinein gegen den Erbprinzen.

„Und ich habe mich erkühnt, mein durchlauchtigster Erbprinz, diese Leute unter Verdankung ihrer treuen Dienste mit der Versicherung zu entlassen, daß die Entfaltung unserer militärischen Macht nur eine Waffenübung, der probeweise Versuch eines Allarms sei," ergänzte Herr v. Gairing mit einer Verbeugung gegen den Erbprinzen.

„Dann müssen Ihr Vertrauen und Ihre Hoffnung unerschütterlich sein oder Ihr Scharfblick weiter reichen als mein bescheidener Verstand," versetzte der Erbprinz ungeduldig.

„Ich glaube mich nicht zu irren, wenn ich der Treue unserer Waldauer vertraue, gnädiger Herr, und thue meine Pflicht, indem ich eine Gefahr abschwäche, die wir nur steigern können, indem wir sie so groß erscheinen lassen, daß sie uns Furcht einflöße," erwiderte der greise Geheimerath gelassen. „Was ich geltend mache, ist wie bemerkt nur ein Vorschlag, eine unmaßgebliche Ansicht, die ich dem Staatsrathe unterbreiten will, dahin gehend: die Soldaten kehren in die Kaserne zurück und verstärken nur die Posten oder geben Schaarwachen ab, welche die Nacht hindurch in den Straßen patrouilliren. Der übrige Sicherheitsdienst wird von den Hatschieren geleistet, die wir etwa durch eingeschworene Bürger verstärken. Prinz Ludolf — falls Hochdieselben noch in der Stadt oder im Lande sind — werden vorgeladen, sich zu rechtfertigen, denn der erste Rechtsgrundsatz verlangt, daß ein Angeschuldigter auch gehört werde, und einer Person vom allerhöchsten Stande darf in einer solchen Angelegenheit das Recht der Vertheidigung und des Entlastungsbeweises nicht verkümmert werden. Dies, meine durchlauchtigsten Herrschaften, ist meine ganz bescheidene und unvorgreifliche Ansicht . . . ."

„Worin Sie ohne Zweifel von der Frau Reichsgräfin Liebden bestärkt worden sind, Herr Geheimerath," bemerkte der Erbprinz ironisch.

„Durchlaucht halten zu Gnaden — sagen wir: ohne Zweifel wohl bestärkt worden wäre, wenn ich es für gerathen und für meine Pflicht gehalten hätte, mit unserer Landesmutter hierüber zu sprechen," versetzte der Geheimerath würdevoll.

„Gairing hat ganz korrekt gehandelt, mon cher, und ich hätte selbst nichts Unrechtes darin gefunden, wenn er Carolinen, wollte sagen meinem freundlich geliebten Ehegemahl, seine Ansicht mitgetheilt hätte, denn wir tragen allesammt eine solidarische Verbindlichkeit für die Ruhe und Sicherheit des Staates, und Ihre Liebden die Reichsgräfin erfreut sich besonderer Einsichten," wandte Fürst Johann Heinrich fast verweisend ein. „Mag sein, daß euch jüngeren Männern das Maßvolle, Verständige, was in meines treuen Rathes Ansicht liegt, minder behagt, als ein summarischeres Verfahren. Allein Unser Wille ist es, daß der Staatsrath darüber gehört und daß Alles vermieden werde, was durch eine Steigerung der Gefahr die Krisis erhöht und einen vielleicht nur Irrenden dadurch zum Verbrechen treibt. Wasmaßen Fürsten sich niemals übereilen dürfen, so wollen Wir nicht weiter handeln, bevor Wir Unsere getreuen Räthe gehört haben. Mein lieber Gairing, lassen Sie in aller Stille den Staatsrath zusammenberufen und Uns davon benachrichtigen, wann die Herren versammelt sind. Einstweilen werden Wir Uns in Ruhe und Sammlung diese Angelegenheit noch genauer überlegen!"

Der Erbprinz und Gairing verließen mit einander Kabinet.

„Herr Geheimerath, ich begreife Sie nicht; Sie decken meinem verworfenen Bruder den Rückzug," raunte Prinz Johann dem Staatsmanne zornig zu.

— „Euer Liebden thun mir wahrscheinlich Unrecht; ich will nur eine Empörung verhüten, zu der ein Irrender durch übergroße Strenge getrieben werden könnte," entgegnete Gairing gelassen. „Ich handle nach Recht und Gewissen und nach genauer Kenntniß des Charakters des Prinzen Ludolf Liebden. Besser wir bauen ihm goldene Brücken zum Rückzug, als wir treiben ihn und seine Anhänger dazu, uns ein Parcli zu biegen und den Bürgerkrieg zu entzünden. Noch steht bei mir nicht einmal der Verdacht fest, daß der Prinz auf ein Verbrechen sinnt . . ."

„Bah, Sie sind ein . . ."

— „Ein alter Mann, der dem hohen Fürstenhause Walbau den Affront eines Hochverrathsprozesses gegen einen seiner Söhne oder ein unnöthiges Blutvergießen ersparen möchte," ergänzte Gairing mit einer tiefen Verbeugung und zog sich dann schnell zurück — — —

Der Staatsrath war versammelt und der Fürst davon benachrichtigt, aber er kam noch immer nicht — vor lauter gewissenhafter Ueberlegung war er eingeschlafen und mußte erst geweckt werden. Jetzt stürzte Prinz Heinrich blassen verstörten Angesichts in das Berathungszimmer.

„Wissen Sie schon, meine Herren?" rief er; „ich komme vom Schloßthurm, man sieht gegen Südwesten Feuerschein von brennenden Dörfern! die Neufranken fallen ein! . . ."

— „Beruhigen Sie sich, gnädiger Herr! es ist nur eine Feuersbrunst in Au! der Feuerreiter trifft soeben mit der Meldung des Amtmanns hier ein," bemerkte ihm Herr v. Gairing lächelnd, welcher in die Thüre trat. „Es sind zwei brennende Scheunen, die beim Hanfbörren in Feuer geriethen. Uebrigens folgt mir Seine Durchlaucht auf dem Fuße!"

Diese Erklärung hatte den Schrecken beruhigt, und die Sitzung des Staatsraths begann, welcher auch die beiden älteren Prinzen beiwohnten. Sie währte lange und war sehr bewegt, aber nach langer Debatte siegte die Partei der ruhigen Grauköpfe, und die Soldaten erhielten die Weisung, sich in aller Stille in ihre Kasernen zurückzuziehen und dort konsignirt zu bleiben. Nur auf den Straßen gingen noch Patrouillen umher, an den Thoren standen verstärkte Posten mit der strengen Weisung, Niemand aus der Stadt zu lassen, jeden Ankömmling aber sorgfältig zu mustern. Die Wacht-habenden Offiziere hatten den geheimen Auftrag, den Prinzen Rudolf in aller Stille zu verhaften und ins Schloß abzuliefern, von wo er unter militärischer Bedeckung in die Karlsburg abgeliefert werden sollte. —

*　　*　　*

Es war längst dunkel geworden, als Prinz Rudolf, in einen langen Reitermantel gehüllt, einen breitkrämpigen Hut auf dem Kopfe, seinen Gartenpavillon verließ und sich durch einige Nebenstraßen nach der Wohnung seines Freundes Freiberg begab. Es gab damals selbst in größeren deutschen Städten noch keine Straßenbeleuchtung, geschweige denn in dem kleinen Waldau. Nur hie und da brannte ein Oellämpchen oder Talgstümpfchen in räucheriger Laterne vor irgend einem öffentlichen Gebäude oder einem Wirthshause. Im Uebrigen waren die Straßen und Gassen der Stadt stichdunkel und über den niedrigen zweistockigen Häusern hing der düstere bleigraue Nachthimmel, aus welchem eben jetzt ein Gemeng von kaltem dünnem Regen und Schneeflocken langsam herunterrieselte. Die Stadt war still, und eine eigenthümliche bange Ruhe lag über ihr, nur hie und da unterbrochen von dem dröhnenden Schritt und Waffengeklirre der Patrouillen, welche verdrossen die Straßen abschritten. So oft eine solche Patrouille in die Nähe kam, zog der Prinz den Hut tiefer in die Stirne und den Mantel dichter um sich und drückte sich in einen offenen Thorweg oder in eine dunkle Ecke, um instinktmäßig der Begegnung auszuweichen.

So erreichte er das kleine Haus hinter der katholischen Kirche, in welchem Freiberg wohnte. Auf sein Klopfen an die Thüre öffnete die Hausfrau, welche davon nicht überrascht, sondern in das Geheimniß seines Besuchs eingeweiht erschien und ihn in die paar Stuben im obern Stock hinaufführte, worin der Hauptmann hauste. Sie stellte eine brennende Talgkerze auf den Tisch, fragte dann nach den etwaigen Wünschen des gnädigen Herrn, der nur eine Flasche Wasser verlangte und sich erbat, daß man ihm Freiberg's Burschen sogleich heraufschicke, sobald derselbe komme. Die Bürgerfrau, ein altes Mütterchen, brachte einen Krug frischen Wassers und ein Trinkglas und erbat sich die Wünsche des Gastes für das Abendbrod, da sie voraussehe, daß der gnädige Herr nun hier bleiben werde, indem sie auf Herrn v. Freiberg's Geheiß ihm bereits ein Bett in einem sauberen Dachstübchen droben gerichtet habe, wo ihn Niemand suchen werde.

„Ihr seid sehr freundlich, gute Frau!" sagte Ludolf mit sardonischem Lächeln; „ich weiß nicht, ob ich Eure Güte nur in Anspruch nehmen darf, wenn man mich, wie Ihr meint, überhaupt suchen würde! Und seid Ihr denn wirklich so überzeugt, daß man mich aufsuchen wird, daß ich eines Verstecks bedarf?"

Das Mütterchen schaute ihn halb verwundert, halb erschrocken an, als ob es eine solche Frage nicht begreifen könne. „Ach gnädiger Herr, wie können Sie nur noch spotten und so fragen?" versetzte sie mit unverkennbarer Angst. „Ist denn nicht die ganze Stadt voll von dem Gerede, daß man nach dem gnädigsten Prinzen Ludolf fahndet, um ihn vor Gericht zu stellen?

„Und weshalb denn, gute Frau? Was soll denn der Prinz so Arges verbrochen haben?" fragte Ludolf mit geringschätzigem Lächeln.

„Das fragt der gnädige Herr mich, das alberne Weib?" versetzte die Frau mit einer gewissen Furcht.

„Ei natürlich, gute Frau! Wüßt' ich es selbst, was man dem
Prinzen etwa zur Last legen kann, als seine Mädchenhändel und
tollen Streiche, so würd' ich nicht fragen! — Sprecht offen, gute
Frau! ich nehm' Euch nichts übel. Berichtet mir nur rundheraus,
was unter den Leuten geschwatzt wird von Dem, was Prinz
Ludolf gethan haben soll, daß man ihn verfolgt und aufsucht und
die ganze Stadt mit solchem Rumor erfüllt!"

„Ach gnädiger Herr, 's ist grausam, mit mir solchen Spott zu
treiben, denn weiß Gott, ich meine es gut mit Ihnen!" sagte das
Mütterchen wehmüthig und mit feuchten Augen. „Mein Vater selig
war fürstlicher Trabant, mein Mann Heubinder im Leibstall; ich
hab' lebenslang das Brod unsers gnädigen Fürstenhauses gegessen,
und es hat mir schier das Herz abgedrückt, solche Dinge hören zu
müssen — wie sollt' ich es da über mich gewinnen, sie nachzu-
sprechen? Und der gnädige Herr weiß ja Alles schon selbst, sonst
wär' er nicht hier.... Und doch — ich weiß nicht, woher mir
der Muth kommt, das zu sagen, gnädiger Herr, aber es ist mir
einmal so um's Herz — wenn ich den gnädigen Herrn so anschaue
und ihm in die Augen gucke, die so offen und ehrlich darein blicken,
da kann ich es nicht glauben — hab's eigentlich auch noch nie geglaubt...."

„Nun, was denn, gute Frau? was habt Ihr nicht geglaubt?"
fragte Ludolf treuherzig und klopfte ihr auf die Schulter. „Daß
ich ein solch leichtsinniger Bursche und Mädchenjäger sei? he?"

„Ob das nicht, gnädiger Herr! Das glaub' ich von Ihnen
gerne und das sieht man Ihnen an den leichtsinnigen verschmitzten
Augen an, und das sind ja die vornehmen jungen Herren alle, —
da werden Sie keine Ausnahme machen!" erwiderte das Mütterchen
offen. „Der allergnädige Fürst war in seinen jungen Tagen sozusagen auch ein Bißchen ein Luftibus und hinter den Dirnen her,
bis ihm die hochselige Durchlaucht die Fürstin die Seitensprünge
legte — nichts für ungut, gnädiger Herr, denn so sagen wenigstens
die Leute...."

„Immer zu, gute Frau! Daran kann ja 'was Wahres sein.
Und da meint Ihr, was den Prinzen anlangt, da werde der Apfel
nicht weit vom Stamme fallen, he?"

„Mit gnädiger Erlaubniß sozusagen ja, gnädiger Herr! Aber darum könnte der Prinz doch 'mal ein ebenso guter Fürst und treuer gütiger Landesvater werden, wie die jetzige regierende Durchlaucht, und ich muß geradezu sagen, ich glaub' nicht daran, daß er bei all seinem Leichtsinn daran denken soll, den Absalom zu machen und den alten Herrn vom Throne zu stoßen und seine gnädigen Herren Brüder umbringen zu lassen, wie die Leute sagen!"

Ludolf brach in lautes Lachen aus, klopfte dem Mütterchen von Neuem auf die Schulter und rief: „Und das soll der leichtsinnige Prinz beabsichtigen, gute Frau?"

„Jemm, die Leute sagen es wenigstens, gnädiger Herr! aber ich für meinen Theil glaub' es nicht!"

„Dann lohn' Euch der liebe Gott die gute Meinung, liebe Frau!" sagte der Prinz lachend. „So weit ich aber den Prinzen kenne, Mütterchen, so denkt er himmelweit nicht daran, ein solcher Absalom zu werden, sondern ist viel zu leichtfertig dazu, und wünscht nichts sehnlicher, als sich mit seinem Vater zu versöhnen, dem er allerdings schon manche trübe Stunde gemacht hat, und seinen Gegnern und Verleumbern seine ganze Verachtung in's Gesicht zu schleudern und dann dieses Klatschnest von Städtchen zu verlassen auf Nimmerwiederkehr! Glaubt mir, gute Frau, das ist die reine Wahrheit; das dürft Ihr Jedermann kecklich von mir aus sagen!"

„Gott segne den gnädigen Herrn! Das thut meinem alten Herzen wohl," rief das Mütterchen mit Thränen in den Augen und ergriff mit beiden Händen die Rechte des Prinzen. „Oh, daß das die Leute hörten, wie ich es höre, gnädiger Herr! sie würden alle den Prinzen noch lieber gewinnen, als sie ihn haben ...."

„Dann sorgt dafür, daß es unter die Leute komme, denn ich bitt' Euch, Mütterchen, womit sollte denn ein einzelner Mensch und wär' er dutzendmal ein Prinz, den Fürsten und die Prinzen vom Throne stoßen, die die Gewalt und das Volk für sich haben? Das sind Alles nur Lügen und Tücken, angezettelt von den Feinden des Prinzen und den Speichelleckern seiner Brüder ...."

„Nicht wahr, nicht wahr, gnädiger Herr? Das hab' ich auch immer gesagt!" rief die Frau ganz heiter und vertraulich. „Ich hab' immer gedacht, der gnädige Erbprinz sei sozusagen ein Duckmäuser und Pantoffelheld und der gnädige Prinz Heinrich ein ... ja, meinetwegen denn und nichts für ungut! — ein Haspel ...."

„Sehr gut, meiner Treu! ein Haspel, den jeder Abenteurer nach Belieben dreht!" lachte Ludolf.

„Jesus Maria, aber was hab' ich da gesagt?!" rief das Mütterchen, plötzlich sich der schweren Verantwortlichkeit ihres Geredes erinnernd. „Gott verzeihe mir die Sünde, aber wenn das Jemand gehört hätte, es brächte mich in's Spinnhaus! Aber nicht wahr, gnädiger Herr, S i e verrathen mich nicht und nehmen mir's nicht übel? Es fuhr mir nur so heraus und war nicht so bös gemeint! Sie wissen ja doch, daß ich für Sie durch's Feuer gehe und daß Sie in meinem Hause sicher sind. Kein Mensch soll Sie droben in dem Dachstübchen hinter dem Schornstein finden!"

Ludolf beruhigte sie lachend und bedeutete ihr, sie solle nur unbesorgt sein und hübsch Wache halten, daß Niemand in's Haus komme. Vor Gefahr fürchte er sich im Grunde nicht, aber er möchte nicht Andere in Ungelegenheiten bringen.

Als er allein war, schritt er nachdenklich in der Stube auf und nieder, daß seine schweren Schritte dröhnend in dem stillen Häuschen widerhallten. Die dünne Talgkerze brannte trüb, und ihr matter Schein drang nicht einmal in die fernen Winkel der Stube. Die Kattunvorhänge an den beiden Fenstern waren vorgezogen, die Fensterläden geschlossen, an die der Regen schlug. Die enge Gasse drunten war öde und stille, und die ganze Umgebung paßte zu der seltsamen unbehaglichen und unruhigen Stimmung des Prinzen, insoferne sie dieselbe eher steigerte und beschwichtigte. Vor ihm lag die Zukunft ebenso dämmerig, wie diese enge Stube; hinter ihm lag die Vergangenheit so unerquicklich wie draußen der kalte regnerische Abend; in ihm selber war Alles unklar und voll Mißton. Er dachte an Carolinen, an seinen schwachen Vater mit dem zweifelgequälten Herzen und den peinlichen Einflüsterungen der Höflinge, an den bramarbasirenden und nichtigen Katzeneck, dem er den leichtsinnigen aber doch zuverlässigen Freiberg und den soldatisch geraden Andlau gegenüber stellte; und dann fiel ihm wieder schwer und unbehaglich auf's Gemüth, daß er hier allein und ohne alle Nachrichten von der Außenwelt sei.

Die Gedanken, welche factisch in ihm wogten, wurden immer unruhiger und qualvoller. Er wußte die ganze Stube bald auswendig; die kahlen Wände, an denen nur einige Tabakspfeifen, Waffen und Jagdgeräthschaften hingen, die dürftig möblirte Schlafstube da-

neben, an deren Wänden nur Sattelzeug und Uniformstücke hingen, —
den ausgetretenen knorrigen Fußboden, den verräucherten Plafond,
die verhüllten Fenster. Nirgends ein Buch oder Zeitungsblatt oder
irgend etwas, das seine Aufmerksamkeit von sich selbst und dieser
dürftig eintönigen Umgebung hätte ablegen können — immer und
immer wieder nur diese wirren aufregenden Gedanken, welche den
klaren Blick trüben und die Ruhe rauben, immer nur das Knarren
und den dröhnenden Hall seiner eigenen Schritte — nicht einmal
ein Sopha oder Lotterbett, um sich auszuruhen und ein Wenig einzunicken, um seinen Gedanken zu entgehen. Immer nur diese factisch
durch einander wogenden Erinnerungen, Besorgnisse, Ungewißheiten,
welche keinen Entschluß aufkommen ließen! . . .

Endlich warf er sich in einen Stuhl, kreuzte die Arme auf der
Tischecke und versuchte einzunicken. Aber kaum war er eine Weile
gesessen, da tönten drunten auf der Gasse spornklirrende Tritte,
welche sich rasch dem Hause näherten, dann verstummten; ein leises
Pochen an der Hausthüre, dann ward diese geöffnet. Rudolf war
aufgesprungen und zu der Wand getreten, an welcher die Waffen
hingen; seine Hand erfaßte einen der Degen, während sein Ohr
nach der Zimmerthüre lauschte. Er hörte ein Flüstern und Wispern
im Erdgeschoß, dann knarrte die Treppe unter einem schweren Tritt,
und endlich kam der Bursche Freiberg's mit einem Billet ohne Auf-
und Unterschrift, das in französischer Sprache nur folgende Worte
mit Bleistift enthielt:

„K. und einige andere Offiziere sind soeben zum Gouverneur
beschieden worden, wohin ich ihnen folgen soll, sobald ich abgelöst
werde. Haussuchung bei K. und einigen Anderen; auch ich voraussichtlich davon bedroht. Vor Allem Vorsicht und wo möglich schleunige Flucht. Morgen Mittag sehen wir uns in Bauhof wieder,
wenn ich noch frei bin."

Und mündlich berichtete der Offiziersdiener, daß mehrere Offiziere verhaftet worden, daß er einem Piket Soldaten mit einem
Offizier begegnet sei, welches sich in der Richtung nach dem Gartenpavillon des Prinzen von der Hauptwache aus in Bewegung gesetzt
habe, und daß ihm sein Herr aufgetragen, allfällig dem Prinzen ein
Pferd zu satteln und parat zu halten. „Ich weiß ein enges Gäßchen zwischen den Gemüsegärten am Landgraben, das aus der Stadt
führt und in's freie Feld mündet," sagte der Bursche. „Ich habe

nachgesehen und es unbesetzt gefunden; man kann von dort den Hardtwald erreichen und entkommen. Wenn Gnaden befehlen, so vermesse ich mich, den Herrn Oberstwachtmeister ungefährdet in's Freie zu bringen. Mein Herr hat mir befohlen, die Befehle des Herrn Oberstwachtmeisters in Empfang zu nehmen."

Ludolf lächelte bitter und sardonisch. Galt diese beeiferte Für= sorge Freiberg's und seines Burschen der Wohlfahrt des Prinzen oder derjenigen Freiberg's? Sollte auch dieser ihm untreu geworden sein? Sollte man wirklich unter dem Schutze der Nacht zur Verhaftung des Prinzen schreiten? — Diese Fragen drängten sich Ludolf auf, und riefen wieder seine ganze Thatkraft wach. Eine Weile starrte er in den fahlen Lichtkreis, den der Kerzenschein an die niedrige Decke warf, dann wandte er sich zu dem Burschen.

„Dein Herr ist noch in der Kaserne?"

— „Zu Befehl, Herr Oberstwachtmeister!"

„Wohlan, so sag' ihm, daß ich das Anerbieten eines Pferdes annehme, und erwarte mich dann mit dem Pferd da, wo ich Dich treffen kann! Ich werde nicht hier bleiben, sondern noch eine Runde durch die Stadt machen, um mich selbst von der Lage der Dinge zu überzeugen. Bin ich in einer Stunde, also bis 8 Uhr, nicht an der entsprechenden Stelle, so brauchst Du nicht mehr auf mich zu warten, denn ich habe mich dann anders besonnen!"

„Sehr wohl, Herr Oberstwachtmeister," versetzte der Offiziers= bursche und beschrieb dann dem Prinzen genau den Ort, wo er das Pferd finden sollte.

Ludolf hüllte sich wieder in seinen Mantel und verließ in aller Stille das Haus, ohne auf die Bitten der Wirthin zu achten, die ihn zurückhalten wollte.

*   *   *

Der kalte Regen rieselte noch immer herab und verscheuchte die Leute von der Straße der kleinen Residenz, Ludolf war eine halbe Stunde umhergegangen, ohne etwas Anderem zu begegnen, als einigen Militärpatrouillen, die verdrossen und schweren Schritts durch die Gassen gingen und jeden Begegnenden mit „Halt! wer da?" anriefen, aber auf die Antwort „Gut Freund!" ruhig passiren ließen. Er war auf dem Schloßplatze gewesen und hatte sich das noch immer mit verstärkten Wachtposten umgebene Schloß von ferne beschaut, das trotz seines freundlichen gelblichen Anstrichs bei Tage jetzt grau und düster aus dem nebeligen Dunkel der Nacht herüber schaute. Nur wenige Fenster waren erleuchtet, einige links von dem kleinen Pavillon, wo des Fürsten Appartements lagen, einige rechts in dem Querbau, wo die Reichsgräfin von Thannheim wohnte. Sie war also nicht geflohen wie die anderen fürstlichen Damen — sie war noch geblieben, vielleicht zurückgehalten von seinen Brüdern, vielleicht von einem wärmern Gefühl für ihn, Ludolf, und von dem Wunsch, ihm bei dem erzürnten Papa noch möglichst zu nützen.

Dem Schlosse so nahe, fühlte Ludolf sich lebhafter als je versucht, geradezu hineinzudringen und vor seinen Vater zu treten und so allen seinen Feinden und Gegnern sich gegenüber zu stellen. Eine an Ueberzeugung grenzende Ahnung wollte ihm diesen Schritt noch immer als den richtigsten und wirksamsten erscheinen lassen. Der Prinz fühlte mit prophetischem Fernblick, daß der Einfluß einer entschlossenen mannhaften Persönlichkeit, das kühne und energische Auftreten mit der Miene unbefangener biederer Ehrlichkeit und gekränkten Gefühls seine Brüder zum Verstummen bringen und seinen Vater imponiren würde. Wenn er aber diesen rettenden Schritt der ihm auf den ersten Anschein so logisch, so leicht vorkam, dennoch nicht that, ja wenn er denselben fallen ließ, ehe er, aus dem düstern Schatten der kahlen Lindenkronen des Schloßplatzes hervorgetreten, noch dem Wachposten nahe gekommen war, — so war es nur, weil sich an diesen Rath seines Verstandes ein Bleigewicht des bösen Gewissens hing, das den Entschluß nicht zur Vollendung kommen ließ!

Hunderte von peinlichen Gedanken und Einfällen tauchten in ihm auf und wogten durch einander: das eine Mal stand es unbestimmt und in düsterer Ahnung vor seiner Seele, daß der Einzelne immer Unrecht habe der Masse gegenüber, und daß ihn mitten in seinem kühnen Gebahren der Muth, die Thatkraft und Konsequenz verlassen könne. Wer bürgte ihm nämlich dafür, ob nicht der Kammerherr v. Jobstein wirklich durch Beihilfe der Prinzen Johann und Heinrich zu der alten Durchlaucht hindurch gedrungen sein, und Enthüllungen gemacht habe, welche alle früheren Ausflüchte Ludolf's und seiner Spießgesellen widerlegten und deren Schuld unzweideutig darthaten? Wer konnte wissen, ob die Genossen seiner früheren Gelage und Orgien, deren Wohnungen man durchsuchte und deren Papiere man mit Beschlag belegt und deren Person man sich versichert hatte, nicht wissentlich oder unwissentlich, mit oder ohne Absicht, die Hand dazu geboten hatten, den Prinzen zu verrathen, und sich selbst eine Minderung ihrer Schuld zu erkaufen? Wer verbürgte ihm, dem Prinzen, daß er noch allein in's Schloß dringe und seinem greisen Vater vor Augen trete, wenn die Posten und die machthabenden Offiziere Befehl hatten, ihn zu verhaften?! . . . . Ja, wenn er nur noch ein halbes Dutzend zuverläßiger Freunde oder Gefährten bei sich gehabt hätte, so würde er den besten Trumpf gewagt und seinem Vater persönlich seinen Degen überliefert und sich zu rechtfertigen versucht haben! Aber so ganz isolirt und auf sich selber gestellt? . . . . war der rettende Schritt jetzt nur noch möglich? . . .

Zwei-, dreimal hatte der Prinz Ludolf sich im Schatten der Linden und Kastanienbäume dem Eingang des Pavillons, welcher die Gemächer des regierenden Fürsten enthielt, bis auf etwa hundert Schritte genähert, ohne aber seine geheimen Zweifel und Bedenklichkeiten besiegen zu können . . . . Endlich machte er beim letzten Versuch hastig Kehrt und eilte mit flüchtigen Schritten bis an die fernste Ecke des Schloßplatzes, wo er sich dann keuchend an einen Baumstamm lehnte und mit verschränkten Armen stehen blieb.

Es war der peinlichste unbehaglichste Augenblick seines ganzen Lebens. So einsam, elend, nichtig und gedemüthigt, so rath- und machtlos einem dunklen undurchdringlichen Schicksal, einem wahren Verhängniß gegenüber hatte er sich noch nie gefühlt. Wäre er jetzt, wie vor einigen Tagen, an dem stillen torfigen Weiher im Schloßgarten gestanden, er wäre hineingesprungen und hätte sich mit Wollust im schwarzen Schlamm begraben . . . . Und doch wäre er jetzt noch lieber auf feurigem Roß gesessen an der Spitze eines tapfern Reitergeschwaders und hätte, den Tod in die feindlichen Reihen tragend, selber eine mildthätige Kugel aufgesucht, welche diesem Ekel, dieser Qual des Daseins ein Ende gemacht hätte!

Verlassen, verrathen, verstoßen, verachtet, heimathlos und entehrt — und alles durch eigene Schuld! So erschien er sich in diesem Augenblick im Spiegel seines eigenen Innern, und er hätte den Tod begrüßt, wenn derselbe ihm nur wenigstens die Genugthuung verschafft hätte, auch die schwächlichen armseligen Menschen und Ver-

hältniffe, welche nun seine triumphirenden Gegner waren, mit sich
in den bodenlofen Abgrund zu reißen! Ihm eckelte, graute vor sich
felbst, und er taftete verzweiflungsvoll an seinen Tafchen herum nach
den Piftolen, welche er von seiner Wohnung mitgenommen, aber in
Freiberg's Quartier zurückgelaffen hatte. Wären sie ihm in diesem
Augenblicke zur Hand gewesen, so würde er die Mündung einer Pi-
ftole in den Mund genommen und durch den Schuß sein eigenes
Haupt bis zur Unkenntlichkeit in hundert Stücke gesprengt haben,
nur um dieser Stimmung zu entfliehen, die ihn beinahe aufrieb mit
dem drückenden Gefühle absoluter Nichtigkeit um und vor sich und
vergeudeten Glückes hinter sich! . . . .

Aus diesem Verlorensein seiner felbst und in sich felbst weckten
den Prinzen die tönenden schweren Schritte einer Patrouille, welche
die Runde um den Schloßplatz unter den Bäumen machte. Instinktmäßig barg er sich hinter einen Stamm und ließ die Soldaten
vorübergehen, die laut über diese beschwerliche Schaarwacht in dem
Hundewetter murrten und den „liederlichen Kerl den Prinzen" verwünschten. Dieser Ausdruck schlug so deutlich an sein Ohr, daß es
Ludolf erst heiß, dann eisig und kalt überlief.

„Meine Gegner siegen — mein Name ist schmachbedeckt!"
murmelte er vor sich hin und wollte davon schleichen. Da tönte
ihm von der Waldstraße her Sporenklang entgegen, und aus dem
eintönigen Dunkelgrau des Nebels tauchten drei Gestalten auf, welche
in der Richtung nach dem Schlosse auf ihn zu kamen. Er drückte
sich wieder in den Schatten und als die drei Männer den Lichtkreis
der Oellampe an einem Eckhause passirten, erblickte er die goldbor-
tirten Hüte von höheren Offizieren und hörte wie der eine von
ihnen, den er an der Stimme erkannte, die Aeußerung that: „Obschon die Stadt ruhig ift und die Bürgerwachen sich freiwillig unter
den Befehl des Stadtkommandanten gestellt haben, so erachte ich es
doch für meine Pflicht, mich für diese Nacht im Schlosse einzufinden
und meinem allergnädigsten Herrn mein Leben und meinen Degen
zu seinem Schutze anzutragen. Glaubt mir, meine Freunde, man
wird uns dieses freiwillige Anerbieten hoch anrechnen . . . ."

Ludolf lächelte bitter. „Alles Berechnung und Ueberlegung an
diesen armseligen Menschen!" murmelte er. „Hätte ich die Ober-
hand behalten, so würden diese Hundeseelen jetzt mir diese beiden
einzigen Dinge, über die sie verfügen können, ihre Phrasen und ihr

Schweifwedeln, darbringen, damit ich es ihnen hoch anrechne!
O pfui, pfui! Nur fort, fort von hier!"

Kaum waren die Sporentritte außer Hörweite, so verließ er
seinen Baum und eilte mit haftigen Schritten die Waldstraße hin
nach seiner eigenen Wohnung in dem Gartenpavillon. Er wollte
sich überzeugen, ob derselbe wirklich besetzt sei; er wollte versuchen,
einen seiner Domestiken aufzutreiben und dann sich durch Freidorf's
Burschen aus der Stadt bringen zu lassen und über die Grenze zu
fliehen, — nur fort, fort, von diesem Orte mit seiner faulen, wider-
lichen Atmosphäre von Heuchelei, Kriecherei, Schmeichelei und
Knechtssinn! . . . .

Rascher als er es für möglich gehalten und ohne von irgend
Jemand behindert worden zu sein, erreichte der Prinz das parkartige
Grundstück, das er sein Eigenthum nannte und dessen Pavillon er
seither bewohnt hatte. Am Gartenthore hing eine Laterne, bei deren
trübem Schein er das gekreuzte weiße Bandelier einer Schildwache
erkannte. Er ging auf die entgegengesetzte Seite der Straße und
wandelte vorüber, um das kleine Seitenpförtchen zu erreichen, das
nach der Rückseite des Pavillon und den Stallgebäuden führte . . . .
aber auch dort stand eine Wache. Mit einer Verwünschung kehrte
er wieder um und suchte einen engen Feldweg zwischen Gemüse-
und Obstgärten auf, welcher an ein Stück der Parkmauer führte.
Dort war eine Stelle, wo der Prinz in früheren Jahren selbst zuweilen in sein Besitzthum eingestiegen war, wenn er den Schlüssel
zum Pförtchen nicht mitgenommen hatte und seine Domestiken nicht
durch die Klingel wecken wollte. Hier brauchte man nur ein Stück
weit auf den Deckplatten der Mauer fortzugehen, um einen Punkt
zu erreichen, wo man den Pavillon und die Nebengebäude übersehen
und nöthigenfalls an einem der Zwetschenbäume, welche dicht an
der Mauer standen, hinunter und in den Park steigen konnte.

Die Stelle war bald erreicht, aber der stämmige Mann erstieg
sie mit unendlich größerer Anstrengung, als dies einst der schlanke
Jüngling gethan hatte. Durch die kahlen Baumkronen und die
Aeste der Fichten schimmerte Licht aus den Gebäuden herüber —
seine Domestiken waren also noch da, und er konnte sich ihnen vielleicht bemerklich machen, ohne sich der Wache zu verrathen. —
In dieser Hoffnung schritt er im Schummer der Regennacht auf
der Mauerkrone vorwärts, welche durch den Regen und durch die in

den Mörtel eingesenkten Glasscherben schlüpfrig und doch zugleich
uneben war. Auch Aeste und Zweige, welche über die Mauer
hereingewachsen waren, hemmten sein Vordringen. Noch hatte er
aber keine zwanzig Schritte gemacht, so verfing sich sein Fuß in
einen Ast, der flach über der Mauerkrone lag. Ludolf stolperte,
strauchelte; verlor das Gleichgewicht, stürzte vorwärts auf Stirn
und linke Schläfe und hatte dann den jähen Schreck und die Empfindung eines schweren schmerzhaften Falles —Schwindel und Betäubung überkamen ihn.

Als er wieder zu halber Besinnung kam, sah er sich auf die
Beine gestellt und unterstützt von einem fremden Mann, der ihm
das schmerzende Gesicht von dem Blute reinigte. Ludolf athmete
tief auf und wollte sich losreißen, aber der Fremde hielt ihn.

„Um's Himmels willen, Durchlaucht, lassen Sie sich führen,
sonst sind Sie verloren! Sie sind schwer gefallen und Ihr Sturz
hat Lärm gemacht!" flüsterte eine tiefe Baßstimme gutmüthig
ihm in's Ohr. „Hören Eure Gnaden, wie sie drinnen nach Laternen
schreien?" fuhr er dann fort; „das sind die Soldaten und Traban-
ten, welche das Schlößchen besetzt haben .... Können Eure Gnaden noch gehen? kein Bein gebrochen, he? das wäre fürchterlich!"

„Wer seid Ihr, Mann? Für wen haltet Ihr mich?" fragte
Ludolf.

„Ich bin ein guter Freund, durchlauchtigster Prinz! ich will
Sie retten!" versetzte der Fremde achtungsvoll. „Aber kommen
Sie, gnädiger Herr! es ist keine Zeit zu verlieren, wenn wir ent-
wischen wollen! .... Können Sie gehen?"

„Ich denke, ja! Zum Mindesten will ich es versuchen! Gebt
mir Euren Arm, guter Freund!"

„Nein, besser der gnädige Herr legt mir den Arm um den
Hals, ich will Sie dann schon fortbringen!" versetzte der Fremde,
der trotz seines Bäuchleins und seiner Last doch rasch ausschritt. —
„Ich weiß ein Häuschen in der Nähe, wo wir in Sicherheit sind
und wo Niemand Eure Gnaden suchen wird.

Dem Prinzen, der noch halb betäubt vom Sturze sich nur
mit Mühe auf den Beinen hielt, flimmerte es bald bei dem raschen
Laufe vor den Augen und er ließ sich beinahe mechanisch fortschleppen. Nur als er nothgedrungen bemerkte, daß sein Begleiter ihn
durch einige Gäßchen schleppte, fragte er argwöhnisch:

„Warum bringt Ihr mich in die Stadt zurück? Warum nicht lieber ins Freie?"

„Nur Geduld und Vertrauen, Gnaden! es wird Alles noch recht werden!" keuchte sein Begleiter weiter eilend.

Endlich stand er stille und pochte an der Hausthüre eines schmalen niedrigen Häuschens. Der Fensterladen neben der Thüre öffnete sich halb und das hagere braune Gesicht eines alten Weibs schaute vorsichtig heraus und ließ den Schein ihrer Ampel auf die beiden Pochenden fallen.

„Jesus Maria! Meister Sabel, Ihr seid es?" flüsterte sie erschrocken.

„Ja doch, Alte! nur schnell aufgemacht, ehe die Patrouille kommt!" war die Antwort des halb Athemlosen.

In der nächsten Minute lag der Prinz in einem alten Lehnstuhl neben dem Ofen und hatte das Bewußtsein verloren. Die Kartenlegerin, Frau Niethammer, ließ ihm den Lichtschein ihrer Küchenampel auf das bleiche blutige Gesicht fallen, dessen Stirn und Schläfe mit dem roth und blau karrirten Taschentuch des Polizeiwachtmeisters verbunden war. Die Niethammer erkannte den Prinzen trotz der Entstellung.

„Ist er es wirklich und todt?" flüsterte sie erschrocken.

„Dummheiten, Gevatterin! er blutet nur, hat einen bösen Fall gethan und liegt jetzt in einer Schwäche da," versetzte Sabel. „Ihr müßt ihn hier verstecken, Alte, denn bei Euch sucht ihn Niemand, und Ihr könnt ihm forthelfen — Ihr versteht ja mehr als Brodessen! Nun wascht vor Allem das Blut von Eurer Schwelle und Hausthüre, damit man ihm nicht auf der Spur folgen kann, und reinigt mich, denn ich bin ja auch voll Blut! . . . ."

„Ihr habt doch Niemand umgebracht?" frug die Kartenlegerin ängstlich.

„Ich? — Na, das fehlte mir noch, Alte! Diesen Tag werd' ich Zeitlebens nicht vergessen! — Aber sorgt nur für Wasser und Seife und reinigt Eure Hausthüre und Schwelle! Ich muß schnell wieder fort und sehen, was es draußen gibt, wo der Gnädige wohnt! . . . .

Die Kartenlegerin war schnell besonnen und gefaßt. Sie hatte den Puls des Prinzen befühlt und bemerkt, daß er nur ohnmächtig war. Nun ging sie zu dem Wandschrank, füllte ein Schnapsglas mit dem Inhalt des grünen Glaskolbens und reichte dem keuchenden Meister Sabel das Kordial, das er beeifert und schmunzelnd zum Munde führte und auf Einen Zug leerte. Inzwischen hatte sie eine Talgkerze angezündet und auf den Tisch gestellt, nahm dann Sabel schweigend am Arm und führte ihn hinaus in die Küche, wo sie ihm Wasser, Seife und Handtuch vorsetzte und dann mit einem Kübel und Scheuerlappen zur Hausthüre wandte. Sabel wusch sich das Blut von Brust und Aermeln seines Wachtrocks und und von seinen Händen, und überlegte sich, was er thun sollte.

„So! das wäre besorgt, Meister Sabel!" sprach die Niethammer jetzt mit tiefer Stimme hinter ihm. „Nun laß Er hören, warum Er mir den gnädigen Herrn hieher bringt und wie Alles gekommen ist! Aber faß Er sich fein kurz!"

Sabel berichtete, wie er auf seinem Rundgang auf der West-seite der Stadt den Prinzen an sich vorübereilen gesehen, trotz der Vermummung erkannt und verfolgt habe, um ihn zu verwarnen oder zu retten, falls ihm Gefahr drohe; wie er ihm bis zu der Mauer nachgeschlichen und ihn nach seinem Sturze aufgerichtet und vor den Verfolgern gerettet habe, und wie nun der Prinz jedenfalls so lange hier versteckt bleiben müsse, bis seine Verwundung geheilt und seine Flucht möglich sei, was in dieser Nacht nicht zu bewerkstelligen wäre, weil noch alle Thore besetzt seien.

Das schlaue Weib erfaßte mit Einem Blick die ganze Situation. Was sie schon längst ersehnt und erstrebt hatte, nämlich sich dem Prinzen zu nähern, welcher der Reichsgräfin so viel Theilnahme einflößte und deren Gemüth beschäftigte, das war ihr nun über alles Erwarten gelungen.

„Hm, Er hat mir da eine Suppe eingebrockt, die möglicher-weise eine wahre Würgbirne werden kann, Sabel!" sagte sie mit gedankenvoller finsterer Miene. „Weiß Er wohl, daß es Ihn und mich in's Spinnhaus bringen könnte, wenn die Fürstlichkeiten erführen, daß der gnädige Herr hier ist? Er als Polizeibeamter, ich als eine Person, die unter dem besondern gütigen Schutze der hohen Herrschaften steht! . . . ."

„Sie wird mich nicht verrathen, liebe Niethammern, denn glaub' Sie mir, es ist Ihr Schade nicht, wenn der gnädige Herr seinen Verfolgern entwischt!" sagte Sabel, sich etwas verlegen hinter den Ohren krauend. „Mich freilich hat meine Gutmüthigkeit zu einem Streiche hingerissen, der mich allfällig den Dienst kosten kann!"

„Nur ruhig, Meister Sabel! ich plaudre nicht!" versetzte die Kartenlegerin. „Von mir soll kein Mensch erfahren, daß Er mir den Prinzen gebracht hat, wenn's zum Fragen kommt. Ein unbekannter Mensch hat mir den blutenden besinnungslosen Mann auf die Schwelle gelegt und ich habe ihn aus reiner Barmherzigkeit aufgenommen — versteht Er? . . . . Ich will schon für uns Beide denken und Er soll darum nicht leer ausgehen, Sabel! Nur muß Er mir jetzt helfen, den Gast zu Bett bringen, und muß mich dann von Allem, was in der Stadt geschieht, auf dem Laufenden erhalten, damit uns nichts Unerwartetes in die Quere kommt! Heute Nacht, so oft Er kommt, soll Er Seinen richtigen Schnaps und Imbiß hier finden, Meister Sabel, und soll mir das Haus sein im Aug' behalten, damit wir nicht überrumpelt werden! — So, und nun komm' Er!"

Die Niethammer trug mit Sabel's Hilfe den noch immer bewußtlosen Prinzen in das Hinterstübchen, wo sie gewöhnlich ihren vornehmeren Kunden die Karten legte. Hier ward der Prinz auf's Bett gelegt, des Mantels und der Stiefeln entkleidet und ihm die Binde von der blutenden Schläfe genommen und die Wunde gewaschen und gereinigt, mit kalten Kompressen versehen und auf's Neue verbunden. Die Betäubung wich aber immer noch nicht.

Sabel's Dienste waren nun überflüssig, denn er hatte dem umsichtigen und gewandten Gebahren der Kartenlegerin seither nur mit offenem Munde zugesehen. Die Niethammer entließ ihn behutsam durch die Hinterthüre mit dem Bedeuten, einen Gang auf Kundschaft durch die Stadt zu machen und dann Bericht abzustatten. Jetzt war sie mit ihrem Pflegling allein, und konnte sich gehen lassen. Ein triumphirendes Lächeln spielte um ihre schmalen bleichen Lippen, eine wilde Freude blitzte aus den tiefliegenden Augen. Als sie dem Betäubten sorgfältig Hände und Kleider vom Blute gereinigt hatte, kleidete sie sich selbst etwas besser an, erneuerte die kalten Kompressen, stellte noch zwei brennende Talglichter auf den Tisch und holte ein Weinglas voll von dem angesetzten Schnapse, womit sie zuvor den Wachtmeister Sabel bewirthet hatte. Nachdem sie selber einen herzhaften Schluck genommen, flößte sie mittelst eines Löffels

dem bewußtlosen Prinzen eine gute Portion davon ein, und rieb ihm
dann die kalten feuchten Hände.

Nach einiger Zeit schlug der Prinz die Augen auf, sah sich verwundert in der kleinen Stube um und heftete einen erstaunten, ja
beinahe erschrockenen Blick auf die unheimliche alte Frau, die ihm
verständnißinnig zulächelte und zunickte und ihm bedeutete, sich nur
ruhig zu verhalten. Dann griff er an sein schmerzendes Haupt
und seine zerrissene Hand, an die Quetschwunden an Schulter und
Beinen, schüttelte den Kopf und sagte endlich!

„He, gute, Frau, wo zum Henker bin ich denn eigentlich?"

„In einem sichern Versteck in Waldau und unter guten Freunden, gnädiger Herr," versetzte die Niethammer mit einem grinsenden
Lächeln. „Der schöne gnädige Herr muß aber auch hübsch ruhig sein
und sich nicht aufregen, denn er hat viel Blut verloren und hat sicher
noch Schmerzen. Der eine Fuß ist schon geschwollen, daß der
Stiefel kaum herunterzubringen war, und dem gnädigen Herrn solche
Schmerzen verursachte, daß Sie trotz der Ohnmacht stöhnten!"

„Und wer seid Ihr, gute Frau, daß Ihr Euch meiner angenommen habt?" fragte Ludolf verwundert.

„Eine arme Wittwe, die sich redlich durchbringt — Rosine
Niethammer, — mit Eurer Gnaden Erlaubniß!" versetzt diese
kuixend.

„Niethammer? die Kartenlegerin und Wahrsagerin? die weise
Frau?!"

„Mit Eurer Gnaden Vergunst, ja! eine Frau, die ihr Bißchen
geheime Kunst zu andrer Leute Bestem anwendet und eine gewisse
schöne und vornehme junge Dame kennt, welche recht froh sein wird,
wenn sie Eure Liebden hier unter diesem Dache versteckt weiß, bis
sich die Unruhe und Aufregung gelegt hat und Eurer Liebden wahre
Freunde sich bemühen können, den gnädigen Herrn entweder mit
dem allerdurchlauchtigsten Herrn Vater wieder zu befreunden oder
wohlbehalten über die Grenze zu schaffen!"

„Ihr kennt mich also und meine Lage, Frau?" fragte Ludolf
mit gerunzelter Stirne und argwöhnisch forschendem Blicke.

„Wer sollte den schönen, gescheiten, lustigen Prinzen nicht
kennen und sich nicht freuen, wenn er ihm einen Dienst leisten
kann?!" versetzte die Niethammer sentenziös.

„Einen Dienst, den er aber nicht vergelten kann, da er ein

Verfolgter und Angeschuldigter ist!" sagte Ludolf bitter. „Ihr macht die Rechnung ohne den Wirth, Frau, denn bei mir ist nichts mehr zu holen! Ihr würdet mehr verdienen, wenn Ihr nach dem Schloß ginget und mein Versteck verriethet!

„Mag sein, aber ich bin keine solche Schlange, gnädiger Herr! Ich liebe die lustigen und gescheidten jungen Männer, auch wenn sie ein Wenig über die Schnur hauen. Ich bin eine alte ehrliche Frau und habe wenige Bedürfnisse; ich schlage mich redlich durch. Ich will kein Blutgeld. Auch weiß ich mehr, als Manche glauben. Ich lese in den Gesichtern der Menschen so fertig wie in den Karten ihre künftigen Schicksale. Ich sehe Einem an der Stirne an, zu was er geboren ist und unter welchem Gestirn. Ich bin darum auch nicht uneigennützig und helfe nur denen, die mir gefallen. Mancher kommt mit kleinen Schritten und Gedanken weiter als ein Schleicher und Krieger; ein Anderer macht große Schritte und stolpert anfangs, weil er nicht recht auf den Weg gesehen, bringt aber doch zum Ziele! Auch der gnädige Herr wird noch manchmal straucheln wie seither, weil er vor Stolz und Selbstvertrauen nicht auf seinen Weg geschaut hat und weil er die Leute mißachtet hat, die ihm klein erschienen und doch schaden können. Aber es wird eine Zeit kommen, wo der gnädige Herr ruhiger überlegen und auf seinen Weg schauen und sein Ziel nicht verfehlen wird. Man muß nur den Muth nicht verlieren und den Glauben an sich selber — man muß durch Schaden klug werden und die Menschen worfeln wie das Korn."

Ludolf blickte die alte Hexe erstaunt und forschend an. Ihr Auge starrte ziellos ins Weite und ihre Stimme klang so ruhig, kalt, theilnahmslos, als wisse sie nicht, was sie rede. Dieser Auftritt muthete ihn seltsam an, aber er war nicht abergläubisch, sondern ein starker Geist, der in seinem sanguinischen Leichtsinn über alle mysteriösen Dinge lachte.

„Banale Phrasen! Gemeinplätze!" murmelte er und legte sein Haupt mühsam auf die Seite. Die Kartenlegerin bemerkte dies wohl, schwieg aber beharrlich. Wider Willen und instinktmäßig kehrte sich Ludolf nach einer Weile nach Frau Niethammer um und schaute abermals in das leere ehern kalte Gesicht und die stieren leeren Augen.

„He, Frau," hub er nach einigen Minuten an, „Ihr kennt doch meine Wohnung?

„Gewiß, gnädiger Herr!"

„Könntet Ihr etwa hingehen oder eine vertraute Person hinschicken und meinem Reitknechte Bastian zu wissen thun, daß ich hier
bin, daß ich Kleider und Wäsche haben will und daß er mich hier
aufsuchen und verpflegen soll? Wollt Ihr dieß besorgen?"

„Nein, gnädiger Herr, das thu ich nicht!"

„Warum nicht?" fragte Ludolf aufwallend.

„Weil das die Häscher hierher locken hieße," versetzte das Weib
in tiefem orakulösem Tone. „Der Reitknecht Bastian ist ein Tölpel;
er hat jüngst eine geheime Sendung, die ihm aufgegeben war, verdorben und verpfuscht. Eure Gnaden Gartenwohnung ist besetzt
und bewacht; man hat einen Hut an der hintern Gartenmauer
gefunden, der Eure Gnaden gehört, man hat Blutspuren an den
Steinen und Bäumen gefunden, man wird annehmen daß Eure
Gnaden sich Schaden gethan haben und in der Nähe versteckt sind.
Man wird den Bastian und die anderen Diener nicht aus den
Augen lassen. Ich werde die Hand nicht bieten zum Verrath, auch
wenn Sie es mir befählen. Ich weiß was ich zu thun habe!"

„Nun? und das wäre."

„Eure Gnaden hier halten, wär's auch mit Gewalt, bis Sie
geheilt sind," erwiderte die Niethammer kalt.

„Mit Gewalt? — Schwerenoth! das wollen wir sehen!"
rief Ludolf und wälzte sich vom Bette herab; aber kaum trat er
mit dem linken Bein auf, so entfuhr ihm ein Schmerzensschrei und
er hielt sich krampfhaft an der Bettstelle, in die er wieder langsam
und mühevoll hineinkroch. Sein tiefes Seufzen und sein stockender
Athem verriethen gegen seinen Willen den qualvollen Schmerz, welcher
ihm die rasche Bewegung verursacht hatte.

„Das Bein ist schwer verletzt, ich wußte es wohl," fuhr die
Niethammer ruhig und mit tiefer Stimme fort. „An Zorn und
Flucht ist heute nicht zu denken, und vor einem unbesonnen Handeln
schützt Euer Liebden der zerschlagene Leib..... Ich aber werde
thun was mir der Geist eingibt."

„Der Geist? — Na, alte Hexe! gebt mir auch vor Eurem
Geiste — d. h. von dem Schnaps im Glase dort!" versetzte der
Prinz. „Hol's der Geier! ich glaube, ich habe das Bein gebrochen
— so ein Höllenschmerz!"

Die Alte reichte ihm das Glas und richtete ihm das Haupt
auf, daß er trinken konnte, ohne aber aus der eigenthümlichen

Starrheit und scheinbaren Geistesabwesenheit herauszutreten, die dem Prinzen nun nicht mehr befremdlich, sondern beinahe unheimlich vorkam.

„Das Bein ist nicht gebrochen, sondern nur verrenkt; es bedarf Ruhe. Es ist gut, daß es so ist; nun muß der wilde Prinz sich in Geduld fassen und kann nicht in sein Unglück rennen. Während er hier liegt und Umschläge macht, wird der Sturm sich legen und treue Freunde werden das Feuer löschen. Ich weiß, was ich zu thun habe. Morgen Vormittag gehe ich ins Schloß zur Reichsgräfin und ziehe diese in's Vertrauen. Sie wird es der Riethammern danken und einen vertrauten Doktor schicken; sie wird Eurer Gnaden die Steine aus dem Wege wälzen. Sie wird hieher kommen und den ungeduldigen Kranken beschwichtigen. Sie wird Mittel und Wege schaffen, um weiter zu sorgen. Sie allein soll um das Geheimniß wissen, denn bei ihr ist es sicher."

Ludolf schaute die Kartenlegerin überrascht und mit einem gewissen Respekt an, denn ihr Vorschlag leuchtete ihm ein. Je mehr er darüber nachdachte, desto mehr befreundet er sich mit ihm.

„He, gute Frau!" brummte er endlich; „bitte, entkleidet mich und seht nach meinem Bein! Macht mir Umschläge und thut mit mir, wie Ihr es für gut findet! Ich will Euch vertrauen!"

„Ein Wort zur Zeit, mein schöner Herr! ich will Sie auch hüten, wie meinen eigenen Augapfel," entgegnete die Riethammer geschmeidig und ihre scheinbare Theilnahmslosigkeit war wie abgestreift. Mit sicherer schonender Hand entkleidete das alte Weib den Prinzen und umwand ihm die zerstoßenen und zerschundenen Glieder mit nassen kalten Kompressen. Ludolf ließ Alles geduldig an sich geschehen, denn seine so starken Nerven waren nun beinahe bis zur Apathie erschüttert, und ehe eine Stunde um und der stärkste Schmerz gewichen war, lag er in einem tiefen Schlafe der Erschöpfung. —

„Sabel, wenn Er klug ist und schweigen kann, so ist Sein und mein Glück gemacht, flüsterte die Kartenlegerin diesem zu, als er später in der Nacht kam, um Bericht abzustatten, daß die Stadt ruhig war. „Ich sag' Ihm, die ganze Geschichte war ein blinder Lärm und geht aus wie das Hornberger Schießen. Wir aber wollen die Pfeifen schneiden, so lang wir noch im Rohr sitzen! — Wir wollen die Angst und Verwirrung der vornehmen Leute ausbeuten!"

* * *

Der Kammerrath Ludwig von Jbstein hatte mehrere Gänge gemacht, welche mit der Fürsorge um die Familie des unglücklichen Bärenwirths zusammenhingen, ehe er den Versuch machte, sich bei dem Präsidenten und Minister von Adelsberg melden zu lassen, wo er aber den Bescheid erhielt, daß derselbe plötzlich nach Wettersbach berufen worden sey.

Jbstein hatte die Absicht gehabt, dem Präsidenten die umfassendsten Mittheilungen über all das zu machen, was er gesehen, in Filzburg als aus dem Munde der Frau Schucker erfahren hatte. Er wollte den Prinzen nicht bloßstellen, sondern nur entwaffnen; er wollte sich durch Herrn von Adelsberg die Möglichkeit verschaffen, den Fürsten Johann Heinrich selbst zu sprechen und diesem in aller Unterthänigkeit und ohne Groll und Anklage die verschiedenen Ereignisse schildern, welche ihn selbst in die traurige Angelegenheit und Geschichte der armen Philippine von Hövel verwickelt und den Ingrimm und Haß des Prinzen gegen ihn gesteigert hatten. Er wollte dem greisen Fürsten beweisen, daß er selbst keinerlei Groll gegen den Prinzen Ludolf hege, auch nicht einmal im Ernste daran glaube, daß dieser oder die Reichsgräfin den Diebstahl seiner Papiere durch den elenden Hühnersdorf und alle die damit zusammenhängenden Folgen veranlaßt habe. . . . . Jbstein dachte nur an Eines: an Ruhe für sich selbst und Frieden zwischen dem ganzen waldauischen Hofe und ihm, und etwa noch in zweiter Linie an die Möglichkeit, die Theilnahme des sonst so milden Fürsten Johann Heinrich für das furchtbare Lebensschicksal des Herrn von Hövel und seiner unglücklichen wahnsinnigen Tochter zu erwecken. Bei diesem Vorhaben glaubte er auf die Unterstützung und Mitwirkung des Präsidenten von Adelsberg rechnen zu dürfen.

Als der Kammerherr jedoch von seinen verschiedenen Ausgängen in die Stadt wieder in das Haus der jungen Frau von Gamming, am innern Umkreis zurückkehrte, fühlte er sich aufs Neue unwohl und schwach. Der Auftritt mit der Gattin des unglücklichen Mörders und nunmehrigen kaiserlichen Soldaten, des Bärenwirthes Schucker, hatte den nervösen Mann schwerer erschüttert und angegriffen, als er sich selber anfangs gestehen wollte. Er war aber nun genöthigt, sich niederzulegen und auszuruhen, und er fühlte deutlich, wie gut es sey, daß er den Präsidenten nicht zu sprechen vermocht hatte, denn er wäre kaum im Stande gewesen, alle die Erlebnisse der jüngsten Vergangenheit zusammenhängend zu erzählen und die furchtbaren

Gemüths-Bewegungen zu beherrschen, welche sie bei ihm selbst hervorrufen mußten.

Die Vorgänge aber, welche sich mittlerweile in der kleinen Residenz zutrugen und die sonst so stille und geruhige Oberfläche des socialen Lebens derselben zu ungewöhnlichem Wogenschlage aufregten, ließen ihn nicht zur Ruhe kommen: die Brandung dieses Wogenschlags, der jetzt beinahe unter seinen Fenstern statthatte, toste ja zunächst an die lange Reihe derjenigen Häuser, in deren einem Herr Ludwig von Jbstein sein zeitweiliges Quartier genommen hatte. Die Gerüchte von dem versuchten Aufstand, von dem Komplott des Prinzen Ludolf gegen seinen Vater und seine Brüder, mußte in dem Hause eines Hofbeamten, wie der Herr von Gamming war, und in einer Familie, welche durch verschiedene ihrer Mitglieder auf den Hof und die herrschende Dynastie als die Quelle ihres Lebensunterhaltes angewiesen waren, die lebhafteste Angst und Bestürzung hervorrufen. Auguste und ihre Schwester Hermine waren so erschreckt und beängstigt, namentlich da die männlichen Angehörigen des Hauses durch ihre dienstlichen Funktionen in Anspruch genommen waren, daß sie in der Selbstsucht, welche derartige drohende Schicksalsschläge im Menschen erwecken, sogar diejenige Schonung vergaßen, welche die angegriffene Gesundheit Ludwig's wünschenswerth, wo nicht nothwendig machte. Hatte Auguste den Gast, dessen schiefe Stellung zum Hofe ihr bekannt war, bei seiner Ankunft nicht eben allzuherzlich willkommen geheißen und nicht mit allzugroßer Beeiferung aufgenommen, so war sie doch jetzt recht froh an ihm. Er war ja ein welterfahrener Mann und ein Gegner des aufrührischen Prinzen. Ihm also mußte vor Allem daran liegen, sich der ihm persönlich drohenden Gefahr zu entziehen, wenn die Partei des Prinzen Ludolf siegte. In diesem Falle kehrte der Kammerrath von Jbstein dann muthmaßlich auf dem kürzesten Wege nach Mühlheim zurück, und im schlimmsten Falle konnte er dann Auguste und ihre Schwester Hermine mitnehmen und ihnen vorübergehend ein Asyl bei sich geben, bis der Sturm in Waldau sich gelegt hatte.

Die egoistischen Erwägungen und das Gefühl der Rathlosigkeit und bangen Schwäche trieben Frau von Gamming und ihre Schwester Hermine denn auch bald in das Zimmer des Gastes, um ihn von all den umlaufenden Gerüchten und den beängstigenden Vorgängen in Kenntniß zu setzen. Ludwig von Jbstein ward darob nicht wenig betroffen und hegte alsbald die ernsthaftesten Befürchtungen. Der

Standpunkt, von welchem aus er die Sache beurtheilte, die Namen
der Anhänger des debauchirten Prinzen, die er kannte, sowie seine
allgemeine Vertrautheit mit dem Charakter Ludolf's, schienen seine
Besorgnisse zu rechtfertigen. In der Aufregung durch die Gefahr
aber, welche nicht nur ihm, sondern dem ganzen Staate und
vor Allem dem von ihm mit solcher Pietät verehrten greisen Fürsten
drohte, fand Herr von Jbstein auch wieder die Kraft, sich aus dem
Bette zu erheben und anzukleiden und in einem vordern Zimmer auf
zuhalten, dessen auf die Schloßfreiheit mündende Fenster ihm Alles
zu überschauen gestatteten, was unter derselben vorging.

„Die Sache wird ernst und kritisch, liebe Auguste," sagte er,
als ein Theil des Militärs sich auf der Schloßfreiheit einfand.
„Der Prinz, vielleicht durch irgend eine zufällige Endeckung in die
Enge getrieben, spielt Va banque. So wie ich ihn kenne, traue
ich ihm sogar den Trotz zu, daß er die Hülfe der neufränkischen
Republik in Anspruch nimmt, wenn er mit seinem inländischen Anhang
nicht siegen zu können hofft. Er wird nicht bei einer halben Maßregel
stehen bleiben, denn sein Stolz würde eine Niederlage nicht ertragen.
Die Franzosen werden ihm die erbetene Hilfe gerne gewähren und
ihm hernach die Rechnung machen, wenn sie Herren der Situation
sind. Er wird faktisch wenig profitiren, aber seine Eigenliebe
wird den Triumph haben, seine Feinde unter die Füße getreten zu
haben. Sind aber erst die Erbfeinde im Lande, dann gnade Gott
der armen Stadt!"

— „Um's Himmels willen, Ludwig! Du glaubst also wirklich,
daß uns dann eine ernste Gefahr droht?" fragte Frau von Gamming
bebend.

„Ihr Frauen dürft alldann nicht hier bleiben, liebe Auguste!
ich nehme euch mit den beiden Kindern mit nach Mühlheim, das
steht fest bei mir beschlossen," sagte Ludwig. „Mein Reisewagen
hat Raum für euch, meine Pässe als kurpfälzischer Beamter sichern
uns eine möglichst unangefochtene Reise. Dein Gatte nnd Schwager
werden bei den treuen Truppen und beim Hofe bleiben und dort
relativ sicher seyn, denn ich zweifle nicht, daß die Nachbarstaaten
ihnen im äußersten Fall allen Schutz und Vorschub angedeihen lassen
werden. So werdet ihr dann nur Haus und Hof unter der Aufsicht
treuer Diener zurücklassen müssen — ein schweres Opfer allerdings,
allein ein unvermeidliches, liebe Base, denn so wie die Sachen
liegen. . . . ."

Die beiden Frauen brachten ein lautes Schluchzen aus, und Auguste wollte die vertrauteste ihrer Dienerinnen fort schicken, um ihre beiden Töchterchen aus der Schule zu holen; aber Ludwig hielt sie zurück.

„Nicht doch, liebe Auguste, Du verlierst schon den Kopf und das darf nicht seyn!" fuhr er fort. „Ich rede nur von den allfälligen Schritten, die wir thun müssen, wenn es zum Aeußersten kommt, — nur von den rettenden Mitteln in der entscheidenden Stunde! Noch sind wir nicht so weit, Liebe! Aber immerhin wird es gut seyn, wenn jede von euch einen kleinen Koffer packt und wenn ihr eure Papiere und Werthstücke zu euch steckt und euch mit dem Gedanken an eine Flucht vertraut macht. Das Uebrige muß dann der Moment geben. Jedenfalls müssen wir noch mit Deinem Gatten sprechen, ehe wir handeln, und ich hoffe, daß er inmitten dieser peinlichen Aufregung bei aller Loyalität gegen seinen Fürsten auch die Pflichten gegen seine Familie nicht aus den Augen setzen wird. . . . . Und nun, meine Lieben, thut wie ich euch geheißen, und laßt mich allein! Bitte, gieb mir Schreibmaterialien, liebe Auguste, denn ich will sehen, ob ich nicht in irgend welcher Weise noch rettend in die Verhältnisse eingreifen kann, die sich hier unter unsern Augen zur entscheidenden Krise steigern. . . . . Danke Dir, meine Liebe! und bitte, setze mich von Allem in Kenntniß, was in der Stadt vorgeht, und laß mich rufen, wenn Eberhard nach Hause kommt!"

Ein Mann der Feder, wie er war, saß Herr v. Idstein bald in seiner Arbeit vertieft. Er hatte aus seiner Brieftasche Notizen hervorgeholt, die in Chiffern geschrieben waren, und aus diesen arbeitete er nun ein Memorandum aus, das er dem Fürsten Johann Heinrich zustellen lassen wollte. Er hoffte damit ein Licht auf die Anschläge des Prinzen zu werfen und dieselben theilweise zu vereiteln, ihm vorerst die Namen der Anhänger oder Mitschuldigen des Prinzen zu nennen, denn er wollte weder denunciren noch übereifrig und vorschnell anklagen — er gab nur Auszüge aus den Papieren und Notizen, welche ihm seiner Zeit der Zufall in die Hände gespielt und die ihm Hühnersdorf gestohlen hatte.

Es war jedoch Herrn v. Idstein, als ob er seine Arbeit nicht sollte vollenden dürfen, denn er sah sich alle Augenblicke durch die beiden Damen gestört. Sie hatten bald einen Rath von ihm einzuholen, bald ihm irgend ein neues Gerücht mitzutheilen, bald einen

Bescheid, den ihnen der Kammerjunker Eberhard v. Gamming oder sein Bruder der Lieutenant durch ihre Diener zugesandt; hatten um sie zu beruhigen. So war die Denkschrift noch nicht halb fertig, als die Nacht einbrach und der Kammerjunker nach Hause kam, — ernst und verstört, und offenbar ziemlich rathlos.

„Nun, wie geht es? Wie stehen die Dinge bei Hofe?" fragte Ludwig den Vetter.

Eberhard zuckte die Achseln. „Noch sieht man nicht klar auf den Grund, allein die Ursachen zu Besorgnissen sind im Wachsen," sagte er. „Der Hof, beziehungsweise die Damen und Kinder desselben, werden nach der Karlsburg geschickt. Ich habe nur eine Viertelstunde Zeit, um mich mit dem nöthigsten Gepäcke zu versehen, dann ruft mich der Dienst, um die höchsten Herrschaften zu begleiten . . . . weine nicht, liebe Auguste! es ist nicht zu ändern. Das ist eben auch eines der schweren Opfer, die uns der Herrendienst auferlegt, daß wir in kritischen Momenten die Rücksichten für das eigene Haus den Pflichten der Loyalität hintansetzen müssen. Aber ihr werdet mir noch heute Nacht oder Morgen mit dem Frühesten folgen!"

„Mit nichten, Eberhard! das wäre nur Zeitverlust!" erwiderte ihm Ibstein, und legte seine Hand wie tröstend auf Augustens Arm, die sich ganz trostlos an die Schulter des Gatten schmiegte. „Ueberlaß mir die Sorge für die Sicherheit der Frauen und Kinder! Wenn vielleicht die Felonie siegen und fremde Kriegsvölker einmarschiren würden, so wird der Hof kopfüber fliehen und die Grenze zu gewinnen suchen. Du wirst dann in den Strudel hineingerissen und nicht mehr Zeit finden, Dich der Deinigen anzunehmen, wirst sie zurücklassen oder der Sorge von Miethlingen überantworten müssen! da sind sie bei mir besser aufgehoben, denn ich flüchte sie dann rechtzeitig nach Mühlheim, wo mein Einfluß ihnen unbedingte Sicherheit schaffen wird!"

„Edler Freund! ich übergebe sie Dir," versetzte Eberhard, sichtlich beruhigt aufathmend. „Folgt ihm denn, Auguste und Hermine! die Zeit drängt! Ich muß schnell noch packen und dann euch verlassen. Dir, mein lieber Ludwig, übergebe ich denn mein Liebstes und Bestes! Hab Dank und lebe wohl!"

Frau und Schwägerin und Kinder folgten ihm, um beim Packen zu helfen, und Ibstein kehrte wieder zu seinem Memorandum zurück, innerlich gehoben durch das Bewußtseyn der übernommenen neuen

Pflicht und Verantwortung, aber eben hierdurch auch gestört in dem Gedankengange, der ihn eigentlich bei seiner Ausarbeitung hätte allein beschäftigen sollen, und in gesteigerter Aufregung. Er konnte sich bei der Nervosität, in welcher er sich in Folge der Nachwehen seiner Krankheit noch befand, nicht mehr genugsam sammeln und concentriren, um an seiner Schrift fortzuarbeiten. Mehrmals setzte er an und wieder ab, rieb sich die Stirne, kaute an der Feder, legte sie wieder nieder, versuchte einen Gang durch das Zimmer und trank ein Glas Wasser; aber immer drängten sich Gedanken an Gegenwart und Zukunft zwischen die Thatsachen und Schlüsse, die er verzeichnen wollte, und hemmten ihn an der Förderung seiner Arbeit.

„Es geht absolut nicht — ich muß mich auf eine mündliche Darstellung beschränken," murmelte er endlich. „Ich muß zum Fürsten oder wenigstens zum Erbprinzen und ihnen Alles mittheilen," murmelte er endlich, die Feder beinahe unwillig niederlegend. Da kamen die beiden Damen und die Kinder wieder, welche dem scheidenden Hausherrn das Geleite bis unter die Hausthüre gegeben hatten und nun doppelt erschüttert und trostbedürftig zu dem Manne flüchteten, an welchen sie der von seiner Dienstpflicht abgerufene Gatte, Vater und Schwager verwiesen hatte.

Mittlerweile waren neue beunruhigende Gerüchte aufgetaucht, hervorgerufen oder genährt durch das Gerücht von der Flucht des ganzen Hofes, wie man die Abreise der Damen und Kinder nach der Karlsburg gedeutet hatte; und diese Gerüchte gelangten auch, durch Dienstboten und Hausgenossen heimgebracht, in das Gamming'sche Haus und zu Ludwig v. Jösteln's Ohren. Die Partei des Prinzen, hieß es, habe sich eines Theils der Truppen bemächtigt, die unter den mitverschworenen Offizieren das Zeughaus besetzt hätten, und nur auf die Ankunft der Neufranken warteten, um dann die Regierungsgebäude zu besetzen und die Beamten und Einwohner zu zwingen, daß sie dem Prinzen huldigten und den alten Fürsten absetzten. Prinz Ludolf sey bei den Truppen im Zeughause gewesen und habe sich daselbst bereits huldigen lassen; jetzt sey er aus der Stadt geritten, den Neufranken entgegen, welche schon mehrere Halbbrigaden stark mit zahlreicher Artillerie und Reiterei anrückten. Auch unter den übrigen Truppen geben sich Anzeichen von Abfall kund, indem die Offiziere einander nicht mehr trauen und viele derselben, mit dem Prinzen heimlich verbündet, nur den Augenblick der An-

kunft der fremden Truppen abwarten, um offen zu der Sache des
rebellischen Ludolf überzugehen, welchem sie eben jetzt den besten
Dienst leisteten, indem sie bei den concentrirten Truppen blieben
und diese am Losschlagen verhinderten.

In solch bewegten Zeiten wie diejenigen, welche wir soeben
schilderten, spielt die lebhafte Einbildungskraft dem Menschen die
schlimmsten Streiche, indem sie ihn Vermuthungen, Befürchtungen
und Hirngespinnste so leicht für erwiesene Thatsachen nehmen und
dasjenige am liebsten glauben läßt, was am düstersten und gefähr-
lichsten, am abenteuerlichsten oder wunderbarsten klingt. Die
Waldauer insbesondere sind gewaltige Schwätzer und Aufschneider,
wie beinahe die meisten Bewohner kleiner Residenzen, und gewohnt,
ihre eigenen Erfindungen oder Klatschereien mit eiserner Stirne und
Zuversicht preiszugeben, ja sogar einander wo möglich noch in den
artigen Aufschneidereien wetteifernd zu überbieten. So hatten diese
Gerüchte, als sie dem Kammerrath v. Jbstein zu Ohren kamen, so
viel Wahrscheinlichkeit und Möglichkeit angenommen, daß er sie in
seiner Aufregung und ernsthaften Besorgniß um das allgemeine
Wohl und um den ehrwürdigen Fürsten um so eher für baare
Münze nahm, als sie ja dasjenige zu bestätigen schienen, was er
aus Ludolf's geheimen, nun im Auszuge vor ihm liegenden Papieren
als frühere Anschläge oder Vormerkungen des Prinzen und seiner
Partei ersehen konnte. Ueberdem erfuhr er das Wesentliche dieser
Gerüchte von einem Manne, an dessen Wahrheitsliebe und ruhigem
Blick er um so weniger zweifeln mochte, als derselbe ein Beamter
war, nämlich der Steuerkalkulator Walchner, der in der Mansarde
des Gamming'schen Hauses wohnte und zu der Dame des Hauses
eingetreten war, um derselben in dieser ernsten Stunde der Gefahr
seine Dienste anzubieten, da er gehört, daß der Herr vom Hause
dienstlich abgerufen war.

Der Steuerkalkulator war ein echter Waldauer: geschmeidig
nach oben, grob und hochmüthig nach unten, sehr von sich und
seiner Bedeutung eingenommen, aber dabei stets darauf aus, sich
das Leben möglichst angenehm zu machen und seinen Vortheil wahrzunehmen, wär's auch nur um einige Flaschen Wein oder ein gutes
Abendbrod gratis zu erlangen. Darauf war es vielleicht auch zunächst
abgesehen gewesen, als er sich bei Frau v. Gamming melden ließ,
um ihr seine Dienste anzubieten und deren Nothwendigkeit und
Opportunität durch die umlaufenden Gerüchte zu motiviren. Daß

er noch einen Mann im Hause antraf, war dem dicken Herrn
Walchner dann zwar unbequem, aber er konnte nun nicht mehr zurück;
überdem kannte er ja den Kammerath vom Sehen aus früherer
Zeit und wußte, daß derselbe nicht eben in der Gunst des Prinzen
Ludolf, seines ehemaligen Pflegbefohlenen, stand. Also wappnete sich
der Steuerkalkulator aller Zuversicht und gab seine Kunde mit einer
Miene zum Besten, als ob er, der doch wissentlich und absichtlich
bedeutend aufschnitt und übertrieb, von der Richtigkeit und Wahr-
haftigkeit seiner Angaben ganz überzeugt und durchdrungen sey.

„Man will sogar im Publiko wissen — obschon ich hierüber
natürlich als loyaler Unterthan und treuer Diener des hochfürstlichen Hauses mir keinerlei Urtheil anmasse noch daran zu glauben
wage, — daß Ihre Erlaucht die Frau Reichsgräfin von Thannheim
von den durchlauchtigsten Prinzen Johann und Heinrich einigermaßen
beargwohnet würden, als stünden dero reichsgräfliche Gnaden quâ
in einiger Konnivenz mit diesem Komplotte," — sagte Herr Walchner
zögernd und geheimnißvoll, und beobachtete dabei heßlings den
Kammerrath, denn Walchner erinnerte sich noch deutlich, daß Ludwig
v. Jdstein vor Zeiten der Verlobte Carolinens gewesen war.
— „Ich bitte jedoch die gnädigsten Herrschaften inständigst, meiner
unterthänigsten Versicherung zu glauben, daß ich dies nur beiläufig
erwähne, als bloße Relation einer fremden Anschuldigung, die ich
gehört habe, und als Beweis, daß man in dieser peinvollen Krisis
nicht einmal den höchsten Personen mehr vertrauen will. Wie denn
überhaupt die Meinung im Publiko dahin gehet, daß, wofern —
was Gott verhüten wolle! — die Anschläge der Bosheit siegen
würden, denen unliebsamen Personen in Stadt und Land etliches
am Zeug geflickt werden dürfte!"

Wenn Herr Walchner die Absicht hatte, mit diesen Andeutungen
Herrn v. Jdstein einzuschüchtern oder zu erschrecken, so hatte er
sich verrechnet. Bei Erwähnung der Reichsgräfin v. Thannheim
war der Kammerrath allerdings etwas zusammengezuckt; dann aber
hatte er sich beeilt, Herrn Walchner zu erwidern:

„Was die Erlaucht und ihr Verhältniß zu dem angeblichen
Komplott anlangt, mein Herr, so geht der Verdacht der Menge
sicher zu weit. Die Reichsgräfin steht gewiß diesem vermessenen
Unternehmen fern, und kennt ihre Rechte und Pflichten zu gut, um
nicht treu zu ihrem durchlauchtigsten Gemahl zu stehen — schon
um ihrer Kinder willen. Wiederholen wir daher nicht, was nur

Gemeinheit oder Unverstand erfinden konnten! . . . . Allein die Lage wird immer ernster und kritischer . . . . jeder Wohldenkende und Ehrenhafte muß jetzt sein Möglichstes thun, um das bedrohte Recht und die bestehende Ordnung zu stützen. . . . . Wenn ich nur Gelegenheit hätte, den durchlauchtigsten Herrn oder den Erbprinzen zu sprechen, ihnen gewisse direktive Winke zu geben und vor Persönlichkeiten zu warnen, die vielleicht gerade in diesem Augenblicke ein falsches Spiel spielen. . . . . Obschon körperlich und geistig angegriffen und über die Aufnahme meiner Mittheilungen an maßgebendem Orte ungewiß, drängt es mich, selbst eine Audienz nachzusuchen. . . . ."

„Um's Himmels willen, Ludwig! das wirst Du hoffentlich nicht thun?" fiel ihm aber Auguste erschrocken in die Rede. „Eberhard würde das nicht zugeben, wenn er hier wäre. . . . Bedenke nur wenn die Bosheit siegte, wenn es anskäme, daß du in unserm Hause gewohnt hast, es würde den unmittelbaren Groll des Prinzen auf uns ziehen! . . . Und dann, lieber Vetter, bist du ja krank und angegriffen, solltest dich schonen! . . . . Was kann der Einzelne einer Masse gegenüber! . . . ."

„Seine Pflicht thun, geschehe was da wolle, liebe Cousine!" erwiderte Idstein gedankenvoll. „Sey Deinetwegen und um Deines Hauses willen unbesorgt!" fuhr er fort. „Wenn ich das Ohr des Fürsten fände und Glauben bei Hochdemselben, könnten meine Mittheilungen vielleicht die Sachlage plötzlich verändern . . . . man könnte sich maßgebender gefährlicher Persönlichkeiten bemächtigen, sie unschädlich machen, den Zusammenhang und das Gewebe des ganzen Komplotts — falls ein solches existirt — zerreißen, und solche Personen sogar als Geiseln in Haft nehmen. . . . ."

„Und der gnädige Herr wären wirklich im Besitz solcher gewichtigen Geheimnisse und Kunden?" fragte Herr Walchner überrascht.

„Allerdings, und ich habe es sogar unternommen, das Wichtigste davon zu Papier zu bringen, bin jedoch mit meiner Denkschrift nicht fertig geworden," sagte Idstein, auf seine begonnene Schrift deutend. „Mein Gewissen und die Pflichten loyaler Dankbarkeit und Pietät gegen das hiesige Fürstenhaus gebieten mir, wenn ich demselben auch nicht mehr diene und wenn mir auch nichts ferner liegt als eine Denunciation, doch dem durchlauchtigsten Herrn oder hochdessen leitendem Minister, Herrn v. Adelsberg, bei dem ich schon gestern um eine Audienz nachgesucht habe, meine Mittheilungen zu

machen. . . . Die Zeit drängt, und es bleibt mir kein anderer Weg
mehr als der mündliche, wenn meine Winke noch etwas frommen
sollen . . . . Ich werde mich in's Schloß begeben!"

„Nein, nein! Du sollst nicht, lieber Ludwig!" rief Frau
v. Gamming ängstlich. „Großer Gott, wie kann ich Dich zurückhalten?! Siehst Du denn nicht die furchtbare Gefahr ein, welcher
Du Dich aussetzest? Du wirst gar nicht zu Seiner Durchlaucht
dringen. Ueberall stehen Soldaten und Offiziere; wenn Dich einer
von den Verschworenen sieht, so ist Dein Schicksal besiegelt, denn
Jeder wird begreifen, was Du bei Hofe willst. . . . Und was soll
dann aus uns werden, wenn Du uns verlässest oder wir Dich verlieren, dem uns Eberhard vertrauensvoll übergeben hat? Hab' ich
nicht recht, liebe Hermine? Wäre es nicht grausam vermessen und
gewissenlos, wenn Ludwig uns preisgäbe? Kannst Du nicht den
Herrn Steuerkalkulator in's Schloß senden?"

„Mich?" rief dieser erschrocken.

„Nun ja doch! Herr Walchner wäre eine unverfängliche Person,
der Niemand ansähe, was er bringt!" fuhr Auguste fort, welcher
die Angst um ihre eigene Sicherheit eine ungewöhnlich Beredtsamkeit und Thatkraft lieh. „Einige Zeilen von Dir an Herrn v. Adelsberg oder an des Erbprinzen Durchlaucht würden ihn einführen
und legitimiren. Du würdest ihm mündliche Aufträge geben, denen
er sich als Beamter nicht entziehen kann, ja die er mit Vergnügen
übernehmen wird, wenn er sieht, wie sehr dieselben geeignet sind,
sich ihm die höchsten Herrschaften zu verpflichten . . . . nicht wahr,
Herr Kalkulator, Sie würden diese Aufträge übernehmen?"

„Von ganzem Herzen, aus reinem uneigennützigem Pflichtgefühl
und ohne jeglichen Gedanken an Lohn, gnädige Frau! Die Pflicht
vor Allem, ist mein Wahlspruch," versetzte der Kalkulator mit einem
tiefen Bückling, legte die Rechte pathetisch auf's Herz und schlug
seine großen starren Augen ganz begeistert zur Decke auf. — „Ohne
mich irgendwie rühmen zu wollen, darf ich doch in aller Bescheiden-
heit versichern: der gnädige Herr Kammerrath könnte keinen
befähigteren Vermittler finden! Als langjähriger Kanzleiverwandter
habe ich Konnexionen bei der Hofdienerschaft und bin nach oben gut
empfohlen . . . . es soll mir eine ganz besondre Ambition seyn,
des gnädigsten Herrn Vertrauen zu rechtfertigen und mit größter
Diskretion zu erfahren. . . . ."

„Siehst Du, lieber Vetter! ich wußte es ja, daß Herr Walchner sich gerne dazu hergeben wird," sagte Auguste noch halb schmeichelnd. „So wird es am besten sein, und für Herrn Walchner können wir einstehen, nicht wahr, Hermine?"

„Oh gewiß, lieber Cousin! Es wäre ja Eigensinn, wenn Du nicht nachgäbest!" bat die hübsche Hermine und ergriff beweglich Ibstein's Hand. „In einem Augenblick, wo jede Minute einen unerwarteten Zwischenfall bringen kann, dürfen wir Dich nicht von uns lassen, denn wer weiß, ob Serenissimus nicht um Deiner eigenen Sicherheit willen Dir befehlen würde, bei Hofe zu bleiben?...."

„Das gnädige Fräulein hat ganz recht, Herr Kammerrath, wie ich mir unterthänigst zu bemerken erlauben möchte," fiel nun auch der dicke Herr Walchner ein, der sich schnellstens der Situation bemächtigt hatte. „Wenn ich mich einer unmaßgeblichen Bemerkung unterfangen darf, gnädiger Herr, so möchte ich ohnvorgreiflich zu erwägen geben, wie daß meine Wenigkeit sogar mehr Aussichten haben dürfte, schnellstens bei den allerhöchsten Herrschaften vorgelassen zu werden, als Ihro Gnaden der Herr Kammerrath, indem meine Person zu unbedeutend ist, um Schuld und Argwohn im Kreise der maßgebenden Persönlichkeiten zu erwecken."

Ludwig v. Ibstein war schon halb gewonnen, denn ein Kranker entbehrt auch der ausdauernden Willenskraft. Der Mann mit dem breiten sinnlichen Mund, der geröteten Nase, dem starken Kinn und den großen, harten, lauernden Augen flößte ihm zwar kein besonderes Vertrauen ein, und Ibstein würde vielleicht unter gewöhnlichen Verhältnissen Bedenken getragen haben, sich dieses Mannes für ein solch heikliches Geschäft zu bedienen; aber der Moment drängte und jede Minute war kostbar.

„Wohlan denn, wenn Sie mir die Liebe erweisen wollten, so soll Ihnen mein aufrichtiger Dank nicht entgehen, mein Herr!"

„Bitte unterthänigst, Euer Gnaden! von Dank kann hier die Rede nicht sein, denn die Verpflichtung ist auf meiner Seite. Ich wollte zwar soeben noch ein Geschäftchen abmachen und meinen bescheidenen Vespertrank nehmen, allein bei der hohen Wichtigkeit der fraglichen Angelegenheit, und wenn der gnädige Herr Kammerrath meinen, es werde mir nicht verdacht werden, wenn ich in diesem Werktagsaufzug im Schlosse erscheine...."

„Sie werden entschuldigt werden durch die Dringlichkeit der Sache, und meine liebe Cousine wird es sich zur Ehre schätzen, Sie durch ein Glas Wein zu Ihrem Gange zu stärken..."

„Gewiß, gewiß! eine Flasche vom Besten, den der Keller vermag," erwiderte Auguste herzlich froh über die Wendung, welche die Sache genommen.

„Während ich Ihnen ein kurzes Empfehlungsschreiben aufsetze, können Sie Ihren kleinen Imbiß einnehmen und meine begonnene Denkschrift lesen, damit ich mich bezüglich Ihrer Information kürzer fassen darf," sagte Idstein leichthin andeutend, und Herr Walchner verneigte sich lächelnd und leckte sich schon im Voraus die Lippen.

Es dauerte denn auch nicht lange, so stand ein reichlicher Imbiß von kaltem Fleisch und feinem Rheinwein vor ihm, und der Steuerkalkulator wußte das Nützliche mit dem Angenehmen trefflich zu verbinden, denn während seine grauen Augen die Schrift des Kammerraths aufmerksam überlasen, kaute er mit vollen Backen und schlürfte fleißig und mit sichtlichem Wohlbehagen den feinen Wein. Hierauf übergab Herr von Idstein ihm die Beglaubigung, ergänzte mündlich, was zu vollständiger Instruktion des Herrn Walchner diente, und nannte ihm die Namen aller derjenigen Offiziere, welche er in den Notizen des Prinzen Ludolf in jener Brieftasche vorgemerkt gefunden hatte.

„Sie sehen, daß ich Sie in das ganze Verhältniß einweihe, weil ich es für nothwendig halte, daß Sie selbst auf dem Laufenden über Alles sind, mein werther Herr Kalkulator," sagte Idstein dann schließlich in vertrautem und eindringlichem Tone. „Ich bitte Sie aber wohl zu bedenken und zu beherzigen, daß Sie in der ganzen Angelegenheit mit größter Umsicht und Schonung verfahren müssen. Die Namen dieser Männer dürfen nicht leichtfertig genannt werden; Sie haben sich vor jeder allzu beeiferten Denunciation zu hüten, denn nichts wäre meiner Absicht ferner abliegend, als ins Blaue hinein zu beschuldigen, deßhalb gebe ich Ihnen auch diese meine Notizen auch mit. Verstehen Sie mich also wohl, mein werther Herr: wenn derjenige, dessen Ohr Sie erlangen werden, meine Mittheilungen für wichtig genug erachtet, um darauf hin einzuschreiten, oder wenn schon vorhandene gegründete Judizien gegen gewisse Persönlichkeiten dadurch bestärkt und zu gravirendem Argwohn werden, so verweisen Sie die betreffende hohe und maßgebende Persönlichkeit wegen des Weiteren an mich, und verfahren Sie mit aller Rücksicht und zartfühlenden Umsicht. Darf ich mich hierauf verlassen?"

„Der gnädige Herr Kammerrath mögen mir unbedingt vertrauen — ich werde mich dieser Ehre würdig zu erweisen suchen," versetzte Herr Walchner voll Feuereifer, und griff nach seinem Hute, und ging dann, von Jbstein's besten Wünschen begleitet.

Als Walchner längst fort war, bemerkte Ludwig v. Jbstein erst, daß Jener die begonnene Denkschrift mitgenommen hatte. Dies war unangenehm und sehr unnöthig gewesen, ja es beunruhigte den Kammerrath sogar einigermaßen. Gedankenvoll und in einer unbehaglichen erwartungsvollen Stimmung ging er im Zimmer auf und nieder. Da stieß er an den kleinen Gueridon, auf welchem man dem Kalkulator seinen Imbiß aufgetragen hatte; das Tischchen wankte, und nur ein rascher und sicherer Griff rettete es vor dem Umfallen. Aber die Flasche war herunter gefallen, und als Jbstein sie aufhob, ergab sich, daß sie leer war. Diese Entdeckung überraschte ihn auf das unangenehmste.

„Mich dünkt, da hab' ich eine große Thorheit begangen und mich eines ungeschickten Vermittlers bedient. Dieser Mann ist ein Trinker!" murmelte er erschrocken und ängstlich. Je mehr er sich die Sache überlegte, desto trübere Gedanken bemächtigten sich seiner. Er konnte sich der unbehaglichen Befürchtung nicht entschlagen, daß ihm durch irgend eine Taktlosigkeit von Seiten dieses Menschen Verlegenheiten bereitet werden könnten, und er faßte daher kurzweg den Entschluß, jetzt selber um jeden Preis ins Schloß zu gehen und sich Zutritt bei dem Erbprinzen oder dem Geheimerath v. Gairing zu verschaffen. Allein als er zu diesem Behuf hinüber ging in's Familienzimmer, um Augusten davon in Kenntniß zu setzen, ward er von den beiden Schwestern aufs neue mit Bitten bestürmt, dies zu unterlassen, und über die erprobte Zuverlässigkeit und Gewandtheit des Steuerkalkulators beruhigt.

„Ich werde Dich in dieser Abendluft unter keinen Umständen gehen lassen, lieber Vetter!" sagte Auguste. „Deine Gesundheit darf nicht muthwillig auf's Spiel gesetzt werden.... Du hast Dich ohnedem zu stark angegriffen und leidest an Fieber — ich lese es Dir an den Augen ab! — Komm, lege Dich hier auf das Kanapee und beruhige Dich — schlummere ein Wenig; das wird Dir gut thun. Inzwischen kehrt dann Walchner zurück und enthebt Dich der unbegründeten Befürchtungen." Herr v. Jbstein ließ sich bestimmen, vorerst da zu bleiben, obschon beinahe gegen seine bessere Ueberzeugung, denn er sah wohl, daß die beiden Damen namentlich durch eine gewisse Furcht bewogen wurden, ihn als männlichen

Schutz in ihrer Nähe zu behalten. Allein er fand keine Ruhe, und sah sich je länger desto mehr von der Befürchtung gepeinigt, er habe sich eines ungeschickten Gesandten bedient. Es verging eine ungebührlich lange Zeit, ehe der Steuerkalkulator zurückkehrte, und das Treiben auf den Straßen, die schweren Schritte der vorüberziehenden häufigen Patrouillen deuteten auf eine wachsende Bedeutung der unerklärlichen Zustände.

Endlich gegen 10 Uhr Abends meldete der Diener, daß Herr Walchner so eben zurückgekommen und im Begriffe sei, in seine Dachwohnung emporzusteigen.

„Wie? er will hinaufgehen, ohne mir auch nur Bescheid zu sagen über den Erfolg meiner Sendung?" fragte der Kammerrath erstaunt. „Was ist geschehen? Ist denn dieser Mensch ein unverbesserlicher Grobian?"

„Oh gewiß nicht, lieber Vater! Walchner ist sonst der geschmeidigste Mann von der Welt," versicherte Auguste, welcher die düstre Wolke des Unmuths und der Besorgniß auf Idstein's Stirne nicht entging. „Ich will ihn bitten, daß er noch hereinkomme, wenn es Dich nicht unnöthig aufregt!... Vielleicht ist es nur Rücksicht auf die vorgerückte Abendstunde, welche den Kalkulator abhält..."

„Ich bitte Dich, laß mir den Mann rufen, liebe Auguste! Sein Ausweichen ist aufregender und beunruhigender als jede Mittheilung, welche er mir zu machen hätte und nicht zu machen wagt!" erwiderte Idstein.

Einige Minuten später erschien Walchner im Zimmer. Sein schwimmendes glänzendes Auge, sein unsicherer Gang und schwerer Athem wollten dem Kammerrath einreden, daß er einen Betrunkenen vor sich habe, und ein Ekel, die gerechtfertigte Abneigung eines feingebildeten Mannes vor einem derartigen Zustande, überkam ihn. Die linkischen Verbeugungen und die schwere Zunge des Kalkulators überzeugten Idstein bald, daß seine Vermuthung richtig sei.

„Sie haben mir ohne Zweifel einige Mittheilungen zu machen über die Art und Weise, wie Sie sich meines Auftrags entledigt, und über die Aufnahme, welche meine Winke gefunden haben?..." redete er den Kalkulator höflich, jedoch mit einer gewissen Entschiedenheit an.

„Gewiß, gewiß, gnädiger Herr!" versetzte Walchner mit schwerer Zunge. „Ich war eben im Begriff... d. h. ich hatte mich in der Etage versehen und war eine Treppe zu hoch gestiegen, als mir der

Herr Lakai Thomas nachrief.... Oh, es ist Alles ganz nach Wunsch gegangen, wir haben den Herrschaften einen wichtigen Dienst geleistet.... Ich wollte, mit Eurer Gnaden Erlaubniß, heute nicht mehr stören, sondern dem gnädigen Herrn morgen früh ein schriftliches Memorandum über den Fall einreichen.... um so mehr als Euer Gnaden wohl ohne Zweifel morgen selbst vernommen werden dürften...."

„Ich will Ihnen die Mühe des Schreibens ersparen, mein Herr!" fiel ihm Ludwig streng in's Wort, und deutete auf einen Stuhl. „Sie werden sich erinnern, daß ich mir unverweilten mündlichen Bescheid erbat, daß ich Ihnen nur unter dieser sehr natürlichen Bedingung den Auftrag anvertraute.... Also bitte, setzen Sie sich und melden Sie mir in Kürze den Verlauf Ihrer Mission!"

Herr Walchner setzte und räusperte sich, und begann dann, seinen Hut halb verlegen auf den Knieen drehend, eine weitschweifige Erzählung in halb bramarbasirendem und suffisantem, halb servilem Tone, der Herr v. Jbstein entschieden widerlich ward und den er daher oft mit Zwischenfragen unterbrach, wenn der Kalkulator seine eigene Schlauheit und Umsicht gar zu beeifert hervorzuheben versuchte. Der gedrängte Jnhalt der Mittheilung Walchner's war folgender: er hatte sich mit Mühe durch einen Domestiken im Schlosse Zutritt verschafft und den Kammerdiener des Prinzen Heinrich ausgekundschaftet und bewogen, ihm bei seinem Herrn eine Audienz zu verschaffen, da er ihm Dinge von der höchsten Wichtigkeit anzuvertrauen habe. Der Prinz, von der Sitzung des Staatsraths und anderen militärischen Geschäften in Anspruch genommen, hatte Herrn Walchner lange warten lassen, bevor er ihm das erbetene Gehör bewilligte; er hatte anfangs die Mittheilungen des niedrigen Beamten nur zerstreut und halb ungläubig angehört, bis dieser, um des Prinzen Aufmerksamkeit mehr zu fesseln, einige Namen nannte und von einer Denkschrift sprach, welche der Kammerrath v. Jbstein zu verfassen begonnen habe, und von mündlichen Erläuterungen und Enthüllungen, welche Herr v. Jbstein zu machen im Stande und um derenwillen er eigens in diesem kritischen Augenblicke nach Waldau gekommen sei, worauf Prinz Heinrich sichtlich betreten und voll Jnteresse geworden sei und seinen Bruder, den Erbprinzen, herbeigeholt habe, mit dem er eine lange, angelegentliche Unterredung gepflogen habe. Nach Herrn Walchner's Darstellung hatte ihm Prinz Heinrich sodann die Denkschrift weggenommen und ihm

befohlen, im Domestikenzimmer auf die weitere Entwickelung der
Sache zu warten, das Schloß aber unter keiner Bedingung zu ver-
laffen, bevor ihm hiezu Erlaubniß gegeben worden sei. Was aber
Herr Walchner weislich verschwieg, das war, daß im Domestikenzimmer des Schloffes die fürstlichen Diener, welche nicht mit den
hochfürstlichen Damen und Kindern nach der Karlsburg geflüchtet
waren, sich einige große Kübel von dem Wein aus dem Hofkeller,
der unter die Truppen vertheilt wurde, annectirt hatten und sich
daraus Muth tranken. Daß ferner der Herr Steuerkalkulator es
ebenfalls nicht verschmäht hatte, mit den Läufern, Lakaien, Reit-
knechten, Kutschern und Kammerdienern zu trinken, und daß er,
um sich eine gewisse Bedeutung zu geben und seine Anwesenheit im
Schloffe zu motiviren, denselben unter dem Siegel der Verschwiegen-
heit anvertraute, daß er einer abscheulichen Verschwörung gegen das
durchlauchtige Fürstenhaus auf die Spur gekommen sei, wovon er
den höchsten Herrschaften umständlichen Bericht mit Angabe aller
in das Komplott verwickelten Personen ertheilt habe, so daß er
einer glänzenden Anerkennung seiner Dienste um so mehr mit Fug
entgegen sehen dürfe, als ihm geboten worden sei, hier zu verweilen, um seine Depositionen noch einmal angesichts des allerdurchlauchtigsten Herren und hochdessen vertrautesten Räthe selbst zu
wiederholen. Diese Selbstverherrlichung, welche durch das Zeugniß
des Kammerdieners des Prinzen Heinrich an Wahrscheinlichkeit gewann, hatte der stark angesäuselte Steuerkalkulator mit einer gewandten Wendung beschlossen, indem er die hochansehnliche Versamm-
lung und Domestikenschaft aufforderte; ihm Bescheid zu thun auf
das hohe Wohl des gesammten allerdurchlauchtigsten Hauses Waldau,
auf den Sieg der guten Sache und auf den Untergang aller Feinde
derselben! Dieser Toast war natürlich mit größter Bereitwilligkeit
und Anerkennung stürmisch getrunken und durch einen andern auf
das Wohl des Herrn Steuerkalkulators als Retters von Waldau
erwidert worden, und hatte die Eröffnung eines Gelages gebildet,
in welchem die treue Dienerschaft sich Muth und Pathos in dieser
kritischen Zeit zu holen und zu festigen bemüht war. Endlich aber
war ein Lakai gekommen und hatte den Steuerkalkulator abgeholt
und in ein Zimmer geführt, wo die beiden Prinzen mit dem Geheimenrath v. Gayring und einigen anderen höheren Beamten versammelt waren. Geheimerath v. Gayring, welcher den Vorsitz
führte, hatte sodann den Kalkulator einer Art Verhör unterworfen,

welches derselbe ganz gut und mit Gewandtheit bestanden zu haben sich rühmte, worauf er dann mit dem Bedeuten entlassen wurde, man werde sich am folgenden Tage seiner Dienste erinnern und erforderlichenfalls ihn und Herrn v. Jdstein vernehmen, dem der Kalkulator einstweilen den Dank der Fürstlichkeiten und des Herrn Geheimenrathes vermelden möge. Herr Walchner verschwieg dann ferner, daß er nach dieser Entlassung noch einmal in das Servicezimmer zurückgekehrt sei und den Wein vollends vertilgen geholfen habe; er deutete nur beiher an, daß er gehört, wie man von Seiten des Geheimenraths Haussuchung bei einigen Offizieren angeordnet habe.

Diese Erzählung hatte auf Herrn v. Jdstein einen höchst niederschlagenden Eindruck gemacht, denn er mußte deutlich erkennen, daß dieser plumpe angetrunkene Mensch seinen ganzen Auftrag mißverstanden und falsch ausgeführt habe. Allein die sehr umständliche Erzählung hatte des Kalkulators Trunkenheit zu einem Grade gesteigert, welcher sich an der Schwere der Zunge und Verwirrung der Gedanken allzu deutlich kund gab, als daß Herr v. Jdstein nicht hätte einsehen sollen, wie in diesem Zustande mit einem solchen Menschen nicht mehr zu rechten sei, und er hatte ihn beinahe unwillig entlassen, was für Herrn Walchner momentan wohl das Liebste war.

Die beiden Damen hatten dem ganzen Auftritt mit einer stummen, aber darum nicht minder lebhaften Spannung zugehört, denn der deprimirende Eindruck, welchen Walchner's Zustand und Erzählung auf Ludwig v. Jdstein machten, konnte ihnen nicht entgehen. Ein ahnungsvolles beklommenes Bangen erfüllte sie, zumal als Jdstein jetzt mit blassen Zügen und aufgeregtem Wesen auf- und abging und mit einem Entschlusse zu kämpfen schien.

„Ich muß noch in's Schloß, liebe Auguste," sagte Ludwig endlich, vor Frau v. Gamming plötzlich stehen bleibend und mit einer unruhigen Hast, die seinem sonstigen Wesen ganz fremd war. „Ich muß mindestens Herrn v. Gayring sprechen, um widerwärtige Folgen jenes taktlosen Uebereifers jenes Betrunkenen zu verhüten. Ich fürchte, daß ich mich da in eine sehr schlimme und schiefe Stellung gebracht habe!"

„Es ist eilf Uhr vorüber, lieber Vetter! das ist doch die Stunde nicht, wo Du noch bei Hofe vorgelassen zu werden hoffen darfst," entgegnete Auguste erschrocken. „Du würdest sicher abgewiesen werden."

„Einerlei! ich muß wenigstens den Versuch machen, einen Vorwurf abzuwenden, welchen ich möglicherweise nicht verdient habe! Ich sehe mich in der fatalsten Lage als Kavalier und Mann von Ehre, wenn man mich verantwortlich macht für Dinge, welche dieser unglückliche Kalkulator aus Wichtigthuerei oder Uebereifer geschwatzt hat!"

„Wie kannst Du dies nur fürchten, lieber Ludwig?!" rief Auguste. „Mich dünkt, Walchner hat ja nur gethan, was Du ihm aufgetragen und was in seiner schriftlichen Instruktion stand?...."

„Liebe Cousine, wenn selbst Du die Sache so auffassest, dann ist es um so gebotener und unvermeidlicher, daß ich Herrn v. Gahring oder den Erbprinzen spreche und von Schritten abmahne, die ohne die dringendste Veranlassung nicht gewagt werden sollten!" sagte v. Jdstein mit steigender Unruhe. „Ich sehe je länger desto klarer und deutlicher ein, daß ich sehr unklug handelte, mich in alle diese Dinge zu mengen, und daß meine größte Unbesonnenheit darin bestand, einem Unbekannten Dinge anzuvertrauen, welche nur mit der größten Zartheit und Vorsicht behandelt sein wollten.... Ich muß unbedingt und nothgedrungen noch Herrn v. Gahring sprechen ...."

Die Bitten der beiden Damen vermochten ihn nicht davon abzubringen. Obschon er sich vor körperlicher Schwäche und Nervenüberreiz kaum auf den Beinen zu halten vermochte, warf er sich doch hastig in die geziemende Kleidung und verließ unter dem Geleite des Dieners Thomas, welcher eine Stocklaterne trug, das Haus. Kaum waren die Beiden jedoch 20 Schritte weit gekommen, so begegneten sie einer Militärpatrouille, deren Führer sie stellte und über den Zweck ihres späten Nachtwandelns ausfragte.

Wohl oder übel mußte Herr v. Jdstein dem Unteroffizier Rede stehen, welcher durchaus nicht begreifen wollte, was ein fremder Herr noch um Mitternacht auf dem Schlosse zu thun haben könne, und darauf bestand, daß ihm Herr v. Jdstein erst nach der Schloßwache folge.

Während dieses Auftritts waren zwei Männer in dunkelgrauen Wachtröcken mit den Schildern der Polizei auf den Hüten herangetreten, um den Erörterungen zuzuhören. Der eine derselben war der dicke Wachtmeister Sabel, den diese Sache ganz besonders zu interessiren schien, obschon er sich immer so stellte, daß Herr v. Jdstein, dessen Aufmerksamkeit übrigens anderweitig in Anspruch genommen war, ihn nicht sehen konnte. Schließlich mußte sich der Kammerrath doch bequemen, dem Gebot des Patrouillenführers, welcher sich auf seine strikte Instruktion berief, zu folgen und denselben nach der Schloßwache zu begleiten, wo er sich dem kommandirenden Offizier zu erkennen gab und diesen bat, durch eine Ordonnanz im Schlosse anfragen zu lassen, ob Herr v. Gayring oder der Erbprinz Johann ihm noch eine kurze Audienz in dringendster Angelegenheit zu bewilligen geruhen wollten. Als die Ordonnanz mit diesem Auftrag nach den noch erleuchteten Gemächern des Schlosses hinüber ging, entfernte sich Meister Sabel, welcher der Entwickelung der Dinge geharrt hatte, als ob er hierzu kraft seiner obrigkeitlichen Eigenschaft befugt sei, in der entgegengesetzten Richtung nach der Stadt hin, um seiner Freundin, der Kartenlegerin, diese wichtige Nachricht zu bringen. Die Niethammern verfehlte zwar nicht, ihm dafür einen Schnaps zu kredenzen, machte ihm aber anderseits Vorwürfe darüber, daß er nicht noch abgewartet habe, ob dem Kammerrath die erbetene Audienz auch bewilligt worden sei, was ja die Hauptsache gewesen wäre, und sandte ihn sogleich wieder nach der Schloßwache, damit er sich hierüber Gewißheit verschaffe.

Meister Sabel murrte zwar über diesen Auftrag und meinte, darüber werde ihm der Offizier von der Wache wohl keine Auskunft geben; da er aber sich bei reiferer Ueberlegung doch sagen mußte, daß die Niethammer im Grunde Recht habe, so steuerte er durch die trübe Regennacht wieder dem Schlosse zu, ertappte unterwegs einen harmlosen angetrunkenen Nachtwandler, der ein Liedchen trällernd heimwärts wankte, verhaftete ihn unter dem Vorwand nächtlicher Ruhestörung, übergab ihn der ersten besten Patrouille und bat diese, den Arrestanten nach der Schloßwache zu bringen, weil derselbe in der Nähe des Schloßplatzes aufgegriffen worden sei; er gewann auf diese Weise Gelegenheit, in die Schloßwache zu gelangen, wo er den Verhafteten dem Feldwebel von der Wache übergab und, während er sich ein Wenig am Ofen der Wachtstube wärmte, so beiläufig im Gespräch mit dem bärbeißigen Feldwebel erfuhr, daß der Kammerrath die erbetene Audienz nicht erhalten habe, weil der Geheimerath v. Gayring nicht mehr im Schlosse sei, der Erbprinz aber in voller Uniform sich auf ein Kanapee niedergelegt, um zu schlummern, und auf die Meldung keine Lust bezeugt habe, den ihm so nothwendigen Schlaf wegen des Herrn v. Jbstein zu unterbrechen. Diese Nachricht brachte dann Sabel nach einer Stunde der Niethammern, die noch immer am Bette ihres Patienten wachte und demselben kalte Umschläge machte.

* * *

Der trübe Tag war angebrochen. Prinz Ludolf lag noch immer in tiefem Schlafe und seine Stirne glühte unter den Binden wie im Fieber. Neben ihm saß im Lehnstuhle Meister Sabel, der mit gefalteten Händen eingenickt war und die versäumte Nachtruhe hier nachholte, obwohl ihn die Kartenlegerin beauftragt hatte, die kalten Umschläge ihres Pfleglings von Zeit zu Zeit zu erneuern. Wenn Sabel schlief, war ihm dies nicht zu verdenken, denn das einzige verhangene Fenster der kleinen Stube mündete nach Norden auf den engen Hof, und in der Stube herrschte eine tiefe Stille und eine dumpfe stickige Luft. Jetzt öffnete sich die Thüre leise und Frau Niethammer streckte den Kopf herein, betrachtete sich die beiden Schläfer eine Weile mit sardonischen Blicken, nickte dann zufrieden und zog sich in die Küche zurück, wo sie den blauen Tuchmantel und das Kopftuch ablegte und sich emsig und in aller Stille daran machte, ihr Herdfeuer anzuzünden und eine tüchtige Portion Kaffee für sich und Meister Sabel zu kochen, der ihr Gast beim Frühstück sein sollte. Die Alte ließ sich nichts abgehen, so lange das Geschäft gut ging, und so trank sie denn auch Kaffee schon zu einer Zeit, wo die meisten Waldauer Bürgersleute sich noch mit einer Morgensuppe begnügten. Als sie aber für den eigenen Bedarf gesorgt und vornweg vom ersten Aufguß einige Schalen getrunken hatte, bereitete sie eine Weinsuppe für den Patienten, die sie einstweilen auf den Stubenofen stellte und ging dann hinein, um Sabel zu wecken und zum Frühstück zu entbieten.

Sabel roch die Weinsuppe und sog den Duft in vollen Zügen ein. „Sie gibt es fein, liebe Niethammern! Ein Weinsüppchen in meinen armen Magen, der so leer ist, daß ihn eine Katze forttragen könnte?..." murmelte er und ließ sich müde auf einen Stuhl niederfallen. „Sie ist ein Kapitalweib, Niethammern!"

„Nu, nu! es geht so, wer mir wohl will, dem bin ich auch gut, Alterchen!" sagte sie schmunzelnd. „Aber dies Mal ist Er auf der falschen Fährte, Wachtmeister! Die Weinsuppe ist für den gnädigen Herren da drinne, — wir trinken Kaffee. Seinem blöden Magen zu Liebe mag Er aber noch ein Gläschen Schnaps haben, denn ohne den Funkelhans könnt ihr alten Soldaten ja doch nicht existiren, nicht wahr? — Aber wie war's denn, während ich fort war? Ist er nicht aufgewacht?"

„Keine Spur, Gevatterin! der schläft, daß ihn keine Karthaune weckt. Und denke Sie sich, Niethammern, gestern Abend, als ich ihn herbrachte, hat er mich nicht einmal gekannt!"

„Wundert mich gar nicht, Wachtmeister! der Fall muß auch hart genug gewesen sein, denn der arme Herr war ja an allen Gliedern zerschunden und zerschlagen. Und so ein Prinz ist ohnedem wie ein verwöhntes Kind, hat ein Häutchen wie Seide und ist so gleichsam lebenslang nur immer in Baumwolle gewickelt gewesen. Eine Beule, aus welcher sich unsereins keinen Pfifferling machen darf, ist da gleich eine schreckliche Wunde! — Na, Er greift ja gar nicht zu, Wachtmeister? Mundet Ihm mein Kaffee nicht? oder.... aha, ich merke schon! der Schlaf ist Ihm in den Magen gefallen; ich muß Ihm erst eine Herzstärkung reichen!" Und sie holte aus dem Schranke die große strohumflochtene Schnapsflasche.

„Danke schön, Niethammern! ja, das stärkt, das wärmt, das macht Einen wieder zum ganzen Mann! ah! — Und Sie nimmt nicht ebenfalls Einen nach der schlaflosen unruhigen Nacht, Nachbarin?"

„Heute nicht, Alterchen, denn ich erwarte vornehmen Besuch hier.... Macht nur schnell mit dem Frühstück, damit ich wieder abtragen kann!"

„Aha, und dann will Sie mich fortschicken, nicht wahr? Ich merke schon, es war nur so 'ne Ausrede von Ihr, Niethammern, daß Sie zum Bäcker und zur Milchfrau gehen müsse! Man ist auf dem Schloß gewesen, he? und hat die Nachricht selber überbracht, um den Botenlohn zu ersparen, he?"

„Oder vielleicht auch, um dafür zu sorgen, daß uns beiden für den Samariterdienst von heute Nacht nicht irgend eine Strafe auf das Dach wächst, Wachtmeister," versetzte die Kartenlegerin wie verweisend und ablehnend. — „Jedenfalls hab' ich wohl gute Gründe gehabt, selbst nach dem Schloß zu gehen, denn so wie die Dinge stehen, wär's fraglich gewesen, ob Meister Sabel bis zur Erlaucht gekommen wäre! Das Schloß ist wie ausgestorben und ganz mit Soldaten umstellt, und doch ist das ganze Städtchen so ruhig wie je. — Was aber Ihn betrifft, Sabel, so soll Er da bleiben, bis die Reichsgräfin kommt und Sein Douceur von der gnädigen Frau selber in Empfang nehmen. Ich hab' den Mund recht voll genommen, um Seine Verdienste hervorzuheben — hätte Er nicht geschlafen, Alter, wie würden Ihm die Ohren geklingelt haben. Man ist sehr zufrieden mit Ihm und will Ihm wohl; nun, denk' ich, hat es auch keine Gefahr mehr mit uns, wenn der Zufall verriethe, wer den Prinzen hierher geführt hat. Die Erlaucht hat mich beinahe umarmt vor Freuden, als ich ihr sagte, daß der gnädige junge Herr in meinem Hause und verwundet, aber nicht in Gefahr ist. Nun wird er hier so sicher sein wie in Abrahams Schoos, denn die Erlaucht wird schon Mittel finden, daß die Polizei blind ist. Der Herr Stadtdirektor wird thun, als ob gar keine Niethammerin in ganz Waldau wäre!"

„Na, da nimmt Sie mir einen ordentlichen Stein vom Herzen, Nachbarin!" meinte Sabel, dem nun erst Kaffee und Semmeln zu munden schienen. „Kein schändlicheres Ding, als wenn man für eine gute That nur Undank und Strafe ernten soll! Aber horcht nur! hustet der Prinz nicht so eben?"

„Meiner Treu, ja er wacht! Nun geh' Er 'mal zuerst hinein, Wachtmeister! ich will erst hier aufräumen!"

Als Sabel in die Hinterstube trat, fand er den Prinzen halb aufgerichtet im Bette, wie er erstaunt sich in dem engen Raume umsah und seine eigenen verbundenen Gliedmaßen betrachtete.

„Unterthänigen guten Morgen, Durchlaucht!" hub Sabel an und blieb militärisch grüßend auf der Schwelle stehen.

„Zum Henker, Sabel, ist Er's?... wie komm' ich hieher? Bin ich etwa im Polizeiarrest?..."

„Oh, Gnaden belieben zu spaßen! Erinnern sich denn Durchlaucht nicht mehr, was heute Nacht geschah?..."

„Heute Nacht?" wiederholte der Prinz fragend und mit einem unmuthigen Kopfschütteln; „ich weiß wahrhaftig nichts mehr, als daß ich nach meiner Gartenwohnung ging, um meinem Schlingel von Reitknecht, dem Bastian, ein Zeichen zu geben; daß ich am Pförtchen wie an der Einfahrt Soldaten sah, und darum vom Felde her auf die Mauer stieg...."

„Und daß der durchlauchtige Herr dann im Dunkeln über einen Ast stürzten und zuerst auf die Mauerplatte und dann in den Feldweg herunterstürzten, und daß dann ein Mann herbeikam, welcher dem durchlauchtigen Herrn heßlings gefolgt war, um Denenselben den Rücken zu decken, und der nun den durchlauchtigen

Herrn und Prinzen zerschlagen und blutig und halb ohnmächtig aufhob und schnell in Sicherheit brachte, weil das Geräusch des Stol-
perns und schweren Falls die Soldaten in Durchlauchts Gartenwohnung aufmerksam gemacht hatte. Erinnern sich denn der gnädige Herr nicht mehr?"

„Nicht die Probe, oder höchstens noch ganz dunkel, wie eines
fernen Traumes.... Und wo bin ich nun?"

„Bei einer ehrlichen alten Frau, welche Eurer Durchlaucht
wohl will und bereits einer gewissen vornehmen Dame Nachricht
gegeben hat, daß der gnädige Prinz hier sind," sagte die Niethammer, die neben Sabel sich gestellt hatte, mit einem tiefen linkischen
Knix; „wie ich Eurer Durchlaucht schon heute Nacht zu versprechen
die Ehre gehabt habe...."

„Heute Nacht? nun ja, ich glaube mich undeutlich zu entsinnen,
gute Frau, daß ich wenigstens Eure Stimme gehört habe," versetzte der Prinz, sich die halbbetäubte und noch immer schmerzende
Stirne drückend. „Und Ihr seid...."

„Sie ist die Niethammern, die kluge Frau, welche die Karten
legt, aus dem Kaffeemark und den Planeten wahrsagt," erwiderte
Sabel.

„Wie wir dem gnädigen Herrn schon in vergangener Nacht zu
bemerken so frei waren," ergänzte die Niethammer. „Aber es ist
kein Wunder, wenn der gnädigste Prinz nichts mehr davon wissen!
Waren sie ja doch über und über geschlagen, und mit Blut bespritzt
und mehr todt wie lebendig und spürten wohl kaum, daß Meister
Sabel Sie daher schleppte, wie die Katze ihre Jungen, und daß ich
die Ehre hatte, Ihre Wunden zu waschen und zu verbinden, Sie
unterthänigst in's Bett zu legen wie ein Kind und denenselben kalte
Umschläge auf den verstauchten Fuß zu machen. Aber nun scheint
es, Gott sei Dank, daß Durchlaucht sich wieder besser fühlen, und
wenn ich daher so frei sein darf, Hochdenselben zum Frühstück ein
Weinsüppchen vorzusetzen, so wird hoffentlich bald Alles wieder gut
werden."

„Ich danke Euch, Leutchen! Ihr habt Euch meiner wacker angenommen," sagte Ludolf verwundert. „Und ich bin also noch in
Waldau?"

„Aufzuwarten, Durchlaucht! im Dörfchen hinter der Spital-
straße," erwiderte Sabel.

„Aber ganz im Geheimen, Durchlaucht; außer uns Beiden

weiß nur noch eine gewisse vornehme Dame darum, welche noch diesen Morgen hieher kommt.... Aber das Weinsüppchen wird kalt, gnädiger Herr!"

„So geben Sie her — ich fühle mich ohnedem schwach und hungrig!"

Prinz Ludolf aß mit gutem Appetit, so weit es seine schmerzenden Glieder und sein gequetschter Arm erlaubten, und als ihn das genossene Gericht mit einer wohlthuenden Wärme durchströmte, ward er auch heiterer und aufmerksamer. Er ließ sich noch einmal die Vorgänge des gestrigen Abends ausführlich von Sabel erzählen und hörte gespannt und nachdenklich zu.

„Und wie steht es in der Stadt? Hat es Unruhen gegeben? Ist wirklich ein Aufstand ausgebrochen?" fragte er dann hastig.

„Oh, kein Gedanke daran, Durchlaucht! Heute früh mit Tagesanbruch sind die Soldaten wieder eingerückt und die verstärkten Posten eingezogen worden," entgegnete Sabel. „Alles ist ruhig geblieben; nur hat gegen Mitternacht ein sicherer Herr Kammerrath v. Jdstein, welcher vordem ja auch in hochfürstlich waldauischen Diensten gewesen sein soll, um eine Audienz im Schlosse nachgesucht, ist aber nicht angenommen worden...."

„Kammerrath v. Jdstein?" wiederholte der Prinz und biß sich auf die Lippen; „wissen Sie das auch gewiß, Sabel?"

„Na, als ob ich ihn nicht mit eigenen Augen gesehen und gehört hätte, wie er dem Hauptmann von der Schloßwache seinen Namen angab, Durchlaucht! Er ist ein Vetter von dem Kammerjunker v. Gamming am innern Kreise, bei dem er auch wohnt!"

Der Prinz wechselte die Farbe und schwieg, aber man sah ihm an, daß seine Gedanken arbeiteten und seine Miene sich verdüsterte. Er senkte den Kopf, den er auf die Hand gestützt hatte, in die Kissen und starrte grübelnd gegen die Wand, so daß Sabel und die Kartenlegerin sich leise entfernten. Nach einiger Zeit aber schrack der Prinz aus seinem Sinnen auf, denn er hörte ein Hinterthürchen im Hause sich öffnen und schließen, hörte Stimmen draußen in der Küche flüstern und endlich ging die Thüre der Kammer auf und ein langes Gewand streifte an den Möbeln hin. Es näherte sich Jemand dem Bette. Der Prinz drehte sich so rasch um, als es seine schmerzenden Gliedmaßen erlaubten und starrte in das blasse angstvolle Gesicht der Reichsgräfin v. Thannheim, das diese aus einem dichten spanischen Schleier enthüllte.

„Caroline? Du kommst also selbst?" flüsterte er halb erfreut halb wehmüthig. „Du bringst mir dies Opfer?..."

„Konnten Eure Liebden daran zweifeln, daß mir irgend eines zu groß wäre?" erwiderte sie mit bebender Stimme. „Sie sind verfolgt, geächtet, verwundet, mein Prinz!..."

„Ja, und gerettet von einem Bettelvogt, gepflegt von einer barmherzigen Samariterin in Gestalt einer alten Hexe, welche Karten legt und den Dienstmägden aus dem Kaffeemark wahrsagt, Caroline!" erwiderte er bitter. „Nicht wahr, ein schönes rühmliches Ziel für den ehrgeizigen Prinzen von Walbau, dem einst dieses Ländchen zu eng war für seine Thatkraft und der dem Irrwisch eines würdigeren Daseins nachjagte, bis er in den Sumpf fiel, dessen zäher giftiger Schlamm nun über ihn zusammenschlägt!.... Sieh ihn noch einmal an, Caroline, den armen Teufel, den Du einst als Deinen Helden und Ritter geehrt und geliebt hast, bevor die Schergen seiner Brüder ihn holen und vor ein Kriegsgericht stellen werden, um ihn wegen eines angeblich versuchten Hochverraths, einer Komödie, die sie gestern selber in Scene gesetzt haben, zu verurtheilen und aus dem Wege zu räumen! Waide Dich noch einmal an dem Unglück des armen Teufels, dem sein eigener Vater Dich entriß, um Dich vor den Altar zu schleppen!"

„Mein Prinz, ich beschwöre Sie, schlagen Sie nicht diesen Ton an!" bat Caroline, die neben dem Bett in einen Stuhl gesunken war und, das Gesicht mit den Händen bedeckend, die Stirne in die Kissen drückte. „Ich bin hier, um mit Eurer Liebden ernstlich zu berathen, wie Ihnen zu helfen ist!..."

„Und ich, Erlaucht, beschwöre Sie, lassen Sie die alberne Mutterkomödie fallen, wenn ich nicht noch bitterer werden soll!" erwiderte Ludolf aufwallend. „Von der Reichsgräfin von Thannheim als Gattin meines Vaters erwarte ich nur ein gewisses Mitgefühl. Von Carolinen Geiler von Kaisersheim aber, die einst mein Herz und meine Seele war, hoffe ich auf ein freundliches Wort zum Abschied, auf einen milden Händedruck und ein tröstliches Versprechen für die Zukunft, sowie auf die Versicherung, daß sie nicht an die Felonie glaubt, deren man mich beschuldigt. Wenn ich aber an dies Alles glauben soll, so muß es in Ton und Form mich an alte Zeiten erinnern..."

„Die wir vergessen müssen, Ludolf, wenn wir nicht immer wieder auf's neue das Verhängniß über uns heraufbeschwören

wollen!" flüsterte Caroline, ohne aufzuschauen, aber ihre Rechte
tastete nach der Hand des Prinzen, welche sie fast krampfhaft preßte.
„Ludolf, um Alles, was Dir heilig ist, laß alles Vergangene begraben sein, laß uns Abschied nehmen auf immer! Wie oft schon
sind wir geschieden, und immer, immer bist Du wiedergekommen
und hast mit Deinem wilden Wesen Dich und Andere unglücklich
gemacht! Barmherziger Gott, welch ein ernstlicher Tag war der
gestrige, und welche furchtbare Wochen liegen hinter mir, welche
noch fürchterlicheren können vor uns liegen, wenn Du nicht großmüthig genug bist zu fliehen...."

„Fliehen? ich? warum?" fragte Ludolf bitter. „Was habe
ich gethan?"

„O Gott, das fragt er noch, der fürchterliche verblendete
Mensch?" seufzte Caroline. „Hast Du nicht gedroht, die Neufranken in's Land zu rufen und die hiesigen ungesunden verrotteten
Zustände über den Haufen zu werfen, damit ein geläutertes, neues
menschenwürdigeres Dasein daraus entstehe? Hast Du nicht Deinem
Vater und Fürsten den Gehorsam versagt und Dich geweigert,
einem seiner Offiziere zu folgen, welcher Dich Deinem Vater vorführen sollte, um Dich zu rechtfertigen und selbst als Bürge und
Geisel zu stellen? Hast Du nicht Deine Diener bewaffnet und gedroht, Gewalt mit Gewalt zu vertreiben, an das Volk zu appelliren?.... Ist das nicht hinreichend, um zwischen Dir und Deinen
Brüdern eine unausfüllbare Kluft aufzuwerfen?"

„Bah, das waren Worte, vom Unmuth eingegeben — leere
Bravaden, die nur Memmen erschrecken konnten!" sagte der Prinz
geringschätzig. „Ich bin bereit, diese thörichten Aeußerungen eines
von Ungeduld außer sich gebrachten verbitterten Gemüthes einzugestehen und an mir ahnden zu lassen. Ein gerechter Richter wird
mildernde Umstände anerkennen, wenn er erfährt, wie unverzeihlich
kleinmüthig und engherzig mein erlauchter Herr Papa wegen meiner
paar Tausend Thaler elender Schulden an mir gehandelt hat. Daß
ich noch hier bin, mag am besten beweisen, daß ich mich nicht
schuldig fühle, noch vor einer gerechten Strafe bange. Ich will
nicht fliehen, will nicht dadurch mich schuldig bekennen, denn wie
sehr auch der Schein gegen mich zeugen mag, ich brauche doch über
jene bitteren verzweifelten Aeußerungen des Unmuths nicht zu er-
röthen — mögen lieber diejenigen erglühen, welche mich so sehr
aufgeregt, erbittert haben durch ihre Knauserei, ihren schmutzigen

Geiz! die mir in thörichtem Gerechtigkeitsdünkel eine herbe Lehre geben wollten, indem sie mich vor meinen Gläubigern zu demüthigen und meiner Offizierehre zu schaden gedachten!"

„Wenn dies alles wäre, Ludolf!... wenn Du nicht, von Haß und Leidenschaft verblendet, Dir andere Dinge hättest zu Schulden kommen lassen, welche wie ein warnender Schatten zwischen Deinen Vater und Dich treten, Ludolf!.... Oh, über den Geldpunkt wäre am Ende noch hinwegzukommen, ein armer Freund, aber die anderen Dinge,.... die gewagten argen Thaten...."

„Immer besser, Caroline! und was für schreckliche Dinge wären denn das?" fragte Ludolf sardonisch.

„Denk' an... an Philippine v. Hövel, die sich im Wahnsinn um den Tod ihres Kindes zu Tode gerast, deren Vater, vor Schmerz und Jammer über den Tod seiner Tochter vom Schlage gelähmt und blödsinnig geworden, gestern dem Fürsten und dem Erbprinzen begegnete!...."

„Und daran erinnert mich dieselbe Caroline, die um meine Leidenschaft von sich selber abzulenken, mir jenes Mädchen in die Hände spielte?!" versetzte Ludolf mit einem niederschmetternden Vorwurf, aber auch mit einem Grauen, das ihm die Haare zu Berge trieb.

„Und wenn ich es gethan hätte, was mir Gott vergeben wolle, so hatte ich vielleicht die gute Absicht und die Hoffnung, daß die Anmuth, der Geist und die echte Weiblichkeit Philippinens den Schmetterling feßle, den Vergnügling bekehre und zum glücklichen Gatten bekehre!"

„Als ob ein Weib, das einige Schuhsohlen auf dem Parquet eines Hofes zerrissen hat, noch ein Tugendspiegel und Muster von Weiblichkeit wäre! Va! — Als ob mein Vater mit seinen starren Ansichten von Ebenbürtigkeit und Legitimität gebrochen hätte, um mich das arme Fräulein aus freiem Antriebe heirathen zu lassen, wenn ich gewollt hätte? Bah! ich will mich nicht von meiner Schuld freisprechen, aber daß es so gekommen, daran haben auch Andere mitgewirkt!"

Caroline barg ihr Gesicht von Neuem in den Kissen, und eine lange Pause entstand.

„Ludolf, wenn Du mir je von Herzen gut warst," hub sie dann leise, zaghaft und zerknirscht an, — „so fliehe, fliehe schnell! An Geld und allen anderen Mitteln zur Flucht soll es Dir nicht fehlen, dafür bürge ich; aber fliehen mußt Du, um Deinet-, um meinet-, ja um des Namens willen, den Du führst!"

„Weßhalb denn? Erkläre Dich bestimmter!"

„Jbstein ist hier, um persönlich gegen Dich aufzutreten; er verlangte noch in der vergangenen Nacht eine Audienz bei Hofe; er wird sie heute noch einmal nachsuchen und erhalten, denn eine Denkschrift von ihm ist in den Händen Deiner Brüder...."

„Eine Denkschrift? Ah, das sieht dem Federfuchser gleich; er kennt seine Leute!" murmelte Ludolf und seine Züge verriethen Angst und Demüthigung.

„Er kommt zur ungelegensten Stunde, um Dich anzuklagen, daß Du die Hand von Dieben und Mördern gegen ihn gedungen hast, Ludolf!" fuhr die Reichsgräfin tonlos fort, ohne aufzublicken. „Er soll das eigene Geständniß jenes Hühnersdorf's bei sich führen."

„Leere Vorsicht! der Schuft, welcher gegen mich zeugen soll, trägt nun den österreichischen Soldatenrock, von Werbern in Filzburg überlistet!" sagte Ludolf zuversichtlich.

„Bist Du dessen sicher, Freund?" fragte Caroline zweifelnd und blickte ernst auf. „Jbstein kommt unmittelbar von Filsburg, nnd käme nicht, wenn er nicht seiner Sache sicher wäre. Du wirst ihm in diesen Stücken keine Unbesonnenheit zutrauen!"

„Das wäre verwünscht fatal, wenn es sich so verhielte, wenn man mich falsch berichtet hätte!" murmelte der Prinz mit wildem Zähneknirschen. „Jbstein ist Jurist, er geht allerdings meist sicher.... Wenn er den Gauner Hühnersdorf seinem Schicksal wieder entrissen hätte?!...."

„Sei es wie es wolle, Ludolf," unterbrach die Reichsgräfin den nachdenklich vor sich hinstierenden verblüfften Prinzen, — „Eines ist gewiß und unvermeidlich, nämlich daß Du nicht mehr länger hier verweilen kannst! das wirst Du nun selbst begreifen. Der letzte Tropfen macht den Becher überlaufen. Als ob es nicht genug wäre an dem gestrigen Tage, welcher so viel Schuld auf Dein Haupt gehäuft hat, soll Dir nun auch noch von dieser Seite ein Angriff drohen, den Du nicht pariren kannst, weil Deine Mitschuldigen und Werkzeuge gegen Dich aussagen werden! Bist Du anwesend und trittst Deinem Ankläger gegenüber, so wird Deine Leidenschaft, Dein Stolz Alles verderben und die Katastrophe beschleunigen. Bist Du dagegen ferne, so wird man zu Deinen Gunsten die Sache verschleppen und verzögern können mit dem Vorgeben, man müsse

Dich über eine so schwere Anklage hören, müsse Dir Zeit gönnen zur Rechtfertigung! Einstweilen können Deine Freunde sich Deiner annehmen, die Zeugschaften gegen Dich abschwächen, an die Milde des Vaterherzens appelliren und die stoßweise plötzliche Erbitterung Deiner Brüder, die ja bei ihrem schwachen Charakter doch nicht nachhaltig sein wird, sich erschöpfen lassen.... Und dann, mein armer Ludolf, wirst Du auch begreifen, daß Du es Deiner Geburt und Stellung schuldig bist, Dich nicht beschimpfen zu lassen durch eine direkte Anklage Jbstein's Aug in Auge, durch die Konfrontation mit Zeugen! Erwäge dies und Du wirst mir zugeben, daß es nur ein einziges Mittel für Dich gibt, um das zu retten, was noch zu retten ist — das Mittel der Flucht! Ich flehe inständig zu Dir, verschmähe es nicht, und laß mich Dir den Weg zur Rettung bahnen! ...."

„Unmöglich!" versetzte der Prinz mit dem Trotz eines eigensinnigen Kindes. „Wenn ich fliehe, so gebe ich meinen Feinden Recht und verurtheile mich selbst!..."

„Mit nichten! es wird den Anschein haben, als seiest Du geflohen, bevor noch eine Anklage gegen Dich erhoben wird — bedenke, daß Herr v. Jbstein noch nicht bis zum Fürsten durchdrang, und laß es meine Sorge sein, ihm den Weg zu Deinem Vater so lange wie möglich zu versperren! Es liegt dann nur an Dir, Deine Abreise so zu deuten, als wollest Du Dich von einem sichern Ort aus Dich wirksamer und freier zu vertheidigen suchen, als es hier, selbst in der leichtesten ritterlichen Haft und Einschränkung, geschehen könnte!"

Der Prinz seufzte tief auf. Seine ganze Erziehung und sein seitheriges Leben hatten ihn nicht so mit dem Gedanken an seine eigene Sicherheit und mit der Verantwortlichkeit für seine Handlungen vertraut gemacht, daß er erfinderisch genug gewesen wäre, sich selbst zu helfen. Er war gewohnt gewesen, daß immer Andere für ihn dachten und handelten und ihm die bestimmende Richtung gaben.

„Es ist manches Wahre an dem, was Du gesagt hast, Caroline," erwiderte er, noch immer vergebens grübelnd und gedankenvoll; „aber ich kann meinen Brüdern nicht den Triumph gönnen, noch die Möglichkeit einräumen, aus meinen ehemaligen Freunden Zeugen und Ankläger gegen mich zu werben!"

„Die Lust und Aufforderung dazu wird ihnen vergehen, wenn

Du ihnen unerreichbar sein wirst!" wandte Caroline ein und er=
faßte seine Rechte, die sie lebhaft drückte. „Vergeude nicht die kost=
bare Zeit mit Zögern und Grübeln. Ich muß fort, ich bin schon
zu lange bei Dir. Unter dem Vorwand, eine Messe zu hören,
ließ ich mich in meiner Sänfte in die Kirche tragen, schlüpfte in
einen Beichtstuhl, um mich umzukleiden und] zu verschleiern, und
eilte hierher. Ich muß zur Kirche und von da nach dem Schlosse
zurück, denn ich habe noch viel zu thun, um für Dich zu wirken
und alle Folgen Deiner Wildheit und Unbesonnenheit von Dir ab=
zuwenden. Versprich mir mit Deinem Worte als Prinz und Offi=
zier, daß Du meinen Weisungen folgen willst unbedingt, blindlings,
ohne Zaudern, und ich vermesse mich, Dich zu retten! Ich fordere
nicht zu viel von Dir...."

„Nun? zum Beispiel?" fragte Ludolf mit finstrem, lauerndem
Blick.

„Erstens Dich an Niemanden mehr rächen zu wollen...."

„Meinethalben, es sei! Die Hände sind mir ja gebunden!"
warf Ludolf mit Achselzucken und aufgeworfenem Munde ein.

„Gut; sodann Deinem Vater einen milden, reumüthigen, ver=
söhnlichen Brief zu schreiben, worin Du Deine Abreise von Waldau
begründest, wie wir besprochen haben!"

„Du wirst mir das Concept des Briefs senden, den Dir
Adelsberg oder Gayring schreiben soll! Der alte Tintenlecker hat
mich ja ohnedem angeschwärzt, indem er ein paar unbedachten
Worten von mir eine unverdiente Bedeutung lieh. Aber ich will
ihm das nicht vergessen!"

„Und drittens gelobst Du mir feierlich: mindestens zehn Jahre
lang nicht mehr nach Waldau zurückzukehren, es sei denn, ich be=
rufe Dich?..."

„Nimmermehr! das ist zuviel verlangt.... Selbst nicht, wenn
Du dann frei wärest?"

„Ludolf, Du bist fürchterlich! Dieser Gedanke ist Frevel, zu=
mal im jetzigen Augenblick!" flüsterte Caroline mit Entrüstung, ließ
seine Hand schnell los, bedeckte das Gesicht mit den Händen und
wandte sich ab.

„Caroline, sei vernünftig! Soll ich denn alles Vergangene
vergessen?" fragte Ludolf und streckte ihr bittend die Hand entgegen.

„Du mußt es! diese Bedingung ist unerläßlich!" erwiderte sie
fest und streng.

„Dann bleibt es wie es ist!" sprach er trotzig und schaute zu
ihr auf. Die Reichsgräfin begegnete ihm mit einem festen kühlen
Blicke, in welchem sich eben so viel Entschlossenheit wie Stolz und
Kummer aussprach.

„Wohlan denn, mit einem verblendeten Eigensinn wie der
Deinige ist nicht zu rechten! Ich hatte die besten, uneigennützigsten
Absichten, und hätte Alles zu seinem guten Ende geführt. Nun aber
möge Jedes von uns seinen eigenen Weg gehen! Lebe wohl und
auf ewig!" Sie drückte flüchtig die dargereichte Hand des Prinzen
und eilte hinaus.

„Caroline....!" rief er und machte eine heftige Bewegung,
um sie zurückzuhalten, aber ein jäher Schmerz an dem verletzten
Bein mahnte ihn an seine hülflose Lage und preßte ihm einen
Schmerzschrei aus, der ungehört verklang wie sein Stöhnen und
Wimmern, denn die Niethammer und Sabel, welche soeben draußen
vor der Reichsgräfin freigebig beschenkt und mit bestimmten Ver-
haltungsmaßregeln versehen wurden, hatten Besseres zu thun, als
auf die Schmerzenstöne des empfindlichen Patienten zu hören.

* * *

In's Schloß zurückgekehrt, ließ sich die Reichsgräfin ankleiden
und eilte dann hinunter zu ihrem Gemahl, ihm den Morgengruß
zu entbieten. Sie erschien heiter und aufgeräumt und die Toiletten-
künste hatten ihr eine künstliche Frische verliehen.

„Guten Tag, Papachen!" rief sie und beugte sich zu dem
dicken schwerfälligen Greise herab, der an seinem Schreibtische saß
und mit dem Geheimenrathe v. Gayring verkehrte. „Guten Tag,
mein lieber Geheimer Rath!.... Nun, die Stadt ist ja ruhig und
die ganze Angst und Bemühung von gestern vergeblich gewesen!
Ich komme aus der Stadt, aus der Kirche, wo ich dem lieben Gott
gedankt habe für den Einfall, den er mir eingegeben, hier zu bleiben
an der Seite meines theuren Herrn und mich nicht durch blinde
Furcht und unnöthige Wichtigthuerei einschüchtern zu lassen!....
Geben Sie mir nicht Recht, lieber von Gayring, daß in den Stunden
der Gefahr meine Stelle an der Seite meines Gemahls war, und
daß es mir ziemte, ein Beispiel zu geben?"

„Erlaucht haben gehandelt wie eine Frau von Muth, Einsicht
und Charakter und haben ein erhebendes Beispiel von Selbstlosig-

keit und Treue gegeben, das im Publico gewiß nicht unvermerkt geblieben ist," erwiderte der Geheimerath mit einer tiefen Verbeugung.

„Oh, Sie schmeicheln, mein Lieber!"... Sie rechnen mir zum Verdienst an, was nur meine Pflicht war — nichts als meine Pflicht!" sagte die Reichsgräfin mit dem graziösesten unbefangensten Lächeln. „Wir Frauen haben kein Verständniß und keine tiefere Einsicht in politische Dinge, aber wir haben einen Instinkt, der uns selten täuscht und verläßt, und dem ich darum auch gerne folge. Nur deßhalb war ich gestern ungehorsam gegen den Befehl meines liebsten gnädigsten Gemahls, dem ich so gerne die Sorgenfalten von der ehrwürdigen Stirne streichen möchte. Ich hatte die bestimmte Ahnung, es sei ein blinder Lärmen, ein Geschrei um ein Nichts, und ich hatte daher auch nicht die mindeste Angst. Prinz Ludolf ist viel zu sehr Genußmensch, viel zu indolent, viel zu sehr Kavalier, um so ehrgeizig und verworfen zu sein, wie man ihm andichtet. Ich bin überzeugt, daß er einen Reiterchoc oder eine Kavalerie-Manöver oder eine Quadrille zu Pferde trefflich kommandiren würde, aber eine Revolte zu leiten und die Fäden einer Militär-Emeute in die Hand zu nehmen? — impossible! Da legt man ihm doch unverkennbar eine Bedeutung und einen Ehrgeiz unter, die er nicht hat — trotz aller Achtung, welche ich im Uebrigen vor den Eigenschaften Seiner Liebden meines Herrn Sohnes habe.... Meinen Sie nicht auch, lieber Geheimerath?"

„Erlaucht haben in sehr vieler Beziehung ganz Recht, wenn auch nicht zu leugnen sein dürfte, daß der durchlauchtige Prinz durch sehr bestimmte Drohungen und Winke Grund genug zu Befürchtungen gab," erwiderte Herr v. Gapring — „Auch ich halte unmaßgeblich, wie ich vorhin Seiner hochfürstlichen Durchlaucht unterthänigst zu bemerken das Glück hatte, den gnädigsten Herrn Prinzen an sich nicht für gefährlich oder für einen furchtbaren politischen Gegner; aber es käme nur darauf an, welcher ehrgeizige Intriguant sich die Gelegenheit zu Nutze machte und eine Schilderhebung in des Prinzen Namen und Interesse versuchte, um der Sache die gefährlichste Bedeutung zu geben! ... Die Prätendenten sind immer nur gefährlich durch ihren Anhang, ihre Umgebung!"

„Die Prätendenten? — Ach also auch Sie, lieber Geheimer-Rath, trauen dem Prinzen solche weitgehende versteckte Pläne zu?" fragte die Reichsgräfin halb vorwurfsvoll und schmollend. „Wo soll dann der Arme noch Gerechtigkeit und billige Würdigung finden? da bleibt ihm nichts mehr übrig, als die Theilnahme und das Mitleid von uns armen Frauen! Die meinige besitzt er denn auch, wie ich ganz offen gestehe, selbst auf die Gefahr hin, für das Geständniß verkannt zu werden und mich einer Mißdeutung auszusetzen.... Da sieht man wieder recht deutlich, wie wahr der Spruch ist, daß „dem Abwesenden immer Unrecht geschehe!"

„Du sprichst eben wie Du es verstehst meine Liebe!" sagte der Fürst kopfschüttelnd; „ist die Gefahr vorbei, so bedauert ihr Frauen immer den Frevler!"

„Den Abwesenden, Erlaucht?" fragte Herr von Gahring aufhorchend und bezüglich. „Erlaucht wissen also etwas Näheres von dem gnädigen Prinzen oder vermuthen, daß..."

„Daß er gestern einfach aus der Stadt entkommen ist, um einer Verhaftung und Rechenschaft für einen Ungehorsam gegen den Willen Seines durchlauchtigen Vaters auszuweichen, — ja das ist eine Muthmaßung, die sich bei mir zur Ueberzeugung steigert," entgegnete die Reichsgräfin unbefangen und lachend. „Du lieber Himmel! dieselbe Ansicht theilt die ganze Stadt! Als ich vorhin in die Kirche ging, verschleiert und im tiefsten Jncognito, standen die Bürgersleute allenthalben auf den Gassen, schwatzend und lachend, theilten sich diese Vermuthung mit und scherzten über den blinden Lärmen, welcher in den letzten achtzehn Stunden das ganze Land in eine unbeschreibliche Aufregung versetzt habe und vielleicht auf die Mystifikation eines Spaßvogels zurückzuführen sei!"

„Jch glaube Eurer Erlaucht aber zu erwägen geben zu dürfen daß die Sache im Grunde doch nicht so ganz ungefährlich und unbegründet war," wandte Herr von Gahring ein.

„Mag sein, mein bester Geheimerath, und ich werde Jhnen sehr dankbar sein, wenn Sie — möglichst bald," fügte sie leise genug und mit bedeutsamen Blicken, so daß dieser Wink ihrem Gemahl entging, — „die Freundlichkeit haben wollten, mich in meinen Appartements zu besuchen und mir ausführlich zu sagen, wie viel wirkliche Gefahr und wie viel leere Furcht an der Sache ist. Uebrigens," fuhr sie mit reizender Laune fort, „gehört wahrlich nicht eben viel Menschenkenntniß dazu, um sich das ganze gestrige Drama so zu erklären, wie es das Volk thut, und vielleicht trifft darum auch hier wieder zu: Volkes Stimme, Gottes Stimme, Herr Geheimerath!"

„Und darf ich mir die unterthänigste Frage erlauben, Erlaucht, wie sich denn das Volk die gestrigen Vorfälle erklärt?" fragte der Geheime-Rath gespannt und mit einer entschuldigenden Geberde gegen den Fürsten.

„Jenun, die Leute sagen: wenn man des Prinzen Ludolf Liebden einfach durch einen Laleien hätte einladen lassen, ins Schloß zu kommen und sich seinem Durchlauchtigen Herrn Vater vorzustellen, welchen zu sehen und zu versöhnen sich der Prinz ja schon längst bemühte, so wäre er gekommen," versetzte die Reichsgräfin lachend. „Wasmaßen man einen Offizier geschickt habe und unter Umständen, welcher einer Verhaftung täuschend ähnlich sahen, habe man den bekannten Stolz und Trotz in dem leidenschaftlichen Temparament des Prinzen nur herausgefordert und Alles verdorben...."

„Durchlaucht wollen zu bemerken geruhen, daß meine unterthänige Bemerkung von vorhin ziemlich die gleiche Idee auszudrücken unterfing," sagte Herr v. Gahring zu dem Fürsten Johann Heinrich, der apathisch wie immer dasaß und nur mit dem Kopfe nickte, im Uebrigen aber kein Auge von der jungen Gemahlin verwandte, welche ruhig lächelnd fortfuhr:

„Sehen Sie? der Volksinstinkt begegnet ahnend Ihrem bewährten staatsmännischen Scharfblick, bester Geheimerrath, und wenn dann die Leute hinzusetzen: es sey zu bekannt, daß der Herr Kammerpräsident von Adelsberg sich jetzt nach so langen treuen Diensten in den Ruhestand zurückziehen und die Leitung der Geschäfte in solch ernster Zeit jüngeren und frischeren Kräften überlassen wolle, und daß auf die Kunde davon der Kammerrath v. Idstein aus Mülheim hierher gekommen sei und sich in die Stellung des Herrn v. Adelsberg einzudrängen versuche und daß er zu diesem Zwecke vielleicht die ganze gestrige Verwirrung — die Leute sagen: angezettelt, aber ich will gerechter sein und sagen: benützt — habe, um sich namentlich bei dem Herrn Erbprinzen Liebden bemerklich zu machen, woselbst Herr von Idstein schon von früher Anknüpfungspunkte besitzt — so mögen die einfachen Bürgersleute mit ihrem schlichten gesunden Menschenverstand nicht allzu weit vom Ziele weggeschossen haben. Wenigstens behaupten die Leute, Herr v. Idstein sei persönlich hier und habe sich bereits in auffallender Weise dem jungen Hofe bemerklich zu machen gesucht!"

Diese letztere Anspielung traf ihr Ziel. Herr v. Gahring vermochte kaum eine gewisse Bewegung zu unterdrücken und der regierende Herr öffnete die starren vorstehenden Augen weit und sah seinen Geheimen-Rath fragend an.

„Ich bewundere den tiefen klaren Blick Eurer Erlaucht und bin sehr glücklich, Hochdenselben unterthänigst versichern zu können, daß meine eigenen bescheidenen Ansichten mich ebenfalls auf diesen Gesichtspunkt von der ganzen Sache hindrängen und mir das unvermittelte Einschreiten und Gebahren des Herrn v. Jbstein in einem besondern, nicht g a n z uneigennützigen Lichte erscheinen lassen, um so mehr als die auf seine Angaben eingeleiteten Schritte. . .“

„Wir wollen diese Sache hernach noch im Staatsrath prüfen, lieber Gahring,“ fiel ihm der Fürst in die Rede.

„Und ich will ein solch wichtiges Staatsgeschäft nicht länger verzögern — guten Tag, Papachen! ich darf wohl die Kinder nun von der Karlsburg zurückholen lassen, nicht wahr? Ich kann sie nicht missen!“ rief sie dem Fürsten in den süßesten Schmeicheleien zu und schüttelte ihm die Hand; und dann gegen Herrn v. Gahring sich mit freundlichster Huld verbeugend, flüsterte sie ihm zu: „Also bis nachher, bester Herr v. Gahring? Vergessen Sie nicht, daß ich Sie e r w a r t e !“ Damit rauschte die Reichsgräfin hinaus.

* * *

Gegen Mittag kehrten mehrere Hofequipagen durch die Waldallee bei der Fasanerie wieder von der Karlsburg zurück und brachten die Flüchtlinge von gestern, welche man zurückentboten hatte, nachdem man sich überzeugt, daß auch nicht der mindeste Grund zur Befürchtung von Unruhen und politischen Störungen vorhanden war. Auch der Kammerjunker Eberhard v. Gamming war wieder zurückgekehrt und von der hübschen Frau und Schwägerin und den Kindern mit der aufrichtigsten Freude empfangen worden. Seine Heimkehr mit dem Hofe war ja gleichsam eine Bürgschaft des Friedens und der ungefährdeten Ruhe. Aufmerksam lauschte er den Schilderungen Augustens über alle Begebenheiten des gestrigen Abends und der Nacht und horchte mit steigendem Ernst namentlich auf die Erzählung der Vorgänge mit dem Steuerkalkulator Walchner und des versuchten späten Eindringens von Ludwig v. Jbstein in's Schloß.

„Und wo ist Ludwig?“ fragte Herr v. Gamming dann.

„Er liegt noch zu Bette, wenn ich nicht irre,“ äußerte Auguste. „Die gestrigen Ereignisse und Aufregungen haben ihn unverkennbar tief erschüttert und kränker gemacht. Der unglückliche Mensch! er ist nervöser als ein Frauenzimmer, und wir versuchten ihn vergebens zurückzuhalten. Er ist w i r k l i c h krank!"

„Um so unvorsichtiger, daß er sich in diese Dinge mengte! er hat sich offenbar wenig Dank verdient. Prinz Heinrich hat einige Aeußerungen fallen lassen, welche mir darthun, daß man in maßgebenden Kreisen auf ihn ungehalten ist, was mir sehr fatal wäre, da es dann doch nicht verborgen bleiben wird, daß er bei uns wohnt!"

„Ist es möglich, Eberhard?" rief Auguste so erschrocken, daß sie die Farbe wechselte. „Das wäre ja entsetzlich! Aber wir sind ja unschuldig! Ich will sogleich zu ihm gehen und ihm einen Wink davon geben."

„Nicht doch, Liebe! das wäre ungastlich! Wir wollen ihm lieber d u r c h e i n e g e w i s s e b e s o n n e n e K ü h l e bemerklich machen, daß . . ."

„Der Herr Geheimerath v. Gayring!" meldete der Diener Thomas unter der Thür.

„Höchst schmeichelhaft und ehrenvoll!" rief Herr Gamming, den Roquelor abwerfend und sich die Kravatte zurechtrückend, worauf er dem Besucher beeifert entgegeneilte.

„Ah, sieh da! Sie schon zurück, mein lieber Gamming? Um so besser! Da werden Sie ohne Zweifel nachher die Freundlichkeit haben, mich zu Ihrem Gaste zu begleiten, um Zeuge der Art und Weise zu sein, wie ich mich eines intimen Auftrags entledige!" hob der Geheimerath scheinbar unbefangen an und schüttelte dem Kammerjunker, der sich eines bangen Schrecks nicht erwehren konnte, freundlich die Hand. „Herr v. Ibstein ist doch hoffentlich noch hier?" setzte er mit einem forschenden Blicke hinzu.

„Ich glaube ja, Excellenz, obwohl mir meine Frau soeben sagt, daß er ernstlich krank sei!" . . .

„Ah, die gnädige Frau?! — Bitte tausendmal um Verzeihung beste Frau Baronin, daß ich nicht sogleich das Vergnügen hatte, sie zu bemerken!" sagte der Hofmann, auf die vernichtete und beklommene Auguste zu eilend, und küßte ihr in artigster Weise die Hand. „Sie sind noch erschüttert und aufgeregt von gestern, meine Gnädige, nicht wahr?" fuhr er in der verbindlichsten Weise fort. „Die schönen Augen sind heute matt und eingesunken, und die in-

tereffante Bläffe verräth die Nachwehen heftiger Gemüthsbewegung-
en.... Jenun, es war in der That ein toller Tag, eine Reihe
von Mißverständniffen und übereilten Befürchtungen — buchstäblich
viel Lärmen um Nichts! Und Sie waren gerade im Mittelpunkt
der gut gemeinten aber wirklich allzu beeiferten und weit über ihr
Ziel hinaus schießenden Demonstrationen.... Wie? Sie staunen
über meine Auffaffung der Verhältniffe, mein Freund?" setzte er
mit ruhigen Lächeln hinzu.

„In der That, Herr Geheimerath, das überrascht mich, Sie
dem geftrigen Aufftande so geringen Werth beilegen zu sehen?" versetzte der Kammerjunker verblüfft. „Die Gefahr erschien ja so drohend...."

„Aufftand? Gefahr?" wiederholte Herr v. Gayring mit einem heiteρn Lächeln. „Gefahr war nur dann vorhanden, wann
wir den Kopf verloren. Sie sehen, die Welt ist durch einige unbedachte Drohworte und mißverstandene Phrasen des Unmuths
noch nicht aus den Angeln gegangen, und der Thron von Waldau
steht noch fest. Nur den Schwachen und Furchtsamen können die
weinseligen Bravaden einiger debauchirten jungen Offiziere bei der
Flasche oder die bitteren Worte eines ungeduldigen, leidenschaftlichen,
vom langen Warten verftimmten Prinzen Besorgniffe einflößen.
Wir sahen der Sache bald auf den Grund und möchten am lieb-
ften alle Gegenmaßregeln ungeschehen machen. Heute lachen selbft
die Durchlauchtigften Prinzen über den geftrigen Schreck...."

Herr v. Gamming versuchte ebenfalls zu lächeln, aber es ge-
lang ihm nur halb — er entfann noch allzu lebhaft der geftrigen
Besorgniß und Aufregung der Prinzen Johann und Heinrich. „Nun
ja, Exzellenz," erwiderte er geschmeidig; „ich darf wohl geftehen,
daß ich von dem Moment an alle meine Befürchtungen aufgab,
wo ich erfuhr, daß der Durchlauchtige Herr mit Ihnen conferirte.
Man ist von Exzellenz gewöhnt, die größte Energie mit der größten
Umsicht und ruhigsten Sicherheit gepaart zu sehen!"

„Exzellenz sind ein Staatsmann, dem ein größerer Wirkungskreis zu wünschen wäre, als Ihnen bisher gegönnt war," fügte
Auguste bei, von deren Gemüth allmählig die Vellommenheit wich.

„Sie sind allzu liebenswürdig, meine Gnädige," versetzte Herr
v. Gayring mit einem seutseligen Lächeln. „Ich thue meine Pflicht
in jeder Stellung — Fais ce que dois, advienne qui pourra,"
ift mein Wahlspruch. — Aber Sie haben ja einen Gast im Hause,

meine Gnädige? Ich habe mit Bedauern gehört, daß Herr v. Jbstein mich in vergangener Nacht vergebens zu sprechen versucht hat.
Ich war nicht in der Lage, ihm die erbetene Unterredung zu verschaffen, denn Seine hochfürstliche Durchlaucht war in einer Stimmung, welche ohnedem zu gereizt und aufgeregt war, als daß die
Eröffnungen des Herrn v. Jbstein nicht noch Oel in's Feuer ge-
gossen hätten. Man verkennt an maßgebender Stelle durchaus nicht
die ehrenwerthe Absicht und die loyalen Gesinnungen, welche der
Herr Kammerrath selbst jetzt noch gegen unser hochfürstliches Haus
hegt, allein es ist doch unverkennbar, daß seine längere Abwesenheit
von hier und seine unleugbare Verstimmung gegen den Prinzen Ludolf — den ich wohlgemerkt nicht von aller Veranlassung hiezu freisprechen will — ihm die klare Auffassung der Sachlage und auch
das Schlußvermögen etwas getrübt zu haben scheinen. Die Papiere und die Botschaft, welche er mir sandte, sind genau geprüft
worden und enthielten denn doch keine überzeugenden thatsächlichen
Gründe und Beweise für das, was Herr v. Jbstein geltend machen
will — ich kann mich des Gedankens nicht entschlagen, daß es sich
hier um ein hartnäckiges Vorurtheil seinerseits gegen den Durchlauchtigen Prinzen handelt...."

„Oh, Sie würden ihn vielleicht milder beurtheilen, Herr Geheimerath, wenn Sie ihn sähen," fiel Auguste im Tone der sanfte-
sten Fürsprache in die Rede. „Ludwig ist krank an Körper und
Geist. Zu der Schwäche welche von einem heftigen Krankheitsan-
falle geblieben ist, gesellten sich bei ihm noch Aufregungen und erschütternde Affekte aller Art in Folge von Auftritten, die er in den
jüngsten Tagen erlebt hat!"

„Dann wollen wir ihn milde und human beurtheilen und unser Möglichstes thun, um ihn zu beruhigen," sagte Herr v. Gayring. „Wir wollen ihm einen ehrenhaften Rückzug aus der falschen Stellung sichern, in welche er sich durch den Uebereifer gebracht hat, meine Gnädige. Die innige freundschaftliche Hochachtung,
welche ich von je her für ihn und seinen Character fühle, bewog mich
zumeist mir die Erlaubniß zu erbitten, mit ihm verhandeln und ihm
den Bescheid Seiner hochfürstlichen Durchlaucht überbringen zu dürfen, was der Zweck meines Hierseins ist. Glauben Sie, meine
Gnädige, daß Herr von Jbstein's Gesundheitszustand ihm erlauben
wird, mich zu empfangen? immer jedoch vorausgeschickt, daß wir
ihn nicht unnöthig aufregen?"

„Ich werde ihn fragen, Herr Geheimrath, wenn Sie mir erlauben," erwiderte Auguste. „Die Spannung und Unruhe, mit
welcher er auf eine Nachricht vom Hofe wartet, ist vielleicht schäd-
licher und qualvoller für ihn, als das, was Sie ihm mittheilen
werden!"

„Und zwar mit aller nur erdenklicher Schonung, wie ich
speciell versichern möchte," sagte Herr v. Gahring mit einer ver-
bindlichen Verbeugung gegen die hübsche junge Dame. „Es ist
mir bei alle dem kein angenehmer Auftrag," fuhr der Geheimrath
gegen den Kammerjunker gewendet fort; — „ich achte und verehre
den wackern Herrn v. Jbstein, dessen edlen Charakter gewiß Niemand bereitwilliger anerkennt als ich; aber man begegnet bisweilen
bei den trefflichsten Menschen gewissen vorgefaßten Meinungen,
welche mit einer ungemeinen, man möchte beinahe sagen verhäng-
niß- und vorurtheilsvollen Zähigkeit festgehalten werden, zumal
wenn es sich um Personen handelt, denen man früher nahe stand.
Haben Sie noch nie die Wahrnehmung gemacht, mein lieber Herr
v. Gamming, wie so oft im Leben getäuschte Freundschaft oder
Liebe in bittern Haß umschlug?"

„Oh gewiß, gewiß, Herr Geheimrath," versetzte der Kammerjunker mit einem dämlichen Gesichte, denn er quälte vergebens sein
Hirn ab, wohin denn diese scheinbar allgemeinen Bemerkungen des
Herrn v. Gahring zielen hten, und der Gedanke, um Jbstein's
willen vielleicht etwas von der Gunst des Hofes zu verscherzen,
drohte alle Fähigkeiten seines Geistes zu lähmen.

„Ich bin sehr geneigt zu glauben, daß die Zerwürfnisse zwischen dem durchlauchtigen Prinzen Ludolf und dem ci-devant Fräulein Caroline Gailer v. Kaisersheim, nunmehro Reichsgräfin von
Thannhelm Erlaucht einerseits, und dem guten Kammerrath v. Jbstein andererseits, einen bleibenden Schatten in dessen Gemüth geworfen haben, und ich zolle demselben alles Mitgefühl, wie ich Sie
nicht erst zu versichern brauche, mein bester Herr v. Gamming.
Aber Sie werden mir zugeben, daß man sich gleichsam den Pfahl
in's eigene Fleisch stößt, wenn man sich nicht in vollendete Thatsachen fügen lernt und in krankhafter Verstimmung immer darüber
grübelt und nachbrütet. Man trübt sich dadurch nicht nur die
gute Laune, die Stimmung, sondern auch den unbefangenen Blick
für äußere Verhältnisse; man steigert sich allmälig in eine melancholische, finstere Unversöhnlichkeit hinein; man zieht gewisse fixe

Ideen heran, welche sich im Geist immer fester setzen und nach und nach bis zum Aberwitz führen können. Eine derartige fixe Idee scheint mir unmaßgeblich auch die Annahme des guten Herrn von Jdstein zu sein, daß ihm Seine Liebden Prinz Ludolf und die erlauchte Frau Reichsgräfin nach dem Leben trachten, und daß er einem großen weitverzweigten Komplott des durchlauchtigen Prinzen, das auf nichts Geringeres abziele als auf einen Umsturz unserer staatlichen Verhältnisse in Waldau — auf der Spur sei.... Sind Sie nicht auch meiner Ansicht, mein lieber Herr v. Gamming, der Sie ja unbedingt häufiger als ich Gelegenheit haben, den guten Jdstein zu beobachten?"

„Ganz gewiß, Excellenz! es grenzt bei ihm schon einigermaßen an Verrücktheit, daß er mit solcher Zähigkeit an jenen Vorstellungen hängt," pflichtete der Kammerjunker, in innerster Seele erschrocken, ihm bei.

„Ich danke Ihnen aufrichtig für diese Offenheit, mein lieber v. Gamming," fuhr Herr Gayring fort und drückte dem Hausherrn die Hand. „Ich werde nicht ermangeln, Seiner Durchlaucht Bericht über Ihre ganze Handlungsweise und Ihre rückhaltlose Freimüthigkeit und Ergebenheit in dieser Beziehung zu machen, durch welche Sie sich gewiß großen Dank an maßgebender Stelle verdienen.... Um aber wieder auf den bewußten Gegenstand zu kommen, so brauche ich Ihnen wohl nicht zu sagen, daß mein Auftrag an den Herrn Kammerrath v. Jdstein begreiflicherweise in der Hauptsache nur dahin zielt, demselben mit aller Schonung bemerklich zu machen, wie ihn — in Folge des getrübten klaren Blickes für äußere Verhältnisse und seiner einseitigen Auffassung derselben — sein Eifer und seine fixe Idee zu weit führen. Wir haben es hier mit einem Falle zu thun, welcher weit mehr vom pathologischen, als vom politischen und socialen Standpunkte aus beurtheilt sein will. Wir müssen aufklärend, verständigend, heilend an dem guten Jdstein zu wirken suchen, und gerade in dieser Richtung können Sie, mein bester Herr v. Gamming, und Ihre treffliche Frau Gemahlin sich in der wirksamsten Weise an diesem Liebeswerke betheiligen! Wir müssen den guten Jdstein behandeln wie ein krankes Kind — wir müssen sein Vertrauen zu gewinnen suchen, indem wir scheinbar auf seine fixe Idee eingehen und ihm Zutrauen einflößen, dann aber ihm die Verschrobenheit seiner Ansichten zeigen und ihm die Folgen derselben vor Augen stellen. Lassen wir

ihn gewähren, ohne ihn zu belehren, so riskiren wir, zumal
wenn er noch länger hier bleibt, daß sich unter dem Einfluß der aufregenden Scenen und Erinnerungen, die ihm Waldau
jeden Moment vorhält, am Ende vielleicht eine verhängnißvolle
Krisis heranbildet, daß Sie den furchtbaren Anblick eines — ja,
ich kann Ihnen die Pein nicht ersparen, selbst dieses harte Wort
zu vernehmen, meine verehrtesten Freunde! — eines Verrückten
in Ihrem Hause haben werden...!"

„Um's Himmels willen, Excellenz, wer ist denn verrückt?"
fragte erschrocken Auguste, welche mittlerweile wieder eingetreten
war und die letzten, nicht absichtslos geäußerten Worte des Ministers
gehört hatte.

„Bis jetzt noch Niemand, meine theure Frau," erwiderte Herr
v. Gayring mit seinem beschwichtigendem Lächeln. „Erschrecken Sie
nicht unnöthig, meine Theure! wir sprachen nur von einer Möglichkeit, nicht von einer Actualität. Aber Ihr theurer Gemahl kann
Ihnen bestätigen, daß wir den Fall nicht für unbedeutend und zu
leicht nehmen dürfen, wenn wir Ihrem Gaste wohlwollen!"

„Ludwig? ist von Ludwig die Rede?" fragte Auguste und
heftete einen fragenden Blick auf ihren Gatten, der rasch ihre Hand
faßte.

„Bitte, sei ruhig, mein Kind! Der Herr Geheimerath hat
leider Recht. Unser armer Vater leidet einigermaßen hier!" erwiderte er Augusten und deutete mit dem Finger auf die Stirne. —
„Aber um Alles in der Welt, Kind, laß es ihn nicht merken, damit wir nicht die Katastrophe herbeiführen! Wir müssen auf Ludwig's Schrullen scheinbar eingehen und den Herrn Geheimerath gewähren lassen. Wir müssen vor Allem darnach trachten, Jdstein
mit guter Manier aus dem Hause und aus Waldau wegzube-
kommen!"

„Barmherziger Himmel! ich wollte, er wäre gar nie hierherge-
kommen!" seufzte Frau v. Gamming ganz bleich und ihre schönen
Augen hüllten sich mit Thränen der Angst. „In der That, sein
Benehmen am gestrigen Tage war so sonderbar.... diese stete
qualvolle Unruhe und Aufregung .... diese Hast, sich bei dem
durchlauchtigsten Herrn zur Audienz zu melden.... diese Beflissen-
heit, ein Memoire niederzuschreiben, mit dem er nie fertig ward
.... Und eben jetzt wieder die eigenthümliche Aufregung und Unruhe, worein ihn meine Nachricht versetzte, daß Excellenz ihn

sprechen möchten — das Alles zusammen erscheint mir so befremb-
lich . . . ."

„Daß Sie gewiß aus allen Kräften mitwirken werden, den
unglücklichen Mann von seinem Wahn zu bekehren, meine theuerste
Frau v. Gamming! Man appellirt ja niemals vergeblich an Ihr
edles Herz!" sagte Herr Gayring und zog die kleine hübsche Hand
artig an seine Lippen. — „Ist es Herrn v. Jbstein genehm, mich
zu empfangen, meine Gnädige?"

„Er erwartet Sie bereits, Excellenz!"

„Bitte, so gehen wir zu ihm, denn es liegt in seinem eigenen
Interesse, daß Sie Beide Zeugen meiner Unterredung mit Herrn
v. Jbstein sind. Meine Gnädige, darf ich um Ihren Arm bitten?"

„Excellenz sind allzu gütig . . . ."

Der Kammerrath saß in seinem Lehnstuhl, als die drei Be-
sucher eintraten. Seine bleichen verstörten Züge, seine eingesunkenen
Augen und sein ganzes mattes Aussehen zeigten, daß er eine schlaf-
lose Nacht hinter sich hatte und daß das Fieber ihn halb verzehrte.
Er war geistig noch tiefer darnieder gedrückt als körperlich. Der
Blick, den er auf Herr von Gayring heftete, hatte beinahe etwas
Aengstliches, als ob ihm vor der Unterredung bange, die ihm be-
vorstand.

„Sie treffen mich in einer schlimmen Lage, bester Herr Geheimerath," hub er an, nachdem er diesen und seine beiden Wirthe
begrüßt hatte. „Der Mensch ist so hinfällig und so seltsam geartet,
daß ich heute beinahe fürchte und zurücknehmen möchte, was ich gestern für ein Glück und für ein Gebot der Pflicht gehalten habe
— eine Unterredung mit meinem hochfürstlichen Gönner oder mit
Herr v. Adelsberg... in deren Auftrage Sie doch unzweifelhaft mir
die Ehre ihres Besuches schenken, mein hochverehrter Freund!"

— „Die letztere Eigenschaft, die Sie mir so wohlwollend beilegen und auf welche ich so stolz bin," versetzte der Geheimerath
lächelnd und mit einem lebhaften Händedruck, — „läßt auch eine
andere Erklärung zu, lieber Jbstein! Ich darf Ihnen daher
ohne Umschweife sagen, daß ich eigentlich in keinerlei Mission komme,
als in derjenigen, welche mir die Freundschaft für Sie, die Ueberzeugung von der Uneigennützigkeit und Lauterkeit Ihrer Absichten
und die Hoffnung eingaben, Sie von einem langen leidigen Vorurtheil und einer vorgefaßten Meinung zu bekehren, und ihnen die
Achtung und Dankbarkeit derjenigen Personen zu erhalten, welche

seither so große Stücke auf Sie gehalten haben... Mit Einem Wort, mein Lieber, ich komme, um Ihnen zu sagen, daß ich mir in Ihrem Interesse erlaubt habe, denjenigen Mittheilungen, welche Sie gestern Abend an die allerhöchsten Herrschaften gelangen ließen, jede schroffe und verletzende Spitze abzubrechen...."

„Sie erschrecken mich ordentlich, Herr v. Gayring!" fiel ihm der Kammerrath in's Wort, und seine Augen verriethen eine fieberische Aufregung. „Sollte meine lautere und ehrliche Absicht wirklich verkannt worden sein?"

— „Die Absicht war gut, lieber Jbstein, daran zweifle auch ich nicht; aber das Mittel war vielleicht eben so wenig gut gewählt, wie die Zeit, wie ich Ihnen beweisen möchte... Sehen Sie übrigens ganz unbesorgt: Alles was Sie gethan haben, ist so ziemlich ohne Folgen gewesen und wird ohne Folgen bleiben. Ich vermesse mich sogar, Alles wieder in's richtige Geleise zu bringen und die Durchlauchtigsten Herrschaften vollends zu überzeugen, daß nur krankhafte Reizbarkeit, — die natürlichen Folgen Ihrer erschütterten Gesundheit und unselige Täuschungen eines elenden gemeinen Ränkeschmieds — Ihnen Gefahren vorgespiegelt hat, die in Wirklichkeit wohl niemals vorhanden waren...."

„Ich habe, wie ich sehe, das größte Unglück gehabt, welches einem wohlmeinenden Mann begegnen kann — ich bin gänzlich mißverstanden worden," erwiderte Jbstein mit aufrichtiger Wehmuth. „Sie kennen mich allzugut, mein hochverehrter Herr Geheimerath, um nicht von der Uneigennützigkeit und reinen lautern Absicht meines Gebahrens überzeugt zu sein, darum kann ich es offen aussprechen: ich erwartete keinen Dank, sondern genügte einer innern Pflicht. Aber diese Enttäuschung, daß man selbst meine Absicht mißverstehe, hätte ich mir nicht träumen lassen!"

— „Sie haben vielleicht einiges Recht empfindlich zu sein, lieber Freund, wenn auch nicht gegen mich," sagte Gayring ruhig und mit Würde. „Sie sind noch zu aufgeregt um mich ruhig anzuhören. Vielleicht ist es Ihnen lieber, wenn ich ein ander Mal vorspreche, wo wir Beide weniger das Unglück haben werden, uns wechselseitig in Mißverständnissen befangen zu sehen. Zu meiner Rechtfertigung aber gestatten Sie mir wenigstens, mich auf unsern Freund Gamming hier zu berufen, welcher mir bezeugen wird, daß meine erste und einzige Absicht bei diesem Besuche nur der Wunsch, der lebhafte, aufrichtige Wunsch war, zu vermitteln, zu beruhigen,

zu einer klaren und besonnenen Verständigung zu führen, die für
Ihre künftige Gemüthsruhe von ganz besonderm Werthe sein dürfte... Ich sehe ein, daß Sie in diesem Augenblick aber mehr der
absoluten Ruhe und eines Arztes bedürfen, als irgend einer andern
Erörterung, und ich werde Sie daher zu gelegenerer Zeit besuchen!"

„Oh nicht doch Excellenz! ich bitte Sie flehentlich!" fiel Frau
v. Gamming hier ein und legte ihre Hand leicht auf Herrn v.
Gayring's Arm, um diesen, der bereits vom Stuhle aufgestanden
war, zu bitten, daß er wieder Platz nehme. „Mein lieber Vetter
Jdstein wird besser daran thun, Ihre Mittheilungen jetzt anzuhören. So wie ich ihn kenne, wird er eher in sich die Festigkeit
finden, eine vielleicht unangenehme Enttäuschung ruhig zu Ende
zu hören, als es zu ertragen, daß er auf dieselbe Tage, ja Wochen
lang warten müßte. Sie sehen, Excellenz, in welche Aufregung den
guten Ludwig schon diese ruhige Erörterung versetzt hat. Es wäre
grausam, diese Aufregung zu steigern durch Ihr Weggehen, durch
eine weitere Hinausschiebung einer Erklärung, die ja doch unvermeidlich sein wird. Sehen Sie in den Empfindungen des Schmerzes
eines Verkannten nicht eine kleinliche Empfindlichkeit, Excellenz! lassen Sie nicht Trotz gegen Trotz prallen, wenn es sich nur um
Worte handelt, welche vielleicht allzu rasch aus einem krampfhaft
verstimmten Gemüthe entsprangen, mein hochverehrter Herr Geheimerath!"

Diese von dem reinsten weiblichen Sinn und Zartgefühl ein-
gegebene Vermittelung übte den vollständigsten Erfolg auf beide
Männer.

„Auguste hat Recht, lieber Freund! Legen Sie die Worte eines
Kranken nicht auf die Goldwage, und verzeihen Sie mir, wenn ich
wider Willen den Schein auf mich lud, gereizt zu sein!" sagte Jdstein sanft. „Lassen Sie mich Alles hören, denn ich bin auf das
Schlimmste gefaßt. Es war vielleicht unbesonnen von mir, einen
solchen Abgesandten wie jenen Walchner zu schicken..."

— „Und ein Brouillon, ein Bruchstück von einer Denkschrift,"
ergänzte Herr von Gayring und nickte dazu mit dem Kopfe.

„Was übrigens nicht Ludwig's Schuld ist, Excellenz, wie ich
bezeugen kann," fiel ihm Auguste in's Wort. „Herr Walchner hätte
die Schrift nur lesen sollen, behufs seiner eigener Information, und
hat sie gegen Ludwigs Wissen und Willen mitgenommen!

— „Du hätteſt den Menſchen gar nicht empfehlen ſollen,
Liebe!" tadelte nun ſeinerſeits Herr v. Gamming ſeine Frau.
„Wir wiſſen ja, daß der Menſch gerne trinkt und Abends regel-
mäßig nicht mehr ganz zurechnungsfähig iſt. Sein Sie überzeugt,
beſter Herr Geheimrath, daß wenn ich hier geweſen wäre, jener
Kanzleiverwandte keine derartige Miſſion erhalten hätte."

„Ich kannte den Menſchen nicht, und kann mich nur mit den
guten Abſichten entſchuldigen, die ich hatte, lieber Freund," ſagte
nun Herr v. Jbſtein ſeinerſeits. „Die Unruhe auf den Straßen,
die Nachricht, daß man die durchlauchtigſten Damen und Kinder der
hohen fürſtlichen Familie nach der Karlsburg geſchickt und unter
die Obhut einer bewaffneten Abtheilung von Bürgern und einer
Kompagnie Soldaten geſtellt habe, das Aufführen der paar Kanonen
— alles das mußte mir den Eindruck machen, als ſtünden wir hier
auf der Schwelle eines Aufſtands, welcher die gefährlichſten Dimen-
ſionen annehme, — gefährlich insbeſondere dadurch, daß ſich unter
demjenigen Militär, welchem der durchlauchtigſte Fürſt ſeine Sicherheit und die Aufrechterhaltung der Ordnung anvertraute, Elemente
befinden konnten, welche unzuverläſſig waren, welche ein falſches,
doppeltes Spiel trieben, und die im entſcheidenden Augenblicke der
herrſchenden Kriſe eine ganz andere Wendung geben konnten. Dies
war der einzig maßgebende Beweggrund für mich, meinem hochfürſtlichen durchlauchtigſten Gönner wieder einige Warnungen und
Thatſachen vorzulegen, die ich ſchon früher einmal, wiewohl mit
geringem Erfolge und noch weniger Danke, geltend gemacht hatte!"

„Wenn nicht an maßgebender Stelle die Ueberzeugung vor-
herrſchte, mein lieber Freund, daß Sie nur von der reinſten und
lauterſten Abſicht geleitet worden ſind," entgegnete der Geheimrath
nun ebenſo milde wie freundlich, — „ſo würden Sie mich nicht
hier ſehen. Die einfache ſtillſchweigende Nichtbeachtung Ihrer
Warnungen wäre dann ein um ſo beredterer Beſcheid geweſen, der
für Sie keines weiteren Kommentars bedurft hätte. Allein ſo un-
dankbar und ablehnend verhalten wir uns nicht gegen die guten
Dienſte und freundlichen Geſinnungen eines Mannes von Ihrem
Verdienſt und Charakter, mein lieber Jbſtein. Ihre hochfürſtlichen
Durchlauchten unſer regierender Herr und der gnädige Erbprinz
kennen Ihren edlen gediegenen Sinn, Ihre Wahrheitsliebe, mein
lieber Freund, und trauen Ihnen zu, daß Sie ſich wiſſentlich keiner
auch noch ſo unbedeutenden Uebertreibung ſchuldig machen würden. Wir

Alle nehmen an, daß Sie von der Richtigkeit derjenigen Thatsachen
überzeugt seien, welche Sie geltend gemacht haben. Nur wissen wir,
die wir der ganzen Angelegenheit näher stehen, ja die wir mitten
darin sind, etwas genauer und richtiger diese Thatsachen zu bemessen
und zu beurtheilen — d. h. wir durchschauen dieselben klarer als
Sie, mein Bester, weil wir sie aus größerer Nähe und in ihrem
ganzen Zusammenhange überschauen. Ich will hiermit natürlich
entfernt nicht Ihrem Urtheilsvermögen und Scharfblick zu nahe
treten, mein lieber Ibstein, sondern ich schicke voraus, daß ich die
Sache nur objectiv auffasse und vortrage — so objectiv wie wir
Juristen jede Thatsache, jedes Verhältniß, jede Erscheinung
beurtheilen müssen, welche unserer Entscheidung vorgelegt wird.
Nun sind Sie, lieber Freund, zwar jetzt krank und leidend und
daher vielleicht melancholischer und leichter zu trüben Auffassungen
gereizt, als sie es in gesunden frischen Tagen waren, aber gleich=
wohl bin ich überzeugt, daß Ihr bekannter Scharfblick, Ihre
gesunde Logik, Ihre reiche Welterfahrung sich nicht auf die Dauer
durch eine einseitige, weil allzu beeiferte und ängstliche Auffassung
trüben lassen werden. Ich gestehe Ihnen im Voraus zu, daß ich
mich zu der Annahme hinneige: es habe einmal — und vielleicht
vor nicht langer Zeit — einen Augenblick gegeben, wo unter dem
Einfluß persönlicher Verstimmung und getäuschter Hoffnungen, sowie
unter dem Einfluß der verderblichen neuen politischen und socialen
Ideen und Auffassungen, welche dermalen von dem republikanischen
Frankreich aus die europäische Welt vergiften und auch den besten
Köpfen und stärksten Geistern zuweilen gewaltig zusetzen, bei manchen
nachgebornen Prinzen die skeptische Frage aufgetaucht sey: ob denn
der Zufall der Erstgeburt ein unerschütterliches Vorrecht sichern und
die später gebornen Brüder lebenslang benachtheiligen dürfe? Ich will
ferner zugeben, daß solche Prinzen unter dem Einfluß der gelockerten
sittlichen und rechtlichen Begriffe, wie sie von der neuern franzö=
sischen Philosophie der Encyclopädisten ausgingen, sogar im ver=
trauten Kreise sich darüber ausgesprochen und die bestehenden Staats=
gesetze und Erbfolge=Ordnungen verwünscht und für ungerecht und
veraltet erklärt haben; daß ferner eine Anzahl junger Sprudelköpfe
theils aus Eigennutz und Berechnung, theils aus Liebedienerei und
negativer Thatkraft oder aus irgend einem andern Beweggrund diese
Ansichten der fraglichen Prinzen adoptirt und unterstützt und
vielleicht sogar — abermals aus Liebedienerei, Eigennutz u. dergl.

— darauf die Möglichkeit oder Wahrscheinlichkeit gegründet haben, daß durch einen Gewaltstreich diese Verhältnisse der Thronfolge geändert werden könnten..... ja, ich will sogar einräumen, daß hierüber Verabredungen stattgefunden haben mögen, daß man alle Einzelnheiten einer derartigen allfälligen Unternehmung ausführlich besprochen, daß man Listen von solchen Personen entworfen hat, auf die man sich in einem solchen Falle verlassen, auf deren werkthätige Theilnahme und Unterstützung man rechnen könnte....."

„Sehen Sie, lieber Freund!" fiel ihm der Kammerrath in's Wort, — „daß ich doch Recht hatte, daß ich nicht Gespenster sah?"

„Das hab' ich Ihnen auch niemals zugetraut, lieber Jdstein!" versetzte Herr v. Gayring; „wenn irgend jemand, so mußten Sie ja den Prinzen kennen und ihm nichts zutrauen, was nicht seinem ganzen innersten Wesen entsprach. Allein niemand kennt auch besser als Sie die große Kluft, welche zwischen Wunsch und Erfüllung liegt; niemand weiß besser als Sie, mit welchen Schwierigkeiten jeder Versuch einer Verwirklichung solcher Pläne zu kämpfen gehabt haben würde. Man hätte es daher, meines bescheidenen Dafürhaltens, wagen sollen, solchen vermessenen Anschlägen eine ehrliche Probe zu gönnen, wie wir es gestern gethan haben — man hätte sich dann längst des ganzen Alpdrückens dieser Befürchtungen entledigt und die jungen Hitzköpfe von ihren thörichten Hirngespinnsten geheilt!....."

Die drei Zuhörer des Geheimraths waren wie elektrisirt vom Stuhle emporgeschnellt und riefen fragend durch einander: „Wie? der ganze gestrige Tag war nur ein blinder Lärm? eine angezettelte Geschichte? eine Komödie?"....

„Nichts von alledem, oder vielmehr ein kleiner Bruchtheil von alledem, aber zunächst nur eine Kraftprobe, die wir der scheu im dunkeln schleichenden Gegenpartei geben wollten," erwiderte Herr v. Gayring mit einem feinen überlegenen Lächeln. „Als ich die Ehre und das Glück hatte, zu unserem allergnädigsten Landesherrn berufen zu werden, hatte ich mir bald meine Meinung gebildet. Die gegenseitige Kraftprobe mußte eingeleitet werden, ohne daß beide Parteien es ahnten — ich wollte über beiden stehen und mir meine volle Unbefangenheit bewahren. Ich wollte es zum Aeußersten kommen lassen, um dann die letzten Mittel der Rettung im richtigen Augenblicke zu ergreifen. Ich griff die Sache anders an, als es mein sehr verehrter Freund und Gönner Adelsberg gethan würde; —

ich beruhigte die allerhöchsten Herrschaften, indem ich denselben die Gefahr als geringer darzustellen suchte, um sie zu ermuthigen und ihnen den Glauben an ihr Recht und an den Sieg ihrer Sache zu befestigen. Ich sprach offen geringschätzig von dem ganzen blinden Lärm und ließ sogar herausfordernde Worte fallen, welche die etwaigen Verschworenen, wenn sie ein empfindliches Ehrgefühl gehabt hätten, veranlaßt haben würden, loszuschlagen und ihre etwaige Macht mit der unsrigen zu messen. Und was ist geschehen? Gar nichts; die Bürger und Einwohner verhielten sich nicht neutral, sondern erklärten sich offen gegen eine Bewegung; das Militär, Offiziere wie Gemeine, erwies sich als zuverlässig, und die Rädelsführer der angeblichen Verschwörung verkrochen sich feige, nachdem sogar das ausgestreute Gerücht von der angeblichen Annäherung einiger neufränkischen republikanischen Halbbrigaden sich als eine freche Lüge und ein Ding der Unmöglichkeit erwiesen hatte. Ich will mir darauf nichts zu gute thun, meine Herrschaften, aber ich glaube, es gibt kein wirksameres Mittel, um Revolutionsgelüste im Keime zu unterdrücken, als wenn die Partei der Regierung den im Finstern schleichenden Verschwörern einmal eine derartige Probe anbietet und in aller Ruhe ihre eigenen paraten Mittel der Vertheidigung entfaltet!"

„Eure Excellenz sind ein Staatsmann, wie ihn der unglückliche König Ludwig XVI. beburft hätte!" rief Herr v. Gamming mit aufrichtiger Bewunderung.

„Eure Excellenz sind der Retter des Vaterlandes und haben uns unendliche Leiden und Wirrsale erspart!" rief Auguste mit feuchten glänzenden Augen und drückte Herrn v. Gahring die Hand, der bescheiden alle diese Lobsprüche ablehnte.

„Sie haben mit großer Ruhe und Geistesgegenwart gehandelt und die Umstände mit weiser Umsicht benutzt," sagte nun auch Idstein, der mit Spannung des Geheimenraths Worten gefolgt war und sie bei sich überlegt hatte. — „Der Sieg ist Ihnen gelungen, aber wo ist die Seele der Gegenpartei, der durchlauchtige Prinz Ludolf?"

Herr v. Gahring zuckte die Achseln und lächelte fein. „Ich bedauere, Ihnen hierüber keine Auskunft geben zu können," erwiderte er. „Das Gerücht behauptet, er sei in einen Mantel gehüllt gestern noch am späten Abend in den Straßen gesehen worden und habe offenbar irgend eine Darlegung von Seiten des Militärs oder einer Minderheit von Offizieren und Beamten zu seinen Gunsten erwartet. Da jedoch eine solche nicht erfolgte, sei er einfach vermummt aus der Stadt entflohen. Letzteres glaube ich nicht, denn die Offiziere, welche die Patrouillen und Thorwachen befehligten, hatten die geheime Weisung, den Prinzen — nicht zu verhaften, sondern seinen Fluchtversuch zu ignoriren und nicht zu hindern, sondern nur mir zu melden. Eine solche Meldung ist n i c h t eingelaufen, also . . . ."

„Ist der Prinz noch hier und versteckt sich irgendwo bei Anhängern?" fragte Jbstein lebhaft.

„Wahrscheinlich," entgegnete der Geheimrath mit ironischen Lächeln.

„Und sinnt auf einen neuen Aufstand?" fragte Auguste ängstlich.

„In letzterer Beziehung bin ich ganz unbesorgt!" erwiderte Herr v. Gahring mit heiterer Ruhe. „Welche Mittel könnten ihm nun noch zu Gebote stehen? Ein Prätendent, welcher hinter den Coulissen bleibt, hat seine Rolle schlecht gespielt und ist gerichtet. Wir können auf Jahre ruhig sein, denn nicht wir, die wir nur unsere Schuldigkeit gethan, haben uns lächerlich gemacht, sondern er und seine Anhänger, die sogar von einem neufränkischen Zuzug für die Revolution schwindelten. — Prinz Ludolf hat aufgehört, gefährlich zu sein, wenn er auch nur der Strohmann einer Partei von Unzufriedenen war, die auf eigene Faust handelte. Um diese Fahne werden sich niemals wieder Anhänger sammeln, — wenigstens nicht mehr diejenigen, welche seither im Einverständnisse waren und vielleicht an die Möglichkeit des Gelingens ihres frevlen Vorhabens glaubten."

„Das walte Gott, und wenn es so ist, so verdanken wir es nur Ihrer Weisheit und Besonnenheit, Excellenz!" sprach Auguste mit bewundernden Blicken.

„Mit nichten! wir verdanken es nächst Gott nur der Weisheit unseres allergnädigsten Herrn Johann Heinrich und hochdessen Geneigtheit, auf meine bescheidenen Vorstellungen einzugehen," erwiderte der Geheimrath. „Meine unerschütterliche Ueberzeugung von der Treue unseres Volks, von der Zuverlässigkeit unseres Militärs, von der Anhänglichkeit der Beamten ist durch die Ereignisse glänzend gerechtfertigt worden, und das ist mein schönster Lohn und höchster Triumph. Wäre es nach der Auffassung der durchlauchtigsten Prinzen Johann und Heinrich gegangen, die noch unter den Eindrücken und Einflüssen einer gewissen Abneigung gegen den Prinzen

Ludolf standen, oder hätte eine minder unbefangene Ansicht als die meinige Platz gegriffen, so hätten wir herausgefordert, verletzt, ver=bittert. Die Verhaftung eines einzigen verdächtigen Offiziers, in welchem wir vielleicht überdem noch einen der minder Gravirten oder Einflußreichen ergriffen hätten, ja die Zurückbehaltung des Prinzen Ludolf im Schlosse, falls er der an ihn ergangenen Auf=forderung Folge geleistet hätte, und selbst wenn wir uns seiner Person gleichsam nur als Geisel versichert hätten — würde vielleicht die Anderen zum Losschlagen gezwungen haben, um sich selber zu retten — man hätte wenigstens die Kühneren der Verdächtigen zu einem Streich der Verzweiflung, der Selbsterhaltung getrieben...."

„Excellenz haben ganz Recht," pflichtete Herr v. Gamming bei; „es gibt solche Hitzköpfe die Va banque spielen und Andere mit fortreißen! Ich bin ganz entzückt von dieser Weisheit, diesem Scharfblick!"

„Sie überhäufen mich mit unverdientem Lobe, mein lieber Kammerjunker," fuhr Herr v. Gayring fort und schien sich zunächst an Herrn v. Jbstein zu wenden. „Die einzige Errungenschaft, auf welche ich mir etwas zu Gute thue, ist die: daß ich in den Herzen der allerhöchsten Herrschaften vielleicht ein vorurtheilsvolles Mißtrauen gegen den Prinzen Ludolf ausgerottet, daß ich unsern allergnädigsten Herrn und Fürsten und hochdessen erlauchte Söhne gegen den ab=wesenden Sohn und Bruder milder gestimmt habe. Auf dieses kleine Verdienst hin darf ich vielleicht hoffen, mir auch das Ver=trauen des Prinzen Ludolf erworben und mich zum Vermittler geeignet gemacht zu haben, um alle Spannung beizulegen. Ich darf nun an das Ehrgefühl und den Edelmuth des Prinzen appelliren und mich erbieten, ihn mit Allen auszusöhnen, die er bewußt oder unbewußt beleidigt oder gekränkt und zu vorurtheilsvollen An=schauungen gegen sich gestimmt hat, und darunter sind auch Sie, mein lieber Kammerrath!"

„Ich?" versetzte dieser fast erschrocken. „Läßt sich vergessen machen oder vergüten was der Prinz mir gethan hat?"

„Nein, mein lieber Freund, aber es läßt sich vergeben; — verzeihen Sie ihm als Christ, als Edelmann!" sagte Herr v. Gayring und legte seine Hand wie beschwörend auf Ludwig's Arm. „Im Bewußtsein, daß auch Sie nicht ganz unschuldig sind an der Spannung zwischen dem Prinzen und seinem erlauchten Vater und Brüdern, — im Bewußtsein, daß Ihre Eröffnungen

vielleicht wesentlich zur Vereitelung der Anschläge des Prinzen —
falls dieselben jemals ernstlich gemeint waren — beigetragen und
Ihnen den gegründetsten Anspruch auf den Dank des Fürstenhauses
und des ganzen Landes Waldau erworben haben, — vergeben Sie
dem Prinzen und bethätigen Sie die Beendigung ihres Grolls
dadurch, daß Sie die Papiere zerstören oder mir zur Zerstörung
übergeben, auf welche Ihre begonnene Denkschrift hier (damit zog er
diese aus der Busentasche des Rockes) hindeutet?..."

„Unmöglich, mein Freund! Sie ahnen nicht, welchen Anschlag
der Prinz und eine andere Person erst jüngst gegen mich ausführen
ließen! Sie scheinen nicht zu wissen, daß der Zustand von Schwäche
und Siechthum, worin Sie mich jetzt sehen, von einem meuchel-
mörderischen Bubenstücke herrührt, welches der Prinz gegen mich
hervorgerufen hat, um jene verhängnißvollen Papiere zu erlangen!"
rief Idstein entrüstet.

„O, doch, doch, mein Freund!" erwiderte der Geheimrath mit
der wohlwollendsten Theilnahme. „Sie vergessen, lieber Idstein,
daß jener Versuch eines Diebstahls und einer Vergiftung — oder
auch nur einer Betäubung — gegen Sie in seinen Folgen mittelbar
auch uns berührte, daß ein verworfener, gewissenloser Mensch
Namens Hühnersdorf, welcher im Verdacht steht, den Einbruch bei
Ihnen begangen zu haben, hier seine Drohbriefe an verschiedene
Personen breitwürfig ausgestreut und Erpressungen auf jene angeblichen Papiere hin versucht hat. Da mehrere jener Drohbriefe auch
an Persönlichkeiten gerichtet waren, welche unserm erlauchten Fürstenhause nahe stehen, so ging die Angelegenheit aus den Händen der
Polizei an die höheren Behörden über, und ein freundlicher Zufall
wollte, daß die genauere Ermittelung des Sachverhaltes und die
Prüfung der Tragweite jener Drohbriefe gerade in den Bereich
meiner Amtsthätigkeit fiel; — ich hatte, wie Ihnen vielleicht bekannt ist, mein bester Idstein, schon früher mich mit der Erwägung
und Würdigung jener Andeutung über gewisse Pläne und Anschläge
befassen müssen, welche Sie in Ihrer gewissenhaften und anerkennens-
werthen Loyalität seinerzeit unserem allerdurchlauchtigsten Herrn
gaben und wodurch Sie wenigstens den Monarchen tief verpflichtet haben, wenn Sie auch dem Vaterherzen eine vielleicht
unheilbare Wunde schlugen. Darum nehme ich keinen Anstand, mit
Ihren eigenen Worten jene Papiere verhängnißvoll zu nennen, wenn
auch in anderem Sinne!"

„Sie wissen also um die ganze Geschichte des an mir begangenen Diebstahls, mein lieber Herr v. Gahring?" fragte Jbstein begierig und doch nicht ohne einige Verlegenheit.

„Allerdings, mein Freund! so weit alle Thatsachen sich erheben ließen, sind sie mir genau bekannt, — ja, und ich darf wohl sagen, daß ich vielleicht noch um ein gutes Theil mehr davon weiß als Sie, mein bester Kammerrath," versetzte Herr v. Gahring mit einem feinem Lächeln. „Als mir der Auftrag zu Theil wurde, Hühnersdorf zu verfolgen, war es hierzu bereits zu spät — die Nemesis hatte ihn bereits ereilt und einstweilen auf andere Weise unschädlich gemacht, wie Sie ja selbst wissen. Ungeschicktes täppisches Zugreifen von anderer Seite her hätte den erbärmlichen Abenteurer vielleicht zu warnen vermocht, aber er wäre meinen Netzen dennoch nicht entgangen, wenn sich die österreichischen Werber nicht seiner bemächtigt hätten. Ich verhehle Ihnen nicht, daß die ganze Sache mich alsbald noch ganz besonders und persönlich interessirte, als ich Ihren hochgeachteten Namen in diese schmutzige Sache verwickelt sah, obwohl gerade der letztere Umstand mich schmerzlich berührte . . . ."

„Schmerzlich? wie so denn?" fragte Jbstein und das Blut stieg ihm unwillkürlich in die Wangen.

„Aus verschiedenen Gründen, mein Freund! Ihr Name und Ihre Papiere in den Händen eines solchen schamlosen Elenden — das ist immerhin für den unbefangenen Zuschauer eine Qual und für Sie selber ein Unglück! Wie leicht machte dieser Umstand es Ihren Feinden, Sie deshalb allfällig zu verdächtigen!"

„Mich? und in welcher Hinsicht denn?"

„Mußte es nicht ein falsches Licht auf Ihren Charakter werfen, wenn man erfuhr, daß Sie Papiere aufbewahrten, die — man mag über deren Werth denken, wie man will — in der Hand eines verschmitzten oder rachgierigen Dritten nicht nur zu Mißbrauch, sondern zu Vergehen und Verbrechen, zu Verleumdungen, Verdächtigungen u. s. w. führen konnten, wie die Erfahrung gezeigt hat? Von Ihnen selbst war so etwas freilich nicht zu befürchten, denn ich kenne ja Ihre tadellose Ehrenhaftigkeit, Ihren Takt; aber man ist sterblich, lieber Freund, und solche Papiere, die man bestens verwahrt zu haben glaubt, können sogar noch bei unseren Lebzeiten in die unrechten Hände kommen. Noch mehr, schon die bloße Thatsache von deren Vorhandensein kann — wie die jüngsten Ereignisse lehren — Ihren Feinden eine mächtige Handhabe gegen Sie selbst geben...."

„Nicht daß ich wüßte, mein Freund!" wandte Jbstein betroffen ein.

„Doch, doch, mein Lieber, und zwar auf folgende Weise: Setzen wir den Fall, Sie hätten wirklich hier Feinde (und welcher Mensch hat deren nicht?) und diese hätten daher schon in dem Augenblicke, wo Ihr Name im Verein mit den gestohlenen Papieren genannt ward, Andeutungen, skeptische Anspielungen fallen lassen, daß es mit diesen Papieren doch seine eigene Bewandtniß haben müsse, — daß man derartige Urkunden gewöhnlich da verwahre, wo ein gewöhnlicher Dieb sie nicht fände, — daß demnach die Möglichkeit nahe liege, der Abenteurer, welcher nun in deren Besitz zu sein vorgebe, sei ein geheimes Werkzeug von Ihnen, ein Werkzeug Ihrer rachesüchtigen oder Ihrer .... ehrgeizigen Pläne sei...."

„Das wäre eine infame unwürdige Verdächtigung!" fiel Herr v. Jbstein ihm empört ins Wort.

„Sie ist es nach meiner Ueberzeugung jedenfalls, und wer Sie und Ihren Charakter so genau kennt und achtet, wie ich, wird sie mit Abscheu von sich weisen," fuhr Herr v. Gahring ruhig fort. „Aber äußere Umstände können durch irgend welches zufällige Zusammentreffen selbst Ungereimtheiten wahrscheinlich erscheinen lassen.... Wenn z. B. hinzugefügt würde, Sie wollten durch die in Ihrem Besitz befindlichen Papiere sich unserm allerdurchlauchtigsten Herrn wieder ins Gedächtniß rufen, Sie strebten nach der Stelle seines Cabinetspräsidenten, Sie gedächten die Gräfin v. Thannheim zu zwingen, Ihre Bewerbungen um diesen Posten zu unterstützen.... Sie hätten gerade diesen Moment einer peinlichen Spannung zwischen Vater und Sohn gewählt, um hierher zu kommen...."

„So wird dies allerdings die oberflächlich Prüfenden und die Klatschsüchtigen in ihren verworfenen Unterstellungen bestärken, das gebe ich zu," sagte Jbstein erblassend; „allein die Sache selbst ist so abenteuerlich, ungeheuerlich und so niederträchtig, daß Sie mich gewiß der Mühe entheben werden, auch nur ein einziges Wort der Rechtfertigung zu versuchen!"

„Das begreift sich, mein Freund!" versetzte Herr v. Gahring und drückte Jbstein die Hand. „Ich sprach nur davon, weil merkwürdigerweise die Thatsachen bestätigt haben, was mein Jnstinkt vorausfah. Ich bedauerte um so mehr, daß Sie überhaupt solche Papiere aufbewahrten, weil ich es mit einem solch klaren Geist und edlen Herzen wie die Ihrigen nicht zusammenreimen kann, daß Sie solche Papiere überhaupt verwahren sollen, denn worauf würde das hindeuten? Es würde zeigen, daß Sie einigen Personen, welche Ihnen früher vielleicht wehe gethan oder irgendwie Ihren Lebensweg gekreuzt haben, die schändlichste unversöhnlichste Tücke zutrauen — etwa dieselbe Niederträchtigkeit, welche Ihnen der elende Dieb in Filzburg vorschwindelte, daß der durchlauchtigte Prinz Ludolf und eine gewisse andere vornehme Person ihn gedungen hätten, diese Papiere Ihnen zu entwenden. Ein solches Märchen können Sie doch unmöglich glauben, mein lieber Freund?"

„Und wenn es denn doch kein Märchen wäre, mein lieber Geheimerath?" rief Idstein finster.

Gahring zuckte die Achseln, und sah abwechselnd Idstein, Herrn und Frau v. Gamming an. „Wenn Sie das glauben können, Bester, dann habe ich allerdings mich geirrt und umsonst gesprochen," sagte er merklich kühler. „Ich fürchte aber, Sie werden unter Ihren Freunden und Bekannten kaum Jemand finden, welcher Ihren Argwohn gegen die genannten Persönlichkeiten theilen wird.... Nun Sie aber selbst sich zu diesem Vorurtheil oder Irrthum bekannt haben, ist mir Vieles erklärlich geworden, was mir bisher dunkel erschien, und ich fürchte, mein ferneres Bemühen in dieser Sache wird zu keinem Resultat führen. Ich hatte wohl einen Augenblick dem Gedanken Raum gegeben, daß Sie einen solchen Argwohn gegen den Prinzen hegen könnten, habe aber jene Idee als abgeschmackt und Ihnen unähnlich mit Entrüstung von mir gewiesen. Wie sollte ein Mann von Ihrer Bildung, Ihrem Charakter, Wissen und Muth solcher Papiere bedürfen, um sich vor irgend einem eingebildeten Racheakte zu sichern? Ich hätte mich gescheut, Ihnen eine solche.... Angst auch nur einen Moment zuzutrauen, Herr Kammerrath!"

„Es gibt Menschen, Herr Geheimerath, denen in ihrem Hasse nichts mehr heilig ist und die kein Mittel scheuen, um sich derer zu entledigen, welche ihnen schaden können!" sagte Idstein mit dem Ernst der Ueberzeugung. „Wer Unrecht gethan hat, ist gewöhnlich weit unversöhnlicher als derjenige, welcher unter diesem Unrecht gelitten hat!"

„Dieses Axiom scheint jedoch im vorliegenden Falle durch Ihre eigene Handlungsweise widerlegt werden zu sollen, mein lieber Herr v. Idstein," erwiderte der Geheimrath mit einem leichten ironischen

Lächeln. „Ich bekenne Ihnen, daß ich auf derlei sentenziöse Maximen wenig halte, wenn sie sich nicht zu allgemeinen Lebensnormen aufgeschwungen haben. Gestatten Sie mir eine ganz einfache Frage an ihre Verwandten und Freunde hier zu richten, lieber Herr Kammerrath — eine Frage, welche im vorliegenden Falle Sie vielleicht unbefangener machen kann, als meine ganze Beredtsamkeit! Meine verehrte Frau v. Gamming! Mein lieber Herr Kammerjunker! Sie wissen ja beide wohl besser als ich, in wie weit Ihre Lieblden der Prinz Ludolf und die erlauchte Reichsgräfin v. Thannheim in das innere und äußere Leben Ihres theuren Verwandten v. Idstein eingegriffen haben — halten Sie es, ich will nicht sagen für möglich, sondern nur irgendwie für wahrscheinlich, daß diese Personen jetzt, manche Jahre nachher, sich so weit vergessen könnten, Räuber und Mörder gegen Herrn v. Idstein zu dingen und auszusenden?"

„Gewiß nicht, lieber Ludwig!" sagte Auguste, zu dem Kranken gewendet; „es ist eine krankhafte fixe Idee von Dir, und Du solltest sie von Dir weisen!"

„Ich traue den beiden Herrschaften weder die Absicht und Gesinnung dazu zu, noch glaube ich überhaupt, daß sie die Papiere fürchten, welche Du in Händen hattest, lieber Vetter," sagte der Kammerjunker.

„Du würdest vielleicht anders urtheilen, wenn Du den Inhalt derselben kenntest!" sagte Idstein. „Der Besitz derselben kann mich nicht kompromittiren, denn der Zufall hat sie in meine Hände gespielt, ohne daß ich es anstrebte — die Nemesis, um einen Gemeinplatz zu gebrauchen, suchte den Prinzen heim, indem sie dieselben mir überantwortete. Mag der Prinz in seinem Leichtsinn und seiner Zuversicht auch wenig Werth auf diese Papiere und ihren gewichtigen Inhalt legen, so wird die Reichsgräfin desto mehr beunruhigt sein von dem Gedanken, daß dieselben in meiner Hand sind, und wird in den Prinzen dringen, dieselben mir zu entreißen!"

„Lieber Vetter, ich bin wirklich überrascht, zu hören, daß ein Edelmann und feiner hochgebildeter Kopf wie Du auch nur eine Stunde solchen Gedanken Raum geben kann," versetzte der Kammerjunker lebhaft. „Wärest Du ein Abenteurer, so würde ich es begreiflich finden. So aber ist bei Dir der Edelmann hinter den Juristen zurückgetreten und hat Dir den klaren Blick getrübt. Was werden jene erlauchten Personen von Dir fürchten? Ich sage:

gar nichts; denn einmal ist sehr fraglich, ob Alles was Du in Händen hast, überhaupt im Stande wäre, die Stellung der beiden Personen von Rang zu erschüttern. Wäre das aber auch der Fall, so würde man es Dir nirgends danken und eine solche Handlungs- weise bräche ja den Stab über sich selbst. Du mußt ja von dem Augenblicke an, wo Du zu niedrigen Zwecken verwendest, was der Zufall Dir in die Hände geliefert hat, Dir selbst darüber klar sein, daß Du alsdann aufhörst Cavalier und Ehrenmann zu sein. Der erlauchte Prinz und die Frau Reichsgräfin wissen das und können darin ihren besten Schutz sehen. Es kann sie mehr beun- ruhigen, daß diese Papiere Gefahr laufen, in unbefugte und unreine Hände zu fallen, als daß dieselben in Deiner Verwahrung sind!"

„Ich danke Ihnen, mein bester Kammerjunker," sagte Herr v. Gahring, diesem auf die Schulter klopfend; „das war ein Wort zur Zeit, und gesprochen wie ein echter Edelmann! Aber unsere theure Frau vom Hause hat auch noch etwas auf dem Herzen, wie ich sehe!" wandte er sich an Frau v. Gamming. „Wir sind ganz Ohr, meine Gnädige!"

„Oh, nur ein paar herzliche Worte zu Dir, lieber Ludwig!" sagte Auguste, sich mit bewegter Miene und Stimme zu ihrem Gaste wendend. „Eberhard hat mir aus dem Herzen gesprochen. Ich sage ebenfalls wie die Excellenz: oh, diese unglückseligen verhängniß- vollen Papiere! . . . . Du lieber Himmel, wie viel Unheil, Unruhe, Thränen und Leid haben sie schon hervorgerufen! Laß alles dies an Deiner Erinnerung noch einmal vorüberziehen und schleudere sie dann in's Feuer um sie auf ewig loszuwerden! Soll sich denn diese Saat von Drachenzähnen stets erneuern? Sei unbefangen und mild, Ludwig! entschlage Dich aller Gedanken daran!"

„Das Frauenherz irrt sich doch nie in seinem Gefühl wie in seinem Urtheil, meine liebenswürdige Baronin!" flüsterte Herr v. Gahring Augusten zu und zog ihre feine Hand an seine Lippen. „Sie sind ein Inbegriff aller weiblichen Tugenden und Vorzüge, meine Gnädige! so mild und weich und doch so klar besonnen und stark! — Ja, was wären wir herben harten Männer ohne Euch feiner organisirte und edler besaitete Wesen! — Sie haben hoffent- lich denjenigen Ton getroffen, welcher auch auf Ihren guten Vetter, meinen theuren Freund Jdstein, einigen Eindruck machen wird. Ich weiß, lieber Jdstein, Ihr treffliches Herz hegt keinen Groll gegen jene Menschen, denen Sie gewiß längst vergeben haben, wenn auch das Vergessen der von Ihnen erhaltenen schmerzlichen Streiche weit schwieriger ist. Sie zürnen dem Prinzen und der Frau Reichsgräfin, weil Sie sich von denselben verfolgt und angefeindet wähnen, weil Sie der schamlosen Lüge eines gemeinen Diebes momentan mehr glauben, als der Stimme ruhiger Erwägung! Jener elende Hühnersdorf hat Sie belogen, behaupte ich, denn er schlich sich oder brach bei Ihnen ein in der Absicht, Geld und Geldeswerth zu stehlen, weil er wußte, daß Sie wohlhabend sind und ein Mann von geringen Bedürfnissen. Er nahm jene Papiere vielleicht nur irrthümlich, weil dieselben so gut verwahrt waren, daß er sie für Urkunden von Geld- und Marktwerth hielt, oder er nahm sie in Ermangelung von etwas Besseren, als Birne für den Durst, als ein Mittel sich vor etwaiger Verfolgung zu sichern, oder — — was weiß ich? — aus irgend einem andern Grunde. Daß Sie aber sich gehaßt und verfolgt wähnen von jenen anderen Personen, von denen die eine nur ihrem Vergnügen, die andere nur ihrem erlauchten Gatten und ihren Kindern lebt und anspruchslos und stille in ihrem eng begrenzten Kreise leutselig, menschenfreundlich und wohlthätig wirkt — das rührt von Ihrem Hang zur Hypochondrie her, lieber Freund! Ihre Hypochondrie ist dagegen wieder nur die Folge Ihrer einsamen menschenscheuen Lebensweise, Ihrer Beschäftigung mit lauter ernsten Dingen, die Folge ihres Grübelns über Dinge, die nun einmal nicht zu ändern sind, wie die Thatsache Ihres unglücklichen Verlöbnisses mit Fräulein Gayler v. Kaisersheim . . . . Pflichten Sie mir hierin nicht bei, meine Gnädige?"

„Aus vollster Ueberzeugung, Excellenz," erwiderte Auguste lebhaft. „Ich habe über diesen Gegenstand in den letzten Tagen schon oft mit Vetter Ludwig gesprochen. Er ist zu mild, zu weich, und mitfühlend; in dem Wunsche, Anderen zu helfen, lebt er sich ganz in Anderer Leiden hinein und identifizirt sich beinahe mit seinen Schützlingen, und da er als Einzelner nicht Herr zu werden vermag über so viel Verkehrtes und Unrechtes in der Welt, so verdüstert er sich immer mehr!"

„Hülfreich und großmüthig sein und Anderer Schmerzen lindern, ist eine schöne Sache, gnädige Frau! Wir wollen unsern lieben Freund darob nicht tadeln," sagte der Geheimrath mit seinem sympathischesten Tone. „Ein wundes Herz vergißt darob leicht den eigenen Schmerz, und richtet sich daran auf und heilt sich aus. Nur muß man sich mit dem Schicksal seiner Schützlinge nicht

identifiziren, sondern über den Verhältnissen stehen. Wie scheinbar
unverdient und hart auch oft ein Schicksalsschlag über manche
Menschen hereinbrechen mag, die Erfahrung lehrt, daß das Unglück
eines Menschen immer doch einigermaßen auf eigener Verschuldung
beruht."

„Auch dasjenige der armen Philippine v. Hövel, mein Freund?"
fragte Jdstein, aus seiner nachdenklichen Aufmerksamkeit und Versunkenheit in sich selbst sich aufrichtend.

Herr v. Gayring war einen Augenblick etwas betroffen; dann
aber faßte er sich schnell. „Und warum nicht?" fragte er lebhaft
entgegen. „Ich kann trotz allem Mitleid mit der unglücklichen
Person und ihrem noch bedauernswürdigern Vater die Demoiselle
nicht von aller Schuld freisprechen. Sie war immer etwas stolz
und eitel, um nicht zu sagen kokett — ich appellire hierin an das
anerkannte Gerechtigkeitsgefühl unserer scharfblickenden liebenden
Freundin hier . . . ."

„Fräulein v. Hövel ist zu bedauern, aber kaum zu entschulden,"
sagte Auguste. „Man soll nicht mit dem Feuer spielen, Ludwig!
Du erinnerst Dich, was ich hierüber schon oft geäußert habe. Wer
an einem Hofe lebt, muß keine Leidenschaften haben, und die glatteren
und feineren Lebensformen müssen auch eine gewisse Besonnenheit
und Kühle der Empfindung bei der Frau hervorrufen. Philippine
konnte, so wie sie den Prinzen kannte, kaum an dessen wahre Liebe,
geschweige denn an die Möglichkeit einer Heirath glauben, und selbst
dann . . . ."

„Selbst dann hätte sie sich erinnern sollen, daß noblesse oblige !"
ergänzte Herr v. Gamming. „Doch genug hiervon — wir wollten
Dir damit nicht wehe thun, Ludwig, sondern nur einige wohlwollende
unbefangene Winke geben."

Der Kammerrath v. Jdstein saß schweigend da und starrte
auf den Boden. Die Erörterungen, mit welchen man ihn bestürmte,
hatten ihn aufgeregt und nachdenklich gemacht — er grübelte jetzt.

Herr v. Gayring sah auf seine Taschenuhr und schien verwundert, daß es schon so spät sei.

„Ueber meinem innigen, freundschaftlichen, persönlichen Interesse
für Sie, lieber Jdstein, habe ich ganz meine Mission vergessen,"
sagte er, und wandte sich mit der feinsten Artigkeit an Ludwig.
„Seine Durchlaucht mein Allergnädigster Fürst und Herr hat mir
den schmeichelhaften Auftrag gegeben, Ihnen in Höchstseinem Namen

recht innig für die gute Meinung zu danken, welche Ihrem ganzen Gebahren zu Grunde lag, lieber Kammerrath. Ihre Durchlauchten der regierende Herr und der erlauchte Erbprinz sowie Prinz Heinrich entnehmen daraus mit Genugthuung, wie loyal und anhänglich Sie noch immer für die Interessen unseres Fürstenhauses fühlen. Aber es ist der Wunsch der durchlauchtigsten Herrschaften, daß von dem sogenannten Komplott — gleichviel ob es wirklich existire und existirt habe oder nicht, worüber das vorliegende Exposé (das ich Namens Seiner hochfürstlichen Durchlaucht Ihnen dankend zurückgebe) keine Anhaltspunkte ergibt — fürder nicht mehr die Rede sei. Ihre Durchlauchten wünschen diese unerquickliche Sache in Vergessenheit begraben, abgethan. Hierdurch dürfte sie am besten beigelegt sein, zumal die Ereignisse des gestrigen Tages genugsam gezeigt haben, wie wenig Chancen irgend welche Felonie in unserm Lande haben würde; — Hochdieselben wünschen ferner, daß unter höchstdero Söhnen Liebden fürder wenigstens ein äußerlich gutes Einvernehmen stattfinde und selbst ein Schein von Uneinigkeit aus dem durchlauchtigsten Familienleben verbannt sei. In meiner Eigenschaft als Leiter der Justiz und Kriminalpolizei soll ich Ihnen die aufrichtige Versicherung geben, mein lieber Freund, daß die Angelegenheit zwischen der Familie v. Hövel und dem Prinzen auf die bestmögliche Weise verglichen und reparirt werden soll, und die diesseitigen Behörden ihr Möglichstes thun werden, um Ihnen wieder zu dem entfremdeten Eigenthum zu verhelfen und den Dieb und Räuber Hühnersdorf zur Verantwortung zu ziehen. Dem freundlichen beeiferten Fürwort der Frau Reichsgräfin v. Thannheim Erlaucht und meinen eigenen Bemühungen ist es sogar gelungen, bei den allerhöchsten Persöulichkeiten den unangenehmen Eindruck vollständig zu beseitigen, welchen die Einmischung des Steuerkalkulators Walchner und dessen zuversichtliche aber grundlose Verdächtigungen gegen viele Personen in maßgebenden Kreisen gemacht haben. Jedoch ist man in den allerhöchsten Kreisen der Ansicht, daß es für Sie, lieber Freund, räthlich sein dürfte, unliebsamen Schritten von Seiten der verdächtigten Offiziere und anderen Personen aus dem Wege zu gehen. Leider sind durch die Taktlosigkeit jenes besagten Walchner, die denn auch nicht ungerügt bleiben soll, Einzelheiten bezüglich solcher verdächtigten Namen durchgesickert, und lassen Versuche einer Revanche oder wenigstens einer Zur-Rede-Stellung gegenüber von Ihnen befürchten. Unser allergnädigster Herr wird nun zwar alle etwaigen Folgen niederschlagen, sieht sich aber ebendadurch in die herbe Nothwendigkeit versetzt, Ihnen ein äußeres Zeichen höchst Seiner dankbaren Anerkennung vorzuenthalten und muß auf den längst gehegten Wunsch verzichten, Sie wieder in Höchstdesselben Diensten zu sehen. Seine Durchlaucht versichert Sie, lieber Kammerrath, gleichwohl andurch Seiner allerhöchsten Hochachtung und Regards."

Ludwig v. Jdstein hatte ernst und stumm zugehört, ohne sein düster glühendes tiefliegendes Auge von dem Sprecher zu verwenden, der trotz seiner Weltgewandtheit und Selbstbeherrschung eine gewisse Befangenheit nicht bergen konnte. Jdstein's Finger hatten die Bogen der angefangenen Denkschrift ganz mechanisch erfaßt, krampften sich nun zur Faust zusammen und zerdrückten das knisternde Papier, das er dann mit einer Geberde des Unmuths in das Feuerchen schleuderte, welches in dem französischen Kamin brannte.

„Ich danke Ihnen für die freundliche Form, in welche Sie die Zurückweisung meiner Winke und Warnungen gekleidet haben, lieber Freund!" erwiderte er dann mit einer Stimme, die trotz aller versuchten Selbstbeherrschung leise bebte. „Bestellen Sie auch meinem hochfürstlichen Gönner den besten Dank von meiner Seite. Es ist nicht das erste Mal, daß ich mich so verkannt und abgetrumpft sehe; aber ich versichere Sie, es soll das letzte Mal sein. Ich werde mich nicht mehr um Dinge kümmern, welche mich nicht direkt berühren. Das Bewußtsein, nur Gutes und Ehrenhaftes gewollt zu haben, erhebt mich über Dasjenige, was die Erfahrungen des heutigen Tages für mich Demüthigendes haben würden. Bitte sagen Sie Seiner Durchlaucht, daß ich allen Folgen meiner Handlungsweise, soweit dieselben meiner persönlichen Verantwortung anheimfallen, ruhig entgegensehen und dieselben auf mich nehmen werde; daß ich für den gütigen Schutz Seiner Durchlaucht höflich danke. Ich werde ferner den mir ertheilten Wink befolgen und Waldau so schnell verlassen, als mein augenblicklicher körperlicher Zustand dies erlaubt, und werde Sorge tragen, diesen Ort künftig zu meiden!"

Er hielt inne, denn seine Aufregung drohte sich zu verrathen.

Herr v. Gahring hatte Ludwig's Blick ruhig ausgehalten und nur hier und da halb wehmüthig den Kopf geschüttelt. „Ich werde Ihren Auftrag in bester Form bestellen, mein lieber Kammerrath v. Jdstein," sagte er mit Würde; dann aber trat er ihm näher, ergriff rasch seine Hand und sagte weich und innig: „Der Auftrag ist mir nicht leicht geworden, mein Freund, wenngleich er lange nicht diejenige Bedeutung hat, die Sie ihm in Ihrer gereizten hypochondrischen Stimmung geben. Ich hätte geglaubt, daß mein Mandat im Munde eines Freundes etwas von seiner Herbheit verlieren und daß es Ihnen ein Wink sein würde, auch diese Last abzuwerfen, welche seither auf Ihrem Gemüthe lag. Die Zeit und Nachdenken werden Sie auch weicher stimmen und Ihre jetzige Bitterkeit mildern. Sie könnten so glücklich sein, als Sie zu sein verdienen, lieber Jbstein, wenn Sie nur um ein Kleines weniger lebhaft empfinden würden! Sie müssen noch glücklich werden, das ist unser Aller Wunsch. Wenn ich Ihnen rathen darf, lieber Freund, so geben Sie Ihr Amt auf, ziehen sich in die ländliche Stille Ihres Gutes zurück und heirathen Sie! Eine hübsche, anmuthige, gemüthvolle Frau, ein kleiner Wirkungskreis werden Sie zu einem andern glücklichern Menschen machen! Sie passen am besten zu einem Gutsbesitzer, zu einem Musterwirthe, in Verhältnisse, wo Sie Ihren Nächsten nützen und Ihre Ideale verwirklichen können. Eine linde, sanfte Frauenhand muß Sie wieder aufrichten! Das ist meine aufrichtige Ueberzeugung und mein sehnlichster Wunsch!"

„Ich danke Ihnen, mein lieber Geheimerath," erwiderte Jbstein, offenbar wenig bekehrt von diesen Rathschlägen des angeblichen Freundes und ermüdet von der langen Unterredung. „Ich bedarf nun Ruhe, um morgen abreisen zu können. Leben Sie wohl!"

„Auf Wiedersehen unter freundlicheren Auspizien, mein theurer armer Freund!" sagte Herr v. Gahring. „Ich überantworte Sie der liebreichen verständigen Pflege unserer vortrefflichen Baronin!" Dann verabschiedete er sich auch von dieser und ging.

Jbstein aber warf sich erschöpft auf das Ruhebett.

* * *

Im Schlosse ging es an diesem Tage wie in einem Taubenschlage ein und aus, denn die Beamten, die Höflinge, die Offiziere kamen Alle, um dem Fürsten nicht nur ihren Glückwunsch über die beseitigte Gefahr, sondern auch die erneuerte Versicherung ihrer Ergebenheit darzubringen, und diese Zeichen von Loyalität, diese Bestätigung seiner Popularität rührten den greisen Fürsten sehr. Er war in einer seltsamen Stimmung: in der einen Minute sprach er vom sichtlichen Beistand der göttlichen Gnade in dieser kritischen Zeit,

und in der andern versicherte er, daß er inmitten der gestrigen Aufregung ruhig und zuversichtlich gewesen sei, indem er die bewährte
Liebe und Treue seiner Unterthanen kenne und den im Dunseln
schleichenden Feinden der göttlichen und der öffentlichen Ordnung
nur habe zeigen wollen, wie thöricht und vermessen ihre heimlichen
Hoffnungen seien.

Den letztern Ton einer sieghaften Zuversicht schlugen nun
auch die beiden Prinzen an, denen sich ebenfalls ein Theil der
Gratulanten vorstellte. Auch sie wollten nun den Beweis führen,
daß sie der gestrigen Bewegung gar keine Bedeutung beigelegt,
sondern darin nur eine willkommene Gelegenheit gesehen hätten, der
etwaigen Rebellion die unerschütterliche Beständigkeit des Thrones
und diejenige Macht zu zeigen, welche in der Einigkeit und dem
Bewußtsein des Rechtes liege.

Auch der Reichsgräfin v. Thannheim näherten sich viele dieser
vom Hofe abhängigen Gratulanten und sie entfaltete vor ihnen eine
heitere Ruhe und Sicherheit, die ihre Seele allerdings in diesem
Augenblicke nicht empfand, denn sie wußte ja, daß Herr v. Gahring
bei dem Kammerrath v. Jbstein war, und sah mit Spannung dem
Ergebniß der Unterredung zwischen diesen Beiden entgegen. Sie
erwartete den Geheimrath, welcher ihr versprochen hatte, stehenden
Fußes über seine Sendung Bericht abzustatten. Dies hielt sie aber
nicht ab, jedem der vorsprechenden Gratulanten bemerklich zu machen,
daß sie es vorgezogen habe, im Schlosse und in der Nähe ihres
theuren Gemahls zu bleiben, denselben zur Milde und Zuversicht
zu stimmen und von überstürzten Gewaltschritten abzuhalten, wozu
die beiden Prinzen so geneigt gewesen wären. Sie selber habe
keinerlei Angst gehabt, sondern sei entschlossen gewesen, nur ihre
Pflicht zu thun, überzeugt, daß sie keine persönliche Gefahr zu befürchten gehabt habe, und entschlossen, selbst in einer solchen sich
und ihre Kinder unter den Schutz der guten Bürger von Waldau
zu stellen.

Und wenn dann zwei oder drei der Gratulanten den Flügel
im Schlosse verließen, wo die Reichsgräfin wohnte, so tauschten
Jene gewiß einige Worte der Anerkennung und Bewunderung für
die Reichsgräfin aus. „Die Erlaucht hat mehr Muth und richtigen
Takt gezeigt als alle die Herren; sie hat allein den Kopf oben
behalten, und unnütze Strenge verhindert," hieß es dann. „Sie
war die Einzige unter den Damen, welche der etwaigen Gefahr die

Stirne zu bieten wagte. Es ist ein Glück für den alten Herrn,
daß er eine so kluge, maßvolle und hingebende Gemahlin hat, sonst
machten die Anderen mit der guten alten Durchlaucht was sie
wollten!" Und dieser Ansicht pflichteten alle mit mehr oder weniger
Offenheit bei.

Endlich kam Herr v. Gahring und ward in Carolinens Boudoir
geführt. Als er ihr gemeldet wurde, hob sie die Audienzen auf,
ließ sich bei denjenigen Herren entschuldigen, welche noch nicht vorgelassen waren, und eilte zu Gahring. Seine heitere zuversichtliche
Miene verkündete ihr den Sieg oder wenigstens Beruhigung.

„Nun, mein werther Herr Geheimerath! sind Sie mit den Ergebniß zufrieden?" fragte sie ihn und reichte ihm die Hand. „Wie
haben Sie ihn gefunden?"

— „Herr v. Jdstein ist in keiner Weise mehr zu fürchten,
weder seine Bitterkeit noch seine Papiere, falls er überhaupt noch
deren hat, Erlaucht," erwiderte er. „Ich fürchtete einen trotzigen
ingrimmigen Mann zu finden, und mir trat ein gebrochener, kranker
Mensch entgegen, der keinen festen Willen mehr hat und ohne
Leitung auch sich zu keinem kühnen Entschluß mehr aufraffen wird.
Ich darf mir schmeicheln, an dem Gamming'schen Ehepaar eine
äußerst wirksame Unterstützung gefunden zu haben, eine Beihülfe
voll des feinsten Taktes und der eindringlichsten Beredtsamkeit.
Erlaucht sollten die Huld haben, der kleinen Frau v. Gamming
einen Besuch zu machen und sie hierdurch für die Energie auszu-
zeichnen, womit sie mir beistand. Will Jdstein nicht mit Allem
brechen, was ihm seither als Gebot der Ehre und des Standes
erschien, will er nicht freigebig darauf verzichten, Kavalier zu sein
oder dafür zu gelten und sich von seinen eigenen Verwandten zu-
rückgestoßen zu sehen, so kann er niemals jene Papiere gegen Sie
anwenden, niemals den Deuunzianten machen. Auch wird er sich
nun keinerlei Illusionen mehr hingeben, durch jene Papiere irgend
etwas zu erzielen. Er ist entwaffnet und er mißtraut jetzt seiner
eigenen Kraft. An Ihnen, Erlaucht, läge es nur noch, um selbst
derjenigen Möglichkeit zu begegnen, daß Andere ihn zu etwas bestimmten oder in seinem Namen etwas unternähmen, wozu er selbst
sich nicht wird entschließen können."

„Bitte erklären Sie sich deutlicher, mein verehrter Geheimrath!
was soll ich thun?"

„Ihn selbst sehen, wenn Sie Frau v. Gamming einen Besuch

machen, Erlaucht, — das wäre wenigstens mein unmaßgeblicher Vorschlag!...."

Die Reichsgräfin schrak zusammen. „Das kann doch nicht Ihr Ernst sein, Herr Gayring?"

„Und doch, Erlaucht! Es klingt vielleicht vermessen in meinem Munde, Erlaucht, aber ich kann es Ihnen nicht verschweigen, daß ich den Eindruck hinnahm, als habe Herr v. Jdstein die Geliebte seiner Jugend nicht vergessen, als sei es mehr Schmerz um ihren Verlust und ein verwundetes Gemüth, als Haß oder Groll, der ihn jetzt gegen Sie beherrsche. Jedenfalls wird Ihr Anblick, Erlaucht, Ihr Zuspruch, Ihre Theilnahme ihn auf eine Weise erweichen, daß er...."

„Oh nein, nein! ich fürchte, Sie täuschen sich hierin, mein lieber Geheimerath!" fiel ihm Caroline lebhaft ins Wort und erglühte dabei, denn welche Frau fühlt sich nicht einigermaßen befriedigt von dem Eindruck, den sie auf einen Mann macht? Allerdings erinnerte sie sich jener früheren Scene, wo sie auf ähnliche Weise an Ludwigs einstiges Gefühl appellirt hatte, und der erneuerte Versuch däuchte ihr gefährlich oder wenigstens gewagt. Aber Herr v. Gayring vertheidigte seinen angeregten Gedanken und seine Ueberzeugung, daß in Jdstein noch immer unbewußt ein gewisses Interesse für die verlorene Jugendgeliebte verborgen liege und bei der ersten persönlichen Berührung wieder nothgedrungen erwachen müsse, erst so lebhaft, daß die Reichsgräfin wenigstens aufmerksam zuhörte, und ließ es dann plötzlich mit der Bemerkung fallen:

„Es wäre indiskret und vermessen, Erlaucht, wollte ich Eurer Liebden meine Ansicht aufdrängen! Wenn Sie die Gewogenheit haben werden, Frau v. Gamming einen Besuch zu machen, hören Sie möglicherweise dort Einiges, was meine unmaßgebliche Meinung bestätigen oder widerlegen und Ihnen einen leisen Wink geben kann. Des Kammerraths also wären wir, dent' ich, sicher, Erlaucht! darf ich mir nun die ehrerbietige Frage erlauben, wie es mit des Herrn Prinzen Ludolf Liebden steht?"

„Ich habe keine neuen Nachrichten von ihm, aber ich werde möglicherweise heute Abend noch nach ihm sehen," entgegnete Caroline. „Soll ich ihn auf Ihren Besuch vorbereiten?"

„Erlaucht dürften möglicherweise meiner Unterredung mit dem durchlauchten Prinzen mehr Erfolg sichern, wenn Sie meiner nicht

zu erwähnen geruhen, dagegen mir von Seiner hochfürstlichen
Durchlaucht ein Mandat verschaffen würden, die Unterhandlung mit
des Prinzen Liebden nach Gutbefinden in die Hand zu nehmen,"
sagte Herr v. Gayring. „Ich werde mein Bestes thun, um Seine
Liebden zu bewegen, das Land zu verlassen, und mein Erfolg dürfte
gesicherter sein, wenn ich außer aller Beziehung zu Eurer Erlaucht
zu stehen scheine. Seine hochfürstliche Durchlaucht erwarten mich
nach der Tafel zum Vortrag . . . ."

„Dann werde ich Ihnen die Wege ebnen und die Vollmacht
zu verschaffen suchen, mein verehrter Geheimerath," erwiderte
Caroline. „Jedenfalls bin ich Ihnen in Gnaden gewogen und
werde Ihre guten Dienste nicht vergessen. Auf Wiedersehen denn,
mon cher de Gayring!" Sie reichte ihm die Hand die er galant
küßte, und er ging dann. Im Vorzimmer bemerkte er eine alte
hagere Frau mit einem bräunlichen vogelartigen Gesicht, in bürger-
licher Kleidung, die dort wartete — es war die alte Niethammer,
die über ihren Gast Bericht zu bringen schien.

*   *   *

Rudolf hatte seit dem Besuche der Reichsgräfin am Morgen
mürrisch und halb duselnd halb hinbrütend in seinem Bette gelegen,
von Schmerzen geplagt, die ihm den Gebrauch seiner Glieder
hemmten.

Er war ärgerlich über sich selbst, daß er den Vorschlag
Carolinens von der Hand gewiesen hatte, und noch ärgerlicher
darüber, daß sie ihn gleichsam verlassen und aufgegeben. Wenn sie
wirklich Ernst machte und ihn fallen ließ, stand er hülflos da, das
konnte er sich nicht verhehlen. Die Zukunft erschien ihm trostlos,
aber sie führte ihn unwillkürlich auch auf die Vergangenheit zurück.
Er dachte an alte Zeiten, an die Tage, wo er mit der blühenden
schönen Caroline geliebelt, sie ihrem Verlobten abtrünnig gemacht
hatte, bis er sie selber verloren durch seines eigenen Vaters späte
Gluth. Dann gedachte er der heimlichen Zusammenkünfte mit
derjenigen, die er nun Mutter nennen sollte, weil ein teuflisches
Verhängniß ihm den eigenen Vater zum Nebenbuhler gegeben, an
all die Kämpfe, welche in seinem Innern und in Carolinens Gewissen stattgefunden über ihre gegenseitigen Beziehungen, über das
Geheimniß, das Beide durch Schuld verband . . . . der Täuschungen,

die sie selbst Anderen gegenüber sich erlaubt hatten, und um welche nun jener schwer beleidigte Idstein wußte . . . . der Gefahr, welche deshalb über Carolinens Haupt schwebte wie ein Damokles-Schwert, das er, Ludolf, vergebens zu hemmen und festzuhalten versuchte . . . .

Allein seine Gedanken und wachen Träume waren unklar und verworren, wie es auch die rechten Träume sind, und ließen Ludolf zu keiner klaren Anschauung kommen, denn in alle seine Gedanken trat ein erschütterndes Bild wie ein Gorgonenhaupt — die hübsche muntere Philippine v. Hövel, sein eigenes grausam getäuschtes Opfer! Einer geknickten Blume gleich stand ihr Bild vor seiner Seele — rührend lieblich, das bleiche verhärmte Antlitz in Thränen gebadet, die Hände schmerzlich gerungen, die einst so süßen lachenden Augen bald in der Starrheit des Blödsinns auf ihn selber geheftet, bald in der düstern Glut des Wahnsinns rollend . . . .

„Sie hat sich zu Tode gerast und ihr Vater, vom Jammer überwältigt und vom Schlage gelähmt, ist kindisch, blödsinnig geworden!" murmelte Ludolf vor sich hin und es kroch wie eisiger Schauer durch sein Gebein und sträubte ihm die Haare, um im nächsten Moment wieder sein Blut in glühenden Fieberwellen zum Gehirn und zum Herzen zu senden, daß er nach Athem rang! Es war ein furchtbarer Zustand, und er kehrte das Gesicht nach der Wand — selbst auf die Gefahr hin, daß ihn seine Glieder schmerzten, — so oft er die Niethammer in die Stube treten hörte. Er stellte sich schlafend, nur damit sie seine geistige Qual nicht sähe. Und doch täuschte er das schlaue Weib nicht, das nur allzu wohl bemerkte, wie er nur den Schlaf simulirte, während die greulichste Unruhe sein Gemüth verzehrte.

Allein zu sein mit solchen Gedanken und Erinnerungen, die wie Tropfen glühenden Metalls auf die Seele fallen, ist ein entsetzlicher Zustand. Diese wirren Bilder und Gesichte bannen den Schlaf, den Freund des Kranken. Die kleine Hinterstube war ihm ein Kerker und die alte Frau erschien ihm wie eine Schließerin — ihm graute vor ihr wie vor sich selbst.

Sonst hatte er sich durch Jagd, Reiten, wilde Lust, durch Wein und Orgien betäubt; er hatte ausgelassene Freunde und Genossen gehabt, die ihm diese Gedanken hinwegscherzten. Heute widerte ihn der Wein an, wie Gift, und die Genossen hatten ihn verlassen. Die Alte mit den unheimlichen Augen hätte ihn unterhalten, wenn er nur gewollt hätte; aber schienen nicht eben ihre seltsamen Augen bald stier und gedankenleer ihn gespenstig anzustarren, bald mit lauerndem Blick bis in die innersten Falten seiner Seele sich hineinzubohren und ihn abzustoßen?

Allein, verlassen, verfolgt, geächtet, lag er da. Selbst seine Diener, diese elenden Sklavenseelen, waren selbstsüchtig geflohen, falls sie ihn nicht gar am Ende verrathen hatten! O Eitelkeit und Vergänglichkeit aller irdischen Dinge! O Wandelungen des Geschicks! Und was stand ihm noch weiter bevor? was konnte schon der nächste Augenblick bringen? Diese Fragen wichen nicht von ihm.

Bei Tage schon ist ein solcher Zustand voll Folterqualen; bei Nacht aber ist er fast unerträglich. Bei Tage ruht das Licht beinahe gleichförmig gedämpft auf dem ganzen engen Raum, und wirft nirgends so große und unbestimmte Schatten, daß die krankhafte gereizte Phantasie diese mit ihren launischen Gebilden bevölkern könnte. Allein wenn der frühe Winterabend niedergesunken ist und der bleiche Kerzenschein nur einen schwachen Lichtkegel in die Kammer wirft, da gähnen in allen Winkeln und Ecken Abgründe von Schatten auf, in denen das überreizte Nervenleben ungewöhnliche Dinge sehen zu können wähnt!

So erging es auch dem Prinzen. Mit Einbruch des Abends, mit dem Anzünden der Kerze, die Frau Niethammer auf den Tisch gestellt hatte, stieg seine fieberische Aufregung und Unruhe, tauchten immer neue Bilder vor seinem innern und scheinbar auch vor seinem leiblichen Auge auf und umgaukelten ihn.

„Bleibt bei mir, gute Frau, und plaudert mit mir," sagte er endlich zu ihr, als sie wieder zu ihm hereintrat, um ihm frische Kompressen auf die gequetschten und zerrissenen Stellen zu legen. Sein seitheriges instinktives Grauen vor der Alten war geschwunden.

— „Recht gern, gnädigster Herr! aber was für eine Unterhaltung kann Ihnen das Geschwätz eines ungebildeten dummen alten Weibes verschaffen?"

„Jenun, Ihr seid nicht dumm, Gevatterin! ich wenigstens halte Euch nicht dafür. Zudem geltet Ihr ja in Waldau für eine weise Frau, welche den Leuten die Karten legt und aus der Hand und aus dem Kaffeesatz wahrsagt, und somit versteht Ihr mehr als Brod essen, sagt man . . . . . Jedenfalls," fuhr er mit einem sardonischen Lächeln fort, — „wißt Ihr um mancherlei Dinge und

Verhältnisse, welche großes Aufsehen machen würden, wenn sie in die Oeffentlichkeit drängen, und seid — gleichviel auf welche Weise und in welcher Absicht — in die Geheimnisse vieler Personen eingedrungen!"

Die Niethammer sah ihn mit ihrem eigenthümlich starren verschleierten Blicken und marmorharten und kalten Zügen streng an.

„Hm, es ist wahr, ich weiß viel, mein gnädigster Herr," erwiederte sie und der Ton ihrer Stimme klang seltsam hohl. „Ich weiß um Dinge, die zu wissen gefährlich ist, und es gibt Leute, die mich mit kaltem Blute umbringen lassen könnten, wenn sie ahnten, was die alte Niethammer von ihnen weiß. Aber gesucht habe ich das Wissen nicht, bin nicht in Jemandes Thun und Treiben hehlings eingedrungen durch Lauern und Spüren. Was ich weiß, das hat mir eine innere Stimme gesagt, eine Art Sehergabe, wie sie die Propheten hatten, von denen die Bibel erzählt.... Ja, ja, lachen Sie nur darüber, mein gnädigster, junger Herr! Sie wissen nichts davon, welch ein schwerer Fluch und eine niederdrückende Gabe es für einen Menschen ist, wenn er unwillkürlich in den Gedanken des Andern liest und ihm gleichsam an den Augen ansieht, was er schon gethan hat, was hinter ihm und was vor ihm liegt.... Sie selber, gnädigster Herr, fragen sich in diesem Augenblicke, ob ich auch wohl von Ihnen mehr wisse, als die guten Leute von Waldau, welche Sie trotz Ihrer tollen Streiche lieben. — Sie möchten errathen, wie viel ich zum Beispiel von Ihrer Liebschaft mit einem jungen Fräulein weiß, das vor Kurzem im Wahnsinn gestorben ist, aus Jammer und Schmerz über den Tod ihres Kindes, mein Prinz. — Ist es ist nicht so? Haben Sie das nicht so eben gedacht?"

— „Laßt die Possen, Alte, denn bei mir finden Eure Spiegelfechtereien keinen Glauben," sagte Ludolf unwirsch. „Ich habe vielleicht heute Nacht im hitzigen Fieber solche Sachen geträumt und davon gefaselt, und das habt Ihr belauscht, oder aber habt Ihr zufällig einen Theil der Unterredung zwischen der Reichsgräfin und mir angehört, und wollt nun auf den Busch klopfen und halb Gehörtes mit Muthmaßung paaren und prophetisch verwerthen.... Bleibt mir damit vom Halse, gute Frau, denn mir flößt Ihr damit keinerlei blinden Glauben zu Eurer Kunst ein!"

„Meiner Kunst? Als ob es eine Kunst wäre, daß der Eine sieht, was den Anderen entgeht, wie der Eine nachpfeift, was ein

Anderer gesungen oder musicirt hat?" verseßte die Alte mit einem harten Hohnlachen. „Ich dränge mich Niemanden auf, wenn ich gleich aus innerm Triebe Keinen abweise, der meinen Rath sucht. Ich verachte die Menschen, wie sie mich verachten und wie sie es verdienen, denn ich sehe sie mit meinem verhängnißvollen innern Auge so wie sie sind, und das lehrt mich, daß Wenige besser sind wie ich. Ja, finge man von oben an, der Menschen Inwendiges nach außen zu kehren, wie einen alten Mantelsack, wie Viele würden da elender bastehen als der ärmste Bettelmann und der gemeinste Verbrecher!"

— „Eine wohlfeile Weisheit, Alte, und gar nicht mehr neu, denn so haben gescheidte Leute von jeher den Troß der Menschheit betrachtet!" sagte Prinz Ludolf sardonisch. „Wer alt geworden ist und viel erlebt hat, den hat das Leben und die Erfahrung Manches gelehrt, wovon Andere keine Ahnung haben. — Doch glaubt darum nicht, daß ich gering von Euch und Eurer geheimen Kunde denke, wenn ich nicht buchstäblich an Eure Seherkraft glaube, gute Frau! Es giebt ja noch mancherlei Dinge auf Erden die uns überraschen und wunderbare Wirkungen zeigen, wenn wir uns dieselben auch nicht recht erklären können. Würdet Ihr mir beispielsweise einige Fragen erlauben, um Eure Wissenschaft auf die Probe zu stellen?"

„Der gnädige Herr mag ruhig fragen; ich will genau antworten, so gut ich es weiß. Ist das, was ich weiß, nicht richtig oder genügt es dem gnädigsten Prinzen nicht, so ist es nicht meine Schuld!"

— „Geschickte Verwahrung, Mütterchen! indeß seid Ihr auf keinen Fall verpflichtet, mehr zu geben, als Ihr mir geben könnt," entgegnete Ludolf mit einer leichten Ironie. „Ihr kennt den Präsidenten von Adelsberg, Mütterchen?"

„Vom Sehen, gnädigster Herr! gesprochen hab' ich ihn noch niemals!"

— „Sehr glaublich," sagte Ludolf mit sardonischem Lächeln. „Ihr könnt mir natürlich auch Nichts über ihn sagen, als was alle Welt weiß?"

„Was will denn der gnädige Herr wissen?"

— „Ob der Mann mir gewogen ist! ob ich mich auf ihn verlassen kann! ob derselbe im Stande wäre, ein Opfer für mich zu bringen!"

„Das wird ja in den Karten stehen, gnädiger Herr!"

Ludolf lachte laut auf. „Und im Kaffeemark, nicht wahr?" rief er spottend. „Ich will es aber aus solchen Quellen nicht erfahren!"

„Hat sich der gnädigste Herr schon einmal Karten legen lassen?" fragte die Niethammer und starrte ihm mit ihren verschleierten Augen ins Gesicht.

— „Nein, noch nie — einmal hat mir aber eine Zigeunerin bei Berlin aus der Hand wahrgesagt, und es war eitel Betrug."

„Dann spricht der gnädige Herr von diesen Dingen, wie der Blinde von den Farben," versetzte die Niethammer kalt und bestimmt. „Ich weiß nicht, was Ihnen die Zigeunerin wahr sagte, aber wenn sie ihr Geschäft verstand, so ist das, was sie prophezeit hat, nur darum nicht eingetroffen, weil es ein Unglück war und der gnädige Herr gewarnt war und sich dessen versah, — nicht wahr?"

— „Hm, Du bist ein kluges Weib, Alte, und hast für jede Bemerkung eine Antwort," sagte Ludolf. „Kommst Du damit auch der Wahrheit nicht näher, so gibst Du doch einen Scheingrund an. Oder kannst Du mir aus den Karten sagen, was es war?"

„Wollen es versuchen, Gnaden!" erwiederte sie kurz, schob das Tischchen mit der Lampe näher zu seinem Bette, und nahm ein Spiel Karten aus der Schublade. Sie mischte dieselben, hob ab und ließ sie lautlos im weiten Bogen neben einander fallen.

— „Ich sehe nun, was es war," sagte sie. „Hier dieser König ist mein gnädiger Herr. Er hatte eine Liebschaft mit einer vornehmen Dame, die aber verheirathet war. Das ist der Brief, den er von ihr erhielt, und der ihn zu ihr auf ein Gut entbot. Das ist der getäuschte Ehemann, dem die Sache verrathen ward durch diesen Schippenbuben; das ist der Weg, den der Prinz ritt, als er zu seinem Liebchen wollte; diese Neun ist die Zigeunerin, dieses Aß die Brücke, an der er umkehrte, diese Schippen-Sechs und Acht sind Leute, die ihm unterwegs auflauerten. Dieser Eckstein-Bube ist der Offizier, welcher den Prinzen dem getäuschten Ehemann verrathen hatte und meinem gnädigen Prinzen nachgeritten war, um den gehörnten Eheherrn zum Zeugen zu dienen, und der eine halbe Wegstunde jenseit der Brücke im schummerigen Abend durch die Brust geschossen wurde, weil man ihn für den Prinzen gehalten hatte; und diese Zehn hier ist der andere Weg, welchen mein Prinz eingeschlagen hatte, um wieder nach Hause zu reiten!"

„Halt, Alte! rühr' die Karten nicht an, bevor ich sie gesehen und mir noch einmal habe erklären lassen!" rief Ludolf und richtete sich so hastig auf, daß ihm ein Schmerzschrei entfuhr.

Die Niethammer wiederholte langsam und ausführlicher ihre Erläuterung und ließ bei Erwähnung jeder einzelnen Thatsache ihren knöchernen haarigen Mittelfinger auf jeder einzelnen Karte ruhen. Als sie geendet, schaute sie ihn ruhig fragend an, als ob sie seine Antwort erwarte.

„Das ist eine geschickte Täuschung, alte Hexe, und klingt plausibel, aber dieses Stückchen hat Dir einer meiner Diener oder das Gerücht hinterbracht!"

— „Durchlaucht mögen glauben, was Sie wollen — mich kümmert's nicht; aber es steht vielleicht noch mehr in den paar Karten, die hier noch übrig sind." versetzte die Niethammer kalt. „Wünschen der gnädige Herr, daß ich fortmache?"

„Ja, — nur rasch!"

— „Die schöne Frau hat ihren Liebsten vergebens erwartet; sehen Sie, hier sitzt sie in Trauer. Als der Andere starb, da errieth sie, warum es geschehen und warum ihr Liebhaber ausgeblieben war. Sie entlief ihrem Manne, den sie einen Mörder nannte. Hier ist der Brief, den sie ihm schrieb, hier andere Briefe an den Herrn Liebsten von ihr und welche von ihm an sie. Hier ist ihr Tod, diese Kreuz-Zehn, weil sie sich von dem Liebsten verlassen glaubt und dem Manne entwich, der um ihretwillen den Mord veranstaltete. Hier ist das Schiff, mit welchem der Mann dann fortreiste in ein fernes Land."

„Blendwerk!" murmelte der Prinz mit einem leisen Schaudern. „Sag' mir Weib, woher Du das Alles weißt?" fragte er finster und drohend.

— „Da steht's ja, deutlich zu lesen für den, der das innere Auge für solche Dinge hat!" versetzte sie kalt und hohl. „Wer sollte mir's gesagt haben? Der Erschossene doch wohl nicht? und die drei anderen Personen, welche noch darum wissen und dabei betheiligt waren, werden auch geschwiegen haben, denk' ich. Man spricht von solchen Dingen nicht!"

Ludolf war in die Kissen zurückgesunken und stierte mit leisem Grausen nach der Decke. „Lodoiska's Schicksal!" murmelte er so leise, daß selbst das Ohr der aufmerksam lauschenden und ihn belauernden Niethammer es nicht unterscheiden konnte. Aber seine Erschütterung und sein Schweigen sagten der Alten, daß sie seinen Skepticismus erschüttert habe, und tief in ihren stieren verschleierten Augen leuchtete ein heimlicher Freudenblitz auf.

Nach einer Weile richtete Ludolf sich wieder mühsam auf, sah die Alte mit mißtrauisch forschendem Blick an, ohne aber in ihren Gorgonenzügen irgend etwas von Betretenheit lesen zu können, und flüsterte dann halb geheimnißvoll:

„Bitte, Mütterchen, befragt einmal Eure Karten über Herrn v. Adelsberg."

— „Gerne, Gnaden!" sagte sie, nahm aus der Pappschachtel ein anderes Spiel, mischte es flink, ließ den Prinzen abheben und streute mit gewandtem Ruck die Karten wieder im Bogen auf den Tisch. „Da liegt er schon vorne dran, der Gemeinte, der Ecksteinkönig; das hier ist der durchlauchtige Fürst, durch diesen da, den Ecksteinbuben, von dem Andern getrennt. Das bedeutet, daß dem Präsidenten das Dienstchen wackelt, daß er ausgethan ist im Vertrauen seines Herrn. Dies da sind Sie, mein gnädiger Prinz — sehen Sie nur, durch viel Menschen und Zufälligkeiten und Hindernisse von diesen alten Herren hier getrennt. Das bedeutet, daß Sie von diesen wenig Gunst mehr zu erwarten haben. Herr v. Adelsberg ist ein treuer alter Hund, seinem Gebieter ganz ergeben, aber zu blind und taub und zu alt, um ihm noch so gut zu dienen, wie ehedem. Er hat keine Zähne mehr zum Beißen; er meint es nur gut mit seinem Herrn und mit sich. Was Jenem unlieb und ihm selber schädlich wäre, dem weicht er aus. Ihnen, mein gnädigster Herr, ist er nicht abgeneigt, aber er ist zu schwach und zu willenlos, um Ihnen nützen oder sich Ihretwegen eine Blöße geben zu wollen. Jene Karte dort bedeutet einen bösen oder dummen Streich, den er Ihnen gespielt hat. Diese dagegen bedeutet ein Unglück und diese einen Verdruß, die ihm selber zugestoßen sind. Und was dann kommt, ist hart für ihn — er wird überholt, verdrängt, bei Seite geschoben; er versucht sich hier neue Gönner und Fürsprecher zu verschaffen, aber findet verschlossene Thüren und taube Ohren — jene schwarzen Karten dort, — während hier eine schöne vornehme Frau meinem gnädigen Prinzen nahe steht und denselben durch manche Prüfung und Trübsal einer freundlicheren und ruhigeren Zeit entgegen führt. Die rothe Karte hier, das ist ein Zufluchtsort im fremden Land, wo mein gnädigster Herr unerreicht von Feinden Widersachern noch freundliche Tage erlebt und durch diese Briefe hier in stetem Zusammenhange und und Einverständniß mit derjenigen bleibt, welche...."

„Und so weiter! und so weiter!" fiel ihr der Prinz ungeduldig in's Wort. „Laßt die Zukunft und die allgemeinen Phrasen, gute Frau, auf die ich nicht hören werde. Ich wollte nur von dem Manne hören, der mich hintergangen und verrathen hat."

„Davon steht aber nichts in der Karte," erwiderte die Niethammer rasch und entschieden. „Er ist darin nur als schwach und unentschieden geschildert, und an dieser Halbheit geht er auch unter. Man muß niemals mehr aus den Karten herauslesen wollen, als darin steht. Auch muß man die Menschen nicht ganz verwerfen, sondern nur anlehnen. Jeder ist im Leben noch so gut zu verwenden, wie eine Karte in der Hand eines geschickten Spielers. Menschen sind nur Kartenblätter; wer sie versteht, der spielt mit Menschen so geschickt, wie der gute Spieler mit den Karten: das Schicksal mischt die Karten, das Glück zieht den Trumpf ab und wirft die besten Trumpfkarten seinem Günstling zu. Aber es gehört Witz und Erfahrung dazu, die Menschen wie die Karten nach ihrem Werth kennen zu lernen, und Kühnheit und Zuversicht, ein großes Spiel zu wagen. Und wer eine Farbe angegeben hat im Spiel, der muß darauf fortspielen, so lange er kann, und dem Gegner die Blätter nehmen, ehe dieser sie gegen ihn verwenden kann. Das übersieht Mancher und darüber gibt er die Stiche aus der Hand."

„Kartenphilosophie!" murmelte der Prinz halb geringschätzig vor sich hin. „Und doch ist etwas von Erfahrung darin..... Meine Karten sind freilich wenig werth gewesen und haben nicht Farbe gehalten!"

„Waren sie vielleicht nicht zur rechten Zeit ausgespielt, gnädiger Herr?" fragte die Kartenlegerin anzüglich. „Hatten Sie damit wenigstens Einen Stich gewonnen, um sich das Ausspielen zu sichern?"

„Weib! welche Frage?!" fuhr der Prinz entrüstet auf, aber der stechende Schmerz in seinem Rückgrat, welcher der unwilligen Bewegung folgte, entriß ihm ein Stöhnen und er sank auf die Seite. Als er wieder aufathmen konnte, war er allein. — „Alle Wetter! das Leidigste ist, daß die Alte mit ihren trivialen Bildern Recht hat. Ich habe schon den ersten Stich verloren, weil ich

planlos spielte," murmelte er. „Ich habe die Demüthigung verdient, daß mich ein altes Weib belehrt. Jenun, eine gute Lehre
kommt eigentlich niemals zu ~~früh~~, und man muß sie annehmen, wo
man sie findet. Ich will das Spielen aufgeben, das Hazardspiel
mit Karten wie mit Gedanken und Plänen, denn beides ist eitel Lug
und Trug. Man muß ein kalter rücksichtsloser Mensch, ein einge-
fleischter Teufel sein, um das Glück zu bändigen, indem man es
überlistet. Dazu bin ich nicht geschaffen, bin zu trotzig, zu stolz, zu
warmblütig . . . . . der Teufel hole dieses unbequeme Kranksein!"
fuhr er dann nach einem halb unterdrückten Schrei wild auf. „Es
macht den Menschen auch moralisch zum Lump; — Hätte ich mir
denn jemals in gesunden Tagen das überhaupt von einem alten
Weibe von zweideutigem Rufe bieten lassen, was diese häßliche, unheimliche Hexe mir so eben gesagt hat? Ist es überhaupt nicht ein
Graus und eine Abnormität, daß ich hier in einem armseligen,
schmutzigen Versteck liege und mich von einer verrufenen Alten verpflegen lasse, während kaum tausend Schritte von hier mich alle
Behaglichkeiten meines eigenen Heimwesens erwarten, worin ich
ruhig Dem entgegen sehen kann, was die Zukunft mir bringen
wird? . . . . . Ruhig? Ei ja doch! und warum nicht? Ich kenne ja
meine Leute! Der halb schwachsinnige gutmüthige Papa, der gleich
langsam denkt wie verdaut, würde es mit mir nicht zum Äußersten
treiben, denn im Grunde liebt er mich noch immer ein Wenig; bin
jedoch der jüngste Sohn meiner Mutter und ihr aufgewecktestes, ihr
ähnlichstes Kind, wie mich die Leute am Hofe tausendmal versichert
haben! Und dann, fürchtet Papa nicht jedes Aufsehen, jeden Eclat?
liebt er nicht die gewohnten Bahnen und die Hausbackenheit, das
Hergebrachte? Und wo fände er in der Geschichte, die er vermuth-
lich nicht besser kennt als ich, ein Beispiel davon, daß der Vater
einen Sohn hätte in den Kerker werfen oder vor die ordentlichen
Gerichte stellen oder hinrichten lassen wegen Felonie? Hm! in der
russischen und türkischen Geschichte und unter den despotischen Herr-
schern des Morgenlandes mögen derartige Fälle nicht selten gewesen
sein, aber unsers Herrn Papa's Liebden schmeicheln sich ja,
ein christlicher und civilisirter Fürst zu sein und haben mehr wie
einmal in meiner eigenen Hörweite sich mit Entrüstung darüber
ausgesprochen, daß der große Preußenkönig, Friedrichs II. des Erlauchten, Majestät — in seiner Jugend in der Geschichte mit dem
Lieutenant Katt so tyrannisch und neronisch behandelt worden sei!

Bah, mein Papa hätte dies in seinen kräftigsten und resolutesten Zeiten niemals fertig gebracht! Ich kenne ihn und sein ganzes Wesen — stehe ich ihm gegenüber, seh' ich ihn mit den Augen meiner Mutter an, appellire ich an seine Gerechtigkeit gegenüber von meinen Feinden und Verleumdern; spiel' ich mich auf den Unschuldigen, Verkannten, mach' ich Reue und Leid wegen meiner Schulden und loceren Streiche, so bringe ich ihn schon zu meinen Gunsten herum, und wenn die beiden Herren Brüder, das Zuckersöhnchen und Pantoffelmännchen Johann sammt seiner eigensinnigen ehrgeizigen Frau Erbprinzessin, und der Faselhans und Möchte-gern Heinrich, sich gegen mich verschworen hätten und auf mein Verderben sännen! — Nein, nein! da sind auch noch Trümpfe in meiner Hand, die ich ausspielen will und kann, wie die alte Hexe da es auffaßt! Und ich will diesmal klug spielen, damit ich den ersten Stich mache und im Stich bleibe! ich will nicht mehr harzardiren und mich nicht mehr auf verdeckte Karten verlassen, denn was sind Menschen anders als verdeckte Karten, weil ihnen nicht in's Herz sehen, nicht ermitteln können, ob und wie sie sich im gegebenen Falle benehmen, ob sie den Stich machen werden, zu dem wir sie bestimmt haben? .... Ich habe mancherlei gelernt, seit ich hier in dieser ärmlichen Kammer liege; unter Anderm nachdenken über mich und mein Geschick, was ich mir früher nie so leicht und so genußreich gedacht habe, als ich so in das Leben hinein stürmte, Andere für mich denken und handeln ließ, Anderen blindlings oder gedankenlos nachfolgte oder die scheuen Rosse meiner Leidenschaften mit mir durchgehen ließ! Ja, noch mehr, ich habe Geduld gelernt, und die Nachsicht und Rücksicht, auf Andere zu hören, wie z. B. auf die alte Hexe da, die mir unter verhüllter Form manch wichtige und bittere Wahrheit gesagt hat. Hätt' ich früher ohne Murren und Verwünschungen solche Schmerzen getragen wie jetzt? hätte ich die dumpfe Pein in meinen Gliedern ruhig hingenommen und lautlos ausgestanden? hätt' ich nicht eine wahre Genugthuung darin gesucht, meine Ungeduld und Unlust auf meine Umgebung zu übertragen und diese entgelten zu lassen, in dem Gedanken, was brauchen diese elenden Kreaturen: mein Doctor, mein Adjutant, meine Diener, — besser daran zu sein als ich? Ja, ich bin sogar so weit gekommen, daß ich nun begreife, daß ich ein Thor war, mit dem eigenen Kopf durch die Wand rennen und Alles nach meiner Pfeife tanzen lassen zu wollen! .... Ha, verwünschte niederträchtige Schmerzen!"

unterbrach er sich dann stöhnend und auf die Zähne beißend. „Mein ganzer Körper ist wie zerschlagen und geknickt und doch ist in allen Gliedern etwas wie höllisches Feuer, das mich beinahe verzehrt und unsäglich elend macht! Was ist dies? Ist es der Tod, der in mir wühlt? Dummheiten! es ist eine Krankheit, die in mir brütet, eine schleichende und doch hitzige Krankheit, ein dumpfes Reißen, ein — der Henker mag wissen was es ist, aber jedenfalls etwas, das nicht schlimmer sein kann, als eine Folterqual! Wo nur die alte Hexe bleibt? Soll ich sie rufen? .... Meiner Treu, ich kann selbst dies nicht mehr — mir ist zu schlecht dazu!" Und mit einem jähen Angst- und Schmerzschrei, der ihm wie ein elektrischer Schlag durch alle Glieder zitterte, wand er sich winselnd unter den schweren Feder-kissen des Bettes.

Die alte Hexe, von welcher er gesprochen hatte, war nur we-nige Armslängen von ihm entfernt, beobachtete ihn seit dem Beginn seines Selbstgesprächs ganz genau, und ließ sich kein Wort und keine Geberde von ihm entgehen. In der Ecke der Stube stand eine Art Schrank, ein einfaches Möbel von gemeinem Tannenholz, blau angestrichen, halb aus der Wand hervortretend, anzusehen wie ein Kleiderspint. Ein ländlich naiver Künstler hatte einige Blumen darauf gemalt, riesige Tulpen und Hyacinthen in grellen Farben, und kühne Schnörkel von mehr Würde als Anmuth in breiten Pinselstrichen von gelbem Ocker, wie sie damals der unentwickelte ästhetische Sinn unserer Vorväter noch für schön halten mochte. Aber es war dies kein Schrank, sondern das Ding hatte bei einer Tiefe von nur etwa einer starken Elle zwei Thüren, deren eine sich in das Stübchen mündete, wo Prinz Ludolf lag, während die andere auf die Wohn-stube der Niethammer öffnete. Wohl hingen einige Weiberkleider da-rin, worunter auch der stattliche blaue Tuchmantel, den sich die Kartenlegerin jüngst von der Reichsgräfin erschwindelt hatte; aber sicher waren sie nur zum Schein da, und dieser Wandkasten hatte eine andre Bestimmung: er genügte dem doppelten Zwecke, ein Ver-steck oder Horchplätzchen und in kritischen Augenblicken ein Mittel zu ungesehener Flucht zwischen der Vorder- und der Rückseite des Häuschens abzugeben, je nachdem die Gefahr von hier oder von dort kam. In beiden Thüren waren runde Luftlöcher, je von einer halben Spanne Durchmesser, angebracht und mit einem engen Draht-gitter versehen. Aber sie lagen in verschiedener Höhe und hatten hinter sich einen beweglichen, klappenartigen Tuchlappen, der den

Lichtstrahlen von außen und den etwaigen Späherblicken wehrte, in das Innere des vermeintlichen Schrankens zu blicken.

Jetzt aber stand die Niethammer in dem Schranke, hatte den Tuchlappen in die Höhe geheftet und ihre dunklen Augen dicht an das Drahtgitter gebracht, so daß sie den Gast genau beobachten konnte, ohne von ihm gesehen zu werden, denn die Thüre befand sich parallel mit den Häupten des Bettes. Kein Wort von dem halblauten gemurmelten Monolog, worin der Prinz, vielleicht unbewußt, seine stillen Gedanken äußerte, und kein noch so flüchtiger Ausdruck seiner Züge war ihrem scharfen Blicke entgangen; jeder Gedanke, jede Bewegung in seinem Gesicht, jeder Tonfall seiner Stimme hatte einen mehr oder weniger augenfälligen Eindruck oder Widerschein auf dem Gesicht der Kartenlegerin abgespiegelt, und namentlich ihren seltsamen Augen einen merkwürdigen Ausdruck gegeben. Jetzt, wo er sich ächzend unter den Schmerzen des Gliederreißens unter seiner Decke wand und in eine Ecke des Bettes zusammenkrümmte, stieg sie leise auf den Socken aus dem Wandschranke heraus in die Wohnstube, ließ die Thüre des Spintes hinter sich offen und hockte sich mit nachdenklicher Miene auf einen niedrigen Schemel neben dem Kachelofen, umfing mit den gefalteten Händen ihre hageren Kniee und stierte in stummem Hinbrüten vor sich nieder.

Die Niethammer war zu sehr an die Einsamkeit gewöhnt und auf ihrer Hut, um sich zu lautem Denken und Selbstgespräch hinreißen zu lassen, wie ihr Gast, der jünger an Jahren und mittheilsamer war und darum mehr innern Drang hatte, sich die ungewohnte Stille der gezwungenen Einsamkeit durch seine eigene Stimme zu beleben. Aber wir dürfen mit dem Vorrecht des Dichters in den Gedanken der alten Wahrsagerin lesen, und diese waren ungefähr folgende:

Ja, ja, er hat das hitzige Gliederweh, der junge Herr, und ich gönne es ihm! Diese reichen und vornehmen Leute sollen auch nichts vor unser Einem voraus haben von den Leiden dieser Erde! So fing es gerade bei meinem alten Hauptmann auch an, den es hinraffte und bald in das hölzerne Röcklein brachte. Ob es diesem da auch so gehen wird? Ich glaube nicht, denn er ist noch zu jung und kräftig dazu; indessen das Gliederreißen hat schon manchen jungen und kräftigen Mann hingerafft. Ich weiß ja mein Mittelchen dagegen, das ihm helfen kann und wird. Ob ich ihn hier behalte oder der Erlaucht den Gedanken eingebe, ihn nach seinem Schlößchen

draußen am Thore oder nach Bauhof schaffen zu lassen? .... Hm,
es wäre thöricht, wenn ich ihn aus der Hand gäbe; ich würde
dann die Henne schlachten, die mir die goldenen Eier legen soll.
Die vornehmen Leute würden mich mit ein paar harten Thalern
abspeisen, und die Leibärzte und das Dienervolk würden sich dann
brüsten, daß ihre Pflege ihn gerettet habe, und sie würden von ihm
und von den Anderen reich beschenkt werden. Denn die Reichsgräfin
und die Höflinge würden sich die Gelegenheit nicht entgehen lassen,
ihn zu bearbeiten, daß er sich mit seinem Herrn Vater aussöhne
und wieder liebes Kind mache. Mit einem Kranken haben die
Ränkeschmiede leichtes Spiel, denn solch ein armseliger Mensch auf
dem Krankenbette, schwach an Leib und Seele und Willen, ist ja
weiches Wachs in einer kundigen Hand. Warum soll ich ihn den
Anderen überlassen, anstatt ihn selber für meine Zwecke auszubeu-
ten? Stirbt er bei mir, unter meinen Händen, na, dann müssen
mich die Anderen gut bezahlen. Ueberlebt er es aber, dann soll es
mein Schade noch weniger sein; dann werde ich Mittel und Wege
gefunden haben, ihn auszuholen und die Reichsgräfin, ich werde
Beider Geheimnisse ergründet haben und daraus Nutzen ziehen
können. Er darf nicht mit seinem Vater versöhnt werden, wie er
es wünscht und seine Frau Liebste, die Erlaucht; nein, denn ist er
wieder zu Gnaden angenommen, so ist er meinem Einfluß entzogen
und vergißt und verachtet mich. Aber er soll mir halseigen bleiben
und 'sich von mir leiten lassen; er soll mich nothwendig haben für
jetzt und künftig; der nagende Wurm des Stolzes und der Herrsch-
begierde soll in ihm genährt werden; seine Leidenschaften sollen immer wach sein und ihn mit einem ganzen Netze umstricken, dessen
Fäden ich knüpfen will. Er soll nach Rache an seinen Brüdern,
nach dem Fürstenhut dürsten, wie ein wunder, gehetzter Hirsch nach
frischem Wasser.... er soll weiches Wachs in meinen Händen sein
wie die schöne Erlaucht.... Ja, poche nur auf Deinen Verstand und
Deine freien Ansichten, junger Fant! sieh nur Trug und Blendwerk
in meinem Treiben, mein Goldsöhnchen! Es soll dennoch eine Zeit
kommen, wo Du an meine Karten und meinen Rath glauben sollst,
an die ‚alte Hexe, die mehr kann als Brod essen!‘ Wenn Du erst
im wilden hitzigen Fieber da liegst, wirst Du mir noch mehr von
Deinen Geheimnissen ausplaudern, als in dem unruhigen Schlaf der
vergangenen Nacht! Söhnchen, ich lasse Dich nicht; Du mußt noch
lange die Gans sein, die mir die goldenen Eier legt!

Solches waren ungefähr die Gedanken, welche der Karten=
legerin durch den Sinn gingen, als sie auf ihrem Schemel dasaß
und mit halbem Ohr auf das Aechzen und Stöhnen des Prinzen
hörte, der sich unter Schmerzen auf seinem Bette krümmte.

„Es hat ihn gepackt wie mit glühenden Zangen!“ murmelte
sie und ihre gelben harten Züge verzerrten sich zu einem boshaften
Lächeln. „Ja, mein schmucker junger Prinz, nun wirst Du mürbe
werden! Ich lasse Dich lange zappeln und leiden, damit Du auch
desto besser die Pflege und Linderung fühlen mögest, die ich Dir
bringen kann! die Höllenschmerzen sollen Dir zeitlebens eingedenk
bleiben!“

Die Niethammer ging an einen andern kleinen Wandschrank,
wo sie verschiedene Arzneimittel verwahrte, denn sie galt auch für
eine in der Heilkunde erfahrene Frau, deren Erfahrung und Kunst
häufig von Nachbarn und von Hoch und Nieder in Anspruch ge=
nommen wurde. Ja, sie erfreute sich gerade in dieser Beziehung in ge=
wissen Schichten eines Vertrauens, welches dasjenige zu den eigent=
lichen Aerzten überstieg oder noch neben deren Verordnungen zu
Rathe gezogen. Sie hatte eben zwei irdene, mit Schweinsblase
verschlossene Töpfe auf den Tisch gesetzt und deren Inhalt unter=
sucht, als ihr scharfes Ohr durch die abendliche Stille ein diskretes
Klopfen an der Hausthüre vernahm. Rasch beseitigte sie die Töpfe,
verschloß lautlos die Thür zu dem geheimnißvollen Durchgang, welcher
nach dem Kämmerchen ihres Gastes führte, und schlurfte dann ge=
mächlich mit der Ampel in der Hand hinaus nach der Hausthüre.
Leise öffnete sie den Schieber vor dem Guckloch und schielte hinaus,
konnte aber nicht sehen wer es war.

„Seid Ihr es, Sabel?“ flüsterte sie.

„Nein, ich — eine Botschaft vom Schlosse,“ flüsterte es
zurück. „Bitte, macht auf, gute Frau!“

„Jesus, Maria, die Erlaucht!“ rief die Niethammer, zog
rasch die Riegel der Hausthüre zurück und legte ihre freundlichste
Miene an.

Aber zur Thüre herein trat eine vermummte Gestalt, viel
kleiner als die stattliche Reichsgräfin, und als die Gestalt die dunkle
Kapuze ihres Mäntelchens zurückschlug, kam ein altjüngferliches
unscheinbares Gesicht zum Vorschein, das vom eiligen Gange er=
hitzt schien.

„Ach sieh doch, welche Ehre! Die Mamsell Elisabeth selber!

Wie mich das freut! Und so spät am Abend noch und bei diesem
Wetter?" hub die Kartenlegerin an und nahm der alten Leib=
dienerin der Reichsgräfin von Thannheim den regennassen Mantel
ab, führte sie in die Stube, schob ihr den Lehnstuhl zum Ofen und
hieß sie dann noch einmal in wortreichster Weise willkommen. „Es
hat doch hoffentlich kein Unglück gegeben, Mamsell?" schloß sie halb
ängstlich.

„Ach Gott, nein! ein besonderes Unglück gerade nicht, außer
daß die Durchlaucht unser regierender Herr wieder unbaß geworden
sind in Folge der vielen Alterationen, welche in diesen schrecklichen
Tagen auf uns eingestürmt sind," berichtete die alte Kammerjungfer
und vertraute Dienerin der Reichsgräfin. „Die Erlaucht kann den
allergnädigsten Herrn keine Minute verlassen, denn wenn er unbaß
ist, so wollen hochdieselben nur von meiner gnädigsten Herrschaft
verpflegt sein und diese nicht aus den Augen lassen...."

„Du lieber Himmel! ja, das glaub' ich, und in wessen Händen
könnten der gnädigste Herr auch besser aufgehoben sein?!" fiel ihr
die Niethammer mit einem andächtigen Augenaufschlag in's Wort.
„Ich sag' es ja immer, unsere Erlaucht ist ein Engel, wie er im
Buche steht.... Und da unsere gnädigste Erlaucht nicht selber
kommen kann, so schickt sie die gute Mamsell Elisabeth, ihre treueste
Freundin und rechte Hand, nicht wahr? Na, das begreift sich ja
von selber. Ich wußte das; ich hab's innerlich recht deutlich ge=
fühlt, und wie mir vorhin die Scheere aus der Hand fiel und auf=
recht im Boden stecken blieb, da sagte ich mir: es kommt heute
Abend noch Besuch und zwar ein vornehmer! Und nun will meine
schätzenswerthe Mamsell wissen, wie es dem Gaste geht, den ich
unter meinem Dache versteckt habe, nicht wahr?"

„Du liebe Zeit! Sie weiß ja schon Alles, meine gute Frau!
Sie nimmt mir's so vom Munde weg...."

„Das macht, meine ehrenreiche Mamsell, weil wir uns in der
Hingebung für unsere fürtreffliche Erlaucht begegnen! Ja, ja, ich
weiß immer im Voraus, wie Alles kommen wird, und hab's vom
lieben Gott erbetet, daß unsere theuerste Frau Reichsgräfin Liebden
nicht selber komme und ihr ein Schrecken und ein Grausen und
eine Gefahr erspart werde.... Ja, denken Sie sich, der Musjeh,
mein Gast, ist krank, nicht gerade bedeutend, obschon man nicht
weiß, wie es noch werden kann; aber wenn ich so meinen
Beobachtungen trauen darf, so ist es ein hitziges Gliederreißen,

gepaart mit einem Schleimfieber, und das Letztere ist an-
steckend . . . ."

„Barmherziger Gott!" rief die Kammerjungfer und sprang
vom Stuhle auf.

„Nein, nein! für Sie hat es keine Gefahr, meine gute Mamsell,
sonst hätt' ich Sie nicht hereingeführt!" erwiderte die Niethammer
und legte ihren Arm beschwichtigend auf denjenigen Elisabeths.
„Bleiben Sie hübsch ruhig sitzen; Sie sollen ja in gar keine Berührung mit meinem Kranken kommen! Und einstweilen ist er ja in
guter Pflege und Verwahrung, wie unsere gnädigste Erlaucht wohl
weiß, denn die Krankheit macht bei meinen wirksamen Heilmitteln
immer bald Kehrt, und ich habe gleich das Nöthige gethan. Die
Schmerzen und Leiden konnt' ich ihm freilich nicht ersparen; da hilft
nicht einmal Sympathie. Und austoben und ausrasen muß sich
das Fieber auch, denn er ist nicht bei Sinnen und schwatzt allerlei
ungereimtes Zeug, von dem es sehr gut ist, daß es Niemand hört,
als die alte treue verschwiegene Niethammern, denn er faselt dabei
von allerlei Namen und Dingen, welche die Leute konfus machen
könnten, die so etwas unvorbereitet hören. Darum hab' ich auch
keinen Doktor gerufen, meine gute Mamsell, denn sehen Sie, dies
gäbe nur wieder Anlaß zu neuen Grübeleien und Klatschereien, abgesehen davon, daß es besser ist, wenn gar Niemand ahnt, daß gewisse Herren hier sind, denn sie haben Feinde, sehr erbitterte Feinde,
die sich verrathen glauben — ich darf nicht mehr sagen, mein liebes
Kind, das begreifen Sie! Aber Sie verstehen mich, nicht wahr?"

„Oh, ganz gewiß — Sie sind ja so gescheidt und umsichtig,
liebe Frau, und ich will mich nicht eindrängen . . . ."

„Ach Gott nein! meine beste Mamsell, dies ist es nicht! Wir
Beide haben ja keinerlei Geheimnisse vor einander, und die liebe
Erlaucht hätte Sie nicht hergeschickt, wenn sie nicht ihre gute zuverlässige Elisabeth kennte! Aber wissen Sie, man darf den Teufel
nicht an die Wand malen und muß hübsch vorsichtig sein. Morgen
früh, wenn die erste Gefahr mit Gottes Hilfe vorüber ist und ich
auf's Schloß komme, da findet sich schon ein Viertelstündchen, wo
wir mit einander plaudern können und ich Ihnen Alles sagen werde.
Aber in diesem Augenblick, verstehen Sie, wo sein Anfall wieder
kommen und er wieder in seine wilden Fieberfaseleien verfallen
kann, da hätt' ich keine Ruhe und Zeit, Ihnen alles zu erzählen —
nicht wahr, das begreifen Sie doch?"

„Natürlich — das versteht sich ja von selber, meine Gute!"
rief Elisabeth.

„Und Sie wissen ja nun auch, wie Sie die Worte setzen müssen,
um der Erlaucht beizubringen, daß sie lieber nicht herkommen noch
irgend Jemand herschicken soll, der mit meinem Gaste verhandle,
weil derselbe oft nicht ganz bei Besinnung ist und ganz erstaunliche
und entsetzliche Dinge in der Fieberhitze herausschwatzt, und weil
er selbst in der guten Stunde, wo er bei Sinnen ist, eine Heftigkeit
und einen Jähzorn und eine Bitterkeit zeigt, welche ihn nicht
geeignet machen, ruhig von geschäftlichen Dingen zu sprechen.....
Sie begreifen mich, nicht wahr?"

„Oh, vollkommen!" erwiderte die Kammerjungfer immer ver-
wirrter und ernster.

„Ach ja, Sie sind so gescheidt und umsichtig und haben bei
Hofe so Manches gelernt, was unser eines nie erschnappen und
fassen würde. Sie werden daher der lieben Erlaucht von der
möglichen Ansteckungsfähigkeit der Krankheit sagen, aber immer ohne
das gute Engelsherz zu erschrecken, wohlgemerkt — und wie es nicht
räthlich wäre, daß fremde Personen hierher kämen, zum Exempel
ein Arzt oder der vornehme Herr, welcher den . . . ich wollte
sagen, den die Erlaucht ausersehen hat, daß er mit meinem Gaste
verkehre.... der Herr Geheimerath oder was er sonst ist — wissen
Sie, der Herr, der in diesen Tagen schon mehrfach mit der Erlaucht
verkehrt hat, der Herr v. Dings-da . . . . ach, mein Namen-
gedächtniß! . . . ."

„Der Geheimerath v. Gahring, Excellenz — ja, ich weiß es;
er war ja heute früh wieder bei unserer gnädigen Erlaucht," sagte
Elisabeth rasch.

„Gahring, ja Gahring! ach wie dumm, daß mir der Name
nicht einfiel! Ja, ja, der ist es, und die Erlaucht hält ja große
Stücke auf ihn und mit Recht!"

„Ja wohl, und man munkelt schon bei Hofe, daß Herr
v. Gahring Präsident werden und den Herrn v. Adelsberg ersetzen
soll . . . ."

„Wie ich es längst in den Karten gelesen habe, meine gute
Mamsell! Ja, Herr v. Gahring ist der rechte Mann; das hab' ich
auch der Erlaucht gesagt. Und was für Nachrichten hat er ihr
gebracht, meine Liebe? Die Erlaucht hat ihn ja, soviel ich weiß,
mit einem besonderen Auftrag für den Dings-da versehen, wissen

Sie, Liebe! für den Mann, welcher sich so furchtbar oder wenigstens
unangenehm gemacht hat...."

„Für den Kammerrath v. Jbstein, meinen Sie?" entgegnete
Elisabeth. „Oh, es ist glaub' ich Alles ganz nach Wunsch abge-
laufen, denn die Erlaucht schien ganz erleichtert. Ich habe natürlich nichts von der Unterhaltung gehört, welche die Erlaucht mit der
Excellenz hatte, denn es geschah bei geschlossenen Thüren, und Sie
weiß ja, liebe Niethammer, Horchen und Lauschen ist meine Sache
nicht, aber so viel weiß ich, daß Herr v. Gahring der Erlaucht
rathen möchte, den Herrn v. Jbstein selber zu sehen und zu sprechen,
und daß meine gnädige Herrschaft halb geneigt ist, diesen Rath zu
befolgen...."

„Aber doch nicht, ohne wenigstens zuvor die Karten darüber
zu befragen, ob auch alle die Umstände günstig sind?" fiel ihr die
Niethammer mit besondrem nachdrücklichem Ernst in's Wort; „ich
beschwöre Sie, liebes Herz! bringen Sie das der Gnädigen doch
ja bei, und — noch besser, theilen Sie mir im Vertrauen Alles
mit, was Sie heute gesehen und beobachtet haben, auch das was
Ihnen vielleicht unbedeutend erscheinen wollte, denn wissen Sie,
wenn ich es mit dem zusammenhalte, was ich aus dem Schicksals-
buche gelesen, so hat es vielleicht doch seinen großen Werth und kann
warnen oder rathen!"

„Ach ja, wie klug von Jhr, liebe Niethhammer, daß Sie mich
daran erinnert!" erwiderte Elisabeth und war seelenfroh, sich ausplaudern zu können, und die Schleusen ihrer Mittheilsamkeit waren
nun geöffnet, oft noch ermuthigt durch kurze, bestimmte Zwischenfragen der Kartenlegerin, so daß diese Alles erfuhr, was bei Hofe vor-
gegangen war, Wesentliches und Unwesentliches, Selbsterschautes
oder Beobachtetes oder zugetragenen Klatsch, bis die aufmerksam
zuhorchende Niethammer plötzlich aufstund, weil ihr war, als hörte
sie ihren Namen rufen.

Sie lauschte, öffnete die Thür des Wandschranks ein Wenig und
vernahm nun deutlich, daß der Prinz sie rief und zwar sehr ungeduldig und mit schwacher kranker Stimme.

„Haben Sie es gehört, meine liebe Mamsell? Er ruft mir
wieder in der Fieberhitze und ich muß nach ihm sehen," sagte sie;
„Vergebung, wenn ich Sie verlasse, meine verehrte Jungfer Elisabeth,
aber Kranke sind ja wie Kinder...."

„Ich gehe sogleich, denn ich begreife Alles!" sagte die Kammerjungfer. „Eilen Sie zu dem armen Herrn und trösten Sie ihn, meine gute Niethammer! Ich kann ja unserer gnädigen Erlaucht nun sagen, daß ich mit eigenen Augen gesehen, in welch guten Händen er ist. Gute Nacht! und morgen früh dann mehr!"

„Gute Nacht, und empfehlen Sie mich unserer fürtrefflichen gnädigen Frau, liebe Mamsell!.... Ach Gott, Sie müssen allein den weiten Weg machen?"

„Nein, nein! drüben beim Spital wartet eine Sänfte auf mich, liebe Niethammer! Gute Nacht!" und sehr geschmeichelt eilte die Dienerin von dannen, weil ihr die Wahrsagerin noch demüthig die Hand geküßt hatte, als ob sie die Reichsgräfin selber wäre.

Als die Kartenlegerin in die Kammer zu dem Kranken trat, fand sie diesen in der heftigsten fieberischen Aufregung und von einer unbestimmten Angst gequält.

„Wo habt Ihr nur gesteckt, Weib?" rief der Prinz ungeduldig. „Da liege ich nun schon seit vielen Stunden so hilflos wie ein Klotz und in Höllenschmerzen!...."

„Ruhig, gnädiger Herr! Bis morgen ist hoffentlich Alles besser, wenn Sie sich meiner Behandlung anvertrauen! Ich weiß was Ihre Krankheit ist — hitziges Gliederreißen! Ich will es auch kuriren, ohne Arzt, denn die gnädige Erlaucht hat mir soeben sagen lassen, daß ich in keinem Fall einen Arzt holen lassen dürfe — es muß jetzt mehr als je darüber gewacht werden, daß Niemand erfahre, wo Sie sind, denn die Gefahr für Sie ist größer denn jemals."

„Zum Teufel mit der Gefahr, alte Hexe! Meine bittersten Feinde könnten mir keine grausamere Qual bereiten, als diesen dumpfen Schmerz in meinem ganzen Körper!"

„Fassen Sie Muth, Gnaden! ein paar Stunden und es ist vorbei — Alles ist schon parat zu Ihrer Kur!"

„Doch nicht Sympathie oder ähnlicher Hocuspocus, Alte? Doch nicht eine Hexensalbe?"

„Nein, Durchlaucht! nur gute alte erprobte Hausmittel, wie kein Arzt Besseres verordnen kann," sagte die Kartenlegerin mit ruhiger Zuversicht. „Ich lege Ihnen erst einen warmen Senfteig auf den Rücken und dann auf die Brust und am ganzen Rumpf herum, gnädiger Herr! das wird die Krankheit von innen heraus auf die Haut ziehen. Dann leg' ich Ihnen Bänder von Wachstrebern, auf Leinwand gestrichen, um Hals und Hand- und Fußgelenke und stecke Sie tief unter die Kissen, daß Sie schwitzen wie in einem Backofen, und um Ihnen dann die Fieberhitze zu nehmen und Schlaf zu geben, erhalten Sie einen Aufguß von Mohnsamen und Mohnköpfen, — das ist Alles. Und ich weiß, morgen frühe werden Sie sich schwach fühlen, aber halb genesen und der alten Niethammer Ihr Leben danken! Wollen Sie sich mir anvertrauen?"

"Immer zu, wenn Ihr Mittel auch noch schmerzlicher wäre, denn größere Qualen hat die Hölle nicht, als diejenigen welche mir jetzt im ganzen Körper toben. War mir doch in den letzten Stunden, als säße mir der Tod im Nacken! Und Ihr habt mich schier im Stich gelassen, Alte?"

"Wie doch die Ungeduld und die Schmerzen täuschen können, mein gnädiger Prinz!" versetzte die Alte lächelnd. "Es dünkt mich, kaum eine Stunde her, daß ich Ihnen Karten legte und Sie darin nur dummes Zeug sahen, während ich darin las, daß Sie heftig erkranken würden, weshalb ich fortging, um ein Heilmittel herbei= zuschaffen und die erlauchte Dame zu benachrichtigen . . . . Wenn ich dann dort ein Bißchen länger verweilt habe, so geschah es wegen der vielen wichtigen Dinge, welche ich erfahren habe und die Sie näher angehen, gnädiger Herr!" . . . .

"Erspart Euch die Mühe, sie mir mitzutheilen!" sagte Ludolf achselzuckend und warf die Lippen geringschätzig auf. "Fangt lieber mit Eurer Kur an und befreit mich von diesen Höllenschmerzen!

"Gleich, mein Prinz! sogleich!" erwiderte die Kartenlegerin mit einem kühlen Lächeln. "Es war auch gar nicht meine Absicht, Ihnen etwas von meinen Neuigkeiten mitzutheilen, und Sie dadurch von Neuem aufzuregen. Schlimme Nachrichten kommen jederzeit frühe genug!"

"Possen! es gibt nichts Schlimmeres als solch eine Krankheit, die den Menschen zum hülflosen Wurme macht; alles Andere ist dagegen nur Bagatelle. Helft mir von meinen Schmerzen, wenn Ihr könnt, alte Hexe, und ich will Euch fürstlich belohnen; oder geht zum Henker! seid verdammt und laßt mich allein!"

"Geduld, gnädiger Herr! nur Geduld! die ist vor Allem von Nöthen!" kicherte die Niethammer, die nun eilends ihre Heilmittel herbeiholte.

Die Stunden der Nacht zogen auf bleiernen Schwingen an dem Kranken vorüber, welcher sich inzwischen stumm in die Be= handlung der Alten ergeben und Vertrauen zu derselben gefaßt hatte.

Mit ernster theilnahmsloser Miene, aber zuversichtlich und gewandt, legte ihm die Niethammer den heißen Senftaig zwischen Leinwandblättern von der Größe zweier Handflächen auf, ließ dieselben etwa 25 Minuten lang wirken, bis die Haut beinahe wund war, wusch diese dann mit warmem Wasser ab und rieb die starkgerötbete Stelle mit Fett ein, um dann das Senftaigpflaster dicht daneben auf eine frische Stelle zu legen und hier ebenfalls wirken zu lassen. Dies ward fortgesetzt, bis am Rücken und Rumpfe kein Fleckchen mehr war, das nicht von den Sinapismen halb entzündet war. Die Haut brannte dem Prinzen wie Feuer, aber die dumpfe Qual in den Gliedern hatte nachgelassen; Ludolf fühlte sich matt; und mochte nicht reden, aber er warf von Zeit zu Zeit der alten Kartenlegerin einen dankbaren Blick zu, und ließ sich nun resignirt auch die breiten, mit Wachstrebern bestrichenen Leinwandbänder um den Hals und die Hand- und Fußgelenke legen.

„So, mein gnädiger Herr! jetzt ist schon das Schlimmste überstanden!" sagte die Niethammer mit einem ermutbigenden Lächeln. „Mein Kompliment, gnädigster Prinz! Sie haben ausgehalten wie ein Mann. Wenn der Herr Leibphysikus Sie behandeln würde, so hätten Sie vielleicht drei Wochen solche Schmerzen und Hülflosigkeit zu ertragen. Ich aber setze meinen Kopf zum Pfande, daß Sie morgen Mittag beinahe wieder frisch und gesund sind und im Stande sein werden, Waldau zu verlassen, denn fort müssen Sie!"

„Muß ich? ei, dann kommt der Zwang zum ersten Mal meinen Wünschen entgegen! Gut, Alte! habt Ihr mich nur leiblich wieder hergestellt, so werde ich Euch von meiner Gegenwart befreien und den Staub von Waldau von den Füßen schütteln, und müßt' ich bis Berlin zu Fuße gehen!"

„Wird nicht nöthig sein, Durchlaucht! wird sich noch ein anderes Auskunftmittel finden," lächelte die Niethammer. „So! nun hübsch unter die Decke gekrochen und sich ruhig verhalten, Prinz; dann wird alles gut. In einem Viertelstündchen komm' ich mit dem Schlaftränkchen!"

Sie brachte ihm den bittern Trunk, obschon er, in Schweiß gebadet, schon halb schlummerte. Als er getrunken hatte, stellte die Niethammer einen Schirm vor die dünne brennende Talgkerze, wünschte ihm besten Erfolg und ging hinüber in die Wohnstube, wo sie die Thüre des geheimnißvollen Wandschranks öffnete und

ihren Schemel unmittelbar davor rückte. Dann nahm sie einige
Spiele frischer Karten und ordnete deren einzelne Blätter in gewisse Gruppen zusammen, daß die Bilder und die Punkte sich in
eine scheinbar zufällige aber von ihr berechnete und beabsichtigte Folge
legten, wobei sie sich in einem zuversichtlichen höhnischen Lächeln
erging. So oft ein Spiel zurechtgelegt war, zog sie sich ein paar
Haare aus ihrem grauen Zopf, band das Kartenspiel damit kreuz-
weise zusammen und legte es in den Tischkasten. Die Niethammer
hatte diesem seltsamen Treiben etwa eine Stunde lang gewidmet,
als sie den Kranken in der Kammer halblaut reden und unartiku-
lirte Laute ausstoßen hörte. Nun legte sie ihre Karten beiseite,
stand auf, trat durch den Schrank hindurch in die Kammer und
setzte sich in den Stuhl neben dem Bette. Die fieberische Aufregung des Kranken steigerte sich im Traume: er sprach lauter, zu-
sammenhängender und hastiger, und seine hastigen Reden hatten oft
eine gewisse Bedeutung, denn er nannte Namen und Personen und
zankte und stritt mit ihnen, — kurzum, die räthselhaften Gebilde
des Traumes gewannen dramatisches Leben, in welchem sich wenigstens
die eine Rolle des Prinzen ziemlich deutlich aussprach. Als diese
Aufregung nachließ, legte ihm die Niethammer, welche sich beinahe
über ihn hereingebeugt hatte, die Hände auf die Schläfen und
flüsterte ihm Worte in's Ohr, oder sie umfaßte mit der Hand
seine große Zehe und sprach ihm leise und eindringlich dicht in das
Ohr, wobei sie die halb geöffneten fieberisch glänzenden Augen des
Kranken beobachtete. Als diesem endlich die beiden Lider wieder
ganz geschlossen herabgesunken waren, stand das alte Weib auf und
rieb sich in dämonischer Freude die Hände, denn es hatte einen
Theil seiner Zwecke erreicht. Nachdem sie ihm noch das Haupt
erhoben und ein Glas mit frischem Wasser an die Lippen gesetzt
hatte, das er gierig trank, ließ sie ihn wieder in die Kissen zurück-
sinken und verließ die Kammer, um sich selber zu Bette zu begeben.

*   *   *

Ludwig v. Ihstein fühlte sich an diesem Morgen körperlich
etwas besser als am gestrigen Tage, wo ihn die Unterredung mit
Herrn v. Gahring so tief aufgeregt hatte. Er bestand darauf,
Waldau zu verlassen, und gab seinen freundlichen Wirthen die
Absicht kund, gegen Mittag abzureisen, um auf dem kürzesten Wege

nach Mühlheim zurückzukehren. Weder Eberhard von Gamning noch Auguste versuchten es ihm auszureden, denn ihr einziges Bedenken war das in seine körperliche Befähigung dazu. Der Kammerrath beruhigte sie jedoch hierüber.

„Ich werde mich leichter und freier fühlen, wenn ich diese Stadt hinter mir habe, wenn die Thüre zwischen dem ganzen Waldau'schen Hofe und mir in's Schloß gefallen ist," sagte er. „Ich vermag den peinlichen Gedanken nicht loszuwerden, daß ich mich bloßgestellt, lächerlich gemacht habe, weil Andere den Prinzen und seinen Charakter weit weniger kennen als ich, und weil sie meine Ansichten von Ludolf und seinen Plänen für allzu pessimistisch halten! — Jenun, wer hieß mich auch, sie zu warnen, weil sie sich, nach meinem Gefühl, einer allzu sorglosen Ruhe ergaben?! Was geht es mich an, wenn s i e sich täuschen und nicht gewarnt sein wollen? Kann ich jenen kühlen Dutzendmenschen die Ueberzeugung von der Uneigennützigkeit meiner Absichten aufdrängen? Können sie meine Empfindungen würdigen? — Nein, sie können, sie wollen das nicht, und so mag es drum sein, daß sie mich verkennen! Ich habe nur den einen Wunsch, möglichst schnell von hier fortzukommen und mich in die stille Zurückgezogenheit meines Berufs und meine Wohnung in Mühlheim zu flüchten!"

„Du bist noch immer krank, lieber Vetter; krank an Leib und Seele!" sagte Auguste. „Immer und immer kehrt bei Dir derselbe Gedanke wieder, und verfolgt Dich bis zur Selbstqual. Entschlag' dich seiner; kümmere Dich nicht um die Angelegenheiten Anderer und trachte nur darnach, Dich zu erholen und wieder heiter zu werden!"

„Heiter, meine Liebe, wenn Unrecht und Unverstand und Schlechtigkeit triumphiren?" versetzte Jdstein bitter. „Ich hatte mir gelobt, die unglückliche Philippine v. Hövel wenigstens zu rächen, weil ich ihr doch keine Gerechtigkeit verschaffen kann, und ihr habt nun gehört, wie sich Alle beeifern dem gewissenlosen Verführer den Rücken zu decken."

„Man soll kein Aergerniß geben, lieber Ludwig; das ist ja schon eine Vorschrift der Bibel," sagte der Kammerjunker achselzuckend. „Und dann, was soll bei einer solchen Rache herauskommen? die Thatsache kann nicht ungeschehen gemacht werden, und wenn der Vater und der Bruder der armen Philippine sich zufrieden geben, so ist es zum Mindesten ein Uebermaß von Ritterlichkeit von Deiner Seite, wenn Du für sie einspringen willst. — Nimm mir's nicht übel, lieber Freund und Vetter, wenn ich Dir auch heute wiederhole, was ich gestern schon sagte: dieses Bestreben dich zum Gegner des Prinzen und zum Anwalt seiner Opfer aufwerfen, ist ohne Zweifel aus edlen Beweggründen hervorgegangen, hat aber für den Unbetheiligten, den ferner Stehenden etwas .... nun ja, etwas Krankhaftes, — nicht wahr, liebe Auguste?"

„Oder wenigstens etwas Peinliches, lieber Vetter, weil man darob an der Reinheit Deiner Ansichten zweifeln könnte, wenn man Dich nicht näher kennt," erwiderte Frau v. Gamming. „Herr v. Gahring hat es Dir ja gestern mit besseren Worten gesagt."

Ludwig v. Jdstein warf das Haupt empor und schaute auf — er schien etwas entgegnen zu wollen, bezwang sich dann aber, schüttelte wehmüthig das Haupt, fuhr sich mit Hand über die Augen und sagte: „Wohlan denn, kein Wort weiter über diesen Gegenstand! dem Herrn gebührt die Rache. Wir werden ja sehen, was wir an unserm edlen Prinzen noch erleben! — Ich habe nur die eine Bitte an Dich, lieber Eberhard, mir Miethpferde für meinen Wagen bis Filsburg oder Bruhel zu besorgen. Ich werde noch vor Mittag abreisen, denn ich sehne mich nach Ruhe und Heimath!"

„Ich werde Alles besorgen, lieber Vetter, und rechne auf die lindernde Zauberkraft einer milden Frauenhand, um Dich von diesen Bitterkeiten zu heilen," versetzte der Kammerjunker und drückte ihm die Hand.

Jdstein hatte sein Gepäcke bald geordnet und der Koffer war schon auf den Reisewagen geschraubt, welchen man aus der Remise geholt und vor den Arkaden des Hauses aufgestellt hatte. Dem Kammerrath ward ein kleines Gabelfrühstück aufgetragen, daß er nicht ohne Imbiß bei dem schlechten Wetter abreise, und Herr v. Gamming wollte dem Gaste so eben dabei Gesellschaft leisten, als seine Schwägerin unter der Thüre erschien und ihn geheimnißvoll hinauswinkte.

„Du entschuldigst, Vetter, und lässest Dich hoffentlich nicht stören, nicht wahr?" sagte Herr v. Gamming aufstehend; „ich werde sogleich wieder erscheinen."

Jdstein nickte und aß mechanisch und ohne Appetit weiter, nur mit dem Gedanken an die Abreise erfüllt. Aber nach einer Weile, als er Messer und Gabel schon beiseite gelegt und den

Teller zurückgeschoben hatte und sinnend in den Kelch mit dem eurigen Rothwein in seiner Hand starrte, erschien Frau v. Gamming unter der Thüre und sagte lächelnd: „Möchtest Du mir nicht auf einen Moment in's Besuchszimmer folgen, lieber Ludwig? Es ist Jemand da, der Dich zu sprechen wünscht!"

„Gayring?" fragte Jdstein halb erschrocken.

Auguste schüttelte den Kopf. „Mit nichten, nur eine Frau welche Dir hoch verpflichtet ist," sagte sie.

Ludwig dachte an die unglückliche Frau Schucker, die ihm vielleicht irgend eine neuere Mittheilung zu machen habe, und folgte der Frau v. Gamming in das Besuchszimmer. Allein statt der Bärenwirthin sah er sich eine schwarz gekleidete Dame gegenüber, in welcher er, als sie sich nach ihm umwandte und ihm entgegen ging, die — Reichsgräfin von Thannheim erkannte. —

„Erlaucht!..." stammelte Herr v. Jdstein und prallte unwillkürlich zurück; — „Vergebung!.... auf diese Begegnung war ich nicht gefaßt!"

„Um so mehr werden Sie mir erlauben, Ihnen meine innige Theilnahme ausdrücken zu dürfen, Herr Kammerrath!" erwiederte die Reichsgräfin ihm sanft und mit einer ruhigen anspruchlosen Würde. „Ich habe mit aufrichtigem Bedauern erfahren, daß Sie krank sind, als eine Pflicht der Dankbarkeit mich in dieses Haus führte, weil der Herr Kammerjunker v. Gamming in den jüngsten Tagen sich meiner Kinder besonders liebreich und fürsorglich angenommen hat..... Ich konnte es mir nicht versagen, Sie wenigstens sehen und sprechen zu wollen, — obschon die Art und Weise, wie Sie mich empfangen, mir die erschütternde und demüthigende Ueberzeugung gibt, daß selbst die Jahre noch nicht den bittern Stachel in Ihrem Gemüth gegen mich abgestumpft noch den Groll gemildert haben, den ich, leider! wie ich gestehen muß — verdiene!"

Caroline v. Thannheim hielt inne und betrachtete ihn scheu und halb verwirrt halb erwartungsvoll.

„Erlaucht brauchen sich in keiner Weise anzuklagen," entgegnete Jdstein, den diese Begegnung in seinem jetzigen Zustande lebhafter angriff, als er zeigen wollte. „Groll und Bitterkeiten sind verschwunden...."

„Und an deren Stelle ist ein Mißtrauen und ein Argwohn getreten, der mir selbst das Schrecklichste zutraut, Herr v. Jdstein!" fiel ihm die Reichsgräfin in's Wort. „Bitte schenken Sie mir eine Viertelstunde, Herr Kammerrath! Ich beschwöre Sie — nicht um alter Zeiten willen, denn dies wäre vielleicht eine Profanation, obschon ich aufrichtig mein ganzes Unrecht fühle und längst beklage, — sondern um unser Beider Gegenwart und Zukunft willen, die ein unseliges Mißverständniß zu verbittern droht, — um einer Verständigung willen, die für die kurze Spanne Leben, welche in solch ernster Zeit noch vor uns liegt, vielleicht über unsern innern Frieden entscheiden kann.... Werden Sie mir meine flehentliche Bitte abschlagen, Herr v. Jdstein?" setzte sie mit bittender bebender Stimme hinzu und schaute ihn mit ihren noch immer schönen ausdrucksvollen Augen, in deren Wimpern eine Thräne zitterte, so beweglich an, daß er nicht widerstehen konnte, obschon ihn die ganze Situation peinlich berührte und an eine frühere Begegnung gemahnte, die im Grunde nur eine Art Komödie gewesen war.

„Ich stehe zu Diensten, Erlaucht," erwiderte Jdstein und setzte sich der Reichsgräfin gegenüber. Unwillkürlich mußte er sie ansehen, denn ihr Auge warb sichtlich um seinen Blick, aber nicht kokett oder verlockend, sondern scheu und demüthig, in einer Art halber Verlegenheit. Die zarte schlanke Gestalt von ehedem war voll und üppig, weibisch geworden, vielleicht sogar etwas zu voll, um schön und harmonisch zu sein; der Schmelz der Jugend war noch mehr geschwunden, als bei dem letzten Zusammentreffen, und die scharfen Linien der Leidenschaften hatten sogar Vieles von der Anmuth hinweggenommen, welche Caroline damals noch gezeigt hatte, aber trotzdem war sie noch immer ein Weib, das den Männern imponirte. Nicht ohne Argwohn und Befangenheit fragte Jdstein sich im Stillen: was die Reichsgräfin wohl mit dieser Unterredung bezwecken möge.

„Herr v. Jdstein," hub diese nach einer Pause an, während deren sie nach Worten gesucht zu haben schien, — „Sie sehen mich hier so unvermittelt, ich bin so gänzlich unvorbereitet auf diese Begegnung, so tief erschüttert von Ihrem Anblick, von dem leidenden Ausdruck und dem wehmüthigen Ernst Ihres ganzen Wesens und von den Vorwürfen, die mir mein Gewissen macht, indem es mich anklagt, wenigstens theilweise die Ursache dieser Umwandelung Ihres ganzen Wesens zu sein, — daß Sie mit meinen Worten Nachsicht haben müssen.... Ich bin keine Rednerin, sondern nur eine einfache Frau.... eine Frau, welche sich gedrungen fühlt, zu sühnen, was in ihren Kräften steht.... Achten Sie gütigst mehr auf den Sinn, als auf den Laut meiner Worte, und — sein Sie nachsichtig, denn wer von uns Allen bedürfte nicht der Nachsicht?...."

Die hellen Thränen rannen ihr über die Wangen, und die beiden anderen Damen waren so ergriffen, daß ihnen ebenfalls das Weinen nahe war.

„Ich will vor diesen Zeugen sprechen, unseren gemeinsamen Freunden, verehrter Herr v. Ibstein, um Sie von der Aufrichtigkeit meiner Gesinnungen zu überzeugen," fuhr die Reichsgräfin dann mit gedämpfter beweglicher Stimme fort. „Ich weiß aus dem Munde von glaubwürdigen Männern, daß Sie mich eine Zeit lang im Verdacht gehabt haben, Ihnen nicht nur übel zu wollen, sondern sogar nach dem Leben zu trachten.... oh, leugnen Sie es nicht! solche Irrthümer sind verzeihlich und ich hatte Ihnen ja vielleicht einigen Grund dazu gegeben, gering von meinem Charakter zu denken wie von meinem Herzen! Ich will mich nicht entschuldigen, nicht rechtfertigen, Herr Kammerrath. Der Beweis, daß ich mich unschuldig fühle und daß Ihr, wenn auch ungerechter und vorurtheilsvoller Argwohn mich nicht verletzt, liegt darin, daß Sie mich hier sehen. Schmerzt es mich wohl auch, so verkannt zu werden, so trage ich es doch demüthig, als eine vielleicht verdiente Sühne! Aber um Ihrer selbst willen muß ich reden, Herr Kammerrath, muß diesen entwürdigenden Bann des Wahns von Ihrem kranken Gemüth nehmen, damit Ihr reicher Geist nicht entstellt werde durch das, was Ihre Freunde eine fixe Idee nennen, — damit Sie nicht mehr an der Menschheit zweifeln, sondern die herrlichen Gaben Ihres Gemüths wieder zu deren Vortheil und zur Linderung fremder Noth verwenden. Das ist, ich betheure es Ihnen feierlich," sprach sie mit der Hand auf dem Herzen und schaute ihm fragend und bittend in die Augen, — „der einzige Beweggrund für mich, um dessen willen ich Sie zu sprechen versucht habe. Wollen Sie mir wenigstens dieses eine Mal Glauben schenken? Glauben einem Weibe, das als Gattin und Mutter und Freundin gerne recht thun möchte?"

„Ich vertraue ihren lauteren Absichten, Erlaucht!" erwiderte Ibstein bewegt.

„Wohlan denn, so mißdeuten Sie die Bitte nicht, die ich an Sie stelle, Herr Kammerrath! Sie haben einem Abenteurer Glauben geschenkt, der Sie vielleicht gegen mich und gegen den Prinzen Ludolf einnehmen wollte, um ein gemeines Verbrechen zu maskiren, das er wahrscheinlich an Ihnen begehen wollte, weil er Sie für reich hielt — Herr v. Gayring hat es mir wenigstens so dargestellt. Sie sollen zu verschiedenen Malen beinahe drohend von Enthüllungen gesprochen haben, welche mich und Andere, die Sie für Ihre Feinde halten, verderben könnten .... Bitte, lassen Sie mich ausreden! ich klage nicht an, ich halte mich nur an Thatsachen, wie man sie mir ohne Groll und bösliche Absicht berichtet hat. Was nun mich anbelangt, Herr Kammerrath, die ich weder die Tragweite noch den Gegenstand der Enthüllungen kenne, welche Sie zu machen im Stande wären, so habe ich nur die eine Bitte an Sie, die Berufung auf Ihre Mannhaftigkeit und Ehre, daß Sie nicht abreisen, ohne mir den vielleicht nicht verdienten Freundschaftsdienst gethan und Ihrem Charakter die Genugthuung gewährt zu haben, daß Sie mir angesichts meines Gatten und einer beliebigen Anzahl ehrenwerther Männer, welche Sie selbst bezeichnen sollen, diejenigen Klagepunkte vorhalten, welche mich betreffen, und mir Gelegenheit geben, mich zu rechtfertigen oder wenigstens zu vertheidigen. Sie werden begreifen, daß ich dies meiner Ehre, meiner Stellung als Gattin und Mutter schuldig bin, und ich verspreche Ihnen mit meinem Worte, daß ich Ihnen dafür vollste Indemnität verbürge! ...."

„Erlaucht, ich weiß nicht, ob ich befugt bin, einen solchen Vorschlag anzunehmen," versetzte Idstein.

„Ist er nicht ein berechtigter? Herr v. Gamming, sprechen Sie offen als Kavalier und Mann von Ehre, kann ich anders? kann ich offener und loyaler handeln, um Herrn v. Idstein und mir selbst Gelegenheit zur Rechtfertigung zu geben und zur Beseitigung von Mißverständnissen, die ...."

„Ich muß Ihnen beipflichten, Erlaucht," versetzte der Kammerjunker mit einer Verbeugung gegen die Reichsgräfin. „Lieber Vetter, ich möchte diesen Vorschlag Ihrer Erlaucht unterstützen, schon um Deiner selbst willen. Erinnere Dich dessen, was gestern hier verhandelt ward!"

Idstein war in sichtlicher Verlegenheit. „Euer Erlaucht sollen sehen, daß ich für Ihre Berufung an meine Loyalität nicht taub bin," sagte er; „ich gebe Ihnen hiemit vor Zeugen die Erklärung, daß ich .... daß ich Nichts gegen Sie vorzubringen weiß und Sie keiner gemeinen Handlung für fähig halte!"

„Wohlan, Herr Kammerrath, so geben Sie diejenigen Papiere,

welche, wie behauptet wird, für mich kompromittirend sind und sich noch in Ihrem Besitz befinden, entweder Herrn v. Gamming oder dem Geheimenrath v. Gayring zur Einsichtnahme, damit deren Inhalt Ihrer Ehrenerklärung von vorhin, die ich mit aufrichtigem Danke annehme, Unterstützung gewähre! — Verlange ich etwa damit zuviel, mein lieber Herr v. Gamming?"

„Ich glaube kaum, Erlaucht," entgegnete dieser, sichtbar peinlich in die Enge getrieben.

„Ich wäre gerne bereit, diesen Wunsch Eurer Erlaucht zu erfüllen, wenn jene Papiere, die der bloße Zufall in meine Hände spielte, nicht noch andere Persönlichkeiten berührte, die ich für minder loyal und unschuldig halte als Eure Erlaucht," sagte Jdstein. „Die Gehässigkeit des durchlauchtigen Prinzen Ludolf gegen mich, z. B., dürfte es rechtfertigen, daß diese Papiere in meinem Besitz bleiben und einstweilen ihrem Inhalte nach nicht bekannt werden . . . ."

„Ich theile diese Ansicht nicht, Herr Kammerrath," entgegnete die Reichsgräfin ruhig, aber mit einem mißbilligenden Kopfschütteln. „Nachdem Sie mir vor Zeugen eine vollkommen zufriedenstellende Ehrenerklärung gegeben haben, könnte ich mich damit begnügen und Ihnen den Prinzen preisgeben, Herr v. Jdstein. Das wäre vielleicht klug, aber feig. Nein, auf die Gefahr hin, daß Sie mich abermals verkennen und daß Sie mir heimliche Furcht beimessen, sage ich Ihnen, Herr Kammerrath: Ihre Verbitterung gegen den Prinzen führt Sie zu weit, ist Ihres Charakters und Muthes nicht würdig; Sie lassen Ludolf büßen für Dinge, die er nicht begangen hat, für Kränkung und Unrecht, die nur in Ihrer gereizten Einbildungskraft bestehen. Ich würde jederzeit sonst die Solidarität mit des Prinzen Liebden ablehnen, aber in diesem Stücke wär' ich erbötig sie anzunehmen, — nicht um der etwaigen Gefahren willen, welche ein Mißbrauch solcher Papiere voll halber Winke und Andeutungen und der abgerissenen Brieffetzen in den Händen Unberufener für viele achtbare und vielleicht unschuldige Personen haben könnte, sondern um Ihretwillen, Herr v. Jdstein, um auch den Schatten eines Schattens zu beseitigen, welcher die andauernde Erwähnung dieser Papiere und der bereits erfolgte Mißbrauch derselben auf Ihren Charakter geworfen hat, der einst einer der lautersten und gefeiertsten, der edelsten und vertrauenswürdigsten an diesem Hofe war, — auf Ihren Charakter, an welchen ich, wie Sie sehen, unerschütterlich glaube, — denn sonst wäre ich nicht hier und spräche nicht so mit Ihnen, — und den ich in seinem ganzen Glanze wieder-herstellen möchte!"

Idstein schwieg betroffen, denn aus diesem Munde klang ihm der Vorwurf, den ihm Hr. v. Gahring schon gestern gemacht hatte, noch niederschmetternder. Er stund auf und ging unruhig erregt im Zimmer auf und nieder.

„Oh, wie danke ich Ihnen für diesen Freimuth, Erlaucht!" flüsterte Auguste v. Gamming hörbar genug für Ludwig. „Wir haben ihm dasselbe schon mehrmals gesagt, denn es kann ja kaum ein Zweifel darüber sein, daß er mit jenen unglückseligen Papieren sich selber und Andere unglücklich macht!"

„Nun denn, Erlaucht! so schlage ich Ihnen ein andres Aus-kunftsmittel vor: damit die Papiere in keiner Weise einem Unschul-digen schaden und den Schuldigen zeigen mögen, wie wenig ich gemeine Rache fürchte, will ich sie den Flammen übergeben — hier, in Ihrer Gegenwart, vor Zeugen! Sind Sie damit einver-standen?"

„Dieser Entschluß macht Ihrem Herzen und Charakter Ehre, Herr v. Idstein! Wer Sie kennt und achtet, wird sich keines Ge-ringeren zu Ihnen versehen haben!" entgegnete die Reichsgräfin mit ihrem holdesten Lächeln. „Nicht wahr, meine Damen? nicht wahr, Herr Kammerjunker?"

„Gewiß, gewiß! Niemand wird etwas Anderes von ihm er-warten!" war die Antwort.

Ludwig v. Idstein fuhr mit der Hand über die Stirne, als wollte er störende Gedanken, widerstrebende Gefühle und skeptische Regungen niederkämpfen; dann trat er langsam an den französischen Kamin, worin ein lustiges Feuerchen von buchenen Scheitern brannte, zog eine Brieftasche aus seinem Rocke, entnahm derselben ein Bündel Papiere, die er mit fieberisch bebender Hand zerriß und deren Fetzen er in die Flammen warf.

In diesem Augenblicke trat der Lakai des Hauses ein und hinter ihm erschien unter der geöffneten Thüre die Gestalt eines untersetzten jungen Herrn, den er melden wollte. Dieser hatte aber kaum einen Blick in das Besuchzimmer hereingeworfen und das Gebahren des Kammerraths bemerkt, als er den Diener beiseite drängend, in den Salon trat und mit erschrockener aufgeregter Miene auf Idstein zu eilte.

„Onkel, um Gottes willen halten Sie ein! was machen Sie

denn da?" rief der stürmische Eindringling, ohne sich um die anderen Personen zu kümmern.

„Adam? . . . . woher kommst Du?" rief der Kammerrath.

„Aber der Student hatte gesehen, daß Jbstein so eben die letzten Stücke der Papiere in die Gluth geworfen; er hatte hineinzugreifen versucht, war aber dann zurückgefahren, denn die Papierfetzen krümmten und bräunten sich im Nu und flogen mit heller Flamme brennend auf, um nach kurzem Schweben als funkenbesäumte braungraue oder weißliche Aschenblättchen herabzufallen und von der Kohlengluth aufgesogen zu werden.

„Oheim, ist es möglich, daß Sie sich die Zerstörung dieser Papiere abschmeicheln ließen?" rief Adam halb erschrocken halb knirschend. „Wissen Sie auch, was Sie gethan haben? wissen Sie, daß Sie nun Ihren unversöhnlichen Gegnern waffen- und wehrlos gegenüber stehen? . . . . Ha, nun errath' ich Alles! Diese Dame hier ist die Reichsgräfin von Thannheim, der böse Genius Ihres Lebens! Oheim, armer Oheim! Sie sind zur unseligen Stunde in dieses Haus gekommen, unter Höflinge und . . . ."

„Mein Herr, wer sind Sie, der Sie in solcher Weise sich in mein Haus eindrängen? . . . ." rief Herr v. Gamming.

„Es ist ja Vetter Adam v. Jbstein, lieber Eberhard! erkennst Du ihn denn nicht?" rief Auguste. „Aber um's Himmels willen lieber Adasch, wo kommst Du her?"

„Von dem Ruin einer armen, schnöde geopferten Familie!" rief Adam und ein wilder Jngrimm blitzte aus seinen Augen. „Ich habe den armen Obristwachtmeister v. Hövel zu seinem Sohne gebracht, der nun in den Diensten des Nachbarlandes steht. Der unglückliche Vater ist kindisch und blödsinnig geworden, denn die arme Philippine hat sich unter unseren Augen zu Tode gerast! Sie hat Momente gehabt, wo durch die Nacht des Wahnsinns noch Blitze der klaren Erinnerung hindurch brachen, und sie hat schauderhafte Dinge enthüllt von dem verworfenen Prinzen und seiner schönen Stiefmutter, die die arme Philippine jenem Wollüstling in die Arme geworfen, und von den frechen Betrügern, welche die Rolle der ‚Weißen Frau' gespielt haben! Sie hat einen furchtbaren Fluch auf Sie gelegt, Frau Reichsgräfin, und wohl Ihnen, wenn derselbe nicht Erfüllung geht, wenn er nicht an Ihren Kindern heimgesucht wird! . . . ."

„Mein Herr, Ihre Beleidigungen sind maßlos!" stotterte die

Reichsgräfin, sich leichenblaß zu Herrn v. Gamming flüchtend; „Sie
werden mir dafür Rede stehen!"

„Jederzeit und unbedingt, Frau Reichsgräfin, denn ich schwöre
Ihnen, daß wir uns nicht zum letzten Male begegnet sein sollen!"
sagte Adam mit einer zerschmetternden höhnischen Ruhe. „Diesen
kranken gebrochenen Mann vermochten Sie vielleicht zu bethören,
nicht aber mich, der ich Dinge erlebt habe, die über mein ganzes
künftiges Leben einen trüben Schleier werfen und mich zum unversöhnlichen Feinde aller Höfe und aller Tugendheuchlerinnen machen
werden!"

Die Reichsgräfin verließ rasch am Arme des namenlos verlegenen und sich unglücklich fühlenden Kammerjunkers die Wohnung
und stieg drunten stumm in die Sänfte, die ihrer wartete. Das
Bewußtsein ihres erlangten Triumphes über den nachgiebigen Idstein
stimmte sie kühler und minder empfindlich gegen die Scene mit
dem jungen Studenten, dessen Reden sie nur für leere Bravaden
ansah.

„Verzeihen Sie, liebe Base, daß ich mich hinreißen ließ,"
sagte Adam nun zu Frau v. Gamming. „Es war vielleicht unklug
von mir, aber es mag darum sein! Ich fühle eine gewisse Genug-
thung, jenes Weib im Augenblick ihres vermeintlichen Sieges gedemüthigt zu haben. 'Sie sind daran unschuldig und werden sich
weißbrennen können, und wenn nicht, dann nehmen Sie die Folgen
eben auf sich als verdiente Sühne für die Verschwörung gegen
meinen armen Onkel Ludwig, an der Sie sich betheiligt haben!....
Oheim, Ihr Wagen ist noch nicht angespannt, aber der meinige
hält einige Hundert Schritte von hier! Kommen Sie! verlassen
Sie diese Stadt unverweilt! der bisherige heimliche Krieg zwischen
Ihnen und jener Dynastie wird nun zu einem offenen werden; es
soll Ihnen aber keine Unbehaglichkeiten machen, denn ich werde für
Sie einspringen! Noch sind gottlob nicht alle unsere Waffen vernichtet! — Kommen Sie schnell!"

Wenige Minuten später hatten beide Idsteins das Haus verlassen, ohne dem Kammerjunker noch einmal begegnet zu sein, der
nach dem Schlosse eilte, um die Reichsgräfin flehentlich zu bitten,
daß sie ihm den bedauerlichen Auftritt nicht entgelten lassen solle.

* * *

Die Erlaucht war aber nicht nach dem Schloſſe zurückgekehrt, ſondern hatte an der nächſten Ecke den beiden Seſſelträgern den Befehl gegeben, ſie in eine gewiſſe Straße zu tragen. Dort ſtieg ſie vor einem Hauſe aus, worin die Mutter ihrer Hofdame Dieskau wohnte, erbat ſich von dieſer einen dunklen Schleier und Kaputzmantel, in welche ſie ſich verhüllte, und ging nun durch ein Seitengäßchen nach dem Hauſe der Kartenlegerin, das ſie von der Rückſeite betrat. Als die Niethammer auf das Pochen der Erlaucht durch das Guckloch der Hinterthüre ſchaute und unter den dichten Falten des ſchwarzen Schleiers die ernſten und erregten Züge der Reichsgräfin erkannte, wußte ſie auch alsbald, daß die Abſichten derſelben in irgend einer Art durchkreuzt worden ſeien, und war auf den heraufziehenden Sturm vorbereitet.

„Gott ſegne meine gnädige Frau!" flüſterte ſie, als die Erlaucht zur geöffneten Thüre eintrat; — „aber welche unerwartete Ehre, daß Eure Gnaden ſelbſt kommen! Gewiß hat es etwas gegeben? Darum nur hübſch leiſe, gnädige Frau, denn er iſt wach und mißtrauiſch und horcht wie ein Haſe im Lager, ſo oft er die Thüre gehen hört, und gerade heute iſt er — verzeih' mir's Gott und vor Ihren Ehren zu melden! als wenn er den leibhaftigen Teufel im Leibe hätte! Er liegt im wildeſten Fieber! . . . ."

Die Gräfin Thannheim machte eine unruhige Geberde, zog einen alten Stuhl in die Mitte der Küche und warf ſich athemlos und erregt in denſelben, ſchlug den Schleier zurück und ſchöpfte in tiefen Zügen Luft. Ein flüchtiger Blick in die erglühten harten Züge und die finſter blitzenden Augen der Erlaucht belehrten die Kartenlegerin vollkommen über die Stimmung ihrer Beſucherin.

„Nur hübſch ruhig und gefaßt, gnädige Erlaucht! nur nicht gleich Alles verloren gegeben, wenn eine Sache nicht auf den erſten Anlauf glückt!" flüſterte ſie einſchmeichelnd. „Ich hab's ja Eurer Gnaden in der Karte gezeigt, daß es möglicherweiſe Hinderniſſe geben könnte und nicht glatt abgehe; es waren noch immer einige unholde Blätter im Hintergrunde. Aber meine gnädige Erlaucht hätte ſich nicht ſelbſt hierher bemühen ſollen! Es iſt ja Gefahr dabei, wie ich Hochdenſelben dieſen Morgen ſagte! Gnaden mußten bedenken, daß ſeine Krankheit eine anſteckende iſt!"

„Einerlei! ich mußte Sie sprechen, gute Frau, mußte Gewißheit haben und die Zukunft befragen ...." gab die Reichsgräfin
zur Antwort. „Ich war dort, wie Sie mir rieth, Niethammer;
ich sprach ihn und brachte ihn herum ...."

„Und erhielten von ihm die Briefe, nicht wahr?" forschte die
Alte nickend und grinsend.

„Nein, aber er verbrannte in meiner Gegenwart Papiere, die
er dafür ausgab," erwiderte die Erlaucht. „Und Sie sollen mir
sagen, ob es die echten waren!"

„Ich? .... ei natürlich werde ich das, sobald mir Gnaden
Alles erzählt haben werden; aber nur hübsch ruhig und säuberlich,
denn es geht ja Alles nach Wunsche!"

„Nach Wunsche? Keineswegs! Der junge Jdstein erlaubte sich
sogar Ausfälle, wofür ich ihn stäupen lassen könnte!"

„Dazu kann ja bald Rath werden, Gnaden, wenn es in Ihrem
wahren Vortheil liegt, und dies werden wir dann bald erfahren,
wenn Sie mir nur erst sagen wollten, wie sich Alles zugetragen
hat! ... Nur hübsch gefaßt und den Kopf klar oben behalten,
Erlaucht! Die Hauptsache ist schon gewonnen!"

Die Reichsgräfin erzählte und die Niethammer horchte aufmerksam zu, und ihr Auge bohrte sich fest in das der Erlaucht.
Je weiter diese in ihrem Berichte kam, desto heiterer und zuversicht-
licher wurden die Mienen der Alten.

„Ist das Alles, Gnaden? — Oh, dann verschmerzen Sie es
leicht, denn die Papiere waren wirklich die richtigen, und der junge
Bursche mußte es und sah seine eigenen Anschläge vereitelt, und der
Aerger darüber gab ihm die giftigen Worte ein! — Was sind
diese Schmähungen, Erlaucht! Ein Hieb in die Luft, ein kalter
Streich, wie man von einem Donner ohne Blitz oder von einem
Blitze sagt, der nicht einschlägt! Die Briefe sind verbrannt und der
Feind ist überlistet, hat Ihnen vor Zeugen eine Erklärung gegeben.
Da nehmen wir geduldig das Aergerniß mit in den Kauf, Erlaucht.
Kein Kräutlein ist heilsam, weder denn es ist bitter. Und den jungen
Burschen werden wir zu finden wissen und er soll dann dem
Staupbesen nicht entgehen, wenn's sein muß. Alles geht ja prächtig
und wie ich Ihnen sagte: Jeder für sich, der liebe Gott für uns
Alle! Ja, Sie haben in Ihrer engelgleichen Güte noch mehr gethan,
als Ihnen das Schicksal vorschrieb, denn Sie haben auch dem
Prinzen den Rücken gedeckt, wovon nichts in den Karten stund,

und darum der Zwischenfall mit dem Neffen des Herrn v. Ibstein!
— Aber es ist nun geschehen, und über das, was nun kömmt,
wollen wir die Karten fragen, nicht wahr?"

„Nur schnell! ich habe keine Zeit zu verlieren," drängte die
Reichsgräfin sichtlich beruhigt.

Die Niethammer schob eine Holzbank heran und nahm ein
loses Spiel Karten aus der Tasche, das sie mischte und der Erlaucht
zum Abheben hinhielt.

„Halt! um Vergebung, gnädigste Erlaucht, aber ich muß noch
eine Frage thun, ehe wir beginnen! Glauben Sie, daß die Gammings
die Hand dabei im Spiele hatten, daß der junge Mann Sie über-
rumpelte?"

„Ich glaube kaum," erwiderte die Reichsgräfin nach kurzem
Besinnen. „Der Kammerjunker und seine Frau und Schwägerin
erschienen selbst über sein Erscheinen so verblüfft und Herr
von Gamming erkannte den jungen Ibstein nicht einmal! Nein,
nein, ich bin überzeugt, daß nur ein leidiger Zufall ihn herbeige-
führt hat!"

„Um so besser, dann wissen wir sogleich woran wir sind," sagte
die Niethammer, welche mittlerweile das abgehobene Kartenspiel
mit einem andern vertauscht, das sie aus der Tasche ihrer Schürze
genommen hatte und das mit Frauenhaaren zusammengebunden gewesen
war. Die Erlaucht hatte weder die Vertauschung der beiden
Kartenspiele wahrgenommen noch daß die Niethammer mit ihrem
Daumnagel die Haare zerrissen, welche die anderen Karten zu-
sammenhielten. Lautlos glitten die Kartenblätter aus ihrer Hand
auf die Holzbank, und die Augen der Kartenlegerin nahmen wieder
ihre gespenstige leblose Starrheit an, während sie aufmerksam die
Blätter überflog.

„Immer wieder die alten Bilder, immer die gleiche Folge,
Erlaucht," sprach sie mit ihrem gedämpften hohlen Ton. „Nur ist
beinahe alle Gefahr beseitigt, bis auf den Herzbuben, den wir noch
immer hier haben, umgeben von den unholden Blättern seiner Gedanken und Anschläge. Sonst aber ist es wie ich schon heute früh
sagte, Erlaucht: Jedes muß seinen eigenen Weg gehen. Monate
und Jahre müssen verstreichen, ohne daß die beiden Hauptpersonen
einander wiedersehen. Nur durch Briefe werden sie mit einander in
Verbindung stehen und diese Briefe muß eine vertraute dritte
Person schreiben, damit, wenn jemals wieder ein Versehen vorgeht

nicht die eigentlichen Perfonen ermittelt werden. Der Prinz darf
nicht erfahren, daß die Papiere verbrannt find; er muß noch heute
abreifen, ohne Sie zu fehen, ohne von Ihnen Geld zu erhalten,
ohne auch nur eine Zufage zu empfangen. Er muß auf eigenen
Füßen ftehen lernen und feiner feitherigen Freunde beraubt werden.
Sein Groll muß in der Ferne austoben, denn jedes Zugeftändniß,
das ihm jetzt gemacht wird, müßte ihn noch anfpruchsvoller machen.
So will es das Schickfal! — Gnaden wiffen es nun, und ich gebe
es Ihnen anheim, ob Sie lieber den Zeichen der Karten und ihren
geheimen aber untrüglichen Winken folgen wollen, oder dem eigenen
Kopfe und der eigenen Weisheit! Sie haben zu wählen!"

„Ich will nicht gegen das Schickfal ftreiten, gute Frau! ich
will Ihrem Rathe folgen und den Prinzen preisgeben," erwiderte
die Reichsgräfin. „Möchte er uns lebenslang ferne bleiben, denn
jedes Mal, fo oft er wieder in meinen Lebenskreis trat, hat er
mir nur Aergerniffe, Unruhen und Sorgen, endlofes Herzeleid gebracht! Ich überlaffe es Ihr, gute Frau, wie Sie es ihm beibringen will, daß ich ihn vorerft verläugnen, daß er fich eilends
von hier entfernen muß! Ob und wie Sie das zu Stande bringt,
zumal fo lange er noch krank ift, fei Ihrem Witz und Scharffinn
überlaffen, Niethammern! Hier ift eine kleine Summe auf Abfchlag
meiner großen Verbindlichkeit gegen Sie, gute Frau! Erfinde ich
Sie aber immer treu und kann Sie mir auch den Prinzen auf
geraume Zeit vom Halfe fchaffen, fo mag Sie auf meine Dankbarkeit rechnen; und zum Beweife meines Wohlwollens will ich dann
Sorge tragen, daß Ihr in einem der kleinen Gartenpavillons hinter
dem Marftall eine unentgeltliche Wohnung eingeräumt wird, damit
ich Sie ftets in meiner Nähe habe und Ihren alten Beinen den
weiten Weg erfpare!"

„Oh, zu viel, viel zu viel der Gnade, Erlaucht! Ach ich hab'
es immer gefagt, Sie find ein Engel und der liebe Gott wußte
wohl, warum er Sie fo hoch erhob!" flüfterte die Alte und küßte
die Hand der Reichsgräfin. „Meine gnädige Frau foll es auch
nie bereuen, mir ihr Vertrauen gefchenkt zu haben, denn fo lange
meine beiden alten Augen noch ein Fünkchen Licht haben, will ich
darüber wachen, daß meiner engelsguten gnädigen Erlaucht kein
Unglück nahe und keine Gelegenheit entgehe, ihren Vortheil zu
wahren!"

„Schon gut, Niethammern! wir wollen recht zufammenhalten,

um das widrige Geschick unterzukriegen! Wenn nur der da drinnen uns keinen Strich durch die Rechnung macht!"

„Den Prinzen nehm' ich auf mich, Erlaucht, und wenn Sie heute Abend um acht Uhr dort drüben an der Ecke sein wollen, so können Sie selber sehen, wie er Waldau verläßt!" sagte die Kartenlegerin, und geleitete die mit sichtlicher Erleichterung weggehende Reichsgräfin an die Hinterthüre.

„Apropos!" sagte die Erlaucht, „was soll's mit dem frechen Burschen, dem jungen Jbstein, werden? Sie wollte mir da noch rathen . . ."

„Ach ja! na, das muß ja auch in den Karten stehen! Ja, da ist's! da sind die beiden Schippen, die ihn bedrohen. . . . man läßt ihn einstweilen aus dem Lande entkommen, Erlaucht, um alles Aufsehen zu vermeiden, kündigt ihm aber an, daß er des Landes verwiesen sei, und bricht er dann jemals den Bann, dann soll er die ganze Schärfe des Gesetzes fühlen. So halten wir ihn durch Furcht im Bann!"

„Eine gute Idee! Danke schön, Niethammern! Gott befohlen!"

Die Thüre schloß sich hinter der Erlaucht lautlos, und die Kartenlegerin rieb sich vergnügt die knöchernen Hände und lächelte in sich hinein. Dann öffnete sie das Päckchen mit dem Gelde, das ihr die Reichsgräfin in die Hand gedrückt hatte. „Auf Abschlag?" murmelte sie; „hm, es könnte mehr sein; aber ich will ihr die Schlinge nicht gleich zu fest anziehen — ich habe sie ja nun alle Beide!"

*   *   *

Mittag war vorüber und das Häuschen der Alten ganz schmuck und sauber aufgeräumt. Selbst die kleine Kammer, worin Ludolf bis in den hohen Tag hinein geschlafen hatte, war gelüftet und ein wohlthuender würziger Hauch von Thymian und Lavendel durchhauchte sie. Eine große Kufe stand neben dem gedeckten Tische, auf welchem eine dunkle versiegelte Flasche stand.

Diese Gegenstände waren das erste, was sich Ludolf's Aufmerksamkeit aufdrängte, als er erwachte und mit hellen Augen sich umschaute. Sein Kopf war frei, seine Glieder schmerzlos und beweglich, und er vermochte sich im Bett aufzurichten und auf seine Uhr zu sehen.

„Guten Tag, durchlauchtiger Herr! Ah, endlich ausgeschlafen?" tönte es hinter ihm und er bemerkte nun die Alte, die geräuschlos eingetreten war. „Wie fühlen wir uns? he?"

„Hm, etwas matt und flau und schrecklich durchnäßt aber hungrig, Mütterchen! sonst aber, mein' ich, ist Alles von mir weggeflogen — Dank Deinem Hexenmittel, Mütterchen!"

„Dann soll der gnädige Herr sogleich sein warmes Bad haben, das ihn vollends auf die Beine bringen wird. Hernach eine tüchtige Mahlzeit und noch ein kleines Mittagsschläfchen, und dann geht es fort, denn ich muß meinem lieben Herrn um seinetwillen das Gastrecht aufsagen!"

„Wie so? fürchtet Ihr meinethalben Widerwärtigkeiten mit der Polizei, gute Frau?"

„Nein, die thut mir Nichts, aber dem gnädigen Herrn ist der Aufenthalt nicht mehr ohne große Gefahr möglich. Heute früh sind schon mehrere Herren dagewesen, welche mich ausholen wollten, ob der gnädige Prinz nicht hier sei? der eine war der Geheimerath v. Gayring; der wollte es für ganz sicher wissen, daß Sie hier seien, und nannte sogar den Namen einer gewissen vornehmen Dame, als diejenige von der er's wisse. Aber mich fing er damit nicht, denn ich bin schon in aller Frühe im Schlosse gewesen und weiß was ich weiß!"

„Hm, und wenn Herr v. Gayring nun doch in guter Absicht und von Seiten meines gnädigen Papa gekommen wäre, wie wolltet Ihr das bezweifeln?"

„Ich zweifle nie, denn ich lese es in den Gesichtern der Menschen und in den Karten," sagte die Niethammer kurz. „Ich bin meiner Sache gewiß. Der dicke Geheimerath hätte meinen gnädigen Prinzen mit schönen Worten sicher gemacht und dann den erlauchten Herren Brüdern verrathen, wo mein junger Herr versteckt ist. Man hätte dann heute Nacht den gnädigen Herrn in aller Stille aus den Federn geholt und nach der Karlsburg geschafft.... Doch was schwatz' ich da, wo mein gnädiger Herr auf das Bad wartet? Verzeihung."

Die Niethammer ging hinaus, brachte einige Eimer heißes Wasser und goß sie in die große Kufe. „So, nun gesegne der Himmel dem Herrn das Bad! In der Ofenröhre liegen die warmen

Badetücher. Sind der gnädige Herr fertig, so brauchen Sie nur
an's Glas zu schlagen, und ich trage die Mahlzeit auf!"

Nun hat der Ausdruck: „das Bad gesegnen" in manchen süd-
deutschen Mundarten noch eine hämische schadenfrohe Nebenbedeutung,
welche den Wunsch zu einem sehr zweideutigen macht; und daran
hatte Ludolf zunächst gedacht, als er ihm in die Ohren klang. Er
war leicht erschrocken; — wie, wenn man mich im Bade überfallen
wollte, wenn die Alte mich warnen möchte? dachte er, und aus
dem Bette steigend griff er auf das Bord über der Stubenthür,
wohin er seine Pistolen gelegt hatte, holte sie herunter, ließ die
Ladestöcke auf die Ladung fallen und untersuchte das Zündkraut auf
die Pfanne; allein es war Alles in Ordnung. Das deutete nicht
auf Verrath. Aber das physische Mißbehagen überwand bald das
vorsichtige Bedenken und er nahm das Bad, sogar ohne sich einzu-
riegeln, jedoch immer in ernstem Nachdenken über das was ihm die
Alte gesagt hatte. Er wollte fort, denn er fühlte sich nun kräftiger,
und diese enge Kammer mit den verschlossenen Läden war ja auch
nicht besser als ein Kerker, wenn auch ohne Gitter und Riegel.
Was schadete es also, ob er freiwillig oder gezwungen ging? . . . .

Munter und mit wohligem Gefühl in frischer Wäsche und
frischen Kleidern saß er jetzt am Tische und schlug mit der Messer-
klinge an das Glas, die Serviette schon über die Kniee gebreitet.
Mit der Rückkehr der körperlichen war ihm auch die geistige Spann-
kraft wiedergekommen, und er kaute mit großem Appetit am Brod
und nippte von dem alten feurigen, würzhaften Rothwein, als die
Niethammer mit dem dampfenden Suppennapf eintrat.

„Aha, mein gnädiger Prinz! Sie sehen ja aus wie vertauscht,
wie ein Nußkern frisch aus der Schale! Also ganz gesund und
munter?"

„Ja, Mütterchen, bis auf die Kraft und den Magen! Ich werde
Eurer Kochkunst Ehre machen!"

„Um so besser! bis der gnädige Herr die Suppe gegessen hat,
räume ich die Badekufe und das nasse Zeug weg, denn der gnädige
Herr muß hier vorlieb nehmen, weil er in der vorderen Stube nicht
vor Späheraugen sicher wäre!"

„Zum Geier mit den Spionen, Mütterchen! ich fürchte
sie nicht!"

„Nur nicht gleich vermessen, junger Herr!" sagte die Niethammer trocken. „Es ist schon gut, wenn der Mensch Muth hat

und auf eigenen Füßen stehen kann; aber viele Hunde fangen auch den Wolf und würgen ihn. Und Feinde hat sich mein gnädiger Prinz viele gemacht!"

„Viel' Feind', viel' Ehr', Mütterchen!"

„Nicht immer, denn es gibt auch tückische, meuchlerische Feinde, und ein ehemaliger Freund ist oft der bitterste Feind! Viel' Feind', viel' Beschwer', gnädiger Herr!"

Ludolf ließ sich Stimmung und Appetit nicht verderben; selbst die schlechte Beleuchtung und die geringe Behaglichkeit an dem kleinen Tische störten ihn nicht. „Laßt mich erst ruhig essen, mein gutes Orakel, bevor Ihr mir von Gegenwart und Zukunft sprecht!" sagte er, und als er sich behaglich gesättigt fühlte, und zu einer Schale schwarzen Kaffee sich die Thonpfeife anbrannte und seine Wirthin Stube und Fußboden gescheuert und das feuchte Bett mit einem frischen vertauscht hatte, sagte er mit leichtsinnigem Gleich- muthe: „So, mein alter Eliasrabe! nun laßt 'mal hören wie es mit meinen Chancen steht! Was läßt mir die Reichsgräfin sagen?"

„Mein gnädiger Herr erleichtert mir das schwerste zuerst," sagte die Niethammer. „Die Erlaucht ist untröstlich, Sie nicht mehr sehen noch Ihnen schreiben zu können; aber sie wird von Späheraugen belauert und beobachtet. Sie bittet den gnädigen Herrn dringend, sich keiner Gefahr unnütz auszusetzen, sondern hübsch folgsam zu sein und zu thun, was man Ihnen anrathen wird — noch heute Nacht in aller Stille zu verschwinden und über die Grenze zu eilen!"

„Und mit welchen Mitteln, Mutter Niethammer? ich kann nicht wie eine Hexe auf einem alten Besen oder einem Bock davon reiten!"

„Ist auch nicht nöthig! von einer treuen Freundin wie ich kann der gnädige Herr schon ein Darlehen annehmen, und ein paar Hundert Gulden müssen genügen, um meinen lieben Prinzen nach Würzburg oder Fulda zu bringen, wohin ihm dann die Er- laucht den Hofjuden Hafer senden wird, um die Geldangelegenheiten zu ordnen, ohne daß der durchlauchtigste Herr Vater in die Tasche zu stechen braucht. Die Erlaucht will, daß mein gnädiger Prinz sich ganz unabhängig mache, keinem der durchlauchtigen Herren Brüder eine Gelegenheit zu einer Einrede gebe, und sich seinen Weg selber bahne. Es werden Zeiten kommen, wo dann mein gnädiger Prinz alle seine Gegner und Widersacher unter die Füße treten und denselben die Laibe heimgeben wird!"

„Und wer verbürgt mir diese zuversichtliche aber sehr leichtfertige Verheißung, Alte?"

„Die Karten, Durchlaucht!"

„Possen!" versetzte Ludolf unwillig. „Und warum soll ich fort gehen, ohne mich mit meinem Vater auszusöhnen oder wenigstens zu verständigen?"

„Weil hiezu jetzt keine Gelegenheit ist, weil Alles sich gegen den Prinzen verschworen hat und man meinem lieben jungen Herrn nach Freiheit und Leben trachtet!"

„Seid nicht läppisch, Alte! das versteht Ihr nicht. Wir haben hier zu Lande keine Sternkammer!"

„Aber eine Karlsburg und feige falsche Zeugen, die um ihrer eigenen Haut willen und für einen Gnadenblick des jungen Hofes Alles gegen meinen Herrn aussagen werden, was man wünscht. Man hat Gerüchte verbreitet von Papieren, die der alten Durchlaucht zu Händen gekommen mit Namensverzeichnissen von Verschworenen und von Leuten, die beseitigt werden sollten, von tollen Plänen und Verabredungen; keiner traut dem Andern und alle sind nur darin einig, entweder Alles auf den Prinzen zu schieben oder diesem durch einen Messerstich den Mund zu stopfen. Und die einst die lautesten Schreier für meines gnädigen Herrn Pläne gewesen, die gehen nun bösen Gewissens und gesenkten Blickes umher wie Wölfe. und von ihnen hat sich mein gnädigster Herr des Schlimmsten zu versehen!"

„Haha! drohen die ärmlichen Burschen?" rief Ludolf.

„Nein, mein Prinz! Hunde die bellen, beißen nicht; aber diejenigen Männer, welche hartnäckig schweigen und wölfisch unten hervorschielen, sind wirklich gefährlich!"

„Und wer sind sie?" rief Ludolf herausfordernd; er war unwillkürlich erregt aufgesprungen.

„Ich kenne ihre Namen nicht und würde sie auch nicht nennen!" sagt die Niethammer; „aber es sind ihrer so manche, daß selbst die Erlaucht sich ernster Besorgnisse nicht entschlagen kann, denn wenn dem gnädigen Prinzen ein Unglück zustieße, meint sie, so wäre dies vielleicht gewissen Personen nicht unwillkommen und würde gedeutet werden, als hätte mein gnädiger Herr selber Hand an sich gelegt!"

„Ich will doch sehen, ob Einer von jenen armseligen Memmen so viel Mannheit hat, mir in das Weiße der Augen zu sehen...."

„O wie unklug und verkehrt, mein Prinz! wollen Sie denn Ihren offenen und geheimen Feinden in die Hände arbeiten? Wollen Sie in einem Thurm der Karlsburg verschmachten oder unter einer meuchlerischen Kugel fallen, anstatt nun ruhig sich in das Unabwendbare zu fügen, Gras über alle diese Dinge wachsen zu lassen und Ihre Zeit abzuwarten, um dann im rechten Augenblick Ihre Rache an allen den offenen und heimlichen Feinden zu nehmen?...."

„Ha, die Rache ist eine Schnecke, Alte!...."

„Wer weiß, ob sie es diesmal ist, mein Prinz?..:. Sie spotten ja über die Karten und über die Träume, sonst könnte ich Ihnen Dinge verrathen von Ahnungen, Vorzeichen.... von zwei alten müden Augen, die plötzlich zufallen könnten — von einem Traum, den jüngst unser durchlauchtigster Herr hatte, worin ihm seine hochselige Gemahlin erschienen war und ihn beschworen hatte, seinen jüngsten Sohn, ihren Liebling, nicht zu verstoßen, sondern zu beschützen, weil er ausersehen sei, den Thron von Waldau zu erben und das Land zu erweitern...."

„Weib, diesen Traum hätte mein Vater geträumt?" rief Ludolf und faßte die Niethammer am Arme, während er sich mit der andern Hand die Stirn rieb.

„So sagt man, gnädiger Herr, und es heißt, die Durchlaucht habe bei Tafel davon gesprochen und die Frau Erbprinzessin sei darob beinahe vom Stuhle gefallen...."

„Wie ist mir denn?" rief Ludolf und ging in der engen Stube auf und nieder; „hab' ich denn nicht erst jüngst, ja vielleicht in der vergangenen Nacht denselben Traum geträumt? War es nicht meine Mutter, die mir zurief: ‚Und wie sie Dir auch gram sein mögen, Du bist und bleibst dennoch der Stammhalter von Waldau!' War es nicht so?"

„Und wenn es so war, mein Prinz, ist es dann nicht ein Wink von oben?"

„Oben oder unten — einerlei, es ist ein Wink, daß ich eine Zukunft habe, die ich nicht vergeuden darf?" sagte Ludolf gedankenvoll. „Ich werde abreisen, so bald es möglich ist, Mutter, denn wenn es ein Wink von Dir aus einer andern Welt ist, so

will ich ihn nicht verkennen!...." Halb erschrocken hielt er
inne, denn er glaubte schon zu viel gesagt, sich vor der alten
Kartenlegerin verrathen zu haben. Als er sich aber nach dieser
umsah, war sie verschwunden.

Die Mittheilungen der Alten hatten eine seltsame Umwandlung
in ihm hervorgebracht. Seine Blicke und Gedanken gleichsam nur
nach innen kehrend, ging er mit starken Schritten in der kleinen
Kammer auf und ab.

„Ich hab' es nicht geträumt," murmelte er vor sich hin;
„nein, ich hab' es wahrhaft erlebt.... Ich möchte darauf schwören,
daß ich wach war oder wenigstens halb wach dort im Bette lag
in einem seltsamen Zustande, wie herausgerückt aus dem gewöhnlichen Empfinden, wie über dem gemeinen Dasein schwebend, hörend
ohne zu sehen, und in einer Verfassung, fähig mit der natürlichen Welt zu verkehren.... Da trat meine Mutter zu mir —
ich konnte sie mit dem leiblichen Auge nicht sehen, aber sie stand
gleichsam für mein inneres Auge wahrnehmbar da — und sagte zu
mir etwa: ‚Sei getrost, mein geliebter Sohn, diese Trübsal und
Schmach wird nur von kurzer Dauer sein. Du bist noch zu großen
Dingen bestimmt, denn Du wirst Deine Brüder überleben und noch
auf den Thron kommen! Du wirst der Stammhalter des Hauses ·
Waldau werden, mein Lieblingssohn, und wirst alle Deine Feinde
unter Deine Füße treten. Der Stein, den die Bauleute verworfen
haben, wird zum Eckstein werden, und die Dich heute meiden,
werden dann um Deine Blicke buhlen, und das Weib, welches Dein
Vater Dir geraubt hat, soll Dir selber die Wege bahnen helfen, um
Deine Kinder auf den Thron zu bringen!'.... So ungefähr
sprach meine Mutter, und dann zerrann ihre Erscheinung, wie ein
Nebel den der Wind zerreißt, und nur aus weiter, weiter Ferne
winkte ihr bleiches ernstes Antlitz zu mir herüber. Es steht
Alles wieder so lebhaft vor meiner Seele, wie in der vergangenen
Nacht...."

Die Kartenlegerin stand hinter der Schrankthüre und beobachtete
den Prinzen, und kein Wort von seinem halblauten Monolog entging ihr. Ihre tiefliegenden Augen funkelten von einen wilden
Freude; ihr Mund verzerrte sich zu einem triumphirenden Lächeln,
und sie nickte beifällig. Erst nach einer langen halben Stunde
trat sie wieder in die Kammer, um das leere Speisegeschirr zu
holen, trug es aber schweigend hinaus und ohne anscheinend seine

Aufregung bemerken, und er hörte sie draußen in der Küche laut
hantieren, wie sie so das Küchengeräth scheuerte, während Frau
Niethammer zwischen hinein immer lauschte, ob sie noch die takt-
mäßigen raschen Schritte hörte, mit denen er drinnen auf und ab
ging. —

Der frühe Spätherbstabend war hereingebrochen, und die
Niethammer saß in ihrer Wohnstube auf dem Schemel am Ofen
und spann. Das Ticken der Wanduhr, das Schnurren des Spinn-
rades und hie und da das Purren des großen schwarzen Katers,
der auf der Fensterbank lag, unterbrachen allein die Stille. Aber
die eingesunkenen Augen der Alten verriethen ein reges Gedanken-
leben — sie erging sich in Plänen, in Anschlägen für die nächste
wie für die fernere Zukunft, und horchte zugleich durch die halbge-
öffnete Schrankthüre nach dem Gaste hinüber, der mittlerweile auch
ruhig geworden sein mochte, denn man hörte ihn nicht mehr mit
den schweren Stiefeln auf und ab gehen, sondern sich in dem Arm-
stuhle hin und her werfen. Endlich sprang er auf und schritt nach
der Thüre, welche die Kammer mit der Vorderstube verband; flugs
schlug sie mit einem Stoße ihres Ellbogens die halboffene Schrankthüre zu, ehe er noch die Thüre geöffnet hatte.

„Frau Niethammer, darf ich herauskommen?" fragte Ludolf.

„Hm, besser Sie bleiben drinne und ich komme zu Ihnen,
gnädiger Herr! Sind dort sicherer vor Späheraugen," erwiderte
sie und ging zu ihm hinein. „Was befiehlt der gnädige Herr?"

„Ich will ein paar Worte im Vertrauen mit Euch reden,
gute Frau," sagte er. „Ihr spracht heute Mittag davon, daß ich
Waldau verlassen müsse, daß Alles zu meiner Abreise gerichtet sei,
daß die Reichsgräfin selbst meine schleunige Abreise wünsche? Hab'
ich Euch recht verstanden?"

„Ganz recht, gnädiger Herr! um halb acht Uhr kommt der
Wagen von dem Bärenwirth Schucker, mit dem Knecht, um meinen
gnädigen Herrn über die Grenze zu bringen, und zwar vermummt,
in Weiberkleidern!"

„Wozu diese Mummerei, Alte?"

„Um Ihrer eigenen Sicherheit willen gnädiger Herr! Die Thorwache würde Sie verhaften müssen, wie ihr befohlen ist. Sähe
uns aber gar einer von jenen Herrn, welche sich durch Euer Gnaden
verrathen glauben, so wäre' nichts leichter, als daß er Eurer Durchlaucht nachritte, oder zuvorkäme und Sie im ersten besten Feldgehölze

niederſchöſſe, ohne daß ein Hahn darnach krähte, nur um ſich ſelber und ſeine Kameraden zu retten!"

„Bah, ſollten dieſe armſeligen Wichte fürchten, daß ich ſie verrathe?"

„Und warum nicht, gnädiger Herr! Sie wiſſen ja: ‚was ich denk' und thu', trau' ich Andern zu.' Und dann gibt's ein Sprüchwort, mein Prinz, daß mit großen Herren nicht gut Kirſchen eſſen ſei. Das mag in dieſen Tagen ſchon Manchem heiß auf die Seele gefallen ſein. Ich wenigſtens weiß, daß manche in den letzten Tagen fürchteten: man werde Ihnen verzeihen, mein Prinz, und an Ihren Anhängern ein warnendes Exempel aufſtellen. Derlei war ſchon oft da; kleine Diebe, Durchlaucht — Sie kennen ja das Sprichwort!"

„Aber diesmal möchte es lügen, denn man will ja auch mir an's Zeug!" verſetzte der Prinz ſarkaſtiſch. „Indeſſen, da es der Wunſch meiner erlauchten Frau Stiefmama iſt, die die Verhältniſſe beſſer beurtheilen kann, ſo will ich mich fügen. Ihr habt wohl alle Vorbereitungen getroffen?"

„Alles iſt gerüſtet — ſogar ein Abendbrod für meinen gnädigen Prinzen, damit er in der kalten Nachtluft nicht friere."

„Ich möchte noch an die Reichsgräfin ſchreiben, gute Frau; wollt Ihr den Brief beſtellen?"

„Gerne; dort auf dem Bord über der Thür iſt Feder und Tinte und Papier. Doch wär's beſſer, gnädiger Prinz, Sie würden es unterlaſſen. Was Sie zu ſagen haben, kann ich vielleicht eben ſo gut mündlich beſtellen, wenn Sie mir Ihr Vertrauen ſchenken wollen. Die Erlaucht aber wird Ihnen nicht mehr ſchreiben, ſondern ſie wird es mir überlaſſen, Ihnen Alles mitzutheilen, was ſie Ihnen zu ſagen hat. Es muß um jeden Preis der Schein gewahrt werden, als ſeien die Erlaucht und mein gnädiger Herr geſchieden und fremd für immer, als habe die Erlaucht ſie aufgegeben. Nur ſo werden die Verleumder und Späher Lügen geſtraft und die Erlaucht in den Stand geſetzt, unter der Hand ungeahnt und unbeargwöhnt für meinen gnädigen Prinzen zu wirken . . . ."

„Ich begreife, gute Frau! ich kann mir denken, wie viel meine Herren Brüder und meine Schwägerin die Erbprinzeſſin darum geben würden, die Erlaucht zu verderben — und natürlich mich zu gleicher Zeit. Und Ihr werdet mich alſo immer auf dem Laufenden erhalten von Allem, was in Waldau und am Hofe vorgeht?"

„Ganz genau und getreu — vorausgesetzt, daß die Erlaucht es billigt, gnädiger Herr!" erwiderte die Niethammer.

„Und warum nicht außerdem?" fragte Ludolf barsch; „glaubt Ihr, daß ich Euch karger belohnen werde als Carol.... als die Reichsgräfin?"

„Belohnen? Hab' ich denn von Jhnen Geld verlangt, gnädiger Prinz? oder wähnen Sie etwa, daß ich der Erlaucht nur um Geldes willen diene?" versetzte die Kartenlegerin ebenso barsch und sogar beinahe geringschätzig, und ihre eingesunkenen Augen funkelten unheimlich. — „Die Erlaucht hat mir ihr Vertrauen geschenkt, und ich werde es niemals täuschen, so lange ich es genieße. Jch bin zwar ein armes Weiblein, aber Geld allein thut's bei mir nicht, denn was ich bedarf, verdiene ich leicht, und mehr kann nicht genießen. Aber der gnädigen Frau, die mich durch ihr Vertrauen beehrt, will ich Treue halten, denn sie hat Alles zu verlieren und mein gnädiger Herr nur wenig oder nichts im Vergleich mit ihr, denn sie ist Gattin und Mutter und muß an ihre Kinder denken. Solche ledige leichtfertige junge Herren, die von Lust zu Lust taumeln, denken oft gar nichts oder nur an sich selbst, oder nicht einmal umsichtig an sich selbst; und darum will ich zunächst der Frau Reichsgräfin dienen und nichts thun, was ihr schaden könnte."

Ludolf wollte hochmüthig aufwallen, aber er bezwang sich. „Hm, Jhr habt im Grunde Recht, Mütterchen, und ich muß Euch darum ehren! Ich denke auch nicht daran die Interessen der Erlaucht zu gefährden, denn die ihrigen sind Eins mit den meinigen," sagte er. „Aber eben darum könntet Jhr mir auch Euer Vertrauen schenken! he?"

„Mit nichten, mein Prinz! Vertrauen kann man nicht schenken — es muß gegenseitig sein," erwiderte die Niethammer kopfschüttelnd, und sah ihn mit einem forschenden, ja stechenden Blick an. „Wie soll ich Jhnen aber vertrauen, so lange Sie mir nicht trauen? so lange Sie in mir eine Betrügerin, eine feile geldgierige Magd sehen?"

„Oho, thu' ich denn das? Jhr irrt Euch, Mütterchen! ich bin Euch dankbar und vertraue Euch!"

„Bah, das sind nur Worte. Jm Herzen aber zweifelt Jhr

an mir und spottet über meine Karten als über einen gemeinen
Betrug, während die Erlaucht daran glaubt und aus guten Gründen, denn das was in den Karten steht, hat sie schon vor manchem
Unglück durch eigene Unvorsichtigkeit und durch fremde Schuld be-
wahrt, hat ihr schon über manchen falschen Freund die Augen
geöffnet."

Der Prinz stand betroffen. „Jenun, wenn ich nicht so unbedingt glaube, daß in den Karten die Schicksale der Welt und der
Menschen zu lesen seien, so kommt es daher, daß ich es nicht begriff, wie Ihr gestern sagtet .... Ihr meintet ja: ich rede davon
wie der Blinde von der Farbe! — Wißt Ihr was? gebt mir eine
ehrliche Probe! ...."

„Damit Sie sich über mich lustig machen, wenn nicht Alles
sogleich eintrifft und Ihnen begreiflich ist? — Nein, ich mag mich
nicht verlachen lassen!"

„Wenn ich Euch nun aber schön bitte, wenn ich Euch verspreche, Mütterchen, daß ich nicht spotten, sondern geduldig warten
und unbefangen prüfen will? .... Bah, kommt! laßt Euch erweichen!"

„Ihr Wort darauf, daß das Ihr Ernst und keine bloße
müssige Neugier, mein Prinz?"

„Mein Ehrenwort, gute Frau! Ja noch mehr: beweist mir,
daß Eure Karten mir helfen und rathen können, wenn ich ihnen
folge und Ihr habt dann mein Vertrauen gewonnen!"

„Na, sei's darum, gnädiger Herr! der guten Erlaucht zu Liebe,
die nichts sehnlicher wünscht, als daß Sie ebenfalls an eine höhere
Macht und Weisheit glauben, will ich es wagen; aber merken Sie
wohl auf, mein Prinz! ich antworte Ihnen nur auf drei bestimmte
Fragen, und Sie müssen sich über diese wohl schlüssig werden, denn
sind dieselben einmal beantwortet, so erfahren Sie vorerst kein
Wort weiter!"

„Beginnen wir, denn die Zeit drängt!" sagte Ludolf und setzte
sich einen Stuhl zum Tisch, den Platz auf der entgegengesetzten Seite
der Niethammer anweisend. — —

Wir haben unseren Lesern schon allzu oft die Art und Weise
geschildert, in welcher die alte Kartenlegerin ihr Orakel abgab.
Uebergehen wir daher diesmal die Scene zwischen dem Prinzen und
der Niethammer und den Gegenstand der Fragen, welche er von
den Karten beantwortet wünschte und die die geheimsten Gedanken

und weitest tragenden Wünsche seines Herzens berührten, und sagen
wir nur, daß Ludolf davon ungewöhnlich überrascht, ergriffen und
nachdenklich gemacht war, aber auch mit neuer Gier und Thatkraft
sich an das Leben anklammerte.

Die Niethammer hatte ihn nach dem Kartenlegen allein gelassen, vielleicht damit das Gehörte um so tiefer in ihm nachwirke.
Sie hatte ihm ein reichliches Abendbrod mit gutem Wein vorgesetzt
und mit wenigen Worten die Kleider angedeutet, die er zu seiner
Flucht bedurfte. Außerdem aber war sie bei allem Respekt vor
ihm wortkarg, scheu und zurückhaltend. Das imponirte ihm
jedoch gerade.

Als die schnarrende Wanduhr halb acht Uhr schlug, trat die
Niethammer wieder in die Kammer, setzte eine lederne Geldgurte,
wie sie die Viehhändler und Fuhrleute um die Hüfte zu tragen
pflegten, und eine kleine schwere Lederbörse auf den Tisch und sagte:
„Hier ist das Reisegeld, mein Prinz! siebenhundert Gulden in Gold
und Silber! Bitte, zählen Sie nach!"

„Bah, es wird schon richtig sein, Alte!"

„Nein, mein Prinz, Sie werden es zählen und mir einen
Schein darüber geben, wie es geschäftsmäßig ist. In Ihrem
neuen Leben dürfen Sie solche Dinge nicht geringschätzen, wie
seither, sonst bleiben Sie immer nur eine Null im Leben!"

Ludolf blickte halb gereizt auf, aber an ihrer kalten marmornen
Miene brach sein Groll; er nickte und that wie ihm befohlen. „Ist
es Zeit zu gehen?" fragte er, nachdem er der Alten den Schein
mit vielen Dankesworten, die sie aber mit einer ruhigen herrischen
Geberde abgewiesen, überreicht hatte.

„Ja, der Mann wartet, der Sie zum Fuhrwerk bringen wird
und ich folge Ihnen, denn ich begleite Sie bis zum Thore hinaus!"
sagte die Alte. „Und nun noch ein ernstes Wort, gnädiger Herr!
Sie haben mir versprochen, vorerst an einen sichern Ort zu reisen
und dort unerkannt zu bleiben, bis der Hofjude Haber bei Ihnen
gewesen und alle Ihre Sachen geordnet haben wird! Sie wollen
mir Nachricht geben von Ihrem Versteck, damit man Ihnen Ihre
Diener und Ihr Gepäck nachsenden kann! Sie wollen getreulich
und pünktlich thun, was die Erlaucht Ihnen durch mich anbefehlen
läßt?"

„Ich will es, Mütterchen, eingedenk des fernen Endzwecks,
bei meinem fürstlichen Wort!"

„Und zum Pfand nehm' ich Ihnen diese Locke Haare aus dem Nacken!" sagte sie, und hob ihm den Haarbeutel in die Höhe und zog aus demselben einen Strähn Haare, den sie mit einer kleinen scharfen Scheere abschnitt. Das Klicken der Scheere ging ihm unwillkürlich durch Mark und Bein.

„Gehört das auch dazu?" fragte er halb ironisch.

„Ja, es gehört mit zu dem, was Sie ‚Komödie‘ nennen, mein Prinz, oder Hexenwerk," erwiderte sie ruhig und warf ihm einen kühlen Blick zu. „Wir heißen es Sympathie und halten Sie an diesen Haaren hier (sie strich den Strähn auf ihrer Handfläche glatt und legte ihn in ein gefaltetes Papier) für immer fest. Sie werden es nur merken, wenn Sie vor einem ernsten Wendepunkte Ihres Lebens stehen oder die Erlaucht, die Ihnen so viel geopfert hat preisgeben würden! Hüten Sie sich doch, mein Prinz, wenn es Ihnen im Nacken gruselt, denn Ihr guter Geist warnt Sie dann!" Damit ging sie hinaus.

Wenige Minuten vor acht Uhr kam der Wachtmeister Sabel und holte den Prinzen stumm ab; sie verließen das Haus durch die Hinterthüre und traten in einen der Nachbarhöfe, wo ein bespanntes offenes Schweizer Wägelchen mit einem aufgeschnallten Sitze stand, über welches eine Stalllaterne ein trübes Licht warf. Hinten im Wagen waren Säcke und Stroh ausgebreitet; hier mußte sich der Prinz niederlegen und mit etwas Stroh und einer alten Blahe überdecken lassen, — jedoch nur bis jenseit des Thors, wie der Polizeimann sagte, der das Geschäft des Versteckens besorgte.

Als der Prinz nicht ohne einen gewissen verbissenen Groll und ungeduldigen Unmuth sich in diese etwas ungenehme Lage gefügt und den Kopf auf auf seinen Mantelsack gelegt hatte, hörte er, wie Sabel das Pferd beim Kopfe ergriff und auf die Gasse hinausführte, wo dann die Niethammer noch hinzukam mit dem Fuhrknecht. Gleich darauf rumpelte das Fuhrwerk über das schlechte Kieselpflaster von Waldau hin und nach einer Fahrt, die dem versteckten Prinzen endlos erscheinen wollte, hielt der Wagen am Thor, wo Sabel's tiefe Stimme bei dem Stadtsoldaten und dem Unteroffizier vom Posten Bürgschaft einlegte für die ihm wohlbekannte Frau Niethammer, die auf's Land zu einer erkrankten Verwandten fahren wolle mit dem wohlbekannten Fuhrwerk des Bärenwirths Schucker. Der Sperrgroschen am

Thor ward bezahlt, Sabel und die Kartenlegerin wechselten noch
eine „Gute Nacht", das Rößlein überschritt die steinerne Thor-
schwelle und der Wagen rollte hinaus in die dunkle Nacht.

Eine Weile ging's auf der Landstraße dahin, bis man aus der
Hörweite der Thorwache und an den letzten Häuschen und Scheunen
und Gartenwohnungen vorüber war. Dann nahm der Wald das
Fuhrwerk in seine Dunkelheit auf. Hier auf dem Saum des
Waldes hielt der Wagen auf ein Zeichen der Niethammer, und
diese stieg von dem Sitze herunter, hob die Blahe in die Höhe
und forderte den Prinzen auf, nun ihren Platz auf dem Sitze ein-
zunehmen. Als er dieser Weisung gefolgt war, hing sie ihm ihren
alten gesteppten Kattunmantel um die Schultern und band ihm ein
dunkles Wollentuch kaputzenartig über den Kopf.

„So! nun Gott befohlen!" flüsterte sie; „in Demuth und
verachtet flüchten Sie nun, ein Spott Ihrer Feinde; aber mit der
Gewalt in der Hand werden Sie einst wiederkehren, ein Schrecken
Ihrer Gegner! — Nur stille! verrathen Sie sich nicht, bis Sie
über der Grenze sind! Leben Sie wohl!"

Rudolf fühlte noch einen Händedruck, dann sah er die Kartenlegerin über den Seitengraben der Straße schreiten, und dann
unter den dort gepflanzten und halb entblätterten Obstbäumen hingehen, wo sie ihm in der Dunkelheit bald verschwand.

Der Fuhrknecht hatte die Blahe und das Stroh und die Säcke
erst zusammenzuraffen und festzubinden, bevor er an's Weiterfahren
denken konnte. Er hatte seinem geheimnißvollen Reisegefährten die
Zügel des Pferdes in die Hand gegeben, und dieser in seinem
Weibermantel und seiner Kaputze stand nun auf dem Wagen und
schaute noch einmal rückwärts in die ebene Gegend hinein.

Dort glänzten die Lichter der Stadt, blinkte die Laterne am
Schloßthurme über die Gebäude des Parks herüber. Sein Herz
krampfte sich zusammen und seine Lippen kräuselten sich zu bitterem
höhnischem Ausdruck.

„Da steh' ich, geächtet und vertrieben, in Weiberkleidern, und
weiß nicht warum!" sprach er zu sich selbst. „Ein altes Weib aus
dem Volke ist meine einzige Freundin — sie und Karoline. Meine
Kameraden und sogenannten Freunde haben mich verrathen und
verlassen, meine Brüder sind meine Verfolger, mein Vater ist mir
entfremdet . . . . . Ha, meiner Treu! es ist ein ganz neues Leben,
das vor mir liegt! Aber ich werde wieder zurückkehren und mir mein

Recht nehmen, Mutter! Du haft es mir ja verheißen, Du haft es mir zugedacht! . . . . Und sei es auch lange bis dahin, ich werde Alles geduldig tragen, was zwischen heute und dann liegt! Aber dann! dann!

„So! nun wären wir fertig!" sagte der Fuhrknecht aufsteigend; „nun hü!"

Rudolf schüttelte die Zügel und das Rößlein trabte gemächlich in die Nacht hinein, die dem Flüchtling ein Symbol seiner eigenen Zukunft war, denn nur ein einziger Stern tief im Osten leuchtete vom finstern Firmament, wie ihm aus der verhüllten Zukunft die schwache Hoffnung auf Rache!

Ende des zweiten Bandes.

Inhalt des zweiten Bandes.

(Die späteren Kapitel sind nicht mehr mit Rubriken bezeichnet.)